Arnold Maxwill (Hg.)
»Der Ruf gilt dir, Kamerad!«
Deutsche Arbeiterdichter im Porträt

KLARTEXT

Arnold Maxwill (Hg.)
»Der Ruf gilt dir, Kamerad!«
Deutsche Arbeiterdichter im Porträt

Der Band erscheint mit freundlicher Unterstützung des Dortmunder Fritz-Hüser-Instituts und finanzieller Förderung der RAG-Stiftung.

Bibliografische Information der Deutschen Nationalbibliothek
Die Deutsche Nationalbibliothek verzeichnet diese Publikation in der Deutschen Nationalbibliografie; detaillierte bibliografische Daten sind im Internet über http://dnb.dnb.de abrufbar.

Die 22 Beiträge erschienen erstmals in den Jahren 1961 bis 1963 in der *Gewerkschaftlichen Rundschau*, vormals *Bergbau und Wirtschaft*, unter dem Reihentitel »Der Ruf gilt dir, Kamerad! Deutsche Arbeiterdichtung«.

Abbildung auf dem Umschlag:
Szene aus »Das rauhe Leben« (1986), Verfilmung nach dem autobiografischen Roman des Arbeiterdichters Alfons Petzold (1882–1923), Regie: Heide Pils; im Bild: Erwin Leder (links) und Othmar Schrott (rechts).

1. Auflage März 2020
Porträtzeichnungen: Thomke Meyer, Hamburg
Satz und Gestaltung: Benedikt Grischka, Düsseldorf
Druck und Bindung: Majuskel Medienproduktion GmbH, Wetzlar

ISBN 978-3-8375-1995-2
Alle Rechte vorbehalten
© Klartext Verlag, Essen 2020

Jakob Funke Medien Beteiligungs GmbH & Co. KG
Jakob-Funke-Platz 1, 45127 Essen
info@klartext-verlag.de, www.klartext-verlag.de

Inhalt

Franz Osterroth
Anfang und Entwicklung 7

Siegfried Röder
Grundzüge des Naturalismus 21

Josef Büscher
Josef Winckler (1881–1966) 29

Walter Köpping
Richard Dehmel (1863–1920) 37

Walter Köpping
Heinrich Kämpchen (1847–1912) 47

Josef Büscher
Ludwig Kessing (1869–1940) 61

Max von der Grün
Otto Krille (1878–1953) 71

Max von der Grün
Ernst Preczang (1870–1949) 79

Josef Büscher
Ludwig Lessen (1872–1943) 85

Walter Köpping
Paul Zech (1881–1946) 95

Josef Büscher
Alfons Petzold (1882–1923) 105

Max von der Grün
Karl Bröger (1886–1944) 113

Max von der Grün
Heinrich Lersch (1889–1936) 121

Werner Tillmann
Max Barthel (1893–1975) 131

Heinz Kosters
Otto Wohlgemuth (1884–1965) 141

Max von der Grün
Gerrit Engelke (1890–1918) 149

Werner Tillmann
Bruno Schönlank (1891–1965) 161

Josef Büscher
Erich Grisar (1898–1955) 167

Bruno Leon
Walter Bauer (1904–1976) 179

Walter Köpping
Victor Kalinowski (1879–1940) 187

Walter Köpping
Kurt Kläber (1897–1959) 199

Walter Köpping
Zusammenfassung und Ausblick 209

Arnold Maxwill
Was war Arbeiterdichtung?
Historie, Kritik, Konstellationen 217

Anmerkungen 297

Textnachweis 320

Franz Osterroth
Anfang und Entwicklung

Die deutsche Arbeiterbewegung war in ihrer mehr als hundertjährigen Geschichte über politische und wirtschaftliche Emanzipationsziele hinaus immer eine Kulturbewegung. Sie hat die Proletariermassen der Industriezeit, denen der Zugang zum Kulturerbe und das Recht auf Kulturschaffen verwehrt war, in die Kulturgemeinschaft hineingeführt. Der Kulturwille der aufstrebenden Arbeiterschaft bereicherte unsere Kultur um neue Werte.

Schon früh suchten sich Arbeiter einen Weg zu Dichtung und Kunst. Alle Dichter, die freiheitlich und fortschrittlich, gesellschaftskritisch und sozial gesinnt waren, fanden in der Arbeiterbewegung treue Lesergemeinden: u.a. Friedrich Schiller, Heinrich Heine, die 1848er Ferdinand Freiligrath und Georg Herwegh, die großen Ausländer Tolstoi, Ibsen, Zola, Gorki, Naturalisten wie Gerhart Hauptmann, dichterische Neuerer wie Arno Holz und Richard Dehmel. Ihre Werke fanden Platz in Arbeiterbibliotheken, sie kamen in dem Feuilleton der Arbeiterpresse zum Abdruck und wurden in Bildungsgemeinschaften gelesen und besprochen. Bühnenwerke neuen Geistes vermittelte die ohne die Arbeiterbewegung nicht zu denkende Volksbühne (Motto: »Die Kunst dem Volke!«). Auf Arbeiterfesten trug man Freiheits- und Sozialdichtung vor und sang die aus ihr entsprungenen Lieder. Anthologien wie Karl Henckells *Buch der Freiheit* (1893), Konrad Beisswangers *Stimmen der Freiheit* (1900) und Franz Diederichs *Von unten auf* (1911) wurden die Lieblingsbücher arbeitender Menschen.

Manche Dichter bürgerlicher Herkunft führte jugendlicher Mut, gepaart mit Freiheits- und Gerechtigkeitsdrang, in die Reihen der Arbeitermassen. Georg Weerth (1822–1856), den Friedrich Engels »den ersten und bedeutendsten Dichter des deutschen Proletariats« nannte, sah als Handelsreisender die schreckliche Not und den mutigen Kampf der englischen Gruben- und Fabrikarbeiter und besang in den *Liedern von Lancashire* seine Freundschaft mit ihnen:

Sie sangen aus rauhen Kehlen,
Sie saßen bis zur Nacht,
Sie ließen sich erzählen
Von der schlesischen Weberschlacht.

Georg Herwegh (1871–1875), die »eiserne Lerche« der Revolution von 1848/49, schuf auf Ferdinand Lassalles Drängen dem Allgemeinen Deutschen Arbeiterverein (gegründet 1863) das *Bundeslied*, dessen Schlußstrophe Losungswort wurde:

> Brecht das Doppeljoch entzwei!
> Brecht die Not der Sklaverei!
> Brecht die Sklaverei der Not!
> Brot ist Freiheit, Freiheit Brot!

Leopold Jacoby (1840–1895), dessen Gedichtband *Es werde Licht* (1871) dem Sozialistengesetz von 1878 als erstes Buch zum Opfer fiel, hämmerte dem arbeitenden Menschen in *Der deutschen Sprache Lobgesang* ein:

> Du sollst dich nicht treten lassen.
> Du sollst dich nicht unterdrücken lassen.
> Du sollst dich nicht aussaugen lassen.
> Du sollst den Sklavensinn von dir thun.

Karl Henckell (1864–1929) wurde zum dichtenden Herold des »idealen Proletariats«, des Volkes der Tiefe, dem die Pastorentochter Clara Müller-Jahnke (1860–1905) in ihrem Gedichtband *Mit roten Kressen* als dem »Volke der Zukunft« die Krone reichte.

Arbeiterdichter der Frühzeit

Schon in der Frühzeit der Arbeiterbewegung standen dichterisch begabte Arbeiter auf, die der Not, dem Kampfeswillen, der Zukunftshoffnung der aufstrebenden Volksschichten selber Ausdruck geben wollten. Einer der ersten Arbeiterführer, der Schneider Wilhelm Weitling (1808–1871), Handwerksburschenrevolutionär und Verfasser der utopischen »Garantien der Harmonie und Freiheit«, veröffentlichte im Hamburger Verlag Hoffmann und Campe seine *Kerkerpoesien* (1844).

In jener Frühzeit fanden sich Politiker und Dichter noch oft in einer Person. Der Lohgerber Wilhelm Hasenclever (1834–1889), einer der ersten Arbeiterpräsidenten der »Lassalleaner«, schrieb ebenso Gedichte wie der Parteivorsitzende der »Eisenacher«, der Handlungsgehilfe August Geib (1842–1879). Der Zigarrenarbeiter Friedrich Wilhelm Fritzsche (1825–1905), Barrikadenkämpfer von 1849 und einer der ersten Gewerkschaftsgründer, hinterließ ein Zeugnis seines Lebensglaubens in dem Gedichtband *Blut-Rosen* (1876). Der Reichstagsabgeordnete Karl Frohme (1850–1933), ein ehemaliger Maschinenbauer, legte schon 1872 seine »sozialdemokratischen Dichtungen« im Band *Imortellenkranz* vor. Von ihm stammt eines der ersten Gedichte zur 1.-Mai-Feier. Jakob Audorf (1853–1898), erst Schlosser, später Redakteur der Arbeiterpresse, schrieb 1864 zur Hamburger Totenfeier für Ferdinand Lassalle die *Arbeitermarseillaise* (»Wohlan, wer Recht und Wahrheit achtet ...«), die bis in unsere Tage bei Kundgebungen gesungen wird. Neben Gedichten Audorfs finden wir in dem 1893 im Verlag J.H.W. Dietz erschienenen fünfbändigen Werk *Deutsche Arbeiterdichtung* Verse des Zigarrenmachers

Adolf Lepp (1874–1906) und des Schriftsetzers Max Kegel (1850–1902). Kegel war es, der 1891 den *Sozialistenmarsch* (»Auf, Sozialisten, schließt die Reihen ...«) schuf und als erster die in der Zeit des Sozialistengesetzes entstandene satirische Zeitschrift *Der wahre Jacob* (1879–1933) redigierte. Andere frühe Arbeiterdichter waren der Schriftsetzer Ernst Klaar (1861–1920), der Maschinenbauer Karl Petersson (1879–1950), der Tuchmacher Robert Seidel (1850–1933) sowie die Sudetendeutschen Josef Schiller (1846–1897) und Franz Grundmann (1863–1921), der *Aus'm Schleiferland'l* schrieb.

Zu den bedeutendsten Arbeiterdichtern der Frühzeit gehört der Bergarbeiter Heinrich Kämpchen (1847–1912). Seit dem Bergarbeiterstreik 1889 sprach er in der *Bergarbeiter-Zeitung* durch aufrüttelnde Gedichte zu den Kumpels und ihren Familien. Versammlungen und Konferenzen wurden mit seinem internationalen Knappenlied (1889) eingeleitet:

Glück Auf!

Glück Auf, Kameraden, durch Nacht zum Licht!
Uns sollen die Feinde nicht kümmern.
Wir hatten so manche verzweifelte Schicht
Und sahen die Sonne doch schimmern.
Nur einig, einig müssen wir sein,
So fest und geschlossen, wie Erz und Gestein.

Und laßt es euch sagen, ihr Knappen all',
Ihr Brüder von Osten und Westen,
Von Norden und Süden und überall,
Wir müssen uns stärken und festen.
Es darf keine Lücke mehr zwischen uns sein,
Wir müssen stehen wie Stahl und Stein.

Seid einig, seid einig! – dann sind wir auch frei
Vom Druck, der so lang' uns umwunden;
Erkennt doch die Macht von der Brudertreu',
Von der Kraft, die wir endlich gefunden.
Wir sind ein Riese, wenn wir geeint –
Und können dann trotzen jedwedem Feind.

Es lag auf uns lange gewitterschwül, –
Es schien uns erdrücken zu wollen;
Wir hörten in ahnendem Vorgefühl
Ein fernes Dröhnen und Grollen.
Nun sind wir vom bleiernen Schlafe erwacht,
Es dämmert der Tag nach der langen Nacht.

Wir sind keine rohe, verwilderte Schaar,
Wir wollen nur menschliche Rechte;
Wir krümmen keinem Kinde ein Haar,
Doch sind wir auch klar zum Gefechte;
Zum Kampfe für unser gutes Recht,
Ein Freier zu sein, doch kein höriger Knecht.

Wie der Lampe, die unser Leitstern ist
Tief unten im Reiche der Nächte,
Wie dem Kompaß, der uns die Bahnen mißt
Im Labyrinthe der Schächte,
So folgen wir unsern Führern gern,
Sie sind uns im Dunkel der leitende Stern.

Glück Auf, Kameraden! Durch Nacht zum Licht!
Seid brüderlich alle umschlungen.
Gelobt es: »Wir wollen nicht enden die Schicht,
Bis daß den Sieg wir errungen!«
Den schönen Sieg, der uns allen frommt:
Daß der Bergmannsstand wieder zu Ehren kommt.

Der alte Bergarbeiterverband gab im eigenen Verlag Kämpchens Gedichtsammlungen *Aus Schacht und Hütte* (1899), *Neue Gedichte* (1904) und *Was die Ruhr mir sang* (1909) heraus und förderte auch Victor Kalinowski (1879–1940), den dichtenden Nachfolger Kämpchens, in den Spalten der *Bergarbeiter-Zeitung* als auch durch die Herausgabe des Gedichtbandes *Meine Seele singt!* (1922).

Diese älteren Arbeiterdichter – von denen wir nur einige hier nennen konnten – werden von den Literaturhistorikern mit einer Handbewegung als »Epigonen« abgetan, weil sie ihr neues – soziales – Thema in konventionellen Versformen behandelten. Doch hatten sie sich ja nicht zur Aufnahme in die Literaturgeschichte angemeldet. In der Sozialgeschichte besitzen sie einen festen Platz. Mit ihren schlichten Versen wollten sie dem Fühlen und Wollen der in Bewegung geratenen Arbeitermassen Ausdruck geben und zugleich diese Massen für den Dienst an der Zukunft geistig-seelisch bilden. Ihre Lesergemeinden – man denke an Kämpchen! – waren oft viel größer als die der »richtigen« Dichter.

Mit künstlerischem Willen

Auf diese »Alten« folgten jene Arbeiterdichter, die um die dichterische Form ihrer Aussage rangen und in die Literatur vorstoßen wollten. Einer von ihnen war der Schriftsetzer Ernst Preczang (1870–1954), der 1902 mit seinen *Liedern eines Arbeitslosen* hervortrat, 1908 den Gedichtband *Im Strom der Zeit* und außerdem Erzählungen (*Der leuchtende Baum, Die Glücksbude*) und Romane (*Zum Lande der Gerechten, Der Bankrott, Ursula*) veröffentlichte.

In Emil Rosenow (1871–1904), dem Buchhändlergehilfen, Bankangestellten, Redakteur und Reichstagsabgeordneten, der leider schon mit 33 Jahren starb, erhielt die Arbeiterdichtung einen Dramatiker von Rang. Sein Bergarbeiterdrama *Die im Schatten leben* (1899) fand bei den 4000 Besuchern der Uraufführung starken Widerhall. Rosenows soziale Komödie *Kater Lampe* (1902), die auch heute noch gelegentlich über die Bühnen geht, darf neben Gerhart Hauptmanns *Biberpelz* gestellt werden.

Ludwig Lessen (1873–1943), der von der Technischen Hochschule über ein Praktikum in Eisengießereien und Werkstätten zur Arbeiterbewegung kam, redigierte jahrelang die *Neue Welt*, die illustrierte Unterhaltungsbeilage der Arbeiterzeitungen, in denen er guter Gegenwartsliteratur und jungen Arbeiterdichtern Raum gewährte. Das Gedichtbuch *Fackel der Zeit* (1904) leitete eine ganze Reihe von Gedichtbänden Lessens ein.

Der rheinpfälzische Gärtnergehilfe Julius Zerfaß (1886–1956) konnte nach langen Wanderfahrten als Redakteur der *Münchner Post* dem neuen Kulturwillen dienen, für den seine Gedichtsammlung *Ringen und Schwingen* (1911) hingebungsvoll sprach. Otto Krille (1878–1954), früh verwaister Dorfschüler, brach aus der Militärerziehungsanstalt aus, um als Fabrikarbeiter glühender Sänger der 1904 entstehenden Arbeiterjugendbewegung zu werden: In seinem programmatischen Gedicht *Der Proletar* ruft er der Jugend zu:

> Ja, es tagt ein bessrer Morgen
> Und es keimt ein neu Geschlecht!
> Tragt voran ihm seine Speere,
> Macht ihm seine Steige recht.
> Hellen wir das trübe Leben
> Mit des Sturmes Wetterschein.
> Jeder Schwertschlag soll ein Jubel
> Neuem Menschentume sein!

1904 erschien sein von Clara Zetkin begeistert eingeleiteter Gedichtband *Aus engen Gassen*, 1914 seine Jugendgeschichte *Unter dem Joch*, 1911 sein Drama *Anna Barenthin*.

Alfons Petzold (1882–1923), ein Wiener Armeleutekind, ungelernter Arbeiter, früh tuberkulös, wurde von dem sozialistischen Dichter Josef Luitpold (bürgerlicher Name: Josef Luitpold Stern, 1886–1966) mit einem ersten Gedichtheft *Trotz alledem!* (1910) bekannt gemacht. Es war der innig-brüderliche Petzold, der ein reiches Werk hinterließ, der dem jungen dichtenden Kesselschmied Heinrich Lersch Mut machte, als er ihn, der auf Wanderfahrt durch Wien kam, kennenlernte.

Mit dem vielgelesenen Handwerksburschenroman *Der Baldamus und seine Streiche* (1913) hatte der auch als Lyriker hervortretende Elsässer Oskar Wöhrle (1890–1946) vor dem ersten Weltkrieg einen großen Erfolg.

Der eigenwillige Paul Zech (1881–1946), Abkömmling von Bergleuten, den es von der höheren Schule zur Arbeiterwelt zog und der einige Jahre in Grubenrevieren Deutschlands, Belgiens, Nordfrankreichs und Englands sich brüderlich in die schuftenden proletarischen Massen einreihte, gab in dem Gedichtband *Das schwarze Revier* (1913) streng geformte soziale Lyrik. In seiner 1912 gegründeten Zeitschrift *Das neue Pathos* druckte er auf dringende Empfehlung Richard Dehmels die ersten Gedichte des niedersächsischen Tünchers Gerrit Engelke (1890–1918).

Richard Dehmel (1863–1920) empfahl Engelke auch den »Werkleuten auf Haus Nyland«, einer Gemeinschaft von im praktischen Leben stehenden Dichtern, die der kulturellen Erhebung der Industriezeit dienen und keine »Literaten« werden wollten. Josef Winckler (1881–1966), der die epochalen *Eisernen Sonette* (1914) schrieb, Wilhelm Vershofen (1878–1960), u.a. Verfasser der »Finanznovelle« *Der Fenriswolf* (1914), und der bäuerlich-fromme Jakob Kneip (1881–1958) waren ihre Gründer. Die Arbeiterdichter Karl Bröger, Max Barthel, Gerrit Engelke wurden in den Kreis der »Werkleute« aufgenommen.

Karl Bröger (1886–1944), Bauhilfsarbeiter aus Nürnberg, der eine arme Jugend voll gesellschaftsfeindlichem Trotz hinter sich hatte und nun Redakteur der *Fränkischen Tagespost* war, gab in einem 1912 erschienenen Buch *Gedichte* neben Konventionellem bereits ein Gedicht mit neuem Klang:

Lied der Arbeit

Ungezählte Hände sind bereit,
stützen, heben, tragen unsre Zeit.
Jeder Arm, der seinen Amboß schlägt,
ist ein Atlas, der die Erde trägt.

Was da surrt und schnurrt und klirrt und stampft,
aus den Essen glühend loht und dampft,
Räderrasseln und Maschinenklang
ist der Arbeit mächtiger Gesang.

Tausend Räder müssen sausend gehn,
tausend Spindeln sich im Kreise drehn,
Hämmer dröhnend fallen, Schlag um Schlag,
daß die Welt nur erst bestehen mag.

Taufend Schläfen müssen fiebernd glühn,
abertausend Hirne Funken sprühn,
daß die ew'ge Flamme sich erhellt,
Licht und Wärme spendend aller Welt.

Franz Diedrich (1865–1921), Redakteur der Sächsischen Arbeiterzeitung in Dresden, ein großer Kulturerzieher der Arbeiterbewegung, hatte in der Dresdner Arbeiterjugend gleich mehrere junge Dichterbegabungen entdeckt: den Maurersohn Max Barthel (1893–1975), den Klempner Robert Grötzsch (1882–1946), den Malergesellen Edgar Hahnewald (1884–1961) und Artur Zickler (1897–1987). Robert Grötzsch schrieb u.a. soziale Märchen (Muz der Riese, 1913) und die oft aufgeführte Kleinbürgerkomödie Dyckerpotts Erben (1917). Im Sudetengebiet wuchs in dem Schriftsetzer Josef Hofbauer (1886–1948) ein Arbeiterdichter von Eigenart heran, der Gedichte und Novellen schrieb und dessen vielseitiges Werk später in dem Kriegsroman Marsch ins Chaos (1930) und dem Roman der Wirtschaftskrise Dorf in Scherben (1937) gipfeln sollte.

Die deutsche Arbeiterdichtung besaß bereits vor dem ersten Weltkrieg einen christlich-sozialen Zweig. Seine stärkste Begabung war der Kesselschmied Heinrich Lersch (1889–1936) aus Mönchengladbach, von dem 1914 die Gedichte *Abglanz des Lebens* erschienen. Der Eisenarbeiter Christoph Wieprecht (1875–1942) aus Essen schilderte 1924 in dem Roman *Nachtgesang* seine Lebensentwicklung; 1918 kam sein Gedichtband *Hammer und Schwert* zum Druck.

Otto Wohlgemuth (1884–1965) aus Hattingen, der über zwei Jahrzehnte Bergmann war und dann Bibliothekar wurde, veröffentlichte 1908 den ersten Gedichtband. Der künstlerisch bedeutende und sehr produktive Dichter, dem die Natur auch eine zeichnerische Begabung mitgegeben hatte, erzählte einmal, wie er dem alten Kämpchen gesagt habe, die Arbeiterdichter müßten weitergehen, zur richtigen Literatur vorstoßen, dann würde die Welt aufhorchen und die Bergleute und ihre Not sehen. Kämpchen aber habe dazu skeptisch den Kopf geschüttelt.

Arbeiterdichter als Kriegsdichter

Als sich im August 1914 die deutsche Arbeiterbewegung in ihrer großen Mehrheit zur Verteidigung des Landes bekannte, wandte sich auf einmal das öffentliche Interesse einigen bisher wenig beachteten Arbeiterdichtern zu, die mit nationalen Bekenntnisliedern hervorgetreten waren. Das Gedicht *Soldatenabschied* von Heinrich Lersch (1889–1936) schloß mit den Worten: »Deutschland muß leben, und wenn wir sterben müssen.«

Das von Karl Bröger Anfang 1915 im *Simplizissimus* anonym veröffentlichte Gedicht *Bekenntnis* (»Immer schon haben wir eine Liebe zu dir gekannt ...«) wurde zum meistgedruckten Gedicht der Zeit, nachdem Reichskanzler Theobald von Bethmann-Hollweg seine Schlußzeilen im Reichstag zitiert hatte: »Herrlich zeigte es aber deine größte Gefahr, / daß dein ärmster Sohn auch dein getreuester war. / Denk es, o Deutschland.«

Bald darauf übernahm es der angesehene Verlag Eugen Diederichs in Jena, der die ersten Arbeiterbiographien – William Bromme (1873–1926), Wenzel Holek (1864–1935), Carl Fischer (1841–1906), Franz Rehbein (1867–1909) – der Öffentlichkeit vorgelegt hatte, die nun feldgrauen Arbeiterdichter dem Volk bekannt zu machen. Er brachte Gedichtbände von Karl Bröger, Heinrich Lersch, Max Barthel und Alfons Petzold heraus. In ihnen sprach sich keine überheizte Kriegsbegeisterung aus. Karl Bröger, schon im ersten Kriegsjahr schwerverwundet, blieb in seinen Gedichtsammlungen *Kamerad, als wir marschiert* (1916), *Soldaten der Erde* (1918) und in dem Reclam-Prosabändchen *Der unbekannte Soldat. Kriegstaten und Schicksale eines kleinen Mannes* (1917) schlicht, menschlich, mannhaft. Von Heinrich Lersch erschienen die Gedichte *Herz, aufglühe dein Blut* (1916), von Max Barthel *Verse aus den Argonnen* (1916), von dem Österreicher Alfons Petzold *Volk, mein Volk ...* (1915).

Erst nach Kriegsende wurde Deutschland mit dem auch bei Eugen Diederichs erschienenen Buch *Rhythmus des neuen Europa* (1921) des im Oktober 1918 an der Westfront gefallenen Gerrit Engelke bekannt. Seine machtvolle, sprachgewaltige Dichtung ging weit über die Gestaltung des Kriegserlebnisses hinaus. Gedichte wie das *Lied der Kohlenhäuer, Tod im Schacht, Ein herbstlich Lied für Zweie* gehören zur unvergänglichen Dichtung. Unvergeßlich bleibt sein Aufruf *An die Soldaten des großen Krieges*:

Von Front zu Front und Feld zu Feld
Laßt singen uns den Feiertag der neuen Welt!
Aus allen Brüsten dröhne *eine* Bebung:
Der Psalm des Friedens, der Versöhnung, der Erhebung!

In seiner bedeutenden Schrift *Arbeiterdichtung* (1924) nannte der Literaturkritiker Julius Bab den Tod des 27jährigen Engelke »wohl den schwersten Verlust an Persönlichkeitswerten, den die deutsche Kultur in diesem ganzen furchtbaren Krieg erlitten hat«. Für Bab war Engelke der Dichter, »der vielleicht die größte sprachschöpferische Begabung in der letzten Generation besaß ... Zum erstenmal arbeitete in der deutschen Sprache in höchster Kraft der neue Geist mit, der unter den Menschen des Arbeiterstandes erwachsen ist.«

Blütezeit in der Weimarer Republik

In dem großen Ringen zwischen Demokratie und Rätediktatur, mit der nach der Revolution vom 9. November 1918 die Schaffung der Deutschen Republik eingeleitet wurde, standen nicht alle Arbeiterdichter auf der demokratischen Seite. Max Barthel erhob die Fahne des Kommunismus. Ihm gesinnungsgleich waren Emil Ginkel (*Pause am Lufthammer*, 1928) und Hans Marchwitza (*Sturm auf Essen*, 1930). Theodor Plivier (1892–1955), Verfasser des Revolutionsbuches *Des Kaisers Kulis* (1930), sagte mit dem Titel seines zweiten Buches *Der Kaiser ging, die Generäle blieben* (1932), wie kritisch er zur Republik von Weimar stand. Der einstige Bäckergeselle Oskar Maria Graf (1894–1967) gab in seinem großen Buch *Wir sind Gefangene. Ein Bekenntnis aus diesem Jahrzehnt* (1927) ein krasses Bild von Revolution und Gegenrevolution in Bayern. Niemand von den Arbeiterdichtern wurde stärker zum Sänger der demokratischen Republik und der menschlichen Erneuerung als Karl Bröger. Sein Gedicht *Abkehr vom Krieg* verkündete: »Wir wollen der Erde neue Gewichte geben, / die Liebe aufrichten aus ihrem tiefsten Fall / und allen künden: Heilig der Mensch und dreimal heilig das Leben!«

In Bröger, dessen *Republikanische Hymne* bei mancher Verfassungsfeier erklang, der einen »neuen Sinn der Arbeit« predigte, erblickte vor allem die Arbeiterjugendbewegung einen Führer zur Kulturerneuerung und zu einem verjüngten Sozialismus. Junge Laien-Spielscharen brachten mit Vorliebe sein allegorisches Friedensspiel *Kreuzabnahme* (1920). In dem Spiel *Tod an der Wolga* (1923) rief Bröger zur Hilfe für die Verhungernden im Rußland des Bürgerkrieges auf. Tiefen Eindruck machte sein 1923 veröffentlichter Gedichtzyklus *Deutschland*, in welchem er, dem Geist seines Gedichtes *Bekenntnis* von 1915 ähnlich, bekannte: »Nichts kann uns rauben / Liebe und Glauben / Zu diesem Land. / Es zu erhalten / Und zu gestalten / Sind wir gesandt.«

Zur Festkultur, die sich, getragen von der Jugendbewegung, in der Arbeiterbewegung der Weimarzeit eindrucksvoll entwickelte, gehörte nach dem ersten Weltkrieg der Sprechchor und das Laienspiel. Fast alle Arbeiterdichter schrieben Sprechchorwerke. Bröger schuf für den Arbeiterjugendtag 1928 in Dortmund das von Hunderten aufgeführte Sprechchorwerk *Rote Erde*.

Bruno Schönlank (1891–1965), der aus der sozialistischen Bewegung hervorgegangene Lyriker und Erzähler, war im besonderen Maße Sprechchordichter, u.a. *Erlösung* (1920) und *Der gespaltene Mensch* (1927). Er hatte für den Hamburger Reichsjugendtag der Arbeiterjugend 1925 das Chorwerk *Jugendtag* geschrieben. Andere Arbeiterdichter eiferten ihm in der Übernahme von Auftragswerken – vor allem für Jugendtage – nach. Dem jungen Arbeiterdichter Alfred Thieme (1899–1954) war der Sprechchor *Um die Erde* (1926) zu danken. Von ihm stammt auch das schöne Lied *Unser die Sonne, unser die Erde*, das neben Hermann Claudius' *Wenn wir schreiten Seit' an Seit'*, Jürgen Brands *Wir sind jung, die Welt ist offen* und Arthur Zicklers *Hebt unsre Fahnen in den Wind* den Weg von der Arbeiterjugend zur gesamten deutschen Jugend fand. Ja, manche der neuen Arbeiterjugendlieder, die auch der Kieler Hannes Marxen vermehren half, wurden vom Internationalen Jugendtreffen aus über die Grenzen in andere Sprachräume getragen.

Zwischen den beiden Weltkriegen gab es tatsächlich einen Resonanzboden für die Arbeiterdichtung – sie wurde lebende Volksdichtung. In den Heimabenden der Jugend, auf Feiern und Festen der Arbeiterschaft kam sie als wichtige Lebenserhöhung und Lebensdeutung zu Wort. Jedes neue Werk schlug Wellen. Arbeiterdichtung nahm man im Brotbeutel auf Wanderungen mit, um sie am Feuer vorzulesen und zu diskutieren. Viele Verlage und Buchgemeinschaften gaben nun Arbeiterdichtung heraus, weil sie auf echtes Interesse stieß. In dem von August Albrecht geschaffenen Arbeiterjugend-Verlag, Berlin, erschien u.a. eine Reihe handlicher Bändchen *Die deutschen Arbeiterdichter* von Karl Bröger, Gerrit Engelke, Heinrich Lersch, Max Barthel, Paul Zech, Ludwig Lessen, Otto Krille, Alfred Thieme, Jürgen Brand, Franz Diederich, Karl Henckell, Hermann Thurow, Hermann Claudius, Ernst Toller und Walter Schenk, ferner eine von Franz Osterroth herausgegebene Anthologie von Bergarbeiterdichtung: *Unter Tag* (1927).

Die unter Mithilfe von Arbeiterdichtern entstandenen Buchgemeinschaften »Büchergilde Gutenberg« und »Der Bücherkreis« wurden Verbreitungszentren in- und ausländischer Arbeiterdichtung. Die Büchergilde Gutenberg brachte in schönen Ausgaben die Werke von Martin Andersen-Nexö (1969–1954), Jack London (1876–1916), Maxim Gorki (1868–1936), Albert Viksten (1889–1969), B. Traven (1882–1969) u.a.; sie druckte von den deutschen Arbeiterdichtern u.a. Max Kretzer (1854–1941), mit dem der Berliner Sozialroman begonnen hatte. Der Bücherkreis brachte neben anderer zeitgenössischer sozialer Literatur die sozialistischen Romane Karl Schröders (1884–1950): *Geschichte Jan Beeks* (1929), *Aktiengesellschaft Hammerlugk* (1928), *Familie Markert* (1931), *Klasse im Kampf* (1932). In den Monatszeitschriften beider Buchgemeinschaften kamen junge Begabungen der Arbeiterdichtung zu Wort.

»Jüngste Arbeiterdichtung«

In der notvollen, aber kulturfreudigen Weimarer Republik zeigten sich in den zwanziger Jahren neue Arbeiterdichter von starker Begabung, die fast alle vom Gemeinschaftserlebnis der Jugendbewegung beseelt waren.

Da war der Thüringer Zeiss-Arbeiter Kurt Kläber (1897–1960), der zuerst mit Gedichten (*Neue Saat*, 1919) aufhorchen ließ. Er arbeitete einige Jahre als Bergmann im Ruhrgebiet, geriet in die revolutionären Kämpfe der jungen Republik, über die er in seinen Erzählungen *Barrikaden an der Ruhr* (1925) berichtete, und schrieb nach einer Amerikareise das Buch *Passagiere der III. Klasse* (1927).

Der Brückenbauer Erich Grisar (1898–1955) gab dem Arbeitertum und dem Wollen der neuen Jugend Stimme in seinen Gedichten, Erzählungen und Romanen, u.a. *Morgenruf* (1923), *Gesänge des Lebens* (1924), *Das atmende All* (1925), *Schreie in der Nacht* (1925), *Bruder, die Sirenen schrein* (1931), *Siebzehn Brückenbauer – ein paar Schuh* (1937). Ende der zwanziger Jahre erregte Walter Bauer (1904–1976) berechtigtes Aufsehen mit den Gedichtbänden *Kameraden, zu euch spreche ich* (1929) und *Stimme aus dem Leunawerk* (1930); sie brachten einen neuen Ton in die Arbeiterlyrik. Seine Romane *Ein Mann zog in die Stadt* (1931) und *Das Herz der Erde* (1933) gehören zur großen Prosa der deutschen Arbeiterdichtung.

Im Jahre 1924 forderte Karl Bröger in der Presse junge Menschen aus der Arbeitswelt auf, ihm ihre dichterischen Versuche zuzusenden. Aus 1200 bei ihm eingegangenen Gedichten wählte er 70 für ein von ihm herausgegebenes Bändchen *Jüngste Arbeiterdichtung* (1925). Er wollte damit jungen Begabungen das Tor zur Öffentlichkeit aufstoßen helfen. Unter diesen jungen Dichtern war der Berliner Schriftsetzer Walther G. Oschilewski (1904–1987), der in seinen ersten Gedichtbändchen – *Aufflammender Brücke* (1924) und *Sturz in die Äcker* (1931) – ungewöhnliche lyrische Kraft und Eigenart bekundete. Andere Namen des Bröger-Büchleins merkte man sich ebenfalls: Karl Albrecht, Angestellter aus Lübeck, Rudolf Gottschalk aus Kiel, Gustav Leuteritz aus Dresden und Gerhart Baron aus Oberschlesien (in dessen Gedichten – u.a. in der *Oberschlesischen Chronik* – Eisenhütten und Gruben mit ihren Menschen lebten). In der Anthologie *Das proletarische Schicksal* (1929) unternahm es Hans Mühle, der Öffentlichkeit einen »Querschnitt durch die Arbeiterdichtung der Gegenwart« zu geben, in den er bereits einige dieser jüngsten Arbeiterdichter aus der Jugendbewegung aufnahm. Überhaupt gingen jetzt Proben der deutschen Arbeiterdichtung als wichtige Äußerungen der nationalen Gesamtdichtung in ältere und neuere lyrische Anthologien und in die deutschen Schulbücher ein.

Verbrannt und verbannt

Die Weimarer Republik hatte stets eine gefährdete Existenz geführt. Als sie in den Sturm der großen Weltwirtschaftskrise geriet, begann ihr Kampf auf Leben und Tod. An der Abwehr gegen die nun anschwellende Hitlerbewegung nahmen auch die Arbeiterdichter teil. Vor allem war es Karl Bröger, der nach dem Kapp-Putsch 1920 das »Reichsbanner Schwarz-Rot-Gold« mitbegründet hatte und Wortführer der bedrohten Demokratie war. Nicht nur mit Liedern und Gedichten bekannten die Arbeiterdichter ihre Liebe zum demokratischen Deutschland. Einer von ihnen prägte den kennzeichnenden Vers: »Wir wollen nicht das dritte, / wir wollen das neue Reich, / in dem ein jeder Mensch ist / und brudergleich.«

Doch das »Dritte Reich« kam und mit ihm das Ende der Freiheit, die Zerstörung der Arbeiter- und Angestelltenorganisationen, der Raub ihrer Zeitungen, Verlage, Buchgemeinschaften. Damit war auch den Arbeiterdichtern der Boden entzogen. Aus allen Büchereien und Buchhandlungen, ja auch aus vielen Privatbibliotheken rissen Nationalsozialisten die Werke der Arbeiterdichter heraus und warfen sie auf die Scheiterhaufen. Die Büchergilde Gutenberg schalteten sie gleich, damit sie den geistigen Bedürfnissen der Deutschen Arbeitsfront dienen konnte.

Einige kluge Leute unter den neuen Machthabern kamen auf den Gedanken, auch die Arbeiterdichter dem »Dritten Reich« gleichzuschalten. Es fanden sich auch einige Arbeiterdichter, allen voran Max Barthel und Heinrich Lersch, die bereit waren mitzumachen, was sie nach einer Kette von Desillusionierungen später sehr bereuten. Die meisten Arbeiterdichter blieben sich und ihrer Sache trotz Not und Verfolgungen treu.

Karl Bröger, der sich noch im März 1933 demonstrativ zum sozialdemokratischen Stadtrat in Nürnberg wählen ließ, wurde von SA-Leuten zusammengeschlagen und auf Anordnung des *Stürmer*-Herausgebers Julius Streicher in das Konzentrationslager Dachau geschafft. Nach der Entlassung blieb er lange unter Polizeiaufsicht. Versuche, ihn mit Stellenangeboten für den Nationalsozialismus zu gewinnen, lehnte er ab. Er schlug sich als freier Schriftsteller durch, wobei er sich auf Kinderbücher und geschichtliche Romane zurückzog. Doch konnte Bröger nicht verhindern, daß seine im ersten Weltkrieg und für die Weimarer Demokratie geschriebenen nationalen Gedichte und Erzählungen von den Nationalsozialisten mißbraucht wurden. Als eine Bombe 1943 sein Siedlungshäuschen zerstörte, gingen auch verborgene Romanmanuskripte, die für die Zeit nach dem »Dritten Reich« bestimmt waren, in Flammen auf. Bröger starb 1944, ohne diese heißersehnte Zukunftszeit zu erleben. Mit einem Staatsbegräbnis und einem Goebbelskranz versuchten die braunen Machthaber vorzutäuschen, Bröger wäre Nationalsozialist geworden.

Der Weg einiger Arbeiterdichter führte in die Emigration. Julius Zerfaß konnte nach seiner Entlassung aus dem Konzentrationslager Dachau in die Schweiz fliehen. Dort veröffentlichte er 1936 unter dem Namen Walter Hornung *Dachau. Eine Chronik*, die auch starke KZ-Gedichte enthält. Von Bruno Schönlank erschien in der Schweiz der Gedichtband *Du Mensch in dieser Zeit* (1946), von Ernst Preczang (der an der in der Schweiz entstandenen Büchergilde Gutenberg mitarbeitete) die Romane *Steuermann Padde* (1940) und *Severin der Wanderer* (1949), von Robert Grötzsch (1882–1946) in der Tschechoslowakei der Arbeitersportroman *Tormann Bobby* (1938), das Drama *Gerechtigkeit* (1936) und der Emigrantenroman *Wir suchen ein Land* (1936). Grötzsch starb in New York, wo er zeitweise wieder im Klempnerberuf gearbeitet hatte. Edgar Hahnewald (1884–1961), der in der Tschechoslowakei unter dem Pseudonym Manfred den Zeitroman *Der Wilddieb von Maybach* (1934) veröffentlicht hatte, starb 1961 in Schweden. Paul Zech mußte sich mit Arbeit jeder Art in Südamerika durchschlagen und hinterließ viele neue Manuskripte, von denen neuerdings einzelne in Deutschland zum

Druck gelangten. Kurt Kläber, der aus gesundheitlichen Gründen schon vor 1933 in der Schweiz lebte, wurde unter dem Namen Kurt Held mit großartigen Kinderbüchern – *Die rote Zora und ihre Bande* (1941), *Giuseppe und Maria* (1955) – in vielen Ländern bekannt und beliebt. Theodor Plivier (1892–1955) und Willi Bredel (1901–1964), der einen KZ-Roman *Die Prüfung* (1934) schrieb, lebten damals in Rußland. In der Emigration traten auch neue Arbeiterdichter hervor: Der Ingenieur Kurt Doberer (1904–1993) aus Nürnberg mit dem Gedichtbändchen *Prolet, das bist Du* (1935), Hans Reinowski (1900–1977) aus Braunschweig mit dem Gedichtband *Lied am Grenzpfahl* (1940), der Metallarbeiter Hans Dohrenbusch (1904–1987) aus Köln mit dem Versbändchen *Du bist ein Gast wie ich* (1945). Gerhart Baron (1904–1978) wurde bei Kriegsende als Soldat nach Österreich verschlagen, wo er als Archivar eine umfassende »Bibliographie der Arbeiterdichtung des deutschen Sprachraumes« erarbeitete.

Arbeiterdichtung nach 1945

Bei den Bestrebungen, nach dem Nullpunktjahr 1945 an der Vergangenheit von 1933 anzuknüpfen, wurde noch heute erregende und gültige Dichtung und Kunst entdeckt. Auch unvergängliche Arbeiterdichtung holte man aus dem Schutt hervor. Darum bemühte sich vor allem Fritz Hüser mit seinem Archiv für Arbeiterdichtung und soziale Literatur in Dortmund.

Einiges aus dem lebendigen Erbe der Arbeiterdichtung findet sich noch heute in Schullesebüchern und lyrischen Anthologien, zum Beispiel Gedichte von Engelke und Bröger. Es werden auch noch Seminararbeiten und Dissertationen über Arbeiterdichtung geschrieben.

1956 erschien mit Hilfe der Stadt Nürnberg, die in Karl Bröger ihren größten Dichter seit Hans Sachs erblickt und eine Straße nach ihm benannte, unter dem Titel *Bekenntnis* eine Auswahl der Gedichte des Arbeiterdichters. Dankbar zu begrüßen ist die Herausgabe des Gesamtwerkes von Gerrit Engelke: 1960 beim List-Verlag, 1961 bei der Büchergilde Gutenberg. Einzelne Werke oder Auswahlausgaben von Alfons Petzold, Josef Luitpold, Ernst Preczang, Erich Grisar und Walter Bauer sind im Buchhandel zu haben. Walter Bauer, der als Arbeiter nach Kanada ging, gab uns sein schönes Gedichtbuch *Mein blaues Oktavheft* (1954). Bei der Büchergilde Gutenberg, die sich ihrer Verpflichtung gegenüber der Arbeiterdichtung erneut bewußt geworden ist, erschien im Herbst dieses Jahres eine Auswahl der Gedichte von Otto Wohlgemuth. Der Verlag J.H.W. Dietz Nachf. hat ein Werk »Die Welt der Arbeit im Spiegel der Dichtung« von Wilhelm Matull angekündigt, das auch die Arbeiterdichtung behandeln wird. Ein bemerkenswertes Ereignis in der Geschichte der Arbeiterdichtung war die Herausgabe einer von Fritz Hüser und Walter Köpping gestalteten Anthologie bergmännischer Dichtung, betitelt *Wir tragen ein Licht durch die Nacht* durch die IG Bergbau und Energie im Sommer 1960. Das Buch fand starke Beachtung, so daß jetzt eine zweite, erweiterte Auflage gedruckt werden konnte.

Es ist aber nicht nur die Wiederentdeckung des lebendigen Erbes, sondern auch der Ansatz zu neuer Dichtung der Arbeit festzustellen. So gibt es wieder eine Bergmannsdichtung der Gegenwart. Die kürzlich in der Nachfolge des »Ruhrlandkreises«

der zwanziger Jahre gebildete »Dortmunder Gruppe 1961« vereint u.a. die Autoren Ewald Rolf (1901–1993), Emil Smirnow (1902–1978), Johann Sinne (1907–1983), Willy Bartock (1915–1995), Hildegard Wohlgemuth (1917–1994), Josef Büscher (1918–1983), Günter Westerhoff (1923–2015), Heinz Kosters (1924–1986) und Max von der Grün (1926–2005). Die Zeitung der IG Bergbau und Energie brachte von ihnen Gedichte und Erzählungen. Es liegen bereits wieder viele bergmännische Dichtungen vor, so daß an die Herausgabe einer Auswahl gedacht werden kann.

Die beiden folgenden Gedichte mögen beweisen, daß aus der »Gruppe 1961« echte neue Gestaltungen kommen:

Heinz Kosters
Schachtsturz

Der Schnürkraft rasenden Sturzes
entwindet sich jählings ein Schrei
und tost am eisigen Schweigen
der nachtdunklen Schachtwand vorbei.

Zerdrückt vom klammernden Soge
umschwirrt er den torkelnden Rumpf
und stürzt wie gläserne Scherben
in den gierig schluckenden Sumpf.

Max von der Grün
Kumpel

Im Steingedärme unter Tage
träumen sie
von frühlingsgleichen Mädchen.
In staubdurchwehten Streben
sehnen sie
sich Tiere und Blüten herbei.

Sind sie müder Nacht entstiegen,
schwarz in grau,
wachsen langsam sie zu Menschen.
Hat das Menschsein sie umfangen
licht im Licht,
schwanken wieder sie ins Dunkel.

Es verwundert nicht, daß eine Neubelebung der deutschen Arbeiterdichtung vor allem vom Bergbau ausgeht. Schon früher nahmen die Welt des Bergbaues und das Schicksal des Bergmannes in der Arbeiterdichtung einen zentralen Platz ein. Bis in unsere Tage hinein haben sich im Bergbau das Arbeitserlebnis, die Not und die Gefahr unverändert erhalten und damit auch die Voraussetzung für Arbeiterdichtung, für dichterisches Erleben und Gestalten aus dem Kreis der Arbeitenden selbst. Im *Vorwärts* meinte Alexander von Cube am 28. Juni 1961: »Die Arbeiterdichtung sammelt sich zu einem neuen Vorstoß.« Im Juli-Heft der Zeitschrift *Die Kultur* sprach Dr. Walter Fabian von einer kommenden »Renaissance der Arbeiterdichtung«. Es würde für unsere Kultur viel bedeuten, wenn die Optimisten recht behielten und sich, wie zum Beispiel in Skandinavien, auch bei uns heute und morgen arbeitende Menschen in Gedichten, Erzählungen, Romanen, Dramen, Komödien, Hörspielen und Laienspielen schöpferisch mit ihrer sich ständig wandelnden industriellen Arbeitswelt und ihren eigenen Lebensfragen auseinandersetzen würden. So dürfen wir denn heute mit den Worten Paul Zechs sagen: Die deutsche Arbeiterdichtung steht »bei einem Ende und vor einem neuen Anfang«.

Siegfried Röder
Grundzüge des Naturalismus

Im Novemberheft brachten wir einen ersten Aufsatz, der in gedrängter Form Entstehung und Entwicklung der deutschen Arbeiterdichtung schilderte. In den weiteren Folgen dieser Artikelserie sollen die großen Gestalten der deutschen Arbeiterdichtung vorgestellt werden. In die Texte werden typische Gedichte, Selbstzeugnisse und Gedanken der Dichter aufgenommen. Der vorliegende Aufsatz ist Arno Holz gewidmet, der zwar kein Arbeiterdichter war, der aber durch sein Werk und sein Beispiel großen Einfluß auf die aufblühende deutsche Arbeiterdichtung gehabt hat. Deshalb kann eine Untersuchung über die Arbeiterdichtung nicht an Arno Holz vorübergehen.

> Ein Kunstwerk ist ein Stück Natur, gesehen durch ein Temperament.
> *Emile Zola*

> Die Kunst hat die Tendenz, wieder die Natur zu sein.
> *Arno Holz*

Unter Naturalismus verstehen wir eine europäische Epoche der Literatur, die den Zeitraum von 1880 bis 1905 umspannt. Wegbereiter waren u.a. der Franzose Emile Zola (sein Bergarbeiterroman *Germinal* erschien 1885), die Skandinavier Ibsen und Strindberg und die Russen Tolstoi und Dostojewski. In Deutschland erlebte der Naturalismus einen Höhepunkt mit Gerhart Hauptmanns Drama *Die Weber* (1892). Einer der Begründer des deutschen Naturalismus und das größte lyrische Talent dieser Bewegung war Arno Holz (1863–1929). Er hat u.a. großen Einfluß auf Hauptmann gehabt, den er in Berlin kennenlernte. Der Naturalismus bereitete den Boden für die nach der Jahrhundertwende beginnende deutsche Arbeiterdichtung. Er schuf, was Themen, Stil und Form anbelangte, die Voraussetzung für Dichtungen der Arbeiter selbst. Im Naturalismus erfolgte eine entschlossene Hinwendung zur Wirklichkeit dieser Welt unter Einbeziehung selbst ihrer Unzulänglichkeiten, der Not, der Leiden; kleine und arme Leute wurden zu den »Helden« ihrer Werke. Diese Dichtung war zugleich sozialkritisch oder gar politisch, bis hin zu kämpferisch-propagandistischen Aussagen. Viele ihrer Werke haben den Charakter eines politischen Programms, des Flugblatts, des Pamphlets. Kennzeichnend für den Naturalismus ist auch ein ausgeprägtes soziales

Gefühl, Mitleid mit den »Erniedrigten und Beleidigten« (Dostojewski), ein Gefühl, das auch den Proletarier mit einschloß.

Ideal dieser Dichtung ist die Wahrheit, sie stellt sich der Auseinandersetzung mit den Realitäten der Welt. Sie grenzte sich damit deutlich ab von der Dichtung der Klassik und der Romantik, die von einem Rausch der Verklärung und Schönheit erfüllt sind.

Von den Dichtern des Naturalismus, die für die späteren Arbeiterdichter Bedeutung hatten, muß Arno Holz an erster Stelle genannt werden. Sein Einfluß auf die Entwicklung und das Werk von Lersch, Barthel, Bröger u.a. kann nicht abgeschätzt werden. Er kann geradezu als der literarische Führer der jungen Arbeiterdichter bezeichnet werden. Alle haben ihn gekannt, geschätzt, und sie haben viel von ihm gelernt. Wie sehr bereits im Werk von Holz der Arbeiter und die Arbeitswelt ihren Platz haben, sei durch vier Strophen aus dem großen Gedicht *Zum Eingang* belegt:

> Doch ob auch Dampf und Kohlendunst
> Die Züge dieser Schrift verwaschen;
> Kein flüchtig Glück will ich erhaschen,
> Ich liebe dich, nicht deine Gunst!
>
> Mir schwillt die Brust, mir schlägt das Herz
> Und mir ins Auge schießt der Tropfen,
> Hör' ich dein Hämmern und dein Klopfen
> Auf Stahl und Eisen, Stein und Erz.
>
> Denn süß klingt mir die Melodie
> Aus diesen zukunftsschwangern Tönen;
> Die Hämmer senken sich und dröhnen:
> Schau her, auch dies ist Poesie!
>
> Sie kehrt nicht nur auf ihrem Gang
> In Wälder ein und Wirtshausstuben,
> Sie steigt auch in die Kohlengruben
> Und setzt sich auf die Hobelbank.

Dem Kenner wird auffallen, wie sehr hier schon der Ton getroffen ist, der später in den Gedichten von Lersch und Bröger wiederkehrt. Die letzte Strophe, die vom Glauben an eine bessere Zukunft erfüllt ist, könnte einem Bergarbeitergedicht entnommen sein:

> Drum ihr, ihr Männer, die ihr's seid,
> Zertrümmert eure Trugidole
> Und gebt sie weiter, die Parole:
> Glückauf, glückauf, du junge Zeit!

Stellen wir nun die Frage, um welche Dichterpersönlichkeit es sich bei Arno Holz handelt: Er wurde am 26. April 1863 in Rastenburg (Ostpreußen) geboren. Sein Vater war Apotheker. In Berlin ist er aufgewachsen, das ihm seit 1875 zur Wahlheimat geworden ist.

Bereits mit neunzehn Jahren gab er sein erstes Liederbuch *Klinginsherz* heraus, wofür er den Preis der Augsburger Schillerstiftung erhielt.

Der junge Arno hat sehr früh erkannt, daß er in der deutschen Literatur eine Mission zu erfüllen habe. Seine ersten dichterischen Versuche liegen in der Tradition der deutschen Lyrik von Eichendorff, Freiligrath, Heine. Im Mittelpunkt seiner Jünglingsverehrung steht Emanuel Geibel, den er »seinen verehrten Meister« nennt.

Mit einem Schlage wurde Arno Holz bekannt, als 1886 sein *Buch der Zeit* erschien. Der große Lyriker Liliencron (1844–1909) urteilte darüber: »Donnerwetter! Sind das Sachen! Nie, ja nie habe ich so souverän den Reim behandelt gesehen! Holz ist ein Genie. Der erste Führer der neuen Geschlechtsreihe! Unzweifelhaft!«

Und 1889 schrieb er direkt an Holz: »Nie, ich schwöre, hat mich ein Buch so krank, so gesund, so krank, ja elend gemacht wie Ihr herrliches ›Buch der Zeit‹. Nie hat mich ein Buch so erschüttert und erregt.«

Der Titel des Buches war auf die damalige Gegenwart bezogen, das Buch rechnete mit der Vergangenheit ab.

Die sozialen Kampfgedichte gaben vielen jungen Dichtern neue Anregung. Eines der bekanntesten dieser Gedichte ist:

Mein Herz schlägt laut

Mein Herz schlägt laut, mein Gewissen schreit,
ein blutiger Frevel ist diese Zeit!
Am hölzernen Kreuz verröchelt der Gott,
Kindern und Toren ein seichter Spott;
verlöscht ist am Himmel das letzte Rot,
über die Welt hin schreitet der Tod,
und trunken durch die Gewitternacht klingt
das sündige Lied, das die Nachtigall singt!

Die Menschheit weint um ihr Paradies,
draus sie ihr eigener Dämon verstieß,
und heimlich zischt ihr die rote Wut
ihre Parole zu: Gold und Blut!
Gold und Blut, Blut und Gold!
Hei, wie das klappert, hei, wie das rollt!
Und wüst dazwischen kräht der Hahn.
Volksohnmacht und Cäsarenwahn!

Und immer dunkler wird die Nacht,
die Liebe schläft ein, und der Haß erwacht,
und immer üppiger dehnt sich die Lust,
und immer angstvoller schwillt die Brust;

kein Stern, der blau durch die Wolken bricht,
kein Lied, das süß von Erlösung spricht –
mein Herz schlägt laut, mein Gewissen schreit:
Ein blutiger Frevel ist diese Zeit!

Aus eigenem Erleben wurde Holz zum sozialen Dichter. Er erlebte, vom Lande kommend, die Großstadt Berlin, und er setzte sich in seinem Werk immer wieder mit dem Thema »Großstadt« auseinander – Mietskasernen, Häuserblocks, Fabriken und Proletarier kehren in seinen Arbeiten oft wieder. Holz war ein rigoroser Naturalist, hinter dem ein edler Sozialismus stand. Er war auch mit der Arbeiterbewegung verbunden. So war er beispielsweise Mitarbeiter der satirischen Zeitschrift *Der wahre Jacob*, die von Sozialdemokraten zur Zeit der Bismarckschen Sozialistenverfolgung gegründet wurde. In dieser Zeitschrift fanden auch die folgenden Verse Aufnahme, die seine politische Einstellung und seinen Stil kennzeichnen:

Chanson

Noch immer baumelt der alte Zopf
Der alten Welt ins Genick,
Noch immer schmort ihr kein Huhn im Topf,
Drum: Vive la République!

Drum: Vive la République, blique, blique,
Das Herz schlägt uns im Bauch,
Das Knutenthum haben wir dick, dick, dick
Und Kartoffel und Hering auch!

Reimspiel

»Was ist das beste Futter, sprich,
Für hungernde Nationen?«
»Halts Maul, Halunk', was kümmert's dich?«
Der Reim lacht: »Blaue Bohnen!«

Holz wandte sich mit aller Schärfe gegen die Salonschriftsteller seiner Zeit, und er prangerte mit beißender Schärfe die innere Hohlheit und Brüchigkeit der bürgerlichen Gesellschaft an:

Noch Eins! (1. Strophe)

Beim Leibe des Brots und beim Blute des Weins!
Merkt auf, ihr Herren im Frack!
Ihr hohen Herrn! denn ich pfeif' euch noch Eins,
Noch Eins auf dem Dudelsack!

Und ob ihr auch flucht und mich niederschreit,
Mir Alles einerlei!
Die Porzellan- und Reifrockzeit
Ist Gottseidank vorbei!

Arno Holz hat die Dichtkunst und die soziale Aufgabe des Dichters sehr ernst genommen. Er erkannte als erster, daß für den Naturalismus, der zum ersten Male ganz bewußt den Arbeiter und die Arbeiterwelt zum dichterischen Thema erhob, eine neue Kunstform geschaffen werden muß.

Er suchte einen naturhaften Rhythmus der Sprache, den er teilweise – ohne allerdings damit eine große Wirkung zu erzielen – verwirklichte.

Mit dem Gedichtzyklus *Phantasus* (ab 1898) schuf er das lyrische Meisterwerk des deutschen Naturalismus. In den von Metrik und Reim befreiten Rhythmen entwickelte er eine große Wortkunst.

Mit Johannes Schlaf (1862–1941), den er im Winter 1887/88 kennengelernt hatte, versucht Holz die Gesetzmäßigkeit der Sprache zu erforschen. Es war die Eroberung des sogenannten Sekundenstils, der exakt jeden Vorgang des Lebens getreu wiederzugeben sucht. Bei dieser Zusammenarbeit entsteht *Die papierne Passion*, eine Sammlung von Novellen aus dem Milieu der Großstadt.

Im Mittelpunkt steht die warmherzige und lebendig geschilderte Mutter Abendrothen, eine Frau vom Schlage der späteren Mutter Wolffen in Hauptmanns Diebeskomödie *Der Biberpelz* (1893). Berühmt wurden noch die zwei Werke *Papa Hamlet* (1889) und *Familie Selicke* (1890), die Holz und Schlaf gemeinsam geschrieben haben. In beiden Werken wird eine ungeschminkte Zustandsschilderung gegeben, die in ihrem Realismus kaum zu übertreffen ist. Nun gerät aber der Dichter ins Hintertreffen, als er 1891 seine ästhetischen Untersuchungen in der Schrift *Die Kunst. Ihr Wesen und ihre Gesetze* veröffentlicht.

Sein Freund Otto Julius Bierbaum (1865–1910) hat Holzens tragische Situation erkannt und beklagt, daß Holz sich zu »heillos« in den Naturalismus »verrannt« habe. Er wurde nicht verstanden, drohte der Vergessenheit anheimzufallen.

Eine Einsamkeit bemächtigte sich seiner. Hinzu kamen wirtschaftliche Sorgen, die ihm viel schöpferische Kraft raubten. Durch Erfindung von Spielsachen und anderen Gelegenheitsartikeln bestritt er notdürftig seinen Unterhalt. Dank dieser Erfahrungen hat er für die Sorgen anderer, wie später etwa bei Heinrich Lersch, ein offenes Herz gehabt.

Es ist interessant, daß unser Dichter nur zwei Gattungen der Dichtkunst anerkennt. Ich zitiere aus seiner *Revolution der Lyrik*: »... alle Dichtung ist im Grunde Selbstdarstellung. Dies geschieht entweder direkt oder indirekt. Ihre beiden Formen sind demnach die lyrische und die dramatische.«

Diese Anschauung hat er in zwei großen Werken zu verwirklichen versucht, in den berühmten Gedichtzyklen *Phantasus* und *Die Blechschmiede*.

Einen großen Erfolg errang der Dramatiker Holz mit der Tragikomödie *Traumulus*, die er 1904 zusammen mit Oskar Jerschke schrieb. Vier Jahre später entstand sein dramatisches Meisterwerk, die *Sonnenfinsternis*. Das ist eine Bekenntnisdichtung, die autobiographische Züge aufweist. Und die Komödie *Sozialaristokraten* (1896) ist eine heftige Satire auf die damalige Gesellschaft. Aber alle diese großartigen Werke haben zu keiner Zeit ein großes Leserpublikum gefunden.

Holzens theoretischer Dogmatismus brachte ihn in viele literarische Fehden und verhinderte eine Wirkung in die Breite. Hans Heinrich Borcherdt schreibt darüber:

> Wenn wir nach den Ursachen suchen, die dazu geführt haben, daß die Werke von Arno Holz einen sehr geringen Widerhall gefunden haben, so müssen wir feststellen, daß sie in einem höchst positiven Wert, nämlich in dem überschäumendem Sprachreichtum liegen, der scheinbar ungebändigt dahinströmt, vor allem aber dadurch bedingt ist, daß Holz' fanatischer Absolutheitswille immer nach vollständiger, wahrheitsgetreuer Darstellung der psychologischen Vorgänge strebt.

»Er ist ein Monomane seiner Kunst«, kennzeichnet ihn 1917 Hermann Bahr.

Arno Holz hat zeit seines Lebens keine Kompromisse geschlossen. Er war ein Mann von freier Denkungsart und ist sich selbst treu geblieben, obwohl ihm Erfolg nicht beschieden war. Nur sein *Traumulus* bildete eine Ausnahme, der 1905 auf allen deutschen Bühnen gespielt wurde.

Aber es ist bewunderswert, daß er diesen Erfolg nicht ausnützte und keine weiteren Stücke dieser Art schrieb. Er zog sich vielmehr in eine Dachkammer zurück, hungerte und schrieb seine eigenwilligen großen Werke ohne Rücksicht auf das Publikum.

Während des ersten Weltkrieges und danach verfällt der »Philosoph« Holz einer Resignation, die ihn bis ins Innerste erschüttert.

Beobachtung und sinnliche Wahrnehmung waren des Naturalisten Holz Gesetz und Kraft. Das sind Eigenschaften, die zur Schilderung auch der Arbeitswelt unerläßliche Voraussetzungen sind.

Der sogenannte Holzsche Sekundenstil, d.h. die realistische, wahrheitsgetreue, von Sekunde zu Sekunde mitschreitende Nachzeichnung im Wort hat – wie mir scheint – in gemäßigter Form auf Paul Zech eingewirkt. Holz hielt die Wirklichkeitsdichtung für die dichterische Aufgabe seiner Zeit.

Und nichts anderes will ja die Arbeiterdichtung, als eben dieses Prinzip verwirklichen. Sie geht von keiner Metaphysik und »zweckfreien« Philosophie aus, sondern von der konkreten Gegebenheit des Arbeiters, seiner Umwelt, seiner Lebens- und Arbeitsbedingungen.

In einem Brief an Dehmel aus dem Jahre 1896, in dem Holz seinen »Riehtze« zur »Natürlichkeit« ermahnt, bezeichnet er sich als einen »Fanatiker der Einfachheit«. An einer Stelle lobt er die »kraftvolle Psychologie der Russen«, besonders die von Tolstoi.

Alfred Döblin schreibt 1951 in seiner Einführung *Arno Holz, die Revolution der Lyrik* in der Reihe »Verschollene und Vergessene«:

> Ich kannte ihn in seinem letzten Lebensjahrzehnt und war oft mit ihm zusammen. Er war ein schlanker, elastischer, immer junger Mann, nüchtern, klar und ehrlich, mit viel Sinn für Humor. Er liebte es nicht, sich in den Glanz der Scheinwerfer zu stellen und persönlich hervorzutreten. Er erwies sich auch dadurch als ein guter Sohn

seiner Adoptivvaterstadt Berlin, daß er, der arbeitsame, tüchtige, unverzagte Mann, das graue Gewand ihrer Sachlichkeit und Anonymität trug.

Diese Sachlichkeit und Bescheidenheit gilt sowohl für den Menschen als auch für den Dichter Arno Holz.

Er erkannte die Bedeutung der Arbeiterschaft, die nach 1848 – durchdrungen von der Idee des Sozialismus – eine große Rolle zu spielen begann.

Es sind zwei mächtige Erscheinungen der deutschen Literatur, nämlich Georg Herwegh (1817–1875) und Ferdinand Freiligrath (1810–1976), die als die Vorläufer der sozialen Literatur und als Kämpfer für die Befreiung der Arbeiterschaft Großes geleistet haben. Sie haben neben vielen anderen der Arbeiterdichtung den Weg geebnet. Von diesen beiden gingen große Impulse aus auf Arno Holz, Richard Dehmel und Ernst Toller bis auf die jüngste Arbeiterdichtung.

Holz war der Überzeugung, daß jede poetische Technik mit den Lebensverhältnissen des Volkes verflochten sein muß.

Noch zu Lebzeiten von Arno Holz hat Robert Ress geschrieben: »Kein Dichter seit Goethe – ich bin nicht der erste, der das sagt – reicht an ihn heran.«

Nun, der große Dichter und Sprachschöpfer Arno Holz wurde aber als Künstler und Persönlichkeit von seiner Mitwelt wenig beachtet. Er starb am 26. Oktober 1929.

Es sollte um so mehr die Aufgabe der Nachwelt sein, ihn neu zu entdecken, denn er hat wahrlich auch unserer Zeit viel zu sagen.

Ich glaube, daß es eine schöne Aufgabe der Arbeiterdichtung sein wird, das Bewußtsein für Arno Holz zu wecken und ihm in der Arbeiterbewegung und der Geistesgeschichte den gebührenden Platz einzuräumen.

Der Lyriker und Dramatiker Arno Holz wird immer in der Literatur und in der Geistesgeschichte einen ehrenvollen Platz beanspruchen können. Seine Erscheinung hat damals viele aufhorchen lassen, und sie wirkt im Geistesleben bis heute nach.

Die sozialpolitische Dichtung und die revolutionäre Lyrik, die er meisterhaft geschaffen hat, besaßen für die jungen Arbeiterdichter eine unwiderstehliche Anziehungskraft.

Josef Büscher
Josef Winckler (1881–1966)

»Das, was die Arbeiter denken, sprechen, schreiben, hat das Denken, Sprechen, Schreiben der altregierten Klassen tatsächlich überholt. Alles ist viel echter, lebensvoller, wahrer. Sie, die Arbeiter, packen alles neu an, haben nicht bloß neue Ziele, auch neue Wege.« Diese Worte schrieb der Meister des Berliner Gesellschaftsromans, Theodor Fontane, 1896 an James Morris, zu einer Zeit, als der Begriff »Arbeiterdichtung« noch ein Absurdum gewesen wäre. Er schrieb sie im gleichen Jahr, in dem Arno Holz in seiner Komödie *Sozialaristokraten* die damalige bürgerliche Gesellschaft drastisch kritisierte.

Daß Holz als »Begründer eines konsequenten Naturalismus«, wie ihn Literaturwissenschaftler nennen, den Ausspruch tat: »Die Kunst hat die Tendenz, wieder die Natur zu sein«, leuchtete jedem ein, wenngleich der Druckfehlerteufel in der letzten Ausgabe aus dem »wieder« ein »wider« gehext hatte und so den Sinn seiner Worte auf den Kopf stellte. Sein Schaffen war ähnlich dem eines Herwegh, eines Freiligrath und selbst eines Gerhart Hauptmann, Dehmel, Toller und Kretzer in diesem Zusammenhang nur ein manchmal scharfsinniges, manchmal dumpfes Ahnen und Voraustasten dessen, was um die Jahrhundertwende und zu Beginn unseres Jahrhunderts Tatsache werden sollte, der »Arbeiterdichtung«, der literaturreifen Selbstdarstellung des »Proletariats«, wie die unterste Klasse des Volkes damals genannt wurde.

Zwar hat der Naturalismus weitgehend und in folgerichtiger Fortsetzung des Realismus das geistige Weltbild der letzten Jahrzehnte des vorigen Jahrhunderts bestimmt. Er war getragen von den Fundamenten der Ergebnisse der exakten Wissenschaften. Doch regten sich schon sehr bald Gegenkräfte, nicht zuletzt in Deutschland und nicht zuletzt in den Reihen des Proletariats selbst. Das um so mehr, als er im Zuge seiner geistigen Verbreiterung und bei manchen seiner Repräsentanten oft in einem Verallgemeinern des uns als nur negativ überlieferten Bildes eines vererbungs- und milieubestimmten, triebgehetzten, lebensgequälten, eben nur leidenden Menschentypus abglitt, der schließlich »die Wahrheit im Häßlichen« zu finden glaubte.

Darum wohl auch schrieb Fontane, angewidert vom Zeitgeist eines Teiles der damaligen Gesellschaft, bei der jene nur negative Einstellung sich als eine Art Modekrankheit eingenistet hatte, die Worte, die wir an den Eingang setzten. Gewiß hatte der Naturalismus »die Masse« soziologisch entdeckt. Er hatte in der bürgerlichen Gesellschaft »Mitfühlkraft mit Massenleid« zu wecken verstanden. Die »Masse« selbst aber war weiterhin geheimnisumwittert und stumm geblieben. Erst die ekstatische »Liebe des Expressionismus«, die brüderliche Neigung zu allen Menschen, vornehmlich zu jenen, die mit harter Hände Arbeit die neue Zeit heraufgeführt hatten, sollte das Proletariat selbst zum Sprechen bringen oder Männern seine Stimme leihen, die sich mit seiner Daseinswelt bewußt und tiefinnerlich auseinandersetzten.

Das konnte Fontane freilich nicht wissen, als er jene Worte schrieb. Er konnte nicht wissen, daß bereits an Westfalens nordwestlicher Grenze ein fünfzehnjähriger Gymnasiast lebte, Josef Winckler mit Namen, der wohlbehütet auf dem stolzen Bauernhof seiner Ahnen, dem Nylandhaus in Hopsten bei Rheine, aufwuchs und der die schicksalhafte Berufung in sich trug, eine ganz besondere Aufgabe in dieser Entwicklung zu erfüllen. Nein, er konnte nicht ahnen, daß es dem aus gutbürgerlichen Kreisen stammenden Jüngling vorbehalten war, dem »Denken, Sprechen, Schreiben« der Arbeiter knapp achtzehn Jahre später mit einem gewaltigen Hammerschlag gleichsam das letzte noch sperrende Tor zur eigenen literarischen Fixierung großen Ausmaßes zu sprengen, ein Tor, das vielfach aus Konservatismus, aus Überheblichkeiten, Standes- und Intelligenzdünkel und geistiger Trägheit zusammengeschweißt war.

Heute möchte es uns scheinen, als sei er sich der Wucht dieses seines gezielten Hammerschlages sehr wohl bewußt gewesen, der junge, energiegeladene Welten- und Himmelsstürmer aus dem Westfalenlande. Denn kaum irgendwo anders wurde jemals ein solches »Hol aus!« und Zuschlagen mit dem Hammer als Symbol der Arbeit in einem Gedicht deutscher Sprache festgehalten, wie es bei den einleitenden Versen zu seinen *Eisernen Sonetten* (1914) der Fall ist, in denen er sagt:

Hol aus, reck auf mit heldischer Gebärde,
Du Mann am Amboß! Spann dich! Straff den Mund!
Schleudre gestemmt den Hammer rund
Und hau, daß Kraft zu Kunst und Feuer werde!

Mein alter Lehrer sagte, uns zu sputen:
»Jungs, Klaun in de Äd!« – – Jungs, Klaun in de Äd!
Die Hände sind ein wundervoll Gerät,
Die Schultern sind wie Balken und wie Ruten.

Im Schwung des Hammers kreist die Ewigkeit,
Und jedem steht ein Amboß wohl bereit,
Daß sein Gewaltiges gewaltig sei.

Sei Tor und Baldur, Freund, verzweifel nicht;
Das Höchste, Letzte bleibt die Tat, die Pflicht
Es kreist der Hammer: panta rhei!

Dabei ist Josef Winckler im Gegensatz zu Arno Holz kaum oder gar nicht vom Blickfelde literarischer Strömungen aus (etwa Naturalismus oder Expressionismus) zu erfassen, geschweige denn zu würdigen. Wenn ihm Nordrhein-Westfalens Kultusminister Werner

Schütz anläßlich des 80. Geburtstages am 9. Juli vergangenen Jahres auf einer Feier in seiner Vaterstadt Rheine für sein Lebenswerk dankte, das er »im und aus dem Geist einer völligen Freiheit und Unabhängigkeit geschaffen hat«, so sprach er mit diesem Nebensatz einen Grundzug seines Wesens und geistigen Schaffens an, der ihm in der Tat im höchsten Maße eigen ist. Gewiß könnte man auch bei ihm »Symptome« etwa eines »Werteschwundes des Naturalismus« nachweisen, wie es einzelne gelehrte Männer wohl um ihrer Gelehrtheit willen nicht unterlassen können.

Man könnte ebenso in seinen zahlreichen Schöpfungen, vor allem in seinen Gedichten und Prosadichtungen, Klänge und Anklänge »expressionistischer Schwingungsart« erlauschen und sie wie eine Perlenkette planvoll aneinanderreihen. Doch dann würde man diesem eigenwilligen Dichter und Erzähler, diesem großen Chronisten Westfalens, des *Tollen Bombergs*, des *Doktor Eisenbarts* und des *Alten Fritz* unserer Meinung nach unrecht tun, wie seine bloße Einreihung als Heimatdichter gleichfalls völlig unterwertig ist.

Er war in vielen Sätteln des Dichterrosses Pegasus sehr sattelfest und ist schließlich nicht von ungefähr »Vater« jenes pfiffigen Possenspielers und Oberschelms, des »Herrn Baron von Bomberg«, mit dem verwechselt oder für den gehalten zu werden er wohl mit seinem köstlichsten Schmunzeln zu quittieren pflegte.

Wie sehr dem Dichter die in seinem Epos vom *Tollen Bomberg*, das im Jahre 1924 das Licht unserer immer ernsthafter werdenden Welt erblickte, so trefflich dargetane Kunst des Fabulierens im Blute steckte, beweisen der 1925 erschienene Geschichts- und Erinnerungsband *Pumpernickel* und seine 1929 folgende Lebensbeschreibung des *Doktor Eisenbarts*, genauer: *Des verwegenen Chirurgus weltberühmbt Johannes Andreas Doktor Eisenbart Zahnbrechers, Bänkelsängers, Okulisten, Steinschneiders Tugenden und Laster auf Reisen und Jahrmärkten, mancherley bewährteste Artztneyen in Not und Tod samt vielen Orakeln, Mirakeln, Spektakeln, insonderheit auch philosophische, politische, moralische, mythische Tractata und sehr bedeutsame Mitteilungen zahlloser erschröcklicher und lustiger Begebenheiten getreulich dargestellt und vorgestellt vom rechtschaffenen, rite approbierten Collegen Josef Winckler weiland Zahnarzt zu Mörs am Rhein, Anfertiger höchst kunstvoller Gebisse, gantz wie aus Natur, aus Kautschuk, Gold, Aluminium. Dr. med. dent. der Universität Köln, Polyhistor und großer Dichter, seßhaft und wohlberechtigt, rechtmäßig geboren, gültig getauft vom nachmaligen Bischof Dr. Brinkmann zu Rheine in Westfalen.*

Mit diesen drei Volksbüchern schrieb sich »Lügenjöbken«, wie ihn Freunde und Anverwandte wegen seiner überschäumenden Phantasie bereits in früher Kindheit genannt hatten, tief in die Herzen seiner Westfalen und Rheinländer hinein.

Dabei ist der Knappschaftszahnarzt a.D. Dr. Josef Winckler durchaus kein routinierter Döntges- und Possenspinner oder Schelmereienproduzent nur um des Amüsements willen, der sich mit wissendem und verschmitztem Lächeln selbst scheinheilig an Tiefen und Abgründen menschlicher Daseinsproblematik vorbeidrücken will.

Gerade die Tiefen und Abgründe, die »Welt hinter den Dingen« haben es ihm angetan, was mehr als zwei Dutzend weiterer Werke beweisen, die er in seinem langen, von »gnadenloser Unruhe der Schöpferkraft erfüllten Leben« schrieb.

Nichts ist bezeichnender zur Charakteristik dieses Mannes, auch von der Blickwarte unserer Arbeiterdichtung aus, als eine kurze Lebensbeschreibung, die sein Kritiker Hans Benzmann zum Teil auf ihn selbst zurückführt:

Einem ehemaligen Adelsgeschlechte entsprossen, erbte Josef Winckler von seinem Vater die gnadenlose Unruhe der Schöpferkraft. Er wurde 1881 als sein ältester Sohn geboren. Seit Apoll unter den Ziegenhirten hat niemand auf Erden eine schönere Jugend verlebt. Seine Lehrer auf der Bonner Universität waren Heine, Schiller, Liliencron, Goethe, Eichler, Dehmel. Eichler war Privatdozent für Zahnheilkunde. Dann, die mächtige Phantasie des Vaters im Blut, gekühlt von der erfahrungsschweren und praktisch wägenden Besonnenheit der Mutter, emporgehoben vom gewaltigen Rhythmus modernen Großstadt- und Arbeitsbrausens, gelobte er: Schaff Geld, sei unabhängig, wähle ein technisch wirtschaftlich kühles Fach – niemand darf in dieser schweren Zeit seinem Volk verlorengehen. Deutschland kann sich keine Bohème mehr leisten, ekelhaft armseliges »Dichterdachstubenelend« verkannten Größenwahns, nur kein Poet! Bestehst du so den Genius der Kunst – wohlan, hast du die Probe abgelegt! So nur bist du in harter Fron und Selbstzucht und Wirklichkeitsnähe durch die Zeit gegangen, und so nur kannst du ihr Kenner und Künder sein.

Sein hochstrebender Geist und seine bluthafte Erdverwachsenheit ließen ihn ständig innerlich brodeln und kochen, »wie wenn Wasser mit Feuer sich mengt«. Er wurde zum hin- und hergerissenen Denker und Deuter des Weltsinns. Viele seiner Werke bezeugen es, so seine *Eisernen Sonette* (1914), seine Kriegsgedichte *Mitten im Weltkrieg* (1915), *Die mystische Zeit* (1916), *Des deutschen Volkes Meergesang* (1917) und sein Nachkriegswerk *Irrgarten Gottes oder Die Komödie des Chaos* (1922), ein packendes literarisches Zeugnis für eine völlig in ihren Grundfesten erschütterte Zeit. Auf den *Ruf des Rheins* (1923) folgte im nächsten Jahr sein umstrittenes Bändchen satirischer Prosadichtung *Trilogie der Zeit*, in dem er die erschreckende Hintergründigkeit einer völlig harmlos anmutenden Episode aus dem Leben eines kleinen Arbeiterjungen aufzeigt, über den unabwendbaren Niedergang einer gutbürgerlichen Familie in den Nachkriegswirren berichtet und schließlich die unheilvollen Folgen einer totalen Mechanisierung durch die Erfindung eines »künstlichen Massenarbeitstieres«, eines »Homunkulus aus der Retorte« beschreibt, Probleme, die in der Gegenwart, allerdings mit verändertem Hintergrund, ihre erregende Aktualität keineswegs verloren haben. *Der Chiliastische Pilgerzug* (1923) ist die Absage des Dichters an alle »unorganische Weltutopie«.

Nach diesen wagemutigen Expeditionen in Abgründe und Tiefen menschlichen Lebens war es für ihn hohe Zeit, wieder einmal zu den »Müttern« zurückzukehren, von denen er ausgegangen war und zu denen er immer wieder zurückfand, wenn er sich im Gewoge moderner Lebenserscheinungen keinen Rat mehr wußte. Er schrieb das *Mutterbuch* (1934), eine Dichtung, oder wie er es selbst nennt, »einen Weltgesang vom Wunder und Größe mütterlicher Liebeskräfte«.

Noch viele Erzählungen, Romane, Legenden, Novellen ernsten und heiteren Inhalts folgten. Im Grunde aber beweisen alle, daß dem Erzähler und Romanautor Josef Winckler des Volkes größere Sympathie zuteil wurde als dem Lyriker und speziell dem »Herold und Schrittmacher« unserer deutschen Arbeiterdichtung, die es auch heute noch, wie in keinem anderen europäischen Lande von Bedeutung, besonders schwer zu haben scheint. Dabei ist gerade jener Lebensabschnitt Wincklers, des jungen

Studenten und Assistenten, literaturgeschichtlich von eminenter Bedeutung. Der junge Student, Sohn eines Salinendirektors, besaß seiner Herkunft wegen zunächst kaum Kontakte zu jener turbulent und in wilder Dynamik aufwachsenden, das Leben aller Menschen immer mehr in ihren Bann zwingenden neuen Welt industrieller Prägung, außer jenem dunklen Drang, dieses Neue und Gewaltige, dieses dämonisch Mächtige, das da erwuchs, geistig zu durchdringen und in den Bann und die Wortkraft seines immer offenkundiger werdenden dichterischen Genies zu zwingen.

So gründete er, noch bevor er in Köln zum Dr. med. dent. promovierte, mit seinen Studienfreunden Jakob Kneip (1881–1958) und Wilhelm Vershofen (1878–1960) den Bund der »Werkleute auf Haus Nyland«, eine künstlerische Schaffensgemeinschaft, die sich bewußt in einen Gegensatz zur offiziellen Literatur der damaligen Zeit stellte und für schöpferische Tätigkeit »gegen Materialismus und Wirtschaftsimperialismus« eintrat. Alle Mitglieder mußten einen praktischen Beruf ausüben, um gegenüber jedweder Richtung unabhängig zu sein. Ihre Werke wurden zunächst anonym veröffentlicht. »Wer sich alsdann durch nichts als Leistung hervorgehoben, der mochte seiner Mission vertrauen und sich ganz der Kunst widmen.« (Josef Winckler)

Dieser Zustand war von dem inzwischen als Knappschaftszahnarzt in Moers am Rande des rheinisch-westfälischen Industriegebiets tätigen, mit aller Energie ans Licht drängenden und begabten Westfalen bald erreicht.

Kurz vor dem ersten Weltkrieg erschienen in der *Quadriga*, der Vierteljahresschrift des jungen Dichter- und Autorenkreises, seine *Eisernen Sonette*.

Sie wirkten wie ein Hammerschlag von elementarer Wucht und lösten in der damaligen Fachwelt einen wahren Sturm von Regungen aus, die zwischen vorbehaltloser Anerkennung und heftiger Verurteilung schwankten. Hatte es doch bis dahin als absurd gegolten, daß sich jemand »dem a priori als unwürdig verschrienen Industriekomplex hingeben konnte, ohne nicht zumindest Ingenieur, gewiß aber materieller Großverdiener zu sein« (Josef Winckler).

Wincklers Pioniertat zeitigte bedeutsame Folgen, denn um ihn als einen Herold und Schrittmacher deutscher Arbeiter- und Sozialdichtung sammelten sich »gleichgesinnte Künstler, Wissenschaftler, Arbeiter, Techniker und Kaufleute zu gemeinsamer geistiger Arbeit«.

»Auch alle sogenannten Arbeiterdichter stießen zu uns«, sagt Winckler in seinem Lebensbericht, und wir denken an Namen wie Max Barthel, Heinrich Lersch, Karl Bröger, Alfons Petzold, Gerrit Engelke und Paul Zech, die alle plötzlich »Boden unter die Füße bekamen«, wenn sie später auch in ihrem Schaffen oft andere Wege gingen und vor allem die Objekte und Themen der Dichtung unter einem anderen Blickwinkel sahen als dieser Künder und Preiser einer neuen Herrenklasse von »Weltmenschen der neuen Zeit«.

Als »Verächter von Intuitions- und Inspirationszuständen, von romantischen Anwandlungen jeder Art« wollte er in dieser Gedichtsammlung ein starrer Lobredner und Beherrscher der Wirklichkeit sein. Trotzdem konnte er nicht verhindern, daß seine schon von Kindheit an mit Gesichten bedrängt ausschweifende Phantasie ihm oftmals auf- und davonging, ganz im Zwange seiner seltenen Doppelbegabung, oft zum Vorteil, bisweilen zum Nachteil des dargestellten Inhalts dieses Werkes.

In der klassischen Form des Sonetts, die er bewußt und herrisch zurechtbiegt, sagt, flüstert, schreit und brüllt der Dichter gleichsam in allen Tonarten eines die sprachliche Innigkeit und ihre äußerste Vehemenz völlig beherrschenden Virtuosen seinen »Triumphgesang der Industrie«. Der Sturm der Gefühle und der Ansturm der Eindrücke und Begriffe rasen wie ein Hurrikan dahin. Dann wiederum lauscht der Sänger dem Leben nach, zerrt wie ein gefangenes Tier an den Vorhängen, die hinter Gesicht und Miene die Seelen und ihre Geheimnisse verhüllen. »Balladenkraft und Legendenzartheit, Realitäten und alle Geistesmächte schalten und walten in diesen Gedichten«, sagt der Herausgeber und Lyriker Hans Benzmann.

Mit der Überschrift *Der Strom* beginnt Winckler seine Gesänge, nachdem noch der Aufprall des Hammers vom Einleitungsgedicht in unseren Ohren dröhnt. Auf ihm, dem Strome, naht der Zeitprediger einer neuen Welthafenstadt. Der alte Hafen gerät in Bewegung. Er bricht auf mit all seinen Speichern, Packhäusern, Hallen, Werften, Silos, Hebewerken und mit den unübersehbaren Massen seiner Arbeiter:

Verstaubt, wie Burgen ragen Speicher, Lagerhallen,
Packhäuser, Werften. Silos, Hebewerke
Hantiern, klirrn, spielen leicht mit ihrer Stärke.
Bahnzüge rollen, prasselnde Anker fallen.

Enttauchen grüne Männer nach der Flut
Mit Scharen wilder Weiber und Harpunen?
Nein, Schaum nur bäumt um Kiel und Kai und Buhnen,
Juchspritzer wirft die buntbewimpelte Flut.

Nicht Hai noch Nix beißt in die Sielen dir,
Nicht Abgründe, nicht Klippen drohen hier;
Rings Rudern, Rufen, Steuern, Drängen.

Schärf Aug und Ohr! hallo! und acht der Spur;
Hol über! acht der Flöße und Dampfer nur,
Die tausendfach im Strom sich winden und zwängen.

Die Stadt (der zweite Teil) verschlingt den Hafen. Die Beschwörung des Erdgeistes gelingt: »Moderner Erdgeist, komm!« Und schon spricht er aus den Fabriken, der neue Geist, aus Bergwerken, Gießereien, aus »allen Zauberschlössern der Arbeit«, in denen »die Tat und Pflicht als das Letzte und Höchste« gelten und in denen Maschinen als Wunderwesen, mal Riesen, mal Zwerge, als »summende Arbeitsbienen« die »... weltgebundenen, weltumgestaltenden, / Geisterfundenen, geisterhaft schaltenden, / Murmelnden Mütter neuer Äonen« sind.

Wie dieser neue Erdgeist spricht, mögen uns die nachfolgenden zwei Sonette aus einem uns gut bekannten Milieu beweisen:

Josef Winckler (1881–1966)

Rings Schlot an Schlot vermengt den Koksrauch schwer
Zu hangend langen, schmutzig düstern Schwaden;
Die Sonne sinkt mit Ruß und Staub beladen,
Und lauter halln der Arbeit Stimmen her.

Rangieren, Rollen, Brausen, Hämmern überall,
Fahl wälzt der Strom sich im bedrängten Bette – –
Da schält sich eine grause Silhouette
Phantastisch, mythengroß, ein Schattenball

Stadtüber hoch: er ist's, des Schlotwalds Pan,
Und schaut ins Land, mit Augen wie ein Tiger,
Sein Kopfhaar flammt ... der alte Gott Vulkan

Lauscht der Arbeit, einen Augenblick,
Und jauchzt, jauchzt wie zehnhunderttausend Krieger
Durch Lärm und Rauch, reckt sich und duckt zurück.

Die Türen schlagen hoch im Wetterschacht,
Und senkrecht sinkend, abgrundtief verscholln,
Mit dumpfem Ohr gehst du in niedern Stolln
Endlos, raumlos, in Schweigen tiefster Nacht.

Plötzlich, Urtiere im Gestein,
Trifft man auf Menschen, tropfend das Gesicht;
Wie heiße Bronze flimmt im trüben Licht
Ihr nackter Leib, gewühlt ins Flöz hinein.

Weit hinten rauscht ein ungewisses Grolln,
Wie man in Bergen ferne Züge oft
Im Echo hört; dann wieder schweigt der Stolln.

Es klingt nur fort der Takt von Stein und Erz;
Auf einmal um die Ecke, unverhofft,
Biegt groß der Kopf des Grubenpferds ...

Er selbst, der junge Dichter, bekennt sich froh und stolz zu allen in der neuen Stadt Werkenden und Wirkenden:

Ich fron' wie ihr täglich um Lohn und Brot
Und steh' nicht abseits in der Weltbetrachtung
Wie Lenau in hochmütiger Verachtung;
Ich tu mein Teil, denn Pflicht tut jedem not.

Als »Sieger« triumphiert der Prophet der Eisenzeit im dritten Teil (*Triumph und Traum*), während der vierte Teil (mit seinen Bildern vom neuen *Weltmenschen*) die Herren der neuen Zeit besingt und darum recht umstritten ist. So ist die »Ehrung«, die der Fabrikherr einem tödlich verunglückten Arbeiter zugedacht hat, recht zweifelhafter Natur:

All-Gleichheit, schöner Pöbeltraum!
Alter Schwärmer-Trost – trübe Narren-Lust!
Des eignen Werts ist jeder mehr bewußt,
Der Kräfte heilige Raserei will Raum!

Gemildert, folgsam, wirst du *mit* uns groß,
Doch gleich? – – Was er auch treib und tu:
Jeder sein Teil, auch du formst mit, auch du,
jeder erfülle sein notwendig Los!

Wir ehren auch dich – nach deiner Art:
Ein Arbeiter im Stahlwerk fiel und schwand
In glühend Erz, kein Odem kam heraus;

Wir schmiedeten und gossens blank und hart
Zum Block, und drin mit Hirn und Hand
Steht er als Eisenklotz vor meinem Haus.

Will man diese Aussage allerdings als kompromißlose Darstellung der Mentalität einiger großer »Industrie-Herrscher-Typen« deuten, könnte man geneigt sein, dem Dichter recht zu geben.

Es bleibt Josef Wincklers ungeschmälertes Verdienst, jenen Stoff, der in Romanen zunächst nur in breiten Beschreibungen einen recht ungestalteten Eingang gefunden hatte und den nur ganz feinsinnige Propheten, Arno Holz war einer von ihnen, auch rhythmisch darzustellen gewagt hatten, hier zu einem mitreißenden Bekenntnis zu dieser neuen Menschheitsentwicklung und zu den hinter ihr stehenden Kräften lyrisch bedichtet zu haben. Die deutsche Arbeiter- und Gewerkschaftsbewegung und vor allem die mit ihr eng verwachsene moderne Arbeiterdichtung werden darum Josef Winckler als einen »Herold und Schrittmacher« schätzen und ihm dafür Dank wissen.

Walter Köpping
Richard Dehmel (1863–1920)

Das ist Richard Dehmel:

Der Arbeitsmann

Wir haben ein Bett, wir haben ein Kind,
    mein Weib!
Wir haben auch Arbeit, und gar zu zweit,
und haben die Sonne und Regen und Wind,
und uns fehlt nur eine Kleinigkeit,
um so frei zu sein, wie die Vögel sind:
    nur Zeit.

Wenn wir Sonntags durch die Felder gehn,
    mein Kind,
und über den Ähren weit und breit
das blaue Schwalbenvolk blitzen sehn,
o dann fehlt uns nicht das bißchen Kleid,
um so schön zu sein, wie die Vögel sind:
    nur Zeit.

Nur Zeit! Wir wittern Gewitterwind,
    wir Volk.
Nur eine kleine Ewigkeit;
uns fehlt ja nichts, mein Weib, mein Kind,
als all das, was durch uns gedeiht,
um so kühn zu sein, wie die Vögel sind.
    Nur Zeit!

Und auch das ist Richard Dehmel:

16. März 1913

Lieber Herr Zech!
Hier schicke ich Ihnen eine Reihe Gedichte von einem jungen Unbekannten, die wie geboren für Ihre neue Zeitschrift sind. Der Mann heißt Gerrit Engelke und ist ein gewöhnlicher Stubenmaler (Anstreichergehilfe), 21 Jahre alt, ein wahres Wunder. Ich bin sonst immer mißtrauisch gegen sogenannte Naturpoeten und gehe mit Empfehlungen überhaupt sehr sparsam um, aber hier muß ich eine Ausnahme machen. Bis jetzt hat er nicht die geringsten Beziehungen zur »Literatur«, lebt ganz zurückgezogen, will auch vorläufig auf meinen Rat (damit er nicht in den Sumpf der Boheme gerät) bei seinem Handwerk bleiben, sehnt sich aber natürlich heraus aus der zeit- und kraftraubenden Tagelöhnerei. Er hat mir das alles selber erzählt, kam extra von Hannover herüber, hat sich das Fahrgeld vom Munde abgespart, wollte sich's aber partout nicht von mir ersetzen lassen ... Ich meine: drucken Sie mindestens fünf der Gedichte auf einmal ab und schreiben Sie ein paar Worte davor, daß Deutschland noch nicht verloren ist, solange die Volksschule solche Jünglinge zeitigt! – Alles weitere (wenn möglich, auch etwas Honorar!) bitte ich direkt mit dem Dichter zu verhandeln, denn meine Korrespondenzlast ist fürchterlich. Und lassen Sie ihn nicht zu lange auf Nachricht zappeln!

Mit einem herzlichen Gruß
Ihr Dehmel

An diesen Beispielen wird die Größe Dehmels deutlich: Er war ein begnadeter Dichter, und er war ein großherziger Förderer anderer. Fürwahr eine Haltung, die bei Dichtern selten ist, eine Haltung, die Dehmel ehrt. Und wenn er von einer »fürchterlichen Korrespondenzlast« spricht, dann ist nichts davon übertrieben. Julius Bab, der die große Dehmel-Biographie (Leipzig 1926) schrieb, berichtet, daß Dehmel täglich mehrere Stunden seines Lebens der Korrespondenz opferte, daß er keinen Brief unbeantwortet ließ. Mit unzähligen Personen stand er im Briefwechsel, viele suchten seinen Rat oder seinen Trost, er nahm tätigen Anteil an der Entwicklung der deutschen Arbeiterdichtung, unterstützte die »Werkleute auf Haus Nyland« und förderte ebenso die zweite wichtige Gruppe von Arbeiterdichtern, die sich um Paul Zech geschart hatte. Fast alle Arbeiterdichter standen in Verbindung mit Dehmel, vielen von ihnen half er, machte ihre Gedichte bekannt – wie andererseits sein eigenes Werk prägenden Einfluß auf die beginnende Dichtung aus der Arbeiterschaft heraus hatte. Er war ein Bahnbrecher. Vielen galt Dehmel als Vorbild, Beispiel, Ansporn.

Dehmels Bedeutung erkennen wir klar, wenn wir nachlesen, was der Wortführer der »Werkleute«, Josef Winckler (1881–1966), der Schöpfer der berühmten *Eisernen Sonette* (1914), zu Dehmels 50. Geburtstag an diesen schrieb:

Verehrter Herr Dehmel!
Ich weiß, Sie sind der getreue Eckehard der jungen Dichter Deutschlands geworden ... Denn Ihre Dichtung bedeutet das Gewissen der Zeit ... Darum wurde Ihre

Kunst uns Religion. Darum ernten Sie an Liebe und Dankbarkeit mehr als jene anderen Verehrten, darum tönt zu Ihnen die göttlichste Welt zurück: die Welt der Werdenden und Wachsenden!

Dehmel wurde zum Ehrenmitglied der »Werkleute auf Haus Nyland« ernannt.

Vergessen wir aber über seiner Bedeutung für die wachsende Arbeiterdichtung nicht sein eigenes dichterisches Werk: ein Werk von großer Vielfalt und elementarer Sprachgewalt, das durchweht ist vom heißen Atem großer Dichtung und grenzenloser Menschenliebe. Manche Gedichte erlangten die Bedeutung und die Beliebtheit von Volksliedern. Dehmel gilt als der größte lyrische Dichter seiner Zeit, und Julius Bab spricht in seinem Dehmel-Buch von einer »herrschenden Bedeutung Dehmels im deutschen Geistesleben«. Dehmel war mehr als Dichter und mehr als Förderer junger Talente: er gab Zeitschriften heraus, griff ins politische Leben ein, wirkte in vielerlei Eigenschaften auf die Entwicklung des deutschen Kulturlebens ein. Und auch in der Geschichte der Arbeiterbewegung hat er seinen Platz.

Richard Dehmel ist der Sohn eines Försters, geboren am 18. November 1863 in der Mark Brandenburg. Als Kind und Jüngling ist er eigenwillig, übermütig, aufsässig; nur mit Mühe erlangt er das Abitur, obwohl er Klassenprimus ist. Als Student schließt er sich einer schlagenden Verbindung an, studiert zunächst Medizin, später Staatswissenschaften. Seine Doktorarbeit beschäftigt sich mit der Feuerversicherung, nach der Promotion tritt er in die Dienste einer solchen ein. Das mutet überraschend an, ist mit seinem Weg als Dichter kaum zu vereinbaren. Auch Dehmel leidet unter dieser ihm fremden, quälenden Arbeit, an die er mehr als sieben Jahre gefesselt bleibt. Aber er braucht einen Broterwerb, denn er hat jung die Schwester eines Studienfreundes, Paula Oppenheimer, geheiratet. Er kommt erst spät zum Dichten, im November 1890 erfolgt die erste bedeutsame Gedichtveröffentlichung: *Ein Dankopfer* in der *Freien Bühne*. Das Gedicht ist Robert Koch gewidmet, der gerade ein Heilmittel gegen die Tuberkulose gefunden hat. Die Wahl des Themas ist bereits typisch für Dehmel und seine Weltanschauung. Er kommt mit Arno Holz, einem der Begründer des deutschen Naturalismus, in Berührung, setzt sich kritisch mit dieser literarischen Bewegung auseinander. Er wirkt mit am Aufbau der Berliner Volksbühne, die von jungen Künstlern zusammen mit Berliner Arbeitern errichtet wird. Diese Bühne eröffnet mit Henrik Ibsens sozialkritischem Stück *Stützen der Gesellschaft* (1877), und zu diesem Ereignis schreibt Dehmel einen Prolog, und er trägt ihn selbst in der Volksbühne vor. Hier wird bereits seine Verbindung zur Arbeiterbewegung sichtbar. Er wird u.a. Mitarbeiter verschiedener sozialistischer Blätter, setzt sich immer wieder mit den Problemen des Sozialismus auseinander, ohne Mitglied der Partei zu werden.

1891 erscheint sein erstes Buch, eine Sammlung Gedichte unter dem Titel *Erlösungen*. Wie schwer Dehmel der Start als Dichter wurde, das kann man daran erkennen, daß es sieben Jahre dauerte, bis die kleine Auflage von 700 Stück abgesetzt ist. Aus dieser Zeit stammen die Worte Dehmels: »Wie hab' ich mich nach einer Hand gesehnt, / die mächtig ganz in meine würde passen! / Wie hab' ich mir die Finger wund gedehnt! / Die ganze Hand, die konnte niemand fassen! / Da ball' ich sie zur Faust.«

Das Buch wird zwar kein Erfolg, aber er gewinnt dadurch die Freundschaft des damals berühmten Dichters Detlev von Liliencron (1844–1909), der sich mit einem begeisternd zustimmenden Brief an Dehmel wendet. Es entsteht eine lebenslange Freundschaft.

1895 gründet Dehmel die Zeitschrift *Pan*, 1896 erscheint sein Gedichtbuch *Weib und Welt* (mit dem berühmten Gedicht *Der Arbeitsmann*). Damit gelingt ihm der Durchbruch. Das Buch ist um vieles reifer und stärker als *Erlösungen*, es enthält »absolute Meisterwerke der deutschen Lyrik« (Julius Bab).

Dehmel verlangt sich noch mehr ab, er sucht nach neuen dichterischen Ausdrucksmitteln, und er findet sie in der Form eines Romans in Gedichten (Romanzen), erschienen 1903 als *Zwei Menschen*. Dehmel strebt künstlerisch nach höchster Vollkommenheit und nach – Volkstümlichkeit:

»Mensch, was dir leichtfällt, das nimm schwer!
Natur gibt viel; entnimm ihr mehr!«

»Alle Kunst, die nicht volkstümlich ist, ist Unkunst,
Tand und Spreu im Wind.«

Seine Kunst dringt ins Volk. Seine Gedichte und Lieder, die nach Gedichten von ihm komponiert wurden, werden zum Beispiel auf unzähligen Veranstaltungen der Arbeiterbewegung vorgetragen. 1913 sind mehr als ein halbes Tausend seiner Gedichte komponiert, darunter *Die helle Nacht* allein 23mal. Dehmel war auch ein glänzender Rezitator. Oft trug er seine Gedichte öffentlich vor, meist gab er kleine erläuternde Vorreden dazu, die ihn als klaren Denker ausweisen. Er sprach aber auch Gedichte seiner Freunde Liliencron und Mombert, aber auch Gedichte von Goethe und Schiller (die Meisterschaft Dehmels auf diesem Gebiet rühmt anläßlich dessen Tod besonders Theodor Heuss in *Die Hilfe*, 26. Jg., 1920).

Dehmels erste Ehe zerbricht, mit der Frau eines anderen flieht er 1899 nach Italien und Griechenland. 1901 heiratet er dann diese Frau. Dehmel war eine triebstarke Natur, in manchem Gedicht verklärt er die Triebe, die Lust. Immer wieder wird sein Leben von Krisen erschüttert, immer ist bei ihm die Ehe in Gefahr – »Ich habe mit Inbrünsten jeder Art / mich zwischen Gott und Tier herumgeschlagen.«

Charakteristisch für seine Beurteilung des Verhältnisses zwischen Mann und Frau sind die folgenden Zeilen aus *Gottes Wille*:

Du hungerst nach Glück, Eva,
du fürchtest dich, den Apfel zu pflücken,
den dein Gott dir verboten hat
vor dreitausend Jahren,
du junges Geschöpf!

In *Mit heiligem Geist* schreibt Dehmel:

> Und bis einst jedes Weib gewinnt
> den rechten Vater für ihr Kind,
> soll jede Irrende die Treue
> dem Falschen brechen ohne Reue,
> soll ihre Sehnsucht nicht verfluchen,
> ihren Qualen den Heiland suchen
> und seinen liebenden Gewalten
> so Leib wie Seele offen halten.

Was er hier der Frau rät, das gilt ebenso für den Mann, gilt für ihn selbst: er hat manchesmal Treue gebrochen. Er war ein großer Liebender, der sich verschwendete, doch er war Feind jeder Fessel, jeder Heuchelei. Typisch für seine Einstellung ist die Aufforderung im *Lied an meinen Sohn*: »Und wenn dir einst von Sohnespflicht, / mein Sohn, dein alter Vater spricht, / gehorch ihm nicht, gehorch ihm nicht.«

1901 zieht Dehmel mit seiner zweiten Frau, die er Isi nennt, nach Blankenese bei Hamburg. Nun ist er seinem Freund Liliencron nahe. Als Vierzigjähriger beginnt er mit der Herausgabe einer zehnbändigen Gesamtausgabe seiner Werke.

Vorwiegend schrieb Dehmel Lyrik, erst im Alter wandte er sich dem Drama zu. Immerhin enthält aber der siebte Band seiner Werke Novellen, und der achte Band bringt *Betrachtungen über Kunst, Gott und die Welt*. Seine Komödie *Michel Michael* wird ein Mißerfolg.

1902 gründet er mit Kollegen ein »Kartell lyrischer Autoren« gegen die skrupellose Ausplünderung dichterischer Produkte in Form unbezahlter Nachdrucke in Zeitungen, Zeitschriften und Anthologien.

Dehmel setzt sich kraftvoll für die Gründung der Kleist-Stiftung ein, die 1912 erfolgt, er ist ihr erster Vorsitzender, fördert unablässig junge Dichter (darunter den genialen Arbeiterdichter Gerrit Engelke). 1912 kommt er in Kontakt mit den »Werkleuten«, gewinnt Josef Winckler zum Freund, er fördert Werk und Bestrebungen des Arbeiterdichters Paul Zech – und zu seinem fünfzigsten Geburtstag im November 1913 werden ihm unzählige Ehrungen zuteil. Dehmel ist berühmt, Dehmel wird weithin verehrt.

Der erste Weltkrieg verändert sein Leben. Dehmel wird von einer nationalistischen Begeisterung ergriffen, ist berauscht und glaubt, daß die »Sache Deutschlands zugleich die der edleren Menschheit bedeutet«. Er meldet sich freiwillig, fühlt sich »wieder adlerjung« und liegt bereits im Oktober 1914 im Graben an der Westfront. Schnell kommt die Ernüchterung, er lernt den Krieg verabscheuen. Sein Kriegstagebuch, 1919 in Buchform herausgekommen, 500 Seiten, zeigt diesen Wandel auf erschütternde Weise. Im Januar 1915 wird er zum Leutnant befördert, kurze Zeit darauf findet sich in seinem Tagebuch folgende Eintragung: »Es ist die bitterste Selbstüberwindung, für eine Sache weiterkämpfen zu müssen, deren menschlichen Unwert man zu spät erkannt hat.«

Im Graben zieht sich Dehmel eine Aderentzündung am linken Bein zu, die 1916 zu seiner Entlassung aus dem Frontdienst führt, mit der sich aber auch das Ende seines Lebens ankündigt.

1917 veröffentlicht er ein Drama: *Der Menschenfreund* wird mit nachhaltigem Erfolg uraufgeführt; im gleichen Jahr erscheint sein *Kriegsbrevier*.

Im Oktober 1918, als die Niederlage Deutschlands sich deutlich abzeichnet, kommt es zu einem »Ausbruch männlichen Verzweiflungszorns« (Julius Bab): Dehmel veröffentlicht in allen deutschen Zeitungen den Aufruf »Einzige Rettung«, er fordert ein Freiwilligenheer, Verzicht der Offiziere auf alle Vorrechte. Käthe Kollwitz tritt ihm öffentlich scharf entgegen mit der Erklärung »Genug, genug!« und »Saatkorn darf nicht vermahlen werden«.

Im Januar 1919 tritt er zum letzten Male öffentlich auf, er spricht im Volksbühnentheater in Berlin. Im November 1919 wirft ihn die Krankheit nieder. Die Venenentzündung, der er am 7. Februar 1920 erliegt, geht auf die alte Kriegsbeschädigung zurück. Wie hat Dehmel für seinen Irrtum, für den patriotischen Rausch von 1914 büßen müssen!

Dehmel war sein ganzes Leben lang ein Kämpfer gewesen, oft lag er im Kampf mit sich selbst. Manchesmal irrte er, aber stets blieb er aufrichtig und männlich tapfer. Das Leben war ihm ein einziges großes Wunder.

Sein Streben ging, nach eigenen Worten, »von dumpfer Brunst zu lichter Glut«. Leben und Dichtung waren für ihn eins. Sein Sehnen, sein Irren und auch sein Charakter leben in seinen Gedichten weiter –

»Leben heißt lachen mit blutenden Wunden.«

»Wer in seinem Leben nie verzagte,
hat um das höchste Leben nie gerungen.«

»Siege oder Niederlagen:
Immer gilt es neu zu wagen!«

»Richard Dehmel ist kein Dichter einer bestimmten Parteischattierung gewesen, sondern ein Dichter des Volkes im besten und weitesten Sinne«, so schrieb Ludwig Lessen (1872–1943) in seinem Nachruf in der Zeitschrift *Die Neue Zeit*. Und Julius Bab berichtet, daß Dehmel nie Parteigänger der SPD war, aber stets Anteil an deren Leben und Entwicklung nahm und in vielen Einzelfällen ihr Verbündeter war. Er hatte ein scharf ausgeprägtes soziales Empfinden. Ein starkes Mitgefühl verband ihn mit allen Leidenden, Darbenden, Enterbten. Und wie elend lebten zu seiner Zeit Millionen von Arbeitern, Proletarier genannt! Ja, Dehmel fühlte sich manchmal gar mitschuldig an dieser Not –

Da bin ich stille weggegangen,
mir graute vor der schmalen Kammer,
und durch die Brust schlich mir ein Bangen,
als sei ich auch schuld an all dem Jammer.

Dehmel stand von Herkommen und Entwicklung her in einer anderen Welt als die Proletarier, als Künstler war er Individualist, aber er sagte: »In die Seelen dieser Leute hinein begreife ich ihr sozialistisches Ideal und billige es.« Seine Gedichte spiegeln die materielle und die seelische Not der Arbeitermassen wider (wie etwa im erschütternden *Traum eines Armen*), andere Gedichte artikulieren die Sehnsucht, die Forderungen der Proletarier. Hier sei an den eingangs abgedruckten *Arbeitsmann* erinnert: »Wir wittern Gewitterwind, / wir Volk. / Nur eine kleine Ewigkeit; / uns fehlt ja nichts, mein Weib, mein Kind, / als all das, was durch uns gedeiht«. Und wie machtvoll klingen Anklage und Hoffnung im *Maifeierlied* auf:

> Es war wohl einst am ersten Mai,
> viel Kinder tanzten in einer Reih',
> arme mit reichen,
> und hatten die gleichen
> vielen Stunden zur Freude frei.
>
> Es ist auch heute erster Mai,
> viel Männer schreiten in einer Reih',
> dumpf schallt ihr Marschgestampf,
> heut hat man ohne Kampf
> keine Stunde zur Freude frei.
>
> Doch kommt wohl einst ein erster Mai,
> da tritt alles Volk in eine Reih',
> mit einem Schlage
> hat's alle Tage
> ein paar Stunden zur Freude frei.

Ludwig Lessen, der Arbeiterdichter, der Dehmel persönlich gut kannte, bezeugt: »Dehmel glaubte an die Massen, an ihren Schönheitshunger ... Vom Volke verstanden zu werden, drängte es ihn ... Dem Ungenannten, Unausgesprochenen, das in Tausenden nach Erlösung schrie, vermochte seine starke Kunst Ausdruck zu geben ... Der Seelenhunger der Massen lechzte nach dem dichterischen Brot, das er ihnen bot.« Kann es ein höheres Lob für einen Dichter geben? Zwingend, unabweisbar hob Dehmel mit der Kraft seiner Dichtung die Not der gedemütigten Kreatur ins Bewußtsein der Menschen. Die Arbeiterdichter und Männer wie Dehmel haben, nicht weniger als die Arbeiterbewegung selbst, die soziale Frage ihrer Lösung zugetrieben.

Mit der Aufgabe des Dichters in der Gesellschaft und gegenüber der Gesellschaft hat sich Dehmel immer wieder auseinandergesetzt. Viele seiner Thesen und Erkenntnisse sind auch heute aktuell, weil sie an Grundprobleme der Kunst rühren. Auch für den Leser im sechsten Jahrzehnt unseres Jahrhunderts ist es fesselnd und lehrreich, Dehmels streitbare Kritik am Naturalismus nachzulesen. Im Aprilheft 1892 der Münchener Zeitschrift *Gesellschaft* wurde Dehmels großer Aufsatz wider den Naturalismus veröffentlicht. Warum wandte sich Dehmel gegen den Realismus in der Literatur, wie ihn Gerhart Hauptmann, Arno Holz und im Ausland Zola, Ibsen, Tolstoi vertraten? War es nicht ein Gewinn und eine unerläßliche Vorbedingung für die später folgende Arbeiterdichtung, die Wirklichkeit des Lebens, der Arbeit zu Themen der Dichtung gemacht zu haben? Ja, es war ein Gewinn, und Dehmel stimmte soweit zu. Er predigte ja nicht die Rückkehr zur Romantik, den Rückfall in den Klassizismus. Aber der Naturalismus war ihm nicht genug. »Aus der Enge des Naturalismus heraus! Das ist das Leitmotiv von Dehmels Aufsatz«, schreibt Albert Soergel in *Dichtung und Dichter der Zeit. Eine Schilderung der deutschen Literatur der letzten Jahrzehnte* (1911). Dehmel greift scharf an:

> Krieg diesen Stimmungsstudien nach der Natur, wenn sie sich als fertige Kunstwerke ausgeben, so nützlich sie auch waren, den Heuchlern und Gauklern das Handwerk zu legen ... Kunst ist Schöpfung, nie Nachahmung ... Was soll diese Nachäffung der Wirklichkeit, wenn ihr doch spürt, daß sie an sich nichts sagt ... Das Wesentliche wird erdrückt durch das Zuständliche ... Jedoch das Bedürfnis des Menschen nach Deutung der Wirklichkeit, seine Sehnsucht nach der Wahrheit geht dabei leer aus.

Für Dehmel ist Kunst Schöpfung, nicht Nachahmung. Die Kunst soll aus »chaotischen Lebenseindrücken« einen »planvollen Kosmos« schaffen. »Sie schafft nicht Abbilder des natürlichen, sondern Vorbilder menschlichen Daseins und Wesens.« Und Dehmel faßt die Kritik an einem platten Naturalismus und seine eigene Vorstellung wirksamer Kunst in dem Satz zusammen: »Verdichtung und Steigerung der Wirklichkeit, auch was die Form angeht: Sonst kommt ihr zu nichts.«

Wesentliches wird hier ausgesprochen. Es bleibe dahingestellt, ob die Werke von Hauptmann, Holz, Zola wirklich nichts weiter brachten als »dumpfe Zustandsmalerei« – die Ansprüche, die Dehmel aus seiner Kritik des Naturalismus ableitet, haben Gültigkeit, zwingen zumindest zu einem gründlichen Nachdenken über die Bedeutung, den Sinn, die Wirkung der Kunst und der Dichtung. Beachtet werden sollte, daß Dehmel dem Naturalismus das Verdienst zuspricht, den »Heuchlern und Gauklern« erfolgreich entgegengewirkt zu haben.

Entscheidend scheint mir, daß er immer wieder auf die »Wirklichkeit« hinweist, oft geradezu selbstverständlich von ihr ausgeht. Die Realität muß in die Dichtung eingehen, da trifft er sich mit den Naturalisten, aber diese Realität bedarf der Deutung, der Durchformung in der Hand des großen und schöpferischen Künstlers (so wie auch ein Maler kein bloßes Abbild schaffen soll, das liefern die Fotografen, er muß tiefer dringen, Verborgenes sichtbar machen).

Für Dehmel war Dichten »immer ein soziales Amt« (Harry Slochower). »Der Dichter ist der Gestalter der Zukunft«, sagte Dehmel einmal selbst. Diesen Gedanken hat er an anderer Stelle, in *Dichters Arbeitslied*, glänzend formuliert, indem er dem Dichter zuruft:

Geh hin, mein Blick, über die grünen Bäume!
Da huscht ein Vogel, der nimmt dich mit,
Märchenvogel Edelschwarz.

Bleib nicht zu lange im Reich der blauen Träume!
Hier rasten Menschen am Straßenrand,
ihre Hände sind von Alltag schwarz.

Bring ihnen her den Abglanz der freien Räume!
Sie möchten alle gern in ein Märchenland,
ihr Sonntagskleid ist edelschwarz.

Und kraftvoll läßt Dehmel diese Alltagsmenschen selbst ihr Lied anstimmen – als Beispiel stehe hier sein *Bergarbeiterlied*:

Wir tragen alle ein Licht durch die Nacht,
    unter Tag.
Wir träumen von unerschöpflicher Pracht,
    über Tag.
Wir helfen ein Werk tun, ist keins ihm gleich;
    Glückauf!
Wir machen das Erdreich zum Himmelreich;
    Glückauf!

Einst fiel alles Leben vom Himmel herab,
    über Tag.
Wir Bergleute schürfen's aus dem Grab,
    unter Tag.
Wir fördern's herauf, das tote Gestein;
    Glückauf!
Wir machen's wieder zu Sonnenschein;
    Glückauf!

Auf Erden ist immerfort jüngstes Gericht,
    unter Tag.
Aus Schutt wird Feuer, wird Wärme, wird Licht,
    über Tag.
Wir schlagen aus jeglicher Schlacke noch Glut;
    Glückauf!
Wir ruhn erst, wenn Gottes Tagwerk ruht;
    Glückauf!

Dehmel ist mehr als vierzig Jahre tot. Doch seine besten Verse haben nichts von ihrer Kraft verloren. Er hat seine Dichtungen aus seiner Zeit heraus geschaffen, aber er hat sie über die Zeit, über den konkreten Anlaß hinausgehoben, hat sie wahrhaft zeitlos gemacht. Seine besten Gedichte werden ewig jung bleiben, es sind Verse voll geheimnisvoller Musik, Wortmusik, durchpulst von mitreißendem Rhythmus.

Nur diese sprachliche Meisterschaft, das undeutbar Geniale macht es möglich, daß uns ein Gedicht wie *Der Arbeitsmann* noch heute in seinen Bann schlägt, obwohl der aktuelle Anlaß, aus dem heraus es entstand und für den es entstand, längst beseitigt ist. Ja, statt zu wenig Zeit hat's heute da und dort schon zu viel Zeit – und doch läßt uns dieses Gedicht nicht los. Wie muß es erst damals gewirkt haben, als es mehr als ein gutes Gedicht, fast eine Programmschrift war?!

Dehmel war nicht selbst Arbeiterdichter, aber er war seelenverwandt den besten Kräften in der Arbeiterbewegung. Und er hat durch seine sozialen Dichtungen der Arbeiterdichtung den Weg gewiesen.

Bei der Geburt der deutschen Arbeiterdichtung hat Richard Dehmel unschätzbare Hebammendienste geleistet, ja, es steckt gar ein Stück Vaterschaft Dehmels in der Arbeiterdichtung.

Walter Köpping
Heinrich Kämpchen (1847–1912)

>Gesetz ist mächtig, mächtiger ist die Not.
>*Goethe*

>Wenn der Gedrückte nirgends Recht kann finden,
>Wenn unerträglich wird die Last – greift er
>Hinauf getrosten Mutes in den Himmel,
>Und holt herunter seine ew'gen Rechte,
>Die droben hangen unveräußerlich
>*Schiller*

Als im Mai 1889 im Ruhrgebiet der große Bergarbeiterstreik losbricht (von 107 000 Bergarbeitern beteiligen sich 90 000), da ist einer der Streikführer auf der Zeche Hasenwinkel bei Bochum der Hauer Heinrich Kämpchen. Aber Kämpchen war mehr als ein kämpferischer Bergmann: Um diese Zeit tritt er erstmalig mit Gedichten hervor. Manche davon werden als Flugblätter verteilt, später erscheinen seine Gedichte regelmäßig in der *Bergarbeiter-Zeitung* auf der ersten Seite. Auf unzähligen Veranstaltungen, bei Versammlungen, Kongressen und Demonstrationen, sangen die Bergarbeiter sein internationales Knappenlied *Glück Auf!*, das mit den Zeilen beginnt:

>Glück auf, Kameraden, durch Nacht zum Licht!
>Uns sollen die Feinde nicht kümmern.
>Wir hatten so manche verzweifelte Schicht
>Und sahen die Sonne doch schimmern.
>Nur einig, einig müssen wir sein,
>So fest und geschlossen, wie Erz und Gestein.

Gesungen wurde es nach der bekannten Melodie: »Wohlauf, Kameraden, aufs Pferd, aufs Pferd.«

Heinrich Kämpchen hinterließ uns ein kostbares soziales Dokument: In Hunderten von Gedichten hat er das Leben, die Arbeit, die Not der Bergarbeiter um die Jahrhundertwende eingefangen. In seinen Gedichten leben aber auch der Protest und die Anklage der Bergarbeiter und ebenso deren Sehnsucht nach einem besseren Leben.

»Würde man die Gedichte Kämpchens nach Daten ordnen, so bekäme man eine Bilderfolge der Geschichte der Bergarbeiterbewegung«, so urteilt Wilhelm Helf in der Einleitung zu dem jetzt herausgekommenen Kämpchen-Gedenkbuch *Durch Nacht zum Licht*. Wenn man manchem Gedicht auch keine Bedeutung über den aktuellen Anlaß hinaus zubilligen kann, das meiste Agitation und sozusagen gereimter Leitartikel ist, so findet sich doch dazwischen immer wieder echte, erschütternde Dichtung. Dafür seien zwei Beispiele gegeben:

Ein Bild

Schwarz von Kohlendampf die Luft,
Überall Gepoch und Hämmern,
Jede Grube eine Gruft,
Um das Leben zu verdämmern.

Zwischendurch der Hütten Dunst
Und die Glut von tausend Essen,
Eine Riesenfeuersbrunst,
Nicht zu malen, nicht zu messen.

Graue Halden, dürr und kahl,
Schlote, die zum Himmel ragen,
Menschenleiber, welk und fahl,
Die stets hasten, die sich plagen.

Sprecht vom Kohlengräberstand
Oft mit klügelnder Gebärde –
Das ist Kohlengräberland!
Das ist unsre Heimaterde! –

Bergmannsmale

Wollt ihr einen Bergmann kennen,
Schaut ihm Hände und Gesicht,
Seht ihr nicht die Bergmannsmale,
Ist es auch ein Bergmann nicht. –

Blaue Striche, blaue Zeichen,
Von der Kohle eingeätzt –
Wird ihm doch beim Kohlenhauen
Täglich neu die Haut zerfetzt. –

Heinrich Kämpchen (1847–1912)

Mag er schrämen oder kerben,
Wie die Arbeit grad' sich schickt,
Immer werden ihm die blauen
Male dabei aufgedrückt.

Und sie halten gut die Farbe
Aus der unterird'schen Welt,
Bergmannswappen, Bergmannszeichen:
Dunkelblau im weißen Feld. –

Heinrich Kämpchen wurde am 23. Mai 1847 in Altendorf (Ruhr) geboren. Er entstammte einer alten Bergmannsfamilie. An den Hängen des Ruhrtals hatte man bereits im 14. Jahrhundert Steinkohle gefunden. Durch das ganze Mittelalter hindurch werden in diesen Stollenbetrieben geringe Mengen von Steinkohle gewonnen. 1738 waren es lediglich 25 000 t im Jahr, 1800 bereits 200 000 t, 1858 arbeiteten im Ruhrrevier 12 500 Bergleute. Kämpchen wuchs in die vom Mittelalter überkommene bergmännische Tradition hinein. Von alters her war der deutsche Bergmann geachtet und sozial gesichert, und die durch den Staat festgelegten Arbeitsbedingungen brachten ihm Wohlstand. Die Erfindung der Dampfmaschine führte im Bergbau zu einer technischen Revolution. Anfang des 19. Jahrhunderts wird zum Tiefbau übergegangen. Großbetriebe entstehen und das Ruhrrevier dehnt sich mit den neuen Industriebetrieben weiter und weiter nach Norden aus. Im Zuge dieser Entwicklung zieht der Staat seine ordnende und schützende Hand vom Bergbau zurück. Das findet seinen Niederschlag in zwei wichtigen Gesetzen: 1860 im Gesetz über den freien Arbeitsvertrag; 1865 im Allgemeinen Preußischen Berggesetz, das dank der »Bergbaufreiheit« privaten Unternehmern den Weg in den Bergbau öffnet. Über die Auswirkungen dieser Entwicklung schreibt Heinrich Imbusch in seiner Abhandlung *Arbeitsverhältnis und Arbeiterorganisationen im deutschen Bergbau* (Essen 1908):

> Für die Bergleute hatte die Veränderung der Berg-Gesetzgebung … schlimme Folgen. Mit der Einführung des freien Arbeitsvertrages wurde ihre Existenz unsicher, und sie gerieten in Abhängigkeit von den Unternehmern. Diese nützten die ihnen gegebene Macht aus, sie verlängerten die Schichtzeit, zwangen die Arbeiter, Überschichten zu verfahren, dekretierten die Gedinge, setzten den Lohn einseitig ohne Einhalten einer unteren Grenze fest und beschnitten dem Arbeiter durch Nullen und Strafen den verdienten Lohn. Dazu kam noch die plötzliche Ausdehnung des Bergbaus, die damit im Zusammenhang stehende größere Gefährlichkeit desselben und die Heranziehung vieler fremder, oft auf niedriger Kulturstufe stehender Arbeiter. *Aus den geachteten Bergleuten*, welche eine gesicherte Existenz und ihr gutes Auskommen hatten, *wurden gewöhnliche Lohnarbeiter*, deren Lage allen Schwankungen des Marktes ausgesetzt ist; die größere Gefährlichkeit der Betriebe, die durch die einseitige Gedingesetzung herbeigeführte Abhetzung der Arbeiter vermehrten die Unfälle: durch die Verlängerung der Schichtzeit und die Anordnung von Überschichten zwang man die Bergleute von Jahr zu Jahr länger in der mit der größeren Ausdehnung und Teufe ohnehin gesund-

heitsschädlicher werdenden Grube zuzubringen; gewaltige Krankenziffern waren die Folge. Aus der Knappschaftskasse wurde vielfach ein Mittel zur Unterdrückung der Arbeiter.

Der Bedarf an Arbeitskräften führte zu einem stürmischen Wachsen der Ruhrstädte, viele der Zugewanderten waren Ausländer. 1858 gab es 12 500 Bergleute, 1889 schon 107 000 und 1905 275 000. Heinrich Kämpchen hat den Absturz vom »freyen Bergknappen« zum Proletarier im Bergbau in allen Phasen miterlebt. Man kann es schicksalhaft nennen, daß er 1860 zum erstenmal Lampe und Hacke aufnahm und in die Grube fuhr, dem gleichen Jahr, in dem der freie Arbeitsvertrag eingeführt wurde. Kämpchen war katholisch getauft und erzogen. Vom Vater und Großvater her wußte er um Wohlstand und Ansehen der Bergleute – unter diesem besonderen Aspekt muß sein leidenschaftliches Aufbegehren gegen die Verschlechterung der Arbeitsbedingungen und die Demütigungen der Bergarbeiter gesehen werden. Kämpchen hatte ein stark ausgebildetes Gerechtigkeitsgefühl, und er war von einer unbändigen Sehnsucht nach Freiheit erfüllt. In manchem Gedicht hat er den Freiheitsdichtern, wie Heine, Schiller und Herwegh, gehuldigt. Im Schillerjahr 1905 bekundet er: »Unser ist er, unser!« Kämpchen war ein stolzer Sohn Westfalens, in vielen Gedichten hat er das Land der roten Erde besungen, aber bald vermischt sich seine Heimatliebe mit Trauer und Wehmut. So heißt es in dem großangelegten Gedicht *Westfalen*: »Schön bist du, Land der roten Erde, / im Morgenglanz, im Abendlicht. / Nur auch ein Land der Freiheit werde, / dies will und fordert mein Gedicht.« Wen wird es da noch wundern, daß ein Mann dieses Charakters und dieser Auffassung zum Rebellen, zu einem Anführer beim Bergarbeiterstreik 1889 wird?

Man muß sich vergegenwärtigen, unter welchen Umständen es damals zum sozialen Konflikt kam. Anfang 1889 gab es noch keine Gewerkschaft im Kohlenbergbau. Der 1877 von Anton Rosenkranz unternommene Versuch einer Gewerkschaftsgründung scheiterte. Der Streik 1889 wurde von den Knappenvereinen getragen. Das Streikerlebnis, die Erfahrung, daß der Bergmann zum Kämpfen gezwungen ist, führte endlich im August 1889 zur Gründung einer Bergarbeitergewerkschaft, die unter dem Namen »Alter Verband« in die Gewerkschaftsgeschichte eingegangen ist. Es war der ernsthafte Versuch, eine Einheitsgewerkschaft zu schaffen. Im § 1 der Statuten wurde ausdrücklich bestimmt, daß Politik und Religion aus dem Verbandsleben ausgeschlossen seien. Leider war die Bergarbeiterschaft sich nicht einig: 1894 kam es zur Gründung des Gewerkvereins christlicher Bergarbeiter, 1902 folgte die Polnische Berufsvereinigung, daneben gab es eine liberale Hirsch-Dunckersche Gewerkschaft, gelbe Organisationen trieben ihr Unwesen, und ein großer Teil Bergarbeiter war überhaupt nicht organisiert. Einst hatte der Staat die Gewerkschaften unterdrückt (Koalitionsverbot), ab 1869 waren Gewerkschaften in Preußen erlaubt – aber nun bekamen die Gewerkschafter die Feindschaft der Unternehmer zu spüren: Die Unternehmer lehnten ab, mit Gewerkschaftsvertretern zu verhandeln, sie verfolgten Streikende und sperrten aktive Gewerkschafter aus. Mit Hilfe der berüchtigten schwarzen Listen wurden viele der besten Gewerkschafter ihrer Existenz beraubt. Die Bergbauunternehmer ihrerseits hatten sich frühzeitig organisiert: 1858 gründeten sie den Bergbaulichen Verband, 1893 das Rheinisch-Westfälische Kohlensyndikat.

Ende des vergangenen Jahrhunderts hatten die Arbeitnehmer kein Streikrecht, die Gewerkschaften wurden nicht als Interessenvertretung der Arbeitnehmer anerkannt, dennoch kam es zum Streik von 1889. Die Drangsale waren übermächtig geworden. Alle Forderungen der Bergarbeiter auf Besserung ihrer Lage wurden abgewiesen. Aufforderungen an die Unternehmer zu Verhandlungen wurden nicht beantwortet oder veranlaßten die Unternehmer zu Hohn und Schmähungen. Petitionen an den König und an den Landtag blieben ergebnislos. Die Bergarbeiter standen vor der Wahl, sich vollständig zu unterwerfen und auch den Rest von Menschenwürde und Menschenrecht aufzugeben oder eine Auflehnung gegen die Macht, den Herrschaftsanspruch der Unternehmer zu wagen. Kämpchen urteilt: »So müssen wir's erzwingen, wir haben keine Wahl.« Und seinen Arbeitskameraden ruft er zu: »Laßt das Betteln, laßt das Bitten – / auf zur Tat!«

Die ersten Bergarbeiterstreiks sind Ausbrüche des Zorns und der Verzweiflung. Die Streikenden konnten sich kaum Erfolgschancen ausrechnen: Die Unternehmer waren stark, und sie hatten die Staatsgewalt auf ihrer Seite, die Arbeiter waren unerfahren und uneinig. Mit Streikunterstützung war nicht zu rechnen, aktive Funktionäre mußten auf Maßregelung gefaßt sein, die wiederum besonders schmerzlich traf, da man zu dieser Zeit noch keine Arbeitslosenunterstützung kannte. Daß es dennoch zu den Streiks kam, das bezeugt die unsägliche, unerträgliche Not, der die Bergarbeiter ausgesetzt waren. Die Streiks brachten, wenn überhaupt, nur vorübergehend Erleichterung. Vielleicht ist ihre Bedeutung in der politischen Wirkung zu sehen. Die Öffentlichkeit und der Gesetzgeber wurden auf diese Weise auf die unwürdigen Zustände im deutschen Bergbau aufmerksam gemacht – die Folge war eine allmähliche Verbesserung und Ergänzung der Bestimmungen des Berggesetzes. 1889 war gestreikt worden, die Folge war eine Novelle zum Berggesetz vom 24. Juni 1892. Auf den Streik von Januar/Februar 1905 folgte die Novelle zum Berggesetz vom 14. Juli 1905. 1905 wurden Arbeiterausschüsse im Kohlenbergbau eingeführt, und 1909 wurde auf Grund immer erneuerter Forderungen der Bergarbeiter der Arbeitsschutz verbessert durch die Einführung von »Sicherheitsmännern«.

Bei den sozialen Kämpfen ging es den Bergarbeitern nicht in erster Linie um materielle Besserstellung. Viel häufiger waren Anlaß zu Protest und Aufbegehren ein verletztes Rechtsgefühl, Demütigungen und rigorose Strafen. Besonders das Nullen geförderter Kohlenwagen hat die Bergarbeiter mit Erbitterung erfüllt. Sehr empfindlich waren sie auch in den Fragen der Arbeitszeit. Im Mittelalter hatte die Schichtzeit 8 Stunden betragen, es gab kaum Überschichten und Sonntagsarbeit. Das neue Bergrecht ermöglichte den Unternehmern eine Ausdehnung der Arbeitszeit. Die meisten Bergarbeiter waren nun 10 Stunden und in Einzelfällen sogar 12 Stunden unter Tage. Nach Belieben ordneten die Werksbesitzer Überstunden und Überschichten an, so daß wintertags mancher Kumpel wochenlang kein Sonnenlicht sah. Er ging von einer Nacht in die andere. Wahrhaft ein menschliches Schattendasein! Diese Fragen berührten den Bergmann stärker als das Lohnproblem. So berichtet Walter Neumann in seiner Untersuchung *Die Gewerkschaften im Ruhrgebiet* (1951), daß im Oktober 1877 zahlreiche Versammlungen der Bergarbeiter stattfanden, in denen zu der Verschlechterung der Leistungen der Knappschaftskassen Stellung genommen wurde. Über Löhne wurde nicht gesprochen, obwohl sich gerade um diese Zeit die Löhne verschlechtert hatten (1873 betrug der Hauerlohn 5 Mark, 1877 nur noch 2,56 Mark). Kennzeichnend ist auch, was während des Streiks 1889 Ludwig Schröder als Delegierter der Bergarbeiter in der Audienz zu Kaiser Wilhelm II. sagte: »Wir fordern, was wir von unseren Vätern ererbt haben, nämlich die achtstündige Schicht. Auf die Lohnerhöhung legen wir nicht den Wert.« Auch der große Streik 1905 entzündete sich nicht an Lohnfragen, sondern an der im Dezember 1904 auf der Zeche Bruchstraße angeordneten Verlängerung der Arbeitszeit.

Die Ruhrbergleute gingen aus der niederrheinischen und westfälischen Bauernschaft hervor. Das mag erklären, warum sie stets konservativ gewesen waren. Sie hatten sich an den politischen Bewegungen 1848 nicht beteiligt. Standesbewußtsein und Berufsstolz werden durch eine kennzeichnende Episode aus dem Jahre 1859 beleuchtet: Die Bergleute fühlten sich verletzt und protestierten, weil in Veröffentlichungen des Oberbergamtes Dortmund nicht mehr vom »Bergmann«, sondern vom »Bergarbeiter« die Rede war.

Dieses Standesbewußtsein und nicht minder ein oft rührendes Vertrauen zur Obrigkeit haben die Herausbildung von Gewerkschaften im Bergbau erschwert und verzögert. Einst sprach man nur von »Bergleuten«. Die Industrialisierung, der Kapitalismus änderten das. Nun standen Arbeiter den Arbeitgebern bzw. Unternehmern gegenüber. Aber nur langsam setzte sich diese Erkenntnis bei den Bergarbeitern durch. Besonders im Südteil des Ruhrreviers, wo bereits seit Jahrhunderten Kohle gewonnen wurde, blieb das bergmännische Brauchtum und viel von der alten, jetzt unzeitgemäßen Einstellung erhalten. In dieser Region lebte Heinrich Kämpchen. Er sah in der Fortsetzung alter bergmännischer Bräuche eine Heuchelei, ja eine Irreführung der Bergarbeiter. Scharf wandte er sich gegen seine Arbeitskameraden, die die Wandlung nicht begriffen hatten:

Paradeknappen

Trotz der vielen Prügelsuppen
Tanzt ihr dennoch wie die Puppen,
Hat man euch dazu geladen,
Lustig bei den Schauparaden. –

Stelzt herum in vollem Wichse,
Macht Verbeugungen und Knickse,
Wenn sie auch nicht immer glücken
Mit dem arbeitssteifen Rücken. –

Ja, ihr seid mir nette Knaben,
Wollt allein nicht Kohlen graben
Mit dem Körper, mit dem siechen,
Nein, dabei noch wedeln, kriechen
Und als echte, rechte Schranzen,
Hurtig nach der Pfeife tanzen. –

Hinter diesem beißenden Hohn verbirgt Kämpchen eine tiefe Trauer. Für ihn gab es kein Zurück. Er glaubte nicht an die Wiederkehr der guten alten Zeit im Bergbau. Er sah eine Lösung allein mit dem Blick auf die Zukunft. Von den veränderten technischen und wirtschaftlichen Verhältnissen ausgehend, mußte ein Weg zu tragbaren sozialen Verhältnissen gefunden werden, ein Weg, der von der Bergarbeiterschaft erkannt werden und frei gewählt werden mußte: »Arbeiter seid ihr – Menschen woll't ihr werden!«

Nach der Einführung des neuen Bergrechts verschlechterte sich die Lebenslage der Kumpels, wobei es nicht nur zu Lohnreduzierungen kam, sondern auch zu wiederholten Verteuerungen der Lebenshaltung. August Schmidt, Vorsitzender der IG Bergbau, berichtete in *Lang war der Weg* (Bochum 1958) aus seiner Jugendzeit:

> Mein Vater war – genau wie meine älteren Brüder und später auch ich – Bergmann, und er bekam damals für eine neunstündige Schichtzeit ganze 2,66 Mark. Damit mußte er seine Familie ernähren und kleiden ... Nicht selten war es auch noch so, daß der ohnehin karge Lohn durch Fehlschichten infolge Absatzmangels weiter geschmälert wurde. So war es dann auch wohl kein Wunder, daß wir Kinder keine Lederschuhe kannten, sondern im Sommer barfuß laufen mußten und in der kälteren Jahreszeit uns mit Holzschuhen – die wir auch Klotschen nannten – begnügten ... An vielen Bedürfnissen des täglichen Lebens mußte stärkstens gespart werden, ja, ich muß sogar sagen, daß viele Notwendigkeiten nicht einmal im geringsten Maße erfüllt werden konnten. Erst lange nach meiner Jugendzeit lernte ich Butter in der Praxis kennen. Sie kostete damals 0,90 bis 1 Mark je Pfund und konnte auch bei bestem Willen und größter Sparsamkeit nicht auf unseren Familientisch gebracht werden ... Was blieb also den Menschen von damals übrig?! Sie mußten ihre Lebensmittel auf »Pump« einkaufen, wenn sie nicht verhungern wollten.

Kämpchen sagt zu dieser Frage:

Hungerlöhne

Bleibt uns vom Leib mit euren Statistiken,
Wir brauchen in das Lohnbuch nur zu blicken,
Hier steht es schwarz auf weiß: für soviel Schichte
Nach Pulverabzug und für Öl zum Lichte,

Nach Kranken-, Unfall-, Invalidenkassen
Und Willkürstrafen – es ist nicht zum Spaßen –
Verbleiben soviel Mark – nicht mehr noch minder –
Als Hungerlohn für uns und unsre Kinder.

Und noch stärker kommt die Not der Bergarbeiterfamilien in folgendem Gedicht zum Ausdruck:

Lohntag

> Der Lohntag ist gekommen,
> Die Bergarbeiterfrau,
> Das »Jüngste« auf dem Schoße,
> Hält Löhnungs-Überschau.
>
> Das ist für Pacht und Steuern,
> Und das für Brand und Licht,
> Für Brot das und Kartoffeln,
> Und – weiter kommt sie nicht.
>
> Die Rechnung ist zu Ende?
> Die Rechnung nicht, das Geld. –
> Dem Weibe aus den Händen
> Vor Schreck das Lohnbuch fällt.
>
> Wo soll sie Fleisch hernehmen
> Und Milch und Öl und Schmalz?
> Fehlt doch der Groschen selber
> Für eine Düte Salz.
>
> Und Borgen? – Oh, wie gerne!
> Doch das ist schon besorgt –
> Der Händler gibt nichts weiter,
> Sie hat sich ausgeborgt. –
>
> Was nun? Sie weiß es nimmer
> In ihrer großen Not.
> Der Lohntag ist gekommen –
> Am liebsten wär' sie tot.

Auch Invaliden und Witwen lebten in großer Not. Im Ruhrgebiet betrug damals die Invalidenrente im Durchschnitt rund ein Fünftel des Hauerlohns, die Witwenrente gar nur ein Zehntel. Sarkastisch werden diese Zustände von Kämpchen kommentiert: »Zwanzig Mark und noch darüber, / Sind's nicht Riesenpensionen, / Wert, die Arbeit eines Lebens / Königlich damit zu lohnen?«

Die Bergwerksbesitzer zeigten in diesen Fragen kein Entgegenkommen und kein Verständnis. Das folgende Gedicht wirft ein Schlaglicht auf diese Situation, und es zeigt uns überdies Kämpchen von einer anderen, überraschenden Seite:

Heinrich Kämpchen (1847–1912)

Belehrt

> Die Bergleute fahren doch vornehmlich in die Grube,
> um Kohlen zu hauen, nicht um Geld zu verdienen.
> (Rechtsanwalt Dr. Stöck im Borussiaprozeß, 1898)

O Bergmann, der du's nicht gewußt,
Was dir ein Weiser jetzt verkündigt,
Schlag' reuevoll an deine Brust
Und sprich: Jawohl, ich hab' gesündigt!

Gefrevelt hab' ich hart und schwer
Im Unverstand, der jetzt gelichtet,
War doch mein ganzes Tun bisher
Auf's Geldverdienen nur gerichtet.

Um schnödes Geld ging ich zum Schacht,
Dem Gelde galt mein Hämmern, Pochen,
Um Geld hab' ich die Schicht gemacht
Und strapaziert meine Knochen.

Es war nur schnöde Geldesgier,
Die mich beherrscht' und all' mein Sinnen,
Und nie kam der Gedanke mir:
Du schaffst, um Kohlen zu gewinnen!

Gottlob, daß man mir meine Pflicht
Verkündet hat an hoher Stelle –
Was war ich doch ein schlechter Wicht
Und eigennütziger Geselle! –

Blättert man die drei Gedichtbände Kämpchens durch und liest man seine Gedichte in den Ausgaben der *Bergarbeiter-Zeitung* nach, so wird man beeindruckt davon, wie vielseitig dieser Dichter war und wie ernsthaft er sich nicht nur mit den wirtschaftlichen und sozialen Problemen, sondern auch mit politischen Fragen auseinandergesetzt hat. Jede Landtags- und Reichstagswahl, jeden Maifeiertag, jeden Gewerkschaftskongreß nahm er zum Anlaß für Gedichte, darüber hinaus erhob er zum Jahreswechsel, zum Weihnachtsfest, zu Ostern und zu unzähligen sonstigen Anlässen seine Stimme. Er schuf eine Chronik seiner Zeit, ein nahezu lückenloses Tagebuch der Bergarbeiterbewegung. Tief bewegten ihn die Grubenunglücke, und besonders die Katastrophe von Zeche Radbod im Herbst 1908 hat ihn beschäftigt und zu vielen Gedichten veranlaßt. Darunter befindet sich ein nichtgereimtes Gedicht *Radbod (ein Nachtstück)* mit kraftvoll ausschreitenden freien Rhythmen. Aber auch seine Gedichte wie *Die Klage der Toten*,

Die Mahnung der Toten und *Leichenbergung* erschüttern uns noch heute. Wie eindringlich und bildhaft schildert er zum Beispiel ein Unglück im Gedicht *Der Pfeilerbruch*:

> Er hört noch, daß auch Anton spricht –
> Dann knallt es wie von tausend Wettern –
> Ein Feuerstrom – der Sandstein bricht –
> Das Hangende will niederschmettern.
> Und noch ein Schlag – dann speit der Schlund
> Die Steinkolosse im Gedränge –
> Und noch ein Schlag bis tief zum Grund –
> Und Nacht und Schweigen deckt die Gänge.

Mit Grimm sieht er das bittere Schicksal vieler seiner Kameraden voraus:

> Totengräber, sputet euch!
> Wetzt den Spaten, schärft das Eisen,
> seht ihr nicht die Geier kreisen?
> Totengräber, sputet euch.
>
> Grabet Gräber, tief und weit –
> denn gar viele werden kommen,
> vielen ist das Maß genommen.
> Grabet Gräber, tief und weit.

Kämpchen hat nicht nur die Mißstände auf den Gruben gegeißelt und die Unternehmer und den Staat kritisiert; er hat auch mit überraschender Offenheit die Fehler und Schwächen seiner Arbeitskollegen angeprangert. Der Bildungsstand der Bergarbeiter war damals gering, nicht zuletzt durch die vielen zugezogenen Ausländer (in Gelsenkirchen um die Jahrhundertwende beispielsweise mehr als 50 Prozent der Beschäftigten). Otto Hue zitiert in *Die Bergarbeiter. Historische Darstellung der Bergarbeiter-Verhältnisse von der ältesten bis in die neueste Zeit* (2 Bde., 1910/1913) ein scharfes Urteil seines Zeitgenossen Johannes Fusangel über die Bergarbeiter:

> Die Bergleute sind eine unterdrückte Rasse; sie ertragen das ihnen zugefügte Unrecht mit dumpfer Resignation; die Furcht, ihre Arbeit zu verlieren, mit Weib und Kind dem bittersten Elend preisgegeben zu werden, schließt ihnen den Mund. Ehe der Bergmann aufmuckt, muß es schon dick kommen … Der Arbeiter muß so tanzen, wie der Arbeitgeber pfeift. Das ist die Lage; sie ist traurig genug, aber wer kann sie ändern? Nur der Arbeiter selbst. Der Arbeiter ist Sklave nur, solange er selbst will!

Typisch ist auch ein Vorfall anläßlich eines Lohnkampfes im Essener Raum im Jahre 1872, über den Otto Hue schreibt:

Welch albernen Mätzchen die Bergleute sonst noch zum Opfer fielen, dafür ein Beispiel aus Heisingen bei Kupferdreh. Die Zechenpresse berichtete schmunzelnd: »Dort arbeitet man fort.« Die Heisinger Bergleute hätten beschlossen, mit ihren Beamten zu reden ... Weil der Heisinger Bergbau angeblich hundert Jahre älter sei »wie anderswo«, beschlossen die dortigen Arbeiter, selbstredend auf Zureden von Zechenvertretern, sich dem Lohnkampf ihrer Kameraden nicht anzuschließen. Hat sich je eine andere Arbeiterkategorie in so einfach blödsinniger Weise wie die Bergleute zersplittern lassen?

Immer wieder wendet sich Kämpchen in Gedichten gegen die »Mucker«, die »Nickelfritze«, die »Fuselsäufer«, die »tatenlosen Narren« und ganz besonders gegen die Spitzel und Streikbrecher. Mit diesen Gedichten verfolgte er eine erzieherische Absicht, und immer wieder schimmert seine Menschenliebe auch bei harter Verurteilung durch. Was er gegen die Überschichten zu sagen hat, das könnte auch heute noch so mancher Bergarbeiter beherzigen: »Meidet doch die Überschichten, / Von denen es im Volksmund heißt: / Überschichten sind Gerichte, / In denen man sich selbst verspeist.«

Besonders schmerzlich empfand Kämpchen die Uneinigkeit der Bergarbeiter. Immer wieder hat er sie gemahnt und beschworen: »Seid einig, einig, dann seid ihr auch frei!«

Arbeitsbrüder

Wir schuften und wir scharren
Vereint in Qualm und Nacht,
Vereint treibt uns der Hunger
Tagtäglich in den Schacht. –

Wir tragen Frost und Hitze,
Wir tragen Müh' und Not
Gemeinsam, und wir sterben
Den gleichen frühen Tod. –

Ja, alles was uns quälet,
Es ist dieselbe Last,
Derselbe Druck und Jammer
Uns alle gleich umfaßt. –

Und sind wir eins im Leiden,
Wir müßten Toren sein,
Wenn wir im Kampf zum Bess'ren
Uns wollten noch entzwei'n. –

Wenn wir nicht fest zusammen
Vereinten uns're Kraft
Zum Kämpfen und zum Siegen,
Zur starken Bruderschaft. –

Nur Toren und Verräter,
Sie teilen uns geschwind
In »Christen« und »Nichtchristen«,
Wo wir doch Brüder sind.

1889 gelang es, die Bergarbeiter geschlossen in den Kampf zu führen, obwohl getrennte Knappenvereine existierten, 1905 kam es wiederum zu geschlossenem Handeln, trotz getrennter Gewerkschaften. Aber 1912 wird ein finsteres Jahr in der Bergarbeitergeschichte: Am 11. März beginnt der dritte große Bergarbeiterstreik, der wiederum mehr als 200 000 Bergarbeiter erfaßt. Aber bald scheitert er an der Uneinigkeit der Bergarbeiter. Der Alte Verband und die Polnische Berufsvereinigung hatten zum Kampf aufgerufen, der Gewerkverein christlicher Bergarbeiter jedoch forderte auf, die Arbeit fortzusetzen. Heinrich Kämpchen muß dieses Unheil geahnt haben. Wenige Tage vor Ausbruch des Streiks, am 6. März 1912, stirbt er. Am Vortage besuchen ihn zum letzten Male Freunde, denen er sein letztes Gedicht diktiert. Es ist wiederum eine Mahnung zur Einigkeit, eine Mahnung, die leider nicht verstanden und beachtet wurde.

Als Kämpchen starb, war er für viele Bergarbeiter zu einer legendären Gestalt geworden. Er war ein bescheidener Mann gewesen, und er blieb es sein Leben lang. So hat er beispielsweise erst auf Drängen seiner Freunde seine Gedichte zu drei Büchern zusammengestellt (1898, 1904 und 1909 erschienen). Er fühlte sich niemals als Künstler, nie als Individuum – er wollte nicht mehr sein als ein Bergmann unter Bergleuten. Seine dichterische Gabe hat er vorbehaltlos in den Dienst der Bergarbeiter gestellt. Er war und blieb in erster Linie Gewerkschaftsfunktionär, zunächst als Vertrauensmann auf »Hasenwinkel«, später als Delegierter zum Bergarbeiterkongreß und schließlich als Revisor im Vorstand des Alten Verbandes. Seine gewerkschaftliche Aktivität und die scharfen Anklagen in seinen Gedichten hat Kämpchen bitter büßen müssen. Nach dem Streik von 1889 wurde er ausgesperrt und erhielt schließlich Anfahrverbot auf Lebenszeit. Nach vergeblichen Versuchen, auf anderen Schachtanlagen Arbeit zu finden, lebte er von einer kärglichen Rente in Bochum-Linden. Wenn er nicht Junggeselle gewesen wäre, hätte er vielleicht, wie so viele andere, auswandern müssen.

In diesem Aufsatz konnte nur wenig über Kämpchen gesagt werden. Aus der Fülle und Vielfalt seiner Gedichte (Prosa fehlt bei ihm) wurden die ausgewählt, die am meisten aussagen über die wirtschaftlichen und sozialen Verhältnisse seiner Zeit. Wie stark Kämpchen aber auch als Lyriker ist, das soll durch das folgende Beispiel gezeigt werden:

Herbstklage

Ja, der Schnitter geht
Schon durch Wald und Flur,
Wo ein Blatt verweht,
Seh' ich seine Spur. –

Wo die Blume stirbt
Still am Wegesrand,
Wo das Gras verdirbt,
Ist es seine Hand. –

Aus dem Nebel grau,
Der das Tal durchzieht,
Aus dem Winde rauh
Tönt sein Sterbelied. –

Wie so bald verweht
Doch des Lebens Spur –
Ja, der Schnitter geht
Schon durch Wald und Flur.

Seine Sense reicht
Über Berg und Tal –
Nah' auch mir vielleicht
Ist der scharfe Stahl. –

Vor fünfzig Jahren wurde Kämpchen unter großer Anteilnahme der Bergarbeiterschaft zu Grabe getragen. Aber für uns ist Kämpchen nicht tot, er ist bei uns mit seinem Wort, seinem Glauben, seiner Menschenliebe und seinem Beispiel. Er gab dem dumpfen Sehnen der drangsalierten Bergarbeiter Ausdruck, er half ihnen, sich ihrer Lage bewußt zu werden und ihre geschichtliche Aufgabe zu erkennen.

Wie Fahnen flogen seine Verse den kämpfenden Bergarbeitern voraus. Sein Wort gab den Streiks Kraft und Feuer.

Über die Jahre und über die Gräber hinweg grüßen wir unseren Kameraden Heinrich Kämpchen.

Josef Büscher
Ludwig Kessing (1869–1940)

> In der grauen Not der Tage,
> In der Mühsal und der Plage
> Laß dein heißes Streben nicht!
> Und es tön' aus deinem Munde,
> Aus des Herzens tiefstem Grunde
> Immer wieder: »Auf zum Licht!«

Der Weg des Arbeiters vom Proletarier zum vollgültigen und mitbestimmenden Glied unserer Gesellschaft war nicht der einer friedlichen Entwicklung, sondern der eines hartnäckigen und oft erbitterten Kampfes. Doch es geht hier nicht darum, den an Schmerzen und Opfern so reichen Weg des politischen Kampfes um Recht und Freiheit des Arbeiters darzustellen. Hier soll gezeigt werden, daß dieser Kampf ohne die Stimmen der Dichter undenkbar ist. Mochten die Dichter selbst Arbeiter sein, mochten sie aus anderen Kreisen kommen, entscheidend ist, daß es ihnen um die Befreiung der Arbeiterschaft ernst war.

Trat uns in Heinrich Kämpchen ein dichtender Bergmann und Funktionär des Alten Verbandes entgegen, so soll ihm hier in der Gestalt von Ludwig Kessing ein Mann an die Seite gestellt werden, der, gleichfalls dichtender Bergmann, aktiv im Gewerkverein christlicher Bergarbeiter wirkte. Beide Vorläuferorganisationen haben unsere heutige Industriegewerkschaft Bergbau und Energie entscheidend geformt und geprägt. Dabei hat Ludwig Kessing eine zweifache Sendung erfüllt: Er war sprachgewandter Sänger und Künder seines und seiner Kameraden Lebens und Geschicks, und er war nicht minder wortstarker Prediger, Streiter und Gefolgsmann seiner christlichen Weltanschauung.

Beide Missionen aber ließen ihn zu dem werden, als den wir ihn in unserer deutschen Arbeiterbewegung besonders schätzen und ehren, einen Bannerträger sozialen Fortschritts und sozialer Gerechtigkeit.

Als Christ sah Kessing in seinem Dichtertalent ein besonderes Gnadengeschenk des Himmels, eine Aufgabe, über die er einmal seinem Schöpfer Rechenschaft abgeben mußte. So ist es klar und auch jedem verständlich, wenn die sittlichen Forderungen seiner Religion in ihm so stark ans Licht drängen, daß das Gesamtwerk seiner Dichtung hinter die Offenbarung seines starken Glaubens zurücktritt.

Seine Wortfügungen sind nicht nur ästhetisch ersonnen. Ihr Sinn und Zweck liegt tiefer. Er bedeutet nicht weniger als die Konfrontierung seiner frommen Seele mit Chaos und Ordnung, mit allen Realitäten und Hintergründigkeiten unserer modernen Industriewelt. Ihren Gewalten verschließt sich Kessing nicht. Er nimmt sie tiefer als die meisten Zeitgenossen in sich auf. Er leidet mehr darunter als sie, aber er schreitet durch sie hindurch, sieghaft, wie einstmals die Jünglinge durch den Feuerofen.

Gerade bei diesem Manne verlohnt es sich, Herkunft, Werdegang und Lebensweg an den Anfang seiner Würdigung zu stellen, um zu sehen, welcher Art die Quellen sind, aus denen sein dichterisches Talent gespeist wurde.

Über den jähen Absturz vom »freyen Bergknappen« zum Proletarier im Bergbau, der nach 1858 immer krasser spürbar wurde, unterrichtete uns der vorangegangene Aufsatz. Es waren hierzulande durchaus keine »goldenen Zeiten«, als Ludwig Kessing am 14. August 1869 in der heutigen Metropole des Ruhrgebiets als drittes von acht Kindern geboren wurde. Der Vater verdiente wie die Vorfahren als Bergmann seinen Lebensunterhalt, und der Bergbau war, ähnlich der Situation von heute, das »Sorgenkind Nr. 1« der damaligen Wirtschaft. Mit Beginn des Jahres 1874 ging nämlich der Kohlenbedarf, von dem man kurz vorher noch geglaubt hatte, er würde immer weiter wachsen und steigen, rapide zurück. Andererseits war die Förderung bei rücksichtslosem Einsatz der menschlichen Arbeitskraft aufs höchste gesteigert worden. Schuld an dieser Entwicklung hatte das wilde Hereinschleudern einer ausländischen Überproduktion an Eisen. Die gesamte aufblühende Schwerindustrie an Rhein und Ruhr drohte zum Erliegen zu kommen. Kapitalreduktionen, Liquidationen, Konkurse und Rückwandlungen von Aktiengesellschaften häuften sich. Viele Arbeiter wurden entlassen; die bleiben durften, mußten feiern. Es geschah, daß selbst bei großen Zechen das Geld zum Löhnen fehlte. Not pochte an die Türen der Bergmannskolonien.

Erst 1879, als Ludwig gerade zehn Jahre alt war, setzte eine langsame Besserung ein. Am 9. Juli 1878 hatte endlich der Reichstag die Annahme eines Zolltarifs beschlossen, und erst der neue Schutzzoll auf ausländisches Eisen bannte allmählich das Fieber der Tiefkrise, die das Ruhrgebiet so wild geschüttelt hatte.

Als Ludwig dreizehn Jahre alt war, starb der Vater. Sein Tod bedeutete für den talentierten Jungen die Aufgabe seines Lieblingswunsches, das Gymnasium zu besuchen und zu studieren. Brav nahm er nach der Entlassung aus der Volksschule die Kaffeetüte statt des Ranzens auf die schmächtigen Schultern, und die Grubenlampe wurde sein Begleiter. Sie blieb ihm 42 Jahre lang treu, wenn er ins Dunkel des Schachtes fuhr, seine *Kleine Lampe*, wie er sie in einem seiner Gedichte anspricht:

Kleine Lampe, unsre Sonne,
Leucht in unser dunkles Leben,
Wenn wir fern des Tages Wonne
In die Nacht der Berge streben.

Schreitend hin die engen Gleise,
Mach uns hell die dunklen Gründe;
Nie in deine lichten Kreise
Dring der Schatten schwerer Sünde!

Ehrbar, wie an Ahnengrüften,
Sollen tragen dich die Hände,
Wie die Seraphim in Lüften
Schwingen lichte Feuerbrände.

O, daß stets in deinem Scheine
Sich die Frucht des Fleißes häufe,
In den Staub aus Himmelsreine
Gottes Sehen niederträufe!

Wachsen soll die Brudertreue,
Und es gelt das Wort, das schlichte;
Aller Hader wird aufs neue
In der Liebe Glut zunichte!

Kleine Lampe – Wie du blinkest
In dem Felsengrund, dem feuchten!
Mögen uns, wenn du entsinkest,
Ewig Gottes Sterne leuchten!

Die Schwere der bergmännischen Arbeit hinderte ihn nicht daran, sich selbst und andere weiterzubilden. Er wirkte aktiv lange Zeit im Gewerkverein christlicher Bergarbeiter und erlernte sogar fremde Sprachen: Französisch, Esperanto, Englisch und Latein. Auch musikalisch war er begabt, erfreute die Mitmenschen mit Geigen- und Flötenspiel. Mit 33 Jahren heiratete Ludwig Kessing, und aus seiner Ehe gingen sechs Kinder hervor. Nachdem er mit 56 Jahren die schwere Bergarbeit aus Gesundheitsrücksichten aufgeben mußte, konnte er sich noch vierzehn Jahre eines ruhigeren Lebensabends erfreuen. Er starb am 24. Februar 1940 und wurde auf dem Kupferdreher Friedhof beigesetzt. Sein Grabspruch stammt von ihm selbst: »Mir hat geträumt, ich hätt gelebt, / Ich hab gemeint, ich hätt gestrebt, / Ich hab geweint, weil ich so dumm, / Jetzt wüßt ich viel, nun bin ich stumm.«

Kessings poetisches Schaffen, mit dem er schon recht früh begann, ähnelt in mancherlei Beziehung dem eines Matthias Claudius, dem er an Schlichtheit und Gläubigkeit des Herzens kaum nachsteht, während er in seiner Arbeitslyrik mit der Kunst eines Alfons Petzold vergleichbar ist. Sein musisches Lebenswerk besteht größtenteils aus Gedichten, die in mehreren Bänden erschienen sind: *Aus dem Reiche der Kohle* (1900), *Auf zum Licht* (1922), *Haue und Harfe* (1924) und schließlich noch *Des Bergknappen Marienminne* (1925). Nach seinem Tode wurden weitere unveröffentlichte Gedichte zu dem Büchlein *Wach auf!* (1944) zusammengestellt; es erschien auch eine kurze Lebensbeschreibung *Ludwig Kessing, Bergmann, Dichter, Christ* (1941).

Der Inhalt seiner Gedichte umspannt die Themenkreise von Heimat, Volk, Vaterland, das Familienleben und eine ganze Skala von religiös-ethischen Motiven, da für ihn Kunst und Religion eine Einheit bilden. Seine stärksten Aussagen beziehen sich auf seinen Beruf, sein Freud und Leid, die tragischen Zwischenfälle, das Bergmannslos schlechthin, wobei er auch hier dem Grundzug seines Wesens und Dichtens treu bleibt, der da ist, Gottsucher zu sein.

Viele Dichter hatten sich schon vor ihm mit der Arbeitswelt des Bergbaus auseinandergesetzt. Er kannte deren Aussagen – und verwarf das meiste. Was konnten ihm auch Verse bedeuten wie etwa diese:

> Schön ist das Bergmannsleben,
> Herrlich sein Lohn!
> Seine Werke geben
> Glanz dem Königsthron.

Oder:

> Preiset das fröhliche Bergmannsleben,
> Jubelt, es kann kein vergnügteres geben!
> Heiter ist immer des Bergmanns Gesicht.
> Vergnügt nimmt er sein Grubenlicht,
> Vergnügt fährt er damit zur Schicht,
> Vergnügt vollbringt er seine Pflicht.

Wahrheitsliebe und Ehrlichkeit sind charakteristisch für seine Sicht aller Dinge. Das bekundet er bewußt und kraftvoll und ganz besonders in seinem Gedicht:

Im Bergwerk

> Das ist ein hartes Ringen
> Im Grund in langer Schicht,
> Wenn wir die Schätze bringen
> Hinan zum Tageslicht.
>
> Das ist ein rastlos Mühen
> Um der Gesundheit Preis,
> Wenn rote Funken sprühen
> Uns um die Stirne heiß!
>
> Das ist ein ständig Hasten
> Zum Grabe ohne Ruh: –
> Es rollen reiche Lasten
> Den goldnen Zielen zu.

Das ist ein ewig Sterben,
Bald einzeln, bald zu Hauf:
Es lauert uns Verderben
In allen Winkeln auf. –

O die ihr sondergleichen
Preist unsers Standes Licht,
Glaubt nur, ihr Liederreichen,
Die Schatten kennt ihr nicht!

Mit diesem Gedicht stellt er sich deutlich in eine Reihe mit anderen schreibenden Arbeitskameraden der damaligen bergmännischen Organisationen, mit Heinrich Kämpchen (1847–1912), mit Victor Kalinowski (1879–1940) und Otto Wohlgemuth (1884–1965), der gerade seine ersten Arbeiten zu veröffentlichen begann. Man könnte meinen, es habe zwischen Kämpchen und ihm ein stilles Wetteifern bestanden, wenn wir zum Beispiel sein Gedicht *Bergarbeiterlos*, das er 1900 veröffentlichte, Kämpchens *Bergmanns Los*, veröffentlicht 1898, gegenüberstellen, wobei wir nicht wissen, ob sich beide Männer persönlich gekannt haben.

Bergarbeiterlos

Bergesruh'. Die Unterwelt
Matt vom Lampenlicht erhellt.
Nur ein Pochen hier und dort,
Dumpf ein Schlag von fernem Ort,
Hart ein Fallen nah am Hang,
Irgendher ein Seufzer bang,
Dann ein ungestümer Schritt:
Hilferufe: »Kommet mit!«
Bang ein Fragen: »Wo?« und »Wer?«
Doch sie hasten hinterher. –

Grabesruh. Die Unterwelt
Matt vom Lampenlicht erhellt.
Durchgebogen Holz an Holz,
Eingeknickt der Menschen Stolz,
Knappen nahen, naß vom Schweiß,
Lautes Keuchen, hart und heiß,
Nur ein unterdrückter Fluch,
Einer Bahre feuchtes Tuch,
Ein entseelter Körper drauf.
Bergarbeiterlos. Glück auf!

Bergmanns Los

Das ist des Bergmanns früher Tod:
Er muß im Schacht
Tagtäglich scharren um sein Brot
In Dunst und Nacht. –

Ihn hält die mühevolle Schicht
Vom Tage fern,
Er mißt das gold'ne Sonnenlicht
und Mond und Stern'.

Wühlt wie der Maulwurf immerfort
Und scharrt und gräbt
Im Kohlengang, am düstren Ort –
Heißt das gelebt? –

Oft stürzt auf ihn mit Ungestüm
Der Wasserschwall –
Das Wetter dräut, das Ungetüm,
Der Berge Fall. –

So ist sein Leben immerdar
Bedrängt, bedroht,
Und stets umwittert von Gefahr,
Von Not und Tod. –

So macht er täglich seine Schicht
In Stein und Kluft,
Und gräbt beim trüben Lampenlicht
Sich selbst die Gruft. –

So haust er tief im Erdenschoß,
Für sich allein –
Das ist des Kohlengräbers Los!
Kann's trüber sein?

Hier glauben wir, einen feinen Unterschied in beider Dichter Aussagen herausstellen zu müssen, einen Unterschied, der weltanschaulich zu erklären ist. Er soll uns Anlaß sein, Kessings geistige Welt, die ja die Welt der katholischen Soziallehre und Ethik ist, aufzuzeigen.

Die damals immer stärker wachsende Arbeiterbewegung verlangte gebieterisch von den Kirchen, daß sie ihr den notwendigen Raum für ihr Arbeiterdenken geben möchten. Die Kirchen bejahten zwar grundsätzlich den gewerkschaftlichen und genossenschaftlichen Zusammenschluß der Arbeitnehmerschaft, verlangten aber die Beachtung ihrer Sittenlehre, nach der soziale Spannungen und Gegensätze nur in bestimmten Fällen durch wirtschaftliche Kampfmaßnahmen (Streik, Arbeitsniederlegung) ausgeglichen werden können. Diese Haltung wurde von dem überwiegenden Teil der Arbeiterschaft als Heiligung der bestehenden Gesellschafts- und Wirtschaftsordnung mißverstanden und abgelehnt, vielfach aus allzu großer Verbitterung, vielfach auch in Unkenntnis jener Tatsachen, über die Kessing bestens informiert war. So wußte er sehr wohl, daß jene berühmte Enzyklika Leos XIII. *Rerum novarum* (15. Mai 1891) »über die Arbeiterfrage« keineswegs den Anfang katholisch-sozialen Denkens im Industriezeitalter darstellte. Männer wie Franz Joseph von Buß, Peter Reichensperger, Bischof Wilhelm Emanuel von Ketteler und Adolph Kolping waren Zeitgenossen von Marx und Engels gewesen. Sie wurden als scharfe Gesellschaftskritiker, echte Tatchristen und Neugestalter von Geist und Lehre der abendländischen Kirche und Gesellschaftsordnung von ihm selbst im Kreise seines Gewerkvereins immer wieder genannt und als richtungsweisende Vorbilder herausgestellt.

Ihn haben sein Glaube an Gott und seine Treue zur Kirche niemals zu einem zahmen Duckmäuser oder mystischen Schwärmer gemacht. Das Gegenteil ist der Fall. Die Frage lautete bei ihm nicht: Wie bewährt sich mein Christentum in der Welt?, sondern: Wie verwirkliche ich in dieser aus allen Fugen geheiligter Ordnung geratenen Welt die Forderungen, die das Christentum an mich stellt?

So wußte er sich im Recht, wenn er beispielsweise gegen ein überspanntes Akkordsystem aufbegehrte, wie er es in seinem Gedicht *Vor Ort* tut:

Vor Ort

Der Hauer liegt allein vor Ort –
Die Zeit enteilt, und er hat Akkord.
Mißraten ist alles, was heut' er tat,
Als hätte sich neckend ein Kobold genaht.
Die Haue brach ab beim ersten Schlag,
Ins Bohrloch ging nicht der Ladestock nach,
Und als er mit Fleiß einen Stempel gesetzt,
Da hat er am Stoß sich die Finger verletzt.
Nun heißt es: schrämen! – Die Zeit enteilt,
Nicht paßt als Bergmann, wer lange weilt.
Er zieht das Eisen, es singt und klingt,
Und knisternd es los vom Schrame springt.
Da fällt von des Hangenden glattem Stein
Ein Tropfen dem Mann ins Aug' hinein.
Er richtet sich auf: »Verdammte Schicht!«
So knurrt er und wischet sich ab das Gesicht.
Da – klatsch! Ein runder Steinkoloß deckt
Den Platz, wo er eben zum Schram sich gestreckt.
Hin starrt der Knappe, bald kalt, bald heiß,

Wie betend bewegt er die Lippen leis.
Dann packt es ihn wieder. Der Stein muß fort!
Denn die Zeit enteilt, und er hat Akkord.

Unterirdische Heerschau nennt er eines seiner Gedichte, das von einer ungeheuren visionären Kraft erfüllt ist. In seiner Eindringlichkeit wird es auch den Leser von heute in seinen Bann ziehen:

Unterirdische Heerschau

Tiefschwarze Nacht. Gestürzt Gestein
Liegt um mich her wie Totenbein;
Vom morschen Holz ein Moderhauch,
Am bleichen Stoß ein blinkend Aug'–
Und fern – ich lausche ungewollt –
Ein Hall, wie wenn die Hölle grollt,
Ein Tönen, wie wenn unversöhnt
Ein längst begrab'nes Elend stöhnt.
Ich sink' zurück, fast halb betäubt,
Auf einen Stempel, dicht bestäubt –
Und denk' in meiner Einsamkeit
Entfloh'ner Stunden düstrer Zeit. – –

Da pocht es an: Aus dunklem Tor
Halbnackt, gebückt, tritt bleich hervor,
Was weit der Tiefe Grund verschlang
Und zieht dahin mit ernsten Gang.
Ein Alter vor mit bleichem Haar,
Sein Fahrstock zeiget, wer er war.
Ein andrer folgt in Manneskraft –
Und noch ein andrer knabenhaft:
Ein Opfer in der Tiefe Grund,
Den Namen »Mutter« auf dem Mund.
Der nächste still wie im Gebet –
Nur einer, der in Sorgen geht –
Ein andrer, der zu wildem Takt
Noch scheinbar fest das Fäustel packt!

Und Knappen nun, erstickt, gebrannt,
Zerbrochen Rippen, Fuß und Hand,
Gequetschet Brust und Hüftenbein,
Verstört und bleich im Lampenschein,
Und andre, andre – mehr und mehr! –
Von bleichen Knappen schier ein Heer!

Ich wend' den Blick mit stillem Grau'n
Und mag sie nicht, die Bilder, schau'n!
Da tritt er nahe – den gekannt
Und den ich einstens »Freund« genannt.
Er winkt mir still – ich folg' in Ruh
Und – wank' der Arbeitsstätte zu.

In seinem Kontrastgedicht *Hoch oben – tief unten* kritisiert er diese »Erde voll Fehl«, der »der Seele Juwel« nur wenig gilt:

Hoch oben – tief unten

Rauschende Klänge hoch oben im Saal,
Köstliche Weine in Glas und Pokal,
Nippende Lippen an goldenem Rand,
Leichte Bewegung in seid'nem Gewand;
Schelmisches Lächeln, erstrahlend Gesicht,
Blumen und Düfte im Leben von Licht.

Aber tief unten welch' anderes Bild!
Schaffende Menschen vom Schicksal gedrillt;
Wolken von Staub in beengendem Kreis,
Schwaden der Schüsse und perlender Schweiß;
Hastendes Würgen ums tägliche Brot,
Überall lauernd der grimmige Tod.

Oben und unten! Dieselbige Welt,
Doch wie verschieden die Bilder gestellt!
Freies Gebieten und – zwingende Pflicht.
Frohes Genießen und – stiller Verzicht,
Lichter und Schatten! – O Erde voll Fehl,
Wenig nur gilt dir der Seele Juwel.

Doch Ludwig Kessing bleibt nicht nur beim Einfangen und Aufzeigen der Bilder und Menschen seiner bergmännischen Berufswelt stehen. Seine Lebenseinstellung befähigt ihn zu mehr als nur Erfassung und Feststellung. Er weiß auch um die höhere Kunst des Verwandelns. Durch sie wird er zum Mahner, Prediger, glutvollen Apostel und Kämpfer einer Erde im Licht und Glanz göttlicher Gnade und Gerechtigkeit.

Das bezeugen schon allein seine Gedichtüberschriften in einer vom Katholischen Invalidenwerk herausgegebenen Auswahl *Männerruf! Männerwort!* (1956). Sie lauten u.a. *Im Dienste der Pflicht, Vorwärts, Nicht länger mehr kindlich, Mahnung, Zeitgemäße Worte, An den Wankelmütigen, Was du sollst, Heiliger Kampf, Ringe mit, Mannestaten* und *Was wir wollen:* »Was wir wollen, / Das ist leben, / Was wir sollen, / Das ist streben, / Was uns kettet, / Not und Leid, / Was uns rettet, / Einigkeit.«

Das bezeugen ferner seine positiven Aussagen über »Hütte und Heim«, »Familienleben, Familienglück«, und das bezeugt nicht zuletzt sein eigener, vorbildlicher Lebenswandel.

»Von Natur war er ein Heißsporn«, berichtet uns sein Biograph Wilhelm Kessing. »Sein Temperament war cholerisch durchsetzt, und er konnte manchmal sehr hitzig und heftig werden. Wer aber Kessing in seinen letzten Lebensjahren kannte, sah ihn nur als den ruhigen, überlegenen, freundlichen, sich stets in der Gewalt habenden Menschen.« Welch einen Kampf mag ihm dieser größte Sieg, den ein Mensch erringen kann, der Sieg über sich selbst, gekostet haben!

So steht Ludwig Kessing vor uns, ein Bergmann, Dichter und Christ, ein Kämpfer für Arbeiterrecht und Arbeiterehre, ein aktiver Mitarbeiter bei den Vorläuferorganisationen unserer modernen Gewerkschaftsbewegung. Er war einer jener Männer, die durch ihr dichterisches Wort den Kumpels halfen, sich auf ihre Kraft zu besinnen und sich ihren Peinigern entgegenzustellen. Furchtlos sagte er allen Ausbeutern die Wahrheit. In seinem Gedicht *Stimmen aus der Grube* heißt es:

> Ihr dürft uns nicht die Kräfte unterbinden,
> Nicht fesseln uns das kaum erkannte Ich.
> Wir lernten viel verschmerzen und verwinden.
> Und eben reget erst die Schwinge sich,
> Uns selbstbewußt aus düsterm Raum der Grüfte
> Emporzuheben in die lichtern Lüfte.

Und weiter:

> Vergleicht uns mit dem Ochsen nicht am Wagen,
> Dem Esel nicht, der an der Mühle hält.
> Sie wissen keine Wünsche vorzutragen,
> Und Joch und Krippe bilden ihre Welt.
> Uns aber sind des Lichtes Sonnenfunken
> Vom hohen Himmel in die Brust gesunken.

An die kommunistischen Weltverbesserer aber richtete er mit Recht seine sehr kritische und mißtrauische Frage: »Dreiste Helden ihr der Reden, / Eilig zur Vernichtungstat, / Ob ihr jemals wohl ein Eden / Schafft dem Proletariat?« Wie dieses »Eden« aussieht, ist uns allen bekannt.

Von Heinrich Kämpchen und Ludwig Kessing führt eine gerade Linie über Otto Wohlgemuth und seinen »Ruhrlandkreis« zu den jüngeren Bergmannsdichtern unserer Gegenwart, deren sprachliche Mittel sich selbstverständlich von denen Kessings unterscheiden.

Der Dichter Kessing hatte eine Botschaft für die Menschen. Er wollte ihr Verhalten ändern, sie selbst verwandeln. Das zeichnet ihn aus, das gibt ihm seine Bedeutung. Menschenliebe heißt Kessings Adel, Gottesliebe war seine Botschaft. Wir möchten seine Dichtung möglichst vielen Zeitgenossen zur Lektüre und Beherzigung empfehlen.

Max von der Grün
Otto Krille (1878–1953)

Noch bevor er geboren worden war, verunglückte sein Vater tödlich, die Mutter hatte ein schweres Auskommen. Und so kann man sagen, daß Otto Krille am 5. August 1878 in dem sächsischen Dorf Zschaiten zwar das Licht, nicht aber den Glanz der Welt erblickte. Es war zu einer Zeit, als es in Deutschland noch keine Sozialversicherung gab, also auch keine Renten für Witwen. Die nackte Not stand jeden Morgen höhnisch grinsend am Bett der Armen. Die Sehnsucht jener Generation hieß: Teilhaben am Bildungs- und Geistesgut der Nation, das den »von und zu« und dem reichen Bürgertum vorbehalten war. Wenn ein Junge die höhere Schule besuchen wollte und wenn das nicht ging, weil der Vater ein einfacher Maurer war, also ein schlichter Prolet, die Mutter nur eine schwerarbeitende Witwe, verfiel man häufig auf einen Ausweg: Man gab die jungen Männer, oftmals noch Knaben, in Kadettenschulen, wo sie vom Staat gekleidet, ernährt und erzogen wurden.

Auch Otto Krille, aufgeweckt und intelligent, hat diesen Weg beschritten. Was aber nicht in einem Menschen pulst, kann auch nicht durch Drill und Kommandos hineinexerziert werden, und Otto Krille brachte nicht das Zeug zum Unteroffizier mit, wie sich bald herausstellen sollte. Mit zwölf Jahren zog er in die Königlich-Sächsische Soldatenknabenerziehungsanstalt bei Pirna ein, 1893 wurde er der Unteroffiziersschule Marienberg zugewiesen, aber schon 1895, siebzehn Jahre alt, entließ man ihn wegen »Ungeeignetheit zum Unteroffiziersstande«. Das wiederum galt den herrschenden Schichten damaliger Zeit als Schande, denn unwürdig sein zum Tragen des königlichen Rockes glich einem Kainszeichen, und nicht selten kam es vor, daß diese Brandmarkung über den weiteren Lebensweg eines jungen Menschen entschied, daß er lebensuntüchtig wurde. Krille nahm es nicht schwer, er war sogar froh, dem Drill und der Unterjochung des Geistes, unter Zuhilfenahme von sechs Stunden Exerzierdienst, entronnen zu sein. Er wurde einfach, was konnte er auch anderes tun, Fabrikarbeiter, ein »schwitzender, darbender und hoffnungsfreudiger Proletarier«, wie er selbst von sich sagt.

Krille wurde Sozialist. Er sah voraus, daß die Zukunft des arbeitenden Menschen, der namenlosen Masse hinter verrußten Fabrikmauern und sonnenentblößten Schächten, in dieser politischen Organisation liegt. »Es tagt ein besserer Morgen!« steht in seinem Gedicht, das 1904 erstmals veröffentlicht wurde – in der sozialistischen Jugendzeitung.

Daß Fabrikarbeiter Verse schreiben, ist gar nicht so selbstverständlich, auch heute nicht, wenngleich eine Ära hinter uns liegt, die von Literaturhistorikern mit »Arbeiterdichtung« fixiert wurde. Krille schrieb Verse, kurze und lange Gedichte, plumpe, kantige, verbogene und verbotene, innige, rührende und blasphemische, kindliche und frühreife, er hatte viel gelesen, große Namen aus einer großen Zeit zum Vorbild genommen, und in seiner hilflosen Naivität erlag er dem Irrtum, allein das Nachahmen dieser Verse verkörpere Dichtung; er erlag, wie viele andere auch, dem Irrglauben, Gereimtes sei bereits Gedicht, Erdichtetes sei wirkliche Dichtung.

Krille beteiligte sich enthusiastisch am Leben der Stuttgarter »Freien Jugendorganisation«, wo er später auch den Mann fand, der fürderhin Leiter und Lenker des jungen Talentes werden sollte: Emil Rabold, Redakteur und späterer Landtagsabgeordneter, der von Otto Krille sagte: »Hei! was für ein gesunder und fröhlicher Mensch! Welch innere Schönheit, welche Gedankenfülle steckt in ihm. Er rührte als erster die Trommel zum Kampf um die Jugend. Sein freies Wesen und seine männlich-stolze Art hat auf Hunderte von jungen Leuten vorbildlich gewirkt.«

Schließlich durfte der junge Fabrikarbeiter ein Jahr lang die Humboldt-Akademie und die Neue Freie Hochschule in Berlin besuchen. Johannes Sassenbach, ein Förderer junger Talente aus der Arbeiterschaft, wie später Richard Dehmel für eine nachfolgende Generation, gab Otto Krilles erstes Gedichtbändchen heraus: *Sonnensehnsucht*. Das war im Jahre 1903, Krille war fünfundzwanzig Jahre alt. Man wird sich fragen: Waren das Gedichte? Otto Krille war in seinem ersten Gedichtband reiner Epigone, also Nachahmer von geliebten Vorbildern und Formen. Es sind Gedichte, die uns heute ein Lächeln ablocken, die aber dennoch für die künstlerische und charakterliche Bildung und den Reifeprozeß wichtig, ja notwendig waren, denn nur auf Grund der aufgewachten Kritik, mag sie bejahen oder ablehnen, kann ein Dichter – der Künstler schlechthin – sich selbst messen, sehen, wo es fehlt, begreifen, wo seine Stärken liegen.

> Es tut mir in der Seele weh,
> Wenn ich dein bleiches Antlitz seh!
> O blick mich nicht so traurig an,
> Hab' ich doch nicht die Schuld daran!
> Mein Herz ist starr, mein Herz ist kalt.

Dieses Gedicht, *Wiedersehen* überschrieben, ist kein Gedicht, nur bloße Nachahmung, höchstenfalls ein Potpourri, und die Nachahmung läßt sich an Hand des Goetheschen *Faust* belegen. Kein eigener Ton, keine Dichtung im Sinne von »Verdichten« oder »Schöpfen« ist auch seine

Tagelöhnerin

> Sie führt die Sense wie den Pflug,
> Ist täglich gleich in Saat und Ernte.
> Ihr Herz, das Angst und Sorge trug,
> Wohl auch das Beten längst verlernte.

Otto Krille (1878–1953)

Man sieht in ihrem Angesicht
Das Weh von fünfzehn Witwenjahren,
Und keine Falte, die nicht spricht:
»Ich hab' des Lebens Zucht erfahren!«

Was sie im Tagelohn erstritt,
Gab für die Kinder schmale Bissen,
Sie aber hungerte und litt
In Mutterstolz und Kümmernissen.

Sie müht sich ab mit Hoffnungsmut
– O daß ihr Wirken Segen fände! –
Und trägt des Lebens schönstes Gut:
Ein weiches Herz und harte Hände.

Vergleichsweise lese man Adalbert Chamissos *Die alte Waschfrau*, dann wird klar, was Nachahmung und was Dichtung bedeutet. Das ist keine Arbeiterdichtung, welche die Probleme so faßt, daß die moderne Industrie in der Dichtung Platz bekommt und wie sie Männer wie Lersch, Bröger, Engelke und Winckler dokumentiert haben.

Seinen zweiten Gedichtband *Aus engen Gassen*, 1904 erschienen, aus dem die zitierten Gedichte entnommen sind, leitete Clara Zetkin, die spätere Reichstagsabgeordnete, die 1933 in der Nähe von Moskau in der Emigration starb, mit begeisterten Worten ein. Clara Zetkin glaubte: Hier ist ein Arbeiter, der in ein Metier greift, das bis dahin nur akademisch Gebildeten zukam, der Verse schreibt, die, metrisch gesehen, nicht einmal schlecht waren. Was wohl den Ausschlag gab, war das Erkennen, daß nun endlich Leute aufstanden aus dem Sumpf und aus der Verkümmerung geistig und materiell Vernachlässigter, die sprachen und auch etliches zu sagen hatten, und die ein jahrtausendealtes Monopol einer dekadent gewordenen Schicht entrissen. Daß Krille zum Kampfdichter wurde – nicht zu verwechseln mit Parteidichter, wie sie heute in Mitteldeutschland im Chor singen –, liegt einfach an der Zeit. Allein die Überschriften seiner Gedichte lassen das erkennen: *Zukunft, Ernte der Armen, Proletar, Brause, Sturmwind, Kampffrohe Jugend, Arbeiterliebe* ...

Gassenkinder

Wir haben im düsteren Hofe gespielt,
Mit jubelgeröteten Wangen,
Als Eltern und Brüder beim Morgengrauen
Zum harten Tagwerk gegangen.

Nun fronen wir selber um Brot und Lohn.
Es ist uns nichts weiter geblieben,
Als ein brausender Kopf, ein sehnendes Herz
Und ein wildes, verzehrendes Lieben!

Wieder und wieder finden sich Gedichte an die »Jugend«, an den »Sozialismus«.
1905 erschien sein Gedichtband *Aus der Welt der Einsamkeit*, 1908 *Neue Fahrt*. Auch im dramatischen Schaffen versuchte sich Krille mit dem Stück *Anna Barenthin*, das 1912, nicht ohne Erfolg, in Stuttgart uraufgeführt wurde.

1914 dann seine Autobiographie *Unter dem Joch*. Otto Krilles Weg lag hinfort klar umrissen. Von der Fabrik führte sein Weg in die Redaktionsstuben nach Harburg und Stuttgart, letztlich in die Schriftleitung der literarischen Wochenschrift *Die Lese*. Viele wurden im Krieg zum Sänger, für oder gegen ihn; Krille blieb stumm, die Verwundung und das schwere Nervenleiden, das ihm als Andenken an vier Jahre Krieg weiter anhing, verbitterte ihn gegen alle Gewalt noch mehr, insbesondere aber gegen die Politiker, denen eine Blutsäuferepoche noch nicht genug schien. Er widmete sich ganz der Politik unter Hintansetzung seiner eigenen lyrischen Begabung und seiner schriftstellerischen Berufung. Er wuchs zum erbitterten Feind autoritärer Staatsformen, war bei der Gründung des »Reichsbanners Schwarz-Rot-Gold« dabei, avancierte zum Gausekretär für Oberbayern-Schwaben und blieb weiterhin in der Jugendbewegung, in der er den Eckstein eines gesunden demokratischen Staates sah.

Die rote Palette, 1924 in Konstanz erschienen, ist ein weiterer Weg zur dichterischen Läuterung, hier kehrt er dem Epigonentum den Rücken und wird selbst Sprache, Idee und Anklage: »Blutiger Lorbeer verbleicht, Macht ist Schatten und Schein, / Wage der Völker Höchstes, wahrhaftig freistes zu sein!«

Hier beweist Krille auch einen eigenwilligen epischen Stil, seine Kurzerzählungen, von prägnanter Einfachheit, trotzdem nicht ohne sprachliche Schönheiten, reißen Situationen auf, wie eine Sternschnuppe am sternlosen Himmel.

Arbeiterjugend und Bildung (1924) und die Sammlung *Aufschrei und Einklang* (1925) folgen, und nachfolgendes Gedicht umreißt seine ganze Einstellung zur herrschenden Gesellschaftsordnung:

Ich hasse

Ich hasse tief die ekle Maulwurfsbrut
Der Sündengräber, Schmutz- und Fehltrittriecher,
Das ewig selbstzufriedene Geschlecht,
Des Tugend sich in andrer Laster spiegelt,
Weil's ihr an eignem innerm Wert gebricht.
Ich hasse tief den schlauen Gauklerchor,
Der stets uns um die Gegenwart betrügt,
Weil er das Heute mit dem Gestern zahlt.

Ich hasse stark die feile Dirne Tugend,
Die sich gefällig auf dem Markte spreizt,
Bewundert nur von Narren und von Heuchlern.
Die wahre Tugend ist kein eitles Weib,
Das mit den angebornen Reizen prunkt
Und seine Träne öffentlich vergießt,

Ist eine Mutter, die in Weisheit schafft
Und still vergibt in Wissen und Erkennen.
Die wahre Tugend ist aus Schuld geboren.

Ich hasse tief, ich hasse stark und still,
Die uns des Lebens vollen Trank vergiften.
O schreite du mit mir, du stiller Haß,
Daß meine Liebe sich an dir erwärme
In dieser Tage grauer Wüstenei,
Wo sich die Tugend unter Lärm verkündet
Und bang die Edlen in der Stille weinen.

Diesen Versen, die einer moralisch verlogenen und sittlich morbiden Zeit ins Gesicht schlugen, darf kaum etwas hinzugefügt werden, es sei denn, daß gerade die sogenannten Ungebildeten es waren, die den Mut fanden, das auszusprechen, was andere, die dazu berufen gewesen wären, aus Furcht vor irgendwelchen Repressalien nicht aussprachen.

»Die wahre Tugend ist aus Schuld geboren!« Diese Zeile könnte fast als moderner theologischer Lehrsatz gelten.

Der politische Kampf in der Weimarer Republik in den zwanziger Jahren war alles andere als erfreulich für den einzelnen Sprecher und Künder. Und als am 10. Mai 1933 mit gehörigem Pathos auf dem Opernplatz in Berlin und vielen anderen Plätzen in vielen anderen Städten Deutschlands die »Schmutz- und Schundliteratur« verbrannt wurde, wider demokratischer Dekadenz für ein gesundes Allgermanentum, und im Laufe der Zeit 250 Schriftsteller in das Ausland emigrierten, da war Otto Krille einer der ersten, die Deutschland den Rücken kehrten. Denn auch seine Bücher fraß der Scheiterhaufen, Goebbels & Co. hatten also für wert befunden, sie in die »Schmutz- und Schundliteratur« einzustufen, in der so erlauchte Namen wie Heinrich Mann, Voltaire, Heine, Werfel und die beiden Zweigs schon vorzufinden waren. Hätte Krille nicht die Konsequenzen gezogen, wäre er nicht ins Ausland emigriert, er wäre wohl einer der ersten gewesen, die ihr Streben und ihren Mut mit Entzug der Freiheit bezahlt hätten.

In der Schweiz fand er eine neue Heimat, und zwanzig Jahre lebte er dort als Journalist und freier Schriftsteller, bis er am 31. Januar 1953, von schweren Krankheiten heimgesucht, starb.

»Jetzo, bis euch die Ohren klingen, / Nochmals: Götz von Berlichingen!« sang Alfred Kerr, der für viele Emigranten zum Sprachrohr geworden war und mit seiner spitzen, aber sehr treffsicheren Zunge ein destruktives System geißelte. Krille sang diesen Chor nicht mit, er hatte seinen Haß abgelegt. Trauer war dort eingezogen, wo vormals Haß gelodert. Im Nachwort des bei Oprecht in Zürich 1936 erschienenen Gedichtbandes *Wanderer im Zwielicht* sagt er bescheiden von sich selbst:

> Ich weiß, daß mein Wirken für Freiheit und Gerechtigkeit in der gesellschaftlichen Entwicklung geringer wiegt als der Tropfen im Meer und das Sandkorn im Bau der Erde; dennoch werde ich darin nicht erlahmen, weil es einzig und allein mich würdig macht, Mitglied dieser Gesellschaft zu sein. Ich weiß, daß ich ein irrender

Mensch bin: irrend im Erkennen, irrend im Wollen und Handeln; dennoch kann ich in meinem Tun nicht zögern, denn es kommt vor allem darauf an, daß etwas geschieht. Obwohl ich ein schwacher Mensch bin, weiß ich, daß die Kraft die Göttin dieser Welt ist und daß Gefühle weder einen Stein verrücken noch einen Hungrigen speisen können. Ich weiß aber auch, daß ohne edle Gefühle wahrhaft große Taten nicht vollbracht werden können.

Und zum Schluß: »Ich weiß, daß von all meinen Taten kaum eine zu Lebzeiten grünen und Früchte schenken wird, dennoch bin ich fröhlich in allem Tun.« Seine Taten aber haben noch zu Lebzeiten zu grünen begonnen, ob sie Früchte tragen werden, liegt nicht bei den Propheten, einzig an denen, die seine Stimme vernommen haben.

Ein solch wahres Leben, wie es Otto Krille geführt hat, muß wieder und wieder geführt werden, einmal als demütige Fackel und zum anderen für Gesundung und Gesunderhaltung eines Volkes, auch wenn die Nachwelt keine Kränze flicht und keine Denkmale erbaut, denn nur in der Bewährung wird ein Dichter Wahrheit, und in der erfüllten Prophetie, wie nachfolgendes Gedicht, das bereits Wahrheit geworden, aufzeigen soll:

Der braune Sieger

    Mit heller Seide überspannt der Himmel
    Das weite Stadion. Die Menge bebt
    In der Erwartung Fieber,
    Und mit den Läufern keuchen tausend Brüste,
    Mit ihren Herzen klopfen alle Herzen.
    Schwer fallen die Minuten in die Stille
    Bis Siegesjubel aufbraust zu den Rängen,
    Wie Gischt der See, vom Wirbelsturm gepeitscht.
    Franzosen, Briten, Deutsche, die Nationen
    Europas und der stolze Sohn
    Des Sternenbanners harren der Entscheidung:
    »Wer wird der Sieger sein im Lauf von Marathon?«
    Da bricht der Bann, am Zielband steht der Held,
    Doch, jäh lähmt der Enttäuschung Schreck die Hände,
    Und Schweigen wächst wie eisiges Gebirg
    Um einen kleinen Burschen Afrikas,
    Auf brauner Stirn des Kampfes Perlenkranz.
    Ihm neigt sich nicht des Prinzen Gunst, der Frauen Lächeln,
    Der freche Hochmut einer weißen Herrenrasse schlägt
    Verachtung ins Gesicht dem Kind
    Der Proletarierrasse, die nur dienen,
    Nicht siegen darf. – –
    Wohl schlägt dir menschlich in der Brust das Herz,
    Es kühlt der Wind dich, und die Sonne brennt

Dein junges Haupt, dich höhen Lust und Schmerz,
Du brauner Sieger, und doch nennen noch spottend ihres Gottes
Dich mindren Wertes jene Menschendrohnen,
Von denen du jetzt schreitest mit dem Gift
des Hasses im Gemüt.
Vielleicht sieht ein prophetisch Auge schon den Tag,
Der dich, wie alles Unterdrückte, rächt.

Nicht von ungefähr wird dieses Gedicht im vollen Wortlaut wiedergegeben, denn unsere Zeit steht in der Erfüllung dessen, was vor fünfundzwanzig Jahren, als diese Zeilen gedichtet wurden, kaum Prophezeiung gewesen war.

Der im »Dritten Reich« Ausgebürgerte führte in der Schweiz kein Leben im sprichwörtlichen Schweizer Wohlstand, sauer genug wurde ihm die Sorge um das nackte Morgen. In seinen letzten Lebensjahren brachte er noch den Gedichtband *Klänge* (1943) heraus und darin ist Krille, fern aller Thesen und Apologien, wirklich Dichter, ohne Bitterkeit, ohne Haß, nur eine leichte Traurigkeit vielleicht, daß sein Lebenswerk nicht zu jener Erfüllung kam, wie jahrzehntelanger Kampf es hoffen ließ.

Straßenbild

Wie hat dies Bild mich tief gerührt:
Ein Lahmer, der den Blinden führt!
Dort Tänzerlust, hier Schauensdrang,
gefesselt an der Krücke Zwang.

Die Schwäche, die den Lahmen quält,
sich an des Blinden Glieder stählt;
die Sonne, die dem Blinden schwand,
erglüht in seines Bruders Hand.

Die Weisheit, die aus Büchern spricht,
bleibt doch nur Schein und falsches Licht,
trägt sie als edelsten Gewinn
nicht dieses Bildes tiefsten Sinn.

An die Menge, die er so geliebt und für die sein Leben mehr als hundert Male gewagt hat, schrieb er:

In deinen Armen ruht der Freiheit Kraft,
mit der du spielst, wie Kinder Murmel spielen.
Der Knechtschaft nur dient blinde Leidenschaft,
reißt sie der Geist nicht fort zu edlen Zielen,
und all mein Wirken ist ein stumm Gebet,
daß dir im Schoß der Riese Volk ersteht.

Es ist ungerecht, nun etwa zu räsonieren und zu protestieren, weil Krille in keiner Literaturgeschichte zu finden ist. Er wird uns überall begegnen, wo die sozialistische Bewegung noch Kampf war, wo der Massenmensch aus dem Sumpf gehoben wurde und Würde empfing.

»Nicht um zu genießen sind wir auf der Welt, nur um zu kämpfen«, sagte ein großer Dichter, und dieses Wort darf ohne Vorbehalte auf das Leben Otto Krilles angewandt werden, aber die später Meister geworden sind, vergessen sehr schnell, daß auch sie Meister hatten, denen sie viel verdanken.

An einem ausgewachsenen Baum bewundern wir nur den Stamm, die Krone, die Blüten und Früchte – und leicht wird vergessen, daß ein Baum auch Wurzeln hat, die aus dem Verborgenen all diese Pracht speisen.

Ja, es tagt ein bessrer Morgen
Und es keimt ein neu Geschlecht!
Tragt voran ihm seine Speere,
Macht ihm seine Steige recht.
Hellen wir das trübe Leben
Mit des Sturmes Wetterschein.
Jeder Schwertschlag soll ein Jubel
Neuem Menschentume sein!

Max von der Grün
Ernst Preczang (1870–1949)

In Ernst Preczangs dichterischem Schaffen vereinigen sich lyrische, dramatische und epische Elemente gleichermaßen stark und ausgewogen. Daß er nach 1927 kein Drama mehr schrieb, liegt wohl in seiner Überzeugung begründet, er komme mit epischen Werken, also Roman, Erzählung und Novelle, an breitere Schichten des Volkes heran. Preczang war in jeder Hinsicht ein produktiver Mensch, sowohl als Schriftsteller und Dichter, als auch später in seiner Eigenschaft als Cheflektor der Büchergilde Gutenberg.

Am 16. Januar 1870 in dem kleinen Ort Winsen an der Luhe, am Rande der Lüneburger Heide, als drittes von sechs Kindern geboren, entstammt er nicht dem Arbeiterheer oder niederstem Proletariat; sein Vater war dort Gendarmeriewachtmeister. Er kommt also, wie Engelke und Lersch, aus dem Kleinbürgertum. Er verlebte auch keine, wie so viele seiner Zeit- und späteren Berufsgenossen, sonnenarme und notreiche Jugend; seine war sorglos und heiter, materielle Not kannte die Familie nicht.

Daß er dennoch ein Sprecher des Proletariats wurde und Kämpfer für die Menschwerdung des letzten Standes, liegt in zwei wesentlichen Veränderungen seines Lebens verankert. Als er zehn Jahre alt war, zog die Familie nach Berlin, sein Vater wurde ein kleiner Beamter im Reichskriegsministerium, und in Berlin sah er zum ersten Male die lichtlosen Hinterhöfe der hintereinander geschachtelten Mietskasernen. Mit vierzehn Jahren wurde Preczang Buchdruckerlehrling in Buxtehude, wo auch sein älterer Bruder als Schriftsetzer tätig war. In Buxtehude kam er mit den weit durch Europa gewalzten Gesellen zusammen und hörte vom Elend und der nackten Not der Arbeiterschaft in allen Ländern. Von 1884 bis 1888 war er in dem mit patriarchalischen Methoden regierten Betrieb Lehrling, dann zog auch er auf die Walze, von 1888 bis 1900, und er spürte zum ersten Male am eigenen Leibe, was es heißt, Arbeiter zu sein.

Aus dieser Zeit stammt sein Gedicht *Worte*, und es soll hier ungekürzt gedruckt werden, weil es einmal Preczangs erstes und bestes geblieben ist, zum anderen, weil es Zustände aufreißt, von der unsere heutige perfektionierte und wirtschaftlich gesicherte Zeit nichts mehr weiß.

Worte

Sei nicht so gehässig und blind
Und sage,
Daß die Menschen gemütlos sind.
Sie haben Worte, mein Kind,
Worte!
Die wie Balsam sind.

Bescheiden trete ich ins Kontor.
Der Herr Chef
Steckt die Feder sofort hinters Ohr:
»Naaa?!«
– Wollte mal fragen, ob vielleicht
Arbeit da. –
»Hä? Ob Arbeit wär?
Bedaure sehr!«

Ein andermal
Komme ich in einen Arbeitssaal,
Wo der Herr Werkmeister,
Wie sich's gebührt,
Musternd auf und ab spaziert.
Guten Tag zu sagen
Hatte ich keine Zeit.
Er sah mich aus grimmigen Augen an
Und rief aus der Ferne schon:
»Tut mir leid!
Tut mir leid!«

Zuweilen auch trifft es sich so,
Daß ein kleiner Drehsessellehrling
Allein im Bureau.
Er tut sehr gewichtig,
Nimmt das Hauptbuch untern Arm:
»Wir sind sehr beschäftigt.«
Dann fragt er mich aus
Wie ein Gendarm.
Endlich kratzt er sich hinterm Ohr:
»Hm, hm. – Ja! Mein lieber Mann,
Hätte gern etwas für Sie getan.
Da aber die Handelsaussichten ruhn,
Kann ich leider für Sie nichts tun.«

Und die Frauen nun gar!
Eine der zarten Seelen,
Die Prinzipalin war,
Ließ sich mein ganzes Leben erzählen.
Dann drückte sie mir voll Mitleid die Hand
Und seufzte:
»Ich habe einen gekannt,
Dem ist es gerade wie Ihnen ergangen.
Schließlich hat er sich aufgehangen ...«

In der Zeit seiner Wanderschaft und wenige Jahre danach, als er sich als freier Schriftsteller niederließ, entstanden seine ersten Einakter. Das Drama *Im Hinterhause* (1903), das einen nachhaltigen Erfolg in Berlin hatte, *Der verlorene Sohn* (1900), der Schwank *Der Teufel in der Wahlurne* (1909), ebenso der Schwank *Die Polizei als Ehestifterin* (1909), das Bühnenfestspiel *Die Wiederkehr Gutenbergs* (1899) und die Burleske *Gabriello und der Fischer* (1910).

Sein bestes Drama, das auch von persönlichem Mut zeugt, erschien 1927, nämlich *Wachtmeister Pieper*. In diesem Stück bejaht Preczang die Revolution von 1918 und stellt das Kleinbürgertum mit seiner maßlosen Profitgier als die eigentlich Schuldigen dar, als den Feind einer lebensfähigen Demokratie. Und das 1927, wo in Deutschland schon wieder die Kräfte der Machtkonzentration tätig waren, wo Hugenberg die UFA schluckte, den Scherl-Verlag kaufte und über mehr als 1500 Zeitungen die Kontrolle ausübte und seinen Einfluß und seine Beeinflussung geltend machte, daß die Verlierer des Krieges, daß die Träger der Revolution, Inflation und Zahlung von Reparationen allein in der Arbeiterschaft zu suchen seien, weil die Arbeiterschaft ohne Verantwortung gegenüber dem Staat gehandelt habe, keine Ethik und geistige Sittlichkeit besitze.

Was Preczang von dieser Ethik und Gerechtigkeit hält, reißt er in wenigen Sätzen in seiner Novelle *Vater und Sohn* (1930) auf. Der Sohn war aus der Schule entlassen worden und ging zum ersten Male mit dem Vater in die Fabrik, die künftig sein Arbeitsplatz werden soll.

»Nun muß ich jeden Tag in die Fabrik. Jeden Tag, Vater?«
»Jeden Tag.«
»Von morgens bis abends?«
»Von morgens bis abends.«
»Wie heute? Jeden Tag und jeden Tag, genau wie heute?«
»Wie heute. Immer.«
»Wie oft bist du schon gegangen?«
»Wie oft? Weiß ich nicht. Immer. Zwanzig Jahre.«
»Das sind über sechstausend Tage, Vater.«
»Soviel werden's wohl sein.«
»Immer morgens und abends?«
»Immer morgens und abends.«

Welch eine Trostlosigkeit spricht aus den Worten des Vaters, und der Sohn erschrickt davor, daß er auch so gehen soll wie sein Vater, immer morgens hin und abends zurück. Hier sind Trostlosigkeit, Hoffnungslosigkeit und fatalistisches Dahinvegetieren durch die Tage eines Arbeiters erschütternd eingefangen. Auch Preczang sieht eine Befreiung des Proletariats, wie Karl Bröger, nur durch Selbstbefreiung aus geistiger Unmündigkeit, also durch Bildung, und der Leitgedanke seiner gesamten dichterischen und verlegerischen Arbeit, sein Kampf für das Proletariat, komprimiert sich in seinem Satz: »Hoffnung für alle, die ohne Erben sind«, und er sieht Stärke und Recht der Arbeiterklasse nur in einer straffen Organisation der Gewerkschaften. Er selbst gehört seit 1890 dem Buchdruckerverband an. Groß war seine Enttäuschung darüber, daß Sozialdemokratie und Gewerkschaften 1933 versagten.

1904 wird Preczang die sozialdemokratische Wochenzeitschrift *In freien Stunden* übertragen, keine einträgliche Stellung, aber sie gibt ihm so weit Freiheit und Sicherheit, daß er ohne unmittelbare Not an seinen eigenen Plänen arbeiten kann und auch heiraten. Freilich, die Ehe zerbricht bereits 1913.

Wieder flüchtet er aus der Stadt, und nach vielen Stationen an der Ostsee läßt er sich endlich in Heringsdorf nieder. Aber diese Zeit von 1907 bis 1917, so verloren sie scheinen mag, hat doch den Menschen und Dichter Preczang reifer gemacht, er hat sich ein Weltbild geschaffen, nach dem zu leben er für wert fand. Es entstand *Die neue Macht* (1908), ein Drama in drei Aufzügen, und die Gedichtsammlung mit dem später gefundenen Titel *Im Strom der Zeit* (1908).

Es ist bemerkenswert, daß wir kein Gedicht bei Preczang finden, das für oder gegen den Krieg spricht. Er selbst sagt einmal, daß er keine »metallischen« Gedichte – gemeint sind Heinrich Lerschs *Soldatenabschied* und Karl Brögers *Bekenntnis* – schreiben wolle. Hier hat Preczang, der nie Soldat war und somit die Mentalität des Soldaten nie verstand, Bröger und Lersch kraß mißverstanden, wie auch seine Stellungnahme zur Gewaltanwendung in der Revolution widerspruchsvoll bleibt.

1917 kehrt er nach Berlin zurück. Es gab damals für einen Schriftsteller, wenn er bekannt werden wollte und leben, eben nur den Weg nach Berlin, denn diese Stadt war die geistige Schlagader des Reiches, wir finden diese Feststellung bei allen großen Geistern, mögen sie Gerhart Hauptmann, Thomas Mann oder Stefan Zweig heißen.

Preczang hat, nachdem die Zeitschrift *In freien Stunden* 1919 einging, bis 1924 an verschiedenen Zeitungen mitgearbeitet, schließlich mußte er ja leben. 1923 erschien sein Buch *Freie Gedanken*, wo er in Versen und Aphorismen sein Weltbild darlegte, und es erschien im Berliner Arbeiterjugendverlag der schmale Gedichtband *Röte dich, junger Tag* (1927); die *Lieder eines Arbeitslosen* von 1902 wurden neu aufgelegt.

Am 30. August 1924 wird in Leipzig die Büchergilde Gutenberg gegründet, und Ernst Preczang wird Cheflektor dieser neuen und revolutionär wirkenden Vereinigung von Bücherfreunden. Hier nun kommt Preczangs verlegerische Fähigkeit richtig zum Durchbruch, denn innerhalb von vier Jahren sind mehr als sechzig Titel verlegt. Er hat einen sicheren Blick und Griff für neue Autoren, die er der deutschen Öffentlichkeit vorlegt. Viele wurden Erfolgsautoren und gruben sich in das Bewußtsein des Volkes ein. So entdeckte er u.a. B. Traven, von dem man heute noch nicht weiß, wer er ist, das Pseudonym wurde pfleglich behütet. Aber vielleicht erfährt man doch noch, wird Preczangs gesamter Briefwechsel einmal gesichtet, wer sich hinter dem Namen Traven verbirgt. Er brachte in seiner Eigenschaft als Lektor Autoren in die deutsche Literatur, die heute zum eisernen Bestand überhaupt gehören, so Upton Sinclair, Martin Andersen-Nexö, Sinclair Lewis und Arnold Zweig.

Preczang hatte neue Wege beschritten in der Handhabung seiner verlegerischen Mittel und Möglichkeiten, er suchte Neuland und fand es, er ging bewußt von der konventionellen Art des Verlagsgeschäftes ab und entdeckte dank seiner dichterischen Institution Schriftsteller, die heute Weltruhm genießen. Dieser revolutionäre Geist, das muß leider gesagt werden, fehlt heute der Büchergilde Gutenberg, die zu sehr am Hergebrachten hängt, nichts riskieren will, weder mit Büchern noch mit Autoren. Aber man muß sich darüber klar sein, daß die Gründung der Gutenberggilde und die Art, wie sie geleitet wurde, eine revolutionäre Tat war; das ist hauptsächlich ein Verdienst Preczangs. 1928 erschien sein Novellenband *Die Glückbude*, im gleichen Jahr seine Romane *Im Lande der Gerechten* und *Der Träumer*.

1933 ging Preczang, wie es nicht anders sein konnte, in die Emigration in die Schweiz, er übernahm dort eine Zweigstelle der Büchergilde Gutenberg und baute sie zu einem namhaften Verlag aus. Er schrieb seine Romane *Steuermann Padde* (1940), *Severin, der Wanderer* (1949), *Ursula* (1938) und *Ursel macht Hochzeit* (1945). Da ihm in der Schweiz, wie allen Emigranten, eine politische Tätigkeit verboten war, kleidete er seine Gedanken und seinen Kampf wider Hitler und sein Reich in Romane und Erzählungen. In einem seiner Verse klagt er: »Knecht, der Herr wird, wird Tyrann, / Sklaven fesseln ihre Brüder. / Immer wieder, immer wieder / hebt ein neues Unrecht an.«

1920 schon hat er eine Autobiographie verfaßt mit dem Titel »Rückblick«. Sie ist bis heute nicht veröffentlicht. Das ist zu bedauern, weniger um das persönliche Ergehen des Autors zu erfahren, als vielmehr seine Zeit mit seinen Augen zu sehen. Da steht zum Beispiel kein Satz über die Revolution, die er späteren Kapiteln anvertrauen wollte, aber was später wirklich geschrieben wurde, ist nicht bekannt. Fast sein gesamter Nachlaß liegt beim Dortmunder Büchereidirektor Fritz Hüser, dessen Archiv für Arbeiterdichtung und soziale Literatur nicht nur eine literarische Fundgrube ist, sondern in hohem Maße auch eine Dokumentensammlung sozialkritischer Stellungnahmen und Analysen über die Zeit und ihre verschiedenen literarischen und sozialen Strömungen.

Bis jetzt ist eine Arbeit über Preczang erschienen, ausgerechnet oder bezeichnenderweise in Potsdam, also in der DDR. Wolfgang Franke setzt sich mit wissenschaftlicher Genauigkeit mit Leben und Werk des Dichters auseinander, und würde man die Tendenz, Preczang zu einem marxistisch-leninistischen Dichter zu stempeln, wie es dort unerläßlich zu sein scheint, weglassen, so könnte dieses Werk als grundlegend anzusehen sein, obwohl sich Franke überwiegend mit dem dramatischen Werk Preczangs auseinandersetzt. Diese Arbeit, 1961 erschienen, ist wieder ein Beispiel dafür, daß Mitteldeutschland immer mehr darangeht, das Erbe der Arbeiterdichtung und damit einer ganzen kulturellen Strömung zu annektieren, nicht zuletzt dadurch, daß dieser ganze Fragenkomplex in unserer Bundesrepublik stiefmütterlich behandelt wurde, weil man eben nie begriff, daß dieses Erbe zu heben der Anfang einer neuen Entwicklung sein könnte.

Wenn Preczang den Wachtmeister Pieper sagen läßt: »Pflicht! Das liegt uns im Blut« und »Meinen Schwur zerfraßen die Würmer nicht«, dann prangert er damit ein System an, dem Pflicht und Ordnung mehr bedeutet haben als Freiheit des Geistes und Freiheit des Fortschritts. Im Drama ging Preczang eigene Wege, auch im Roman und in der Erzählung ist er – wenn sich auch Vorbilder nicht verleugnen lassen – doch er selbst. Im Gedicht aber konnte sich Preczang nie von den hergebrachten Formen lösen, trotz der neuen Thematik, die nun die Industrialisierung notwendig machte. Arno Holz, dessen Lyrik beispielgebend wurde, auch Richard Dehmel, lehnte er als Avantgardisten ab; sie wären ohne Inhalt in einer sich selbst zersetzenden Form. Die Zeit hat darüber allerdings ein anderes Urteil bekommen.

Nach vielen Irrfahrten innerhalb der Schweiz lebte er zuletzt in Giswil in der Innerschweiz, wo er am 22. Juli 1949, wenige Wochen nach dem Tode der Frau, mit der er die letzten Jahre in freier Gemeinschaft teilte, starb. Sein literarischer Nachlaß liegt in Dortmund und ist noch nicht ausgewertet. Neuerscheinungen aus der Fülle seines Werkes sind in der Bundesrepublik nach dem Kriege noch nicht auf den Büchermarkt gekommen.

Josef Büscher
Ludwig Lessen (1872–1943)

> Mit dem Herzen mußt du's wollen,
> mit dem Hirn nicht bloß allein:
> Und die reichen, zukunftsvollen
> Menschheitsernten werden dein!

Zwischen den Mühlsteinen der großen ideologischen Auseinandersetzungen am Ende des vergangenen und am Beginn unseres Jahrhunderts wurde das feinfühlige und empfindsame Dichterherz dieses Mannes zerrieben. So kommt es, daß man ihm in der Arbeiterbewegung zwar stets als einem tüchtigen Redakteur und tatkräftigen Funktionär ein ehrendes Andenken bewahrt hat, daß er als Dichter jedoch nie die Anerkennung fand, die er verdient.

Alles, was wir über sein Schaffen nachlesen können, finden wir in den Annalen der sozialdemokratischen Parteipresse. Was uns von ihm selbst an literarischer Hinterlassenschaft außer seiner sorgsam registrierten Redaktionsarbeit erhalten blieb, sind einige Gedichtbände. Sie besitzen Seltenheitswert, und sie erscheinen uns bei erster Durchsicht ein wenig antiquiert und verstaubt. Und doch läßt sich Lessens Einfluß auf die Entwicklung der deutschen Arbeiterdichtung nicht hoch genug einschätzen. Die Tatsache, daß er als ein »Offizieller«, als Funktionär und Redakteur der SPD, eine gleichsam »beamtete Stimme« im Chor unserer Arbeits- und Industriedichtung abgibt, kommt für viele einer Minderbewertung seiner dichterischen Potenz gleich. Aber wie sehr tut man damit Lessen unrecht! Schon die große Zahl seiner Naturgedichte und deren Schönheit beweisen dies. Nur wenige zeitgenössische Naturlyriker haben ihn hier an sprachlicher Schlichtheit, an Stimmungsdichte und Wortmusikalität übertroffen. Dieses Singen und Klingen, diese volksliedhafte Warmherzigkeit finden wir in allen Werken ähnlicher Art: »Die Saaten stehen frühlingsgrün, hier sind die Knospen noch verschlossen, / dort ist ein Strauch am Wiesenrand mit Blüten übergossen.«

Man kann seine Naturlyrik kaum lesen, ohne nicht von einem unbändigen Drang erfaßt zu werden, hinauszuwandern, um selbst all die gepriesenen Herrlichkeiten dieses Knospens, Blühens und Blinkens wahrzunehmen oder sich von der stillen Wehmut einer herben Winterlandschaft ergreifen und überwältigen zu lassen.

Nur eine einzige kurze Lebensbeschreibung Ludwig Lessens fanden wir in den sonst so reichhaltigen Unterlagen des Dortmunder Archivs für Arbeiterdichtung und soziale Literatur. In ihr, einem zwei Schreibmaschinenseiten langen Artikel aus der Zeitschrift *Arbeiter-Jugend* (21. Jg., 1929), lasen wir folgende, wie wir meinen, recht aufschlußreiche Würdigung dieses Mannes:

> Auf der letzten Seite der sozialdemokratischen Bilderbeilage »Volk und Zeit« findet man unten in kleiner Schrift die Angabe: Redakteur L. Lessen. Diese Bilderbeilage erscheint wöchentlich einmal in einer Auflage von 1 200 000 Stück und wird der Parteizeitung im ganzen Deutschen Reich beigelegt. Das macht im Jahr 62 400 000 Stück aus, also eine riesige Anzahl ... Damit dürfte dieser Name der meistgenannte in der ganzen deutschen Parteipresse sein.

Bereits als Praktikant und Student begann Lessen mit freiwilliger Mitarbeit an sozialdemokratischen Zeitungen, besonders in Berlin. Seine erste Berufung als Redakteur erfolgte an ein Parteiblatt der SPD in Halle. Um 1900 wird er Feuilletonredakteur beim *Vorwärts* in der Reichshauptstadt. Gleichzeitig überträgt man ihm die verantwortliche Leitung der illustrierten Unterhaltungsbeilage des *Vorwärts*, die *Neue Welt*, die 1919 eine Umbenennung in *Volk und Zeit* erfährt. Ihre Leitung behält er schließlich bis 1933. So war Ludwig Lessen, seit er das Gymnasium verließ, rund 40 Jahre lang zumeist als Redakteur im Pressewesen der SPD tätig. Ebenso lange gehörte er dieser Partei als Funktionär an und versah in ihr die verschiedensten Ämter. Redakteur und Funktionär sind also in der Tat die beiden beherrschenden Positionen seines langen und arbeitsreichen Lebens. Inwieweit aber war er nun auch »Dichter«, »Dichtergenosse« und »Arbeiterdichter«, wie ihn tiefer blickende Freunde nannten und zu würdigen versuchten?

Der Begriff des Dichters führt uns zwangsläufig in den Bereich der Literatur. Gerade sie befand sich, als Lessen seine ersten Verse schrieb, ähnlich dem gesamten gesellschaftlichen Leben seit der Erfindung der Dampfmaschine und seit dem *Kommunistischen Manifest* (1847) in einem »Prozeß der Umwertung aller Werte«. In scharfer Kritik hatten sich die Repräsentanten des Marxismus gegen die sogenannte bürgerliche Literatur ausgelassen. Schon bei Marx galt, von der hochentwickelten Industriewelt Englands aus gesehen, wohin er nach dem Scheitern der Revolution 1848 geflohen war, die damalige deutsche Literatur als ein »Anachronismus«. Engels gar hatte beim »Dichterfürsten« Goethe von einer »spießbürgerlichen Schau« gesprochen.

Im Banne der umwälzenden Ereignisse suchte man mit und ohne Programm nach neuen Stoffen und neuen Wegen. Es entstand eine politische Dichtung. Aber allzu fest wurzelt seit Generationen im politisch immer wieder enttäuschten Volk die so zweifelhafte Weisheit jenes undemokratischen und in letzter Konsequenz selbstmörderischen Spruches, daß »ein politisch Lied« auch immer »ein garstig Lied« sei.

Man spricht verallgemeinernd von »Agitation«, überhört geflissentlich die glühenden Anklagen eines sozialen Gewissens, ganz besonders, wenn es sich bei Autoren um Angehörige bestimmter politischer Organisationen handelt, und ist nicht bereit, ihre Dichtung als das zu betrachten, was sie in erster Linie und aus ihrem inneren

Wesen heraus sein will: ein menschliches Sprachkunstwerk in vollendeter Form, »eine verborgene Theologie«, wie Opitz die Dichtkunst in seinem *Buch von der deutschen Poeterey* (1624) nennt, oder »die Muttersprache des Menschengeschlechtes«, so Johann Georg Hamann, oder, wie Goethe es schließlich fordert und feststellt: »So ruht der Stil auf den tiefsten Grundfesten der Erkenntnis, auf dem Wesen der Dinge.«

Das Wesen der Dinge zu begreifen, vor allem jener Dinge, die das Leben der arbeitenden Schichten, des »kleinen Mannes« und sein Schicksal auf dieser Welt bestimmen, die kreatürliche Not der Massenmenschen zu verlautbaren, alle zu Unrecht Gedrückten aufzurichten, alle wider das Recht Gefesselten zu befreien, dazu bediente sich Ludwig Lessen als Mensch und Künstler des Dichtens. Die sozialistische Lehre und Idee aber erschienen ihm politisch als die seiner Zeit und Welt gemäßen Mittel zum Erreichen dieses Zieles. Darum wurde er ihr Künder und Preiser. Darum aber verfiel er schließlich in weiten Kreisen unseres Volkes einem ähnlichen Urteil wie etwa Heinrich Kämpchen, der wie er »Funktionär der Arbeiterbewegung« war.

Um Ludwig Lessen menschlich zu verstehen, müssen wir uns den Geist des Berlin der letzten Jahrzehnte vor der Jahrhundertwende vergegenwärtigen. Es war eine Welt, in der Bürger, Beamte und Offiziere den Ton angaben und in der auf Hinterhöfen von Mietskasernen und in Laubenkolonien ein heranwachsendes Proletariat anfing, sich seiner selbst bewußt zu werden. Es gibt in unserer Literatur keinen besseren Berichterstatter dieser Welt als Theodor Fontane, damals Theaterkritiker der *Vossischen Zeitung* und Autor berühmter Berliner Gesellschaftsromane, für die ihm 1891 der Schillerpreis verliehen wurde. Wir lernen in seinen Büchern eine durch die Gründerzeit satt und reich gewordene »gehobenere Schicht« kennen, die sich in Abendzirkeln, auf Dampferpartien und Rennplätzen zu amüsieren pflegte. Wir sehen in ihnen aber auch »das Volk« bei seinen Ausflügen, in seinen Laubenkolonien und Schrebergärten. Fontane beobachtet sehr scharf, wie sich unter einer scheinbar friedlichen Oberfläche Zündstoffe zu sehr ernsten Konflikten und Auseinandersetzungen im Nebeneinander dieser Gruppen zu ballen beginnen.

Seine Romane hat auch der Schüler des Königstädtischen Gymnasiums, Ludwig Lessen, dessen Vater mit ihm 1873, als er erst ein Jahr alt war, aus Westpreußen nach Berlin kam, mit einem wahren Heißhunger gelesen. Ludwig wollte zunächst, wie die meisten Schüler es planen, nach bestandenem Abitur eine ganz bestimmte »Laufbahn« einschlagen. Er wollte Techniker, Ingenieur werden. Doch vor dem Studium an der Technischen Hochschule mußte er ein längeres Praktikum absolvieren. Zwei Jahre arbeitete er als Modelltischler, Eisengießer, Schlosser und Feinmechaniker. Hierbei eröffnete sich für ihn zum ersten Male die »Welt des Arbeiters und kleinen Mannes«. Ihr und ihrer Problematik sollte er für immer verhaftet bleiben, denn sie brachte ihn nicht nur in Kontakt mit Männern und Führern der damaligen Arbeiterbewegung, sie grub auch tief in sein Herz die Frage nach dem Sinn eines solchen Proletarierdaseins ein. Er ging nicht zur Technischen Hochschule, sondern zur Universität, hörte hier Philosophie, Geschichte, Literatur und Kunstgeschichte.

Seine Praktikantenzeit hatte ihm die Bekanntschaft mit der politischen Arbeiterbewegung vermittelt. Rund fünfzehn Jahre waren damals vergangen, seitdem sich der Lassallesche Allgemeine Deutsche Arbeiterverein (1863) und die Sozialdemokratische

Partei Wilhelm Liebknechts und August Bebels (1869) zur Sozialistischen Arbeiterpartei Deutschlands vereinigt hatten (1875). 1890 übernahm Wilhelm Liebknecht als Hauptredakteur die Gestaltung der Parteizeitung, des *Vorwärts*.

Der Student Lessen war Idealist und Feuerkopf. Wer aber wollte seine Gedichte drucken? Er schickte sie an Wilhelm Liebknecht. Der las sie durch, sie gefielen ihm, und er bestellte Lessen zu sich. Noch heute kann man sich eines Schmunzelns kaum erwehren, wenn man der ersten Begegnung dieser beiden Männer gedenkt.

Da sitzt hinter seinem Schreibtisch der »Alte«, wie man Liebknecht nannte, in langen und harten Kämpfen um ein besseres Schicksal der Arbeiterklasse ergraut, 1849 Teilnehmer am Badischen Aufstand, anschließend langjährige Flucht nach England, Rückkehr, erneuter Kampf und schließlich Reichstagsabgeordneter, und ihm gegenüber zappelt ein junger Student mit blanken und verträumten Augen.

»Was sind Sie?« faucht der Alte. »Student.« »Was wollen Sie werden?« Erschrocken der Student: »Dichter!« Da knurrt der Alte kurz und trocken: »Wenn Sie mein Sohn wären, ich würde Ihnen den Hosenboden strammziehen!«

Über den Redakteur Kokoski von der Bilderbeilage des *Vorwärts* gelang es Lessen dann doch, sein erstes Gedicht gedruckt zu bekommen. Und als er gar Bebel für sich gewinnt, hat sich sein Lebensweg entschieden. Daß dieser Weg kein leichter war, mag die Tatsache veranschaulichen, daß Lessen allein bis 1929 nicht weniger als siebenundzwanzig Strafen wegen seiner politischen Überzeugung abbüßen mußte.

Dichter wollte Lessen werden, und in der Tat, seine dichterische Ader und sein poetisches Gefühl und Empfinden dominieren auffallend in allem, was uns von ihm erhalten blieb. Die meisten seiner Bücher entstanden in jenen Jahren, als er die *Neue Welt* redigierte. Sie sind hauptsächlich lyrischer Natur, so die Gedichtbände *Vignetten* (1895), *Kosmische Kränze* (1896), *Fackeln der Zeit* (1904), *Die Perlenschnur der Adria* (1906), *Lebensmittag* (1910), *Aus Tag und Tiefe* (1911), *Wenn Friede würde* (1918) und *Wir wollen wecken, wir wollen werben. Gedichte für die arbeitende Jugend* (1924).

Als Freund der Jugend war er ein Freund der Natur. In weiten Fußwanderungen geübt, liebte er Reisen und ferne Länder. Davon zeugen schließlich seine beiden Prosabände *Kreuz und quer durch den Balkan* (1914) und sein in der Jugendbewegung wohl am meisten gelesenes *Wanderbuch. An Seen, Flüssen und Buchten* (1920).

Auch einer!

Mein Arm schwang nie den wucht'gen Hammer,
Der klirrend auf das Eisen schlug!
Und dennoch kenn' ich Euren Jammer
Und Euer Elend gut genug!
Wenn ich auch nicht vom frühen Morgen,
Wie Ihr, bis in die tiefe Nacht
Geschleppt die Kette! – Eure Sorgen,
Die hab' ich alle durchgemacht!

Früh' lernt ich meine Wünsche ducken
Und meinen heißen Jungendmut!
Auch ich durft' nicht die Wimper zucken,
Wenns auch im Herzen schrie vor Wut!
Und Not und Krankheit hockten immer
Bei mir zu Gaste Jahr für Jahr
Und wichen von der Schwelle nimmer! –
Ich bin, wir Ihr, ein Proletar!

Ihr habt doch, wenn der Wochen Runde
Für harten Fron Euch gibt Entgelt,
Nach harten Tagen eine Stunde,
In der die Kette von Euch fällt!
Doch ich muß frieren, fasten, schleichen,
Den Magen leer, die Füße wund,
Denn niemals wills zum Leben reichen,
Stets von der Hand nur in den Mund!

Ein Tag nur, den ich ganz genießen
In Freude kann, wo nicht der Blick
Auf Morgen schon muß fragend schließen
Ein kaum erwachtes, kurzes Glück!
Ein Tag nur, wo mir nicht der Kummer
Am Herzen frißt und bleicht das Haar,
Und mich aus Träumen jagt und Schlummer!
Ich bin, wie Ihr, ein Proletar! –

Dieses Gedicht mag uns weitere Ausführungen über Lessens geistige Grundeinstellung ersparen: Er fühlte sich als »auch einer«, als »Proletar«.

So findet er den Stoff für seine Kunst in erster Linie in der Arbeitswelt. Er bezieht ihn weiter aus den Lebensschicksalen des ihn umgebenden Volkes, der Werktätigen, sogar der Bettler und Vagabunden, deren Bildnisse er teils episch-balladesk, teils lyrisch festhält. Die Großstadt mit ihrer für Berlin so eigentümlichen Fülle an Stimmungsbildern versucht er in die Wortkraft seiner Verse zu bannen. Ihr gesellschaftliches Leben reizt ihn zu frappierenden Visionen. In der Natur, die er in den meisten seiner Gedichte besingt, findet er den Ausgleich und die Erlösung von der so gliedreichen Kette der menschlichen Belastungen durch ein Übermaß an Arbeit, durch eine menschenunwürdige Umwelt und durch eine überalterte Gesellschaftsordnung, in der er besonders die Arbeiterschaft gefesselt weiß.

Diese Kette zu sprengen und abzuwerfen, ist schließlich Zweck und Ziel seiner Werbe-, Weck- und Kampfgedichte und seiner didaktischen Poesie, in der er aus dem gedanklichen Erlebnis der Revolutionsideale und ihrer Lehren allen Schaffenden jenes Wissen vermitteln will, das ihm notwendig erscheint. Beide Poesiearten, Naturlyrik und didaktische Dichtung, verbindet er in zahlreichen Maigedichten zur mitreißenden prophetischen Schau einer neuen und besseren Welt, die bei ihm keineswegs die Züge eines kommunistischen »Arbeiterparadieses« trägt, sondern eine Welt der gebannten Not, wahrer Brüderlichkeit und einer alle Völker der Erde umspannenden Eintracht ist.

Im Gegensatz zur Industrialisierung des Ruhrreviers, die infolge ihrer Verklammerung mit Kohle, Eisen und Stahl nicht nur viel krisenanfälliger und lärmvoller vonstatten geht, vollzieht sich der gleiche Vorgang in dem fast ebenso viele Menschen beherbergenden Raum Berlin organischer, aufgelockerter und stiller. Der Sohn des Gründers der AEG Berlin, Walter Rathenau (1867–1922), der im ersten Weltkrieg die Rohstoffversorgung Deutschlands organisierte, nennt das Berlin zur Zeit, als Lessen seine Arbeitsgedichte schrieb, »eine Fabrikstadt, die im Westen vielleicht niemand kennt, die aber die größte der Welt ist«.

Trotz des Fehlens jener hektischen und aufpeitschenden Dynamik eines überstürzten Wachsens und trotz einer vorhandenen Kontinuität der Entwickelung konnte Lessen das Verhältnis von Mensch und Arbeit in der Fabrikstadt Berlin nicht anders beurteilen, als die zeitgenössischen Arbeiterdichter des Westens es auch taten. Das sehen wir sehr deutlich in seinem nachfolgenden Gedicht:

In der Gießerei

Durch Kettenrasseln kreischt der Kran.
Schmelzöfen speien rote Flut.
Mit Pfannen, langgestielt, sie nahn,
hemdlos, die Brust in Schweiß getaucht,
das blasse Antlitz überhaucht
von flüss'gen Eisens Flammenglut.

Ihr Tritt ist hart. Ihr Schritt ist schwer.
Das Haupt hängt leicht gebeugt. Ein Schein
des Flackerlichts tanzt um sie her,
setzt Lichter auf, malt Schatten hin,
taucht Arm und Hand, taucht Haar und Kinn
in grelles Glänzen jäh hinein.

Tief gurgelt des Gebläses Ton.
Am Ofen ziehen sie vorbei
endlos in stummer Prozession
und fangen in der Pfannen Bauch
die flüss'ge Glut, den roten Rauch –
umkreischt, umknarrt von Krangeschrei.

Und trifft ein Tropfen auch die Hand,
den Arm, die Schulter ... was verschlägt's?
Der Narben sind viel eingebrannt
in diese Leiber glutgewöhnt!
Da ist kein Mund, der seufzt, der stöhnt!
Und jeder ohne Zucken trägt's ...

Doch in den Augen glimmt ein Loh'n;
das funkelt auf in jäher Qual
und wird zum grimmen Zornesdrohn ...
Ein Haß fliegt auf im fahlen Licht –
der meißelt jedes Angesicht,
daß Muskeln schwellen hart wie Stahl!

Hemdlos die Brust, in Schweiß getaucht,
in langen Zügen sie sich nahn ...
Das blasse Antlitz überhaucht
des flüss'gen Eisens Flammenglut ...
Schmelzöfen speien rote Flut,
und kettenrasselnd kreischt der Kran.

Das offenbart sich uns weiter in vielen Arbeitsgedichten, in denen Lessen mit scharfer Beobachtungsgabe auch Berufe und Tätigkeiten darstellt, die man im Westen kaum oder gar nicht kannte. So etwa, wenn er die schwere Arbeit der Kahnzieher beschreibt, wie es in seinem Gedicht *Am Strick* geschieht, das in den starken Versen gipfelt: »Das ist ihr Leben! – Um Hals und Genick / zwingt sie zu Boden der schwere Strick!« Oder wenn er die Tätigkeit einer Büglerin und Plätterin, derer es im alten Berlin recht viele gab, in ein Sonett kleidet, das mit den Worten schließt:

Und manchmal springt ein trockenes Husten wild
ihr in die Kehle, daß wie rote Brände
ihr's wirbelnd, kreisend vor den Augen quillt ...

Und zwanzig andere stehn im stick'gen Raum
dicht neben ihr, am Bügelstahl die Hände ...
Am Fenster welkt ein dürrer Myrtenbaum.

Nach diesem sehr düsteren Blick hinter die Fassade der Welt- und Fabrikstadt Berlin wäre es völlig falsch, würden wir annehmen, daß Lessen sich nur in der Darstellung des Negativen der Arbeit und seiner Umwelt wohl fühlte. Er weiß sehr gut um den Segen fröhlichen Schaffens und kennt die Befriedigung, die vor allem eine sinnvolle und schöpferische Tätigkeit zu vermitteln vermag:

An der Drehbank

Wenn meine Drehbank tanzt und surrt
und blank der Stahl die Späne nagt,
dann schweigt in mir, was grollt und murrt
und über Zwang und Fesseln klagt.

Dann *seh'* ich, wie sich meiner Faust
das kalte, spröde Eisen fügt, –
dann *weiß* ich: Wo ein Wille braust,
wird *jeder* Widerstand besiegt!

Wie aus dem toten Stück Metall
ich Schrauben, Nieten, Kurbeln dreh',
so form' ich mir das Weltenall
von jeder Not frei und vom Weh!

Ich *will*! Gewinnen wird, wer wagt,
nicht der, der ewig mault und murrt!
Wie blank der Stahl die Späne nagt,
wenn meine Drehbank tanzt und surrt!

Alle Gedichte Lessens bestechen durch ihre glatte und gekonnte Form. Ihre Sprache mag zu seiner Zeit von großer Wirkung gewesen sein, wenn ihr auch jenes sprachschöpferische Moment, das die Dichtungen der Dichtergemeinschaften des Westens, etwa den Kreis der »Werkleute auf Haus Nyland«, auszeichnete, mitunter abgeht.

Über Lessens letzten Lebensjahren liegen die Schatten der Nazizeit. Wir wissen nur, daß er 1943 gestorben ist.

Wie kaum bei einem anderen Dichter seiner Art offenbart sich bei ihm die brennende Problematik der Arbeiterdichtung überhaupt. Sie ist die gleiche, der auch alle »soziale Literatur« verhaftet ist: Allein um ihrer Thematik willen verfallen beide einem politischen Pauschalurteil. Sie bleiben darum selbst heute noch für viele unbeachtetes und gemiedenes Feld. Das sollte uns zu denken geben!

Dabei ist Lessens bekanntestes Gedicht heute so aktuell wie damals, als es entstand. Wer wollte wohl die Gegenwartsaufgaben der Arbeiterbewegung besser formulieren, als er es tat!

Wissen ist Macht

Wir wollen werben, wir wollen wecken,
was in Euch schlummert, verborgen loht.
Wir wollen uralte Wahrheit vollstrecken:
Ende dem Dunkel, dem Unwissen Tod!

Um Hämmerdröhnen, um Pflugscharwühlen
breiten wir flammenden Frührotglanz.
Wir leiten zu Höhen, wir führen zu Zielen,
wir winden für pochende Schläfen den Kranz.

Wir wollen weihen, wir wollen feien
gegen Dämonen lastender Nacht.
Wir wollen erlösen, wir wollen befreien,
wir bringen Wissen – und Wissen ist Macht!

Walter Köpping
Paul Zech (1881–1946)

Paul Zech steht zusammen mit Josef Winckler am Anfang der deutschen Industriedichtung. 1914 erschienen Wincklers *Eiserne Sonette*, aber bereits 1909 druckte Paul Zech seine erste Sammlung Industriegedichte unter dem Titel *Das schwarze Revier*. Der Begriff »Schwarzes Revier«, diese treffende Formel für das Industriegebiet zwischen Lippe, Ruhr und Rhein, wurde von Zech geprägt. Er ist eine der großen Gestalten des deutschen Expressionismus, jener vitalen und kämpferischen Strömung in der deutschen Dichtung, die im Jahrzehnt von 1910 bis 1920 ihre große Zeit hatte. Nicht mehr das schöne Gedicht war das Ideal, sondern das wahre Gedicht, und die Dichter stiegen bewußt hinab in die Niederungen des Lebens, hinunter zu den leidenden, geschundenen Menschen, hinein in den Schmutz, den Lärm, die Mühsale der Industrie.

Diese Dichtung drang künstlerisch in Neuland vor, sie gebar neue Klänge und neue Bilder, sie reinigte die Sprache von den Schlacken der Phrase, der Lüge, des Klischees, der Sentimentalität. Zu Recht hat man den Expressionismus »dichterische Eruptionen menschlicher Kernsubstanz« (Walter Huder) genannt. Und er war »das voranzeigende Barometer der Erschütterungen unseres Jahrhunderts« (Kurt Pinthus). Als Pinthus 1920 seine berühmte Sammlung expressionistischer Lyrik *Menschheitsdämmerung* veröffentlichte, war unter den 23 Dichtern auch Paul Zech vertreten, und zwar mit zwölf Gedichten. Zu dieser Zeit war Paul Zech bekannt, fast berühmt. Aber wie bitter, wie enttäuschend war für ihn der Beginn seiner schriftstellerischen Laufbahn gewesen.

Paul Zech wurde am 19. Februar 1881 in Briesen (Westpreußen) geboren. Seine Vorfahren stammten aus dem Ruhrgebiet, und der Junge wuchs bei den Großeltern auf, die bei Wuppertal wohnten. Zech sagte einmal von sich selbst:

> Auf einem Berg, der mit schroffer Felswand aus der schwarzen Wupper hochsteigt und einen Wald uralter Eichen auf dem krummen Buckel trägt –: Da bin ich aufgewachsen mit vier Geschwistern. Und der Vater war ein bäuerlicher Schulmeister, und der Großvater ging mit seinen grauen Haaren noch auf die Grube. Den ollen Steiger-Karl – den kennen da die Grubenleute heute noch. Er ist wahrhaftig kein Leuteschinder gewesen. Er trank gern einen »ollen Korn« und erzählte dann immer verrückte Geschichten von den Geistern im Schacht.

Der Großvater fällt einer Schlagwetterexplosion zum Opfer. Täglich hört der junge Zech von der harten Arbeit in den Gruben und von den Unglücksfällen. Und dennoch zieht ihn diese Welt magisch an. Aber der Onkel, der nach dem Tode des Großvaters die Erziehung übernommen hat, besteht darauf, daß Zech studiert, was dann auch in Bonn, Heidelberg und Zürich geschieht. Bald schon kehrt er ins Revier zurück: 1900 ist er wieder in Elberfeld und beginnt, für Zeitungen zu schreiben. Er schließt sich der Arbeiterbewegung an und reist 1901 in ihrem Auftrag nach Paris, um mit französischen Sozialisten und Dichtern Verbindung aufzunehmen. Und hier in Frankreich geht er zum erstenmal selbst in die Fabriken und Hütten und arbeitet anschließend in belgischen Kohlengruben. 1906 ist Zech wieder im Ruhrgebiet und wird, was er sich als Jüngling gewünscht hatte: ein Kohlenhauer unter Kohlenhauern. Hören wir ihn dazu selbst:

> Das Grubengespenst und der Teufel in dem schwarzen Industrierevier zwischen Rhein und Ruhr gingen mir nicht mehr aus dem Blut. Ich kroch selbst hinein, wo es von Rädern sauste, und schwitzte gebückt in der höllischen Nacht, tausend Meter unter den Wiesen, Dörfern und Städten. Die Begierde, das Elend unterer Menschenschichtungen zu erfahren, trieb mich noch weiter von Fabrikland zu Fabrikland –: Belgien, Nordfrankreich, England. Das war zehn Jahre später. Und die Armeleute blieben Armeleute überall. Und die Erlösung lag im Spannen der Bruderkette von Pol zu Pol. Dafür litt und stritt ich.

Welch eine Haltung! Zech hatte studiert, hatte als Journalist Erfolg gehabt, eine bürgerliche Karriere stand ihm offen – aber er geht hin zum Arbeiter, wird selbst Arbeiter, um die Welt kennen- und verstehenzulernen.

Die Ernte dieser Erlebnisse hat er in seinen Gedichten, Erzählungen und Bühnenstücken zusammengetragen. Es bedarf sicher keiner Erläuterung, daß aus solchen Erlebnissen und Erfahrungen eine sozialkritische Dichtung erwuchs. Immer wieder klingen aus seinen Werken harte Anklagen auf. Ganz natürlich ist auch, daß er Sozialist wird und sich der Arbeiterbewegung anschließt – darin ist er übrigens bis zu seinem Tode nicht wankend geworden.

Die Gedichte, die unter dem Eindruck der Industriewelt und der Arbeit in Hütten und Schächten entstehen, faßt er zu einem Band mit dem Titel *Das schwarze Revier* zusammen. 1909 stellt er in einem Privatdruck hundert Exemplare her. Aber er findet bei seinen Freunden und auch in der Arbeiterbewegung kein Verständnis für diese Gedichte, die in eine Form und Sprache gekleidet sind, die den Menschen damals ungewöhnlich und manchmal wohl auch unverständlich erschienen. Nur zwanzig Exemplare kann er an Freunde verteilen, den Rest der Auflage hat er zornig vernichtet. (Erst 1922 kam *Das schwarze Revier* – um viele neuere Gedichte bereichert – in Buchform heraus.) Eines der Gedichte aus dem *Schwarzen Revier* ist *Der Hauer*, ein Gedicht, das auch dem Bergmann von heute etwas zu sagen hat:

Paul Zech (1881–1946)

Der Hauer

Die breite Brust schweratmend hingestemmt,
hämmert er Schlag für Schlag die Eisenpflöcke
in das Gestein, bis aus dem Sprung der Blöcke
Staub sprudelt und den Kriechgang überschwemmt.

Im schwanken Flackerblitz des Grubenlichts
blänkert der nackte Körper wie metallen;
Schweißtropfen stürzen, perlenrund im Fallen,
aus den weit offenen Poren des Gesichts.

Der Hauer summt ein dummes Lied zum Takt
des Hammers und zum Spiel der spitzen Eisen
und stockt nur, wie vom jähen Schreck gepackt,

wenn hinten weit im abgeteuften Stollen
Sprengschüsse dumpf wie Donnerschläge rollen,
und stockt, und läßt die Lampe dreimal kreisen.

1917 erschien ein Band mit Erzählungen, die zwischen 1910 und 1912 entstanden waren: *Der schwarze Baal*. In ihnen hat er Not und Leid und die Sehnsucht der Bergarbeiter und ihrer Familien eingefangen.

Zech, dessen Vorfahren aus Westfalen stammten, der in Westpreußen geboren wurde und seine Kindheit im Tal der Wupper verlebte, hat sein Leben lang eine leidenschaftliche Naturverbundenheit bewahrt. Viele Erzählungen und Gedichte, ja ganze Gedichtbände, hat er dem Wald gewidmet: »Die Bäume sind zu Gott die Stufen« – mit diesem Bekenntnis schließt beispielsweise das Gedicht *Der Wald*. Und Zech schöpft sicher aus eigener Erfahrung, wenn er in einem seiner Gedichte einen Heizer schildert, der aus der Gefangenschaft der Großstadt und der Fabrik ausbrechen will und sich nach dem Walde sehnt: »Ein Fensterloch geschnitten in die Nacht: / Da preß ich mein Gesicht hinein …«

Zech hat sich auch einen Namen gemacht als Herausgeber von Zeitschriften. Bereits 1913 brachte er (zunächst mit zwei Mitherausgebern, später allein) die Zeitschrift *Das neue Pathos* heraus. In dieser Zeitschrift erschienen übrigens die ersten Gedichte des genialen Arbeiterdichters Gerrit Engelke. In der Weimarer Zeit verlegte Zech *Das dramatische Theater* und *Neue Weihnachtsblätter*. Und später, in Südamerika, war er Redakteur einer deutschsprachigen Zeitung.

In schneller Folge erschienen die Werke Paul Zechs. Er war von einer unerhörten Schaffenskraft. Er war ein »Arbeitsfanatiker, der mit vier Stunden Schlaf auskam« (Kurt Pinthus). »In Berlin stürzte sich der robuste und doch empfindsame Zech, besessen vom Schaffensdrang, in das literarische Leben. Keine Zeitschrift von Rang vor dem ersten Weltkrieg, in der er nicht vertreten ist« (Fritz Hüser im *Vorwärts*, 17. Februar 1961). Insgesamt veröffentlichte Zech 30 Gedichtbände, 14 Bände Erzählungen, 6 Romane und 28 Schauspiele (von denen viele mit großem Erfolg aufgeführt wurden). Aus dem riesigen Nachlaß ist nur weniges veröffentlicht worden. Der unveröffentlichte Nachlaß enthält 66 Manuskripte mit Gedichten, Erzählungen, indianischen Legenden, außerdem 12 Theaterstücke und 8 Bände Reisetagebücher. Aber das ist noch nicht alles: Zech war auch erfolgreich als Übersetzer tätig. Unzählige Werke hat er aus dem Französischen ins Deutsche übertragen, und er hat für seine meisterhaften Eindeutschungen von Balzac, Baudelaire, Rimbaud, François Villon u.a.m. manches Lob bekommen. Besonders Rimbaud zog ihn an. Er hat sich in mehreren Aufsätzen mit ihm beschäftigt und ihn in den Mittelpunkt eines Dramas gestellt: *Das trunkene Schiff* (Inszenierung von Erwin Piscator, Volksbühne Berlin 1926).

Zech wird in seinen Gedichten, Erzählungen und Dramen nie abstrakt oder theoretisch. Was er zu sagen hat, das sagt er mit kraftvollen Bildern. Else Lasker-Schüler urteilte über Zechs Gedichte, sie seien »wie mit der Axt geschrieben. Man kann sie in die Hand nehmen, so hart sind sie.« Zech war ein Seher, ein Visionär. Er sah Erscheinungen und erkannte Zusammenhänge, die anderen Menschen verborgen blieben. Und er ahnte die Katastrophen, denen die Menschheit entgegengeht. »Paul Zech hat schon vor Jahrzehnten das Niederplatzen einer Atombombe auf eine Insel im Pazifischen Ozean bis zu den Licht- und Vernichtungseffekten in einer kolossalischen Ballade besungen« (Kurt Pinthus in der Einleitung zur Neuauflage der *Menschheitsdämmerung*, 1959). Und Zech verfügte über die Sprachkraft, seine Visionen, Ahnungen und Gefühle in seine Dichtungen zu übertragen und sie so an seine Mitmenschen weiterzugeben. Zech erschließt uns in seinen Gedichten eine neue, ungeahnte Dimension unserer menschlichen Existenz. Einige Gedichte sollen uns einen Eindruck von seiner sprachlichen Meisterschaft vermitteln:

Kanalfahrt

Durch den Kanal, gefegt wie blauer Panzerschliff,
rumort das Dampfboot. Silos stehn auf roten Stelzen
vorüber, und der gelbe Qualm der Kupferschmelzen
wirft sich wie einer Riesin Brüste auf das Schiff.

Aus dem verwaschenen Granit der Kribben murrt
nachtkühles Grau herauf. Die abgedrehten Hälse
der Kokerei spein Asche. Goldener Tanz von Gelsen
bewaldet das Verdeck, die Steuerkette schurrt

und zwängt den Bug ins Schwad der Brückenbogen.
Und so, als wär ein Vorhang plötzlich zugezogen,
dunkelt des Himmels violetter Samt.

Verstoßenes heult durch die lang hingestreckte
Arbeiterkolonie. Das Fensterelend flammt.
Der Mond, ein leeres Auge, eitert über die Trajekte.

Paul Zech (1881–1946)

Wagenschieber

Zehn Zentner Kohle in den Eisenhund geknallt,
auf krummen Schienen langsam vorgeschoben –:
nun wirf dich in die Brust, Barbar, und laß die Muskeln toben,
sehnig um Wade, Bauch und Arm geballt.

Liegt die versiegte Zunge hinter dem Gebiß
zum Sprung bereit, mit Fluch geladen –:
dampft aus den Schläfen Schmerz, ein weißer Schwaden
und einer Ader quert die Stirne wie ein Schmiß.

Die Phosphorkugeln unter blonden Borstenbogen
sind überhitzt und schießen sprühend vor,
vom Takt des Fersenschwungs überflogen.

Die Eichenstempel biegen sich wie junges Rohr,
und plötzlich, wie vom Boden aufgesogen,
sind Kopf und Wagen fort. Ein roter Blitz bescheint das Tor.

Das große Gedicht *Stadt in Eisen* beginnt mit folgenden drei Strophen:

Schrei –: Eisenstadt! Da packen dich die Türme,
Stahlscheren schon und pressen Atmung, Denken und Gesicht.
Das Gas der Armut eitert durch dein Blut und sticht
im Fleisch wie Rudel tausendfüßiger Gewürme.

Es nagelt dich an Mauerblöcke die Harpune
der nimmersatten Schicht. Du bist geschweißt
an tausend deinesgleichen, und die Eisenspeise kreist
von Jahr zu Jahr euch enger ein. Die Rune

auf eurer Stirn vernarbt nicht mehr. Ihr seid geblendet,
ihr seid zurückgeworfen auf die Stufe Tier.
In faulen Kellerlöchern, Dreckquartier,
da welkt die Lust bei Aas und Maden und verendet.

»Mit solcher Wucht, Schärfe und Hellsichtigkeit hatte vor ihm noch niemand das Industrieleben gestaltet ... Niemand hat so eigenartige und bis in die Seele sich einbrennende Bilder und dabei doch eine solche absolute Formsicherheit«, urteilte Hans Mühle, ein Kenner der Arbeiterdichtung, im Anhang zu der von ihm herausgegebenen Anthologie *Das proletarische Schicksal* (Gotha 1929). Gleichermaßen für Zechs dichterische Kraft wie für seine Liebe zur Kreatur spricht das Gedicht *Das Grubenpferd*, das 1909 entstanden ist:

Das Grubenpferd

So schwarz weint keine Nacht am schwarzen Gitter
wie in dem schwarzen Schacht das blinde Pferd.
Ihm ist, als ob die Wiese, die es bitter
in jedem Heuhalm schmeckt, nie wiederkehrt.

Es wittert durch das schwarze Fleisch der Steine
den Tod und sieht ihn mit den toten Augen an
und ist mit ihm die ganze Nacht alleine
und geht nur widerwillig ins Gespann.

Der Knabe, der es durch die Gänge treibt,
will es mit Brot und Zucker fröhlich machen.
... Es kann nicht mehr wie andere Pferde lachen.
In seinen Augen wurmt die Nacht und bleibt.

Nur manchmal – wenn mit dem Geruch von Laub
waldfrisches Holz nach unten wird gefahren –:
hebt es den Kopf und beißt sich in den Haaren
des Knaben fest und stampft ihn in den Staub.

Und rast durch schwarzer Schächte Labyrinth
und stürzt im Fliehn die steile Felsentreppe
herab und wiehert durch die grüne Steppe,
auf der die toten Pferde mächtig sind.

Über welche Sprachkraft Paul Zech verfügte und wie vielseitig er war, davon bekommt man eine Ahnung, wenn man die Bücher zur Hand nimmt, die in den letzten Jahren sein Sohn Rudolf Zech aus dem Nachlaß herausgebracht hat. Unter diesen Büchern befinden sich *Die Sonette vom Bauern*, 1960 in Berlin erschienen (aber bereits 1920/21 geschrieben). Die ersten Gedichte dieses Zyklus handeln von der Geburt des Bauern. In unerhörter Verdichtung wird hier in wenigen Strophen die Entstehung und Ausbreitung des Lebens auf unserem Planeten nachgezeichnet. Großartige Bilder sind Zech hier gelungen:

Die schwarzen Mutterkuchen im verschilften Luch
vermischen sich mit dem Gemehl verschorfter Knochen.
Aus dem Gewurzel brodelt der Geruch
der Urgeburt und hat die Schwären ausgebrochen.

Die Pollen formen sich zur Krautfigur,
der Saft umschauert dunkel die Koralle,
bis aus dem Muschelgrunde im Silur
das Ungetüm der Purpurqualle

in das Gefühl der Schachtelhalme übergeht.
Das erste Menschenwesen ist geboren,
die Finsternis hat ihren dunklen Zweck verloren.

Zu den Gestirnen wuchsen Wurzelbärte,
der Wurm im Holz ist trunken ihr Gefährte
und alles fließt, verweht und aufersteht.

Und dann:

Aus Lavaschutt und Borkenschorf
hat Molch das Robbenmaul entbunden.
Die Binsen laugen aus dem Torf
die Poggenbrut. Das Wasser hat sein Bett gefunden.

Es schiebt der Elch schon sein Gehörn am Ufer hin,
Eidechs und Otter sonnen sich im Glimmer.
Die blauen Falter taumeln nicht mehr ohne Sinn
um Schierlingskraut und Taugeflimmer.

Zu Huf und Pranke wuchs den Leibern jetzt die Faust,
auf krummen Schultern hat der Schädel sich erhoben,
das braune Haar verfilzt, noch mit der Haut verwoben.

Umzäunt vom warmen Höhlenlager haust
das Weibervolk und läßt am Kinderhaufen
das Milchgewicht der Brüste überlaufen.

Endlich wird der Mensch seßhaft – der Bauer ist geboren: »Der erste Spatenstich im Wurzelgrund, / die erste Furche durch das Feld gezogen«. Diese ersten Bauern mußten sich immer wieder gegen die Bedrohung durch die Naturgewalten wehren. Diesem Zusammenprall widmet Zech eines der Sonette:

Wilde Wasser rannen meilenweit über seine Erde hin,
haben auch das schwarze Moor nicht mehr verschont,
nur der Wind blieb ihm und ein feuerroter Mond.
Der Bauer aber bäumte sich: Ich bin!

Er riß dem Wald die Wurzelstubben aus
und trieb die Sommerwolken vor sich her.
Das Feuer lag gezähmt im Balkenhaus,
die Felder wuchsen bis zum Robbenmeer.

Aus Tiergehörn und Federvieh
war das Gezäun am Hügel auferbaut.
Als dann im Regenherbst das Wisent schrie

und Strich der Wölfe mit dem Schnee zusammenstieß,
fuhr die verschwielte Faust noch einmal aus der Haut
und warf den Spieß.

Man muß sich vor Augen halten, daß diese Sonette aus dem Nachlaß stammen, gewissermaßen nebenher entstanden, als Zugabe des Dichters zu seinem Werk. Wie reich, wie groß muß ein Dichter sein, der sich solche Zugaben leisten kann!

Und welche Leidenschaft pulst in Zechs Versen und Erzählungen! Man spürt: Hier hat ein Mensch mit Gott und der Welt gerungen, hat sich das letzte abverlangt, und er strebte leidend, liebend, triumphierend nach Wahrheit und Klarheit. Freunde berichteten, daß Zech im Umgang recht schwierig und oft kantig gewesen ist. Er war scharf im Urteil, auch im Urteil über Menschen. Er mochte keine Kompromisse, keine falsche Höflichkeit, keine durch Notlüge und Schmeichelei geglätteten Umgangsformen. Er hat es sich wahrlich im Leben nicht leichtgemacht. Aber aus diesen Spannungen heraus, aus den Reibungen mit der Welt erwuchsen dichterische Meisterwerke. Sein Werk strahlt Menschenliebe aus, die auch in der Anklage und Kritik noch spürbar ist. Er wollte die Menschen packen und verwandeln. Zech schrieb einmal die bezeichnenden Worte: »Wenn Du also in meinen acht Versbüchern Dich durch Acker, Wald, Abend und staubige Straßen blätterst, von Gott und Weib (dieses zuletzt!) hörst, sollen die agrarische Gebundenheit, das Sehnige, Verrußte, die Unzucht und der Glaube Dich durcheinanderschütteln zum besseren, zum lebendigen Menschen.«

Zech war Pazifist und blieb es sein Leben lang. Auch 1914 wird er nicht vom patriotischen Rausch erfaßt. Schon 1910 sang er seine *Neue Bergpredigt*. 1914 wird er Soldat und ist in Rußland und Frankreich eingesetzt. Seine Kriegsgedichte sollten 1916 als Buch herauskommen, doch die Auflage wird beschlagnahmt. Erst nach dem Kriege erscheint eine Auswahl der Kriegsgedichte unter dem Titel *Golgatha* (1920) und der Band *Das Grab der Welt* (1919), geschrieben als »eine Passion wider den Krieg«.

Nach dem Kriege leitet er u.a. zusammen mit Bernhard Kellermann den Werbedienst der jungen deutschen Republik, der versuchte, mit geistigen und künstlerischen Mitteln die Menschen für die demokratische Staatsform und Lebensform zu gewinnen.

Wen wird es wundern, daß dieser aufrechte Mann, dieser Pazifist, Sozialist und sozialkritische Dichter zum Gegner des Nationalsozialismus wird? Die braunen Machthaber verhaften 1933 Paul Zech; aber er kann freikommen und im Juni dieses Jahres nach Südamerika fliehen. Für ihn beginnt ein bitteres Leben in der Emigration. Zuerst lebt er in Argentinien als Hausierer, und später reist er, unterstützt von Freunden, durch die

Länder Südamerikas, um das Leben der Indios zu erforschen. Der bekannte Filmregisseur Wilhelm Dieterle zahlt Zech regelmäßig eine bescheidene Rente, um ihn vor dem Schlimmsten zu bewahren. Endlich wird Zech Mitarbeiter bei deutschen Zeitungen, im besonderen bei den *Deutschen Blättern*, die in Santiago de Chile herauskamen. Bezeichnend war der Untertitel dieser Zeitung: »Für ein europäisches Deutschland – gegen ein deutsches Europa!« 1944 wird Zech Redakteur dieser Zeitung. Auch in Südamerika schreibt er Theaterstücke und bringt Gedichtbände heraus. Aber er findet nur geringe Resonanz, die Auflagen werden kleiner und kleiner. Schließlich vervielfältigt er seine Dichtungen mit der Schreibmaschine und bindet sie mit eigener Hand ein. Besonderes Verdienst erwarb er sich durch die Aufzeichnungen indianischer Legenden, die – mit zwei Ausnahmen – bis heute noch nicht im Druck erschienen sind.

Werner Bock, der in den letzten Lebensjahren viel mit Zech zusammentraf, berichtet:

> Paul Zech zerbrach daran, daß er im Exil leben mußte. Ihm, dem die Muttersprache ein und alles bedeutete, war es nicht gegeben, in einem neuen Sprachbereich heimisch zu werden. Er wehrte sich dagegen, Spanisch zu lernen, weil er fürchtete, dadurch die Beherrschung der deutschen Sprache, wenn auch nur um ein Geringes, zu beeinträchtigen. Die Stimmen der fremden Umgebung fanden nach seinen eigenen Worten niemals »die Spur zu seinem Blut«.

1946 verschlimmert sich ein Herzleiden Zechs immer mehr. Als er am Abend des 7. September vom Besuch bei Freunden zurückkehrt, bricht er vor der Tür seiner Wohnung in Buenos Aires zusammen und stirbt kurz darauf. Wegen des tropischen Klimas schreiben die Gesetze eine Bestattung innerhalb von vierundzwanzig Stunden vor. Nur eine kleine Gruppe von Freunden findet sich zur Beerdigung zusammen. Werner Bock sagt am Grabe: »Deutschland wiederzusehen und dort zu wirken, ist mein Wunsch und Wille, so schrieb mir unser Freund noch vor wenigen Tagen. Er sollte die deutschen Eichen, Buchen und Linden nicht wiedersehen, die er, der einfühlende Sänger der tropischen Pflanzenwelt, allen Bäumen der Erde vorzog.«

Ein großer deutscher Dichter, aus der Heimat verbannt, starb zu früh. Seine Sehnsucht, Deutschland wiederzusehen, blieb unerfüllt.

Wir müssen beklagen, daß Paul Zech heute in Deutschland nahezu vergessen ist. Und er hätte uns so vieles zu sagen und zu geben. Von seinem Werk geht eine Kraft aus, die uns wahrlich »durcheinanderschütteln kann zum besseren, zum lebendigen Menschen«.

Vielleicht kann sich doch noch ein Verlag entschließen (vielleicht die Büchergilde Gutenberg, vielleicht der Bund-Verlag?), eine Auswahl aus dem Werk Zechs herauszubringen, und vielleicht dürfen wir noch erleben, daß die Schätze aus dem Nachlaß dieses Dichters gehoben, gerettet – uns zugänglich gemacht werden.

Josef Büscher
Alfons Petzold (1882–1923)

> Über dem Leben zu stehen,
> ist stolz und dumm.
> Mitten im Leben stehen,
> aufrecht und grad,
> seinen Teil dazu geben,
> das nur ist eine Tat!

Am 24. September könnte er seinen achtzigsten Geburtstag feiern, wenn ihn nicht der Tod bereits als knapp Vierzigjährigen in die Ewigkeit abberufen hätte. Sein Schicksal, möchte man meinen, sei der Phantasie eines Emile Zola entwachsen, so dramatisch ist es, so sehr zwang es diesen Menschen, sich in Not, Schmutz, Krankheit und Demütigung zu behaupten. Petzold war seinem Schicksal gewachsen, seine Menschenliebe, seine Zuversicht überlebten auch die bittersten Stunden, und aus diesem bedrängten, darbenden Menschen wuchs reine und lebensbejahende Dichtung.

Leid und Not waren schon beständige Begleiter von Petzolds Eltern, als er noch gar nicht geboren war. Sein Vater gerät als persönlicher Freund Wilhelm Liebknechts und begeisterter Anhänger der Arbeiterbewegung in das Räderwerk einer feindlich gesinnten Obrigkeit. Ein unstetes und zermürbendes Wanderdasein treibt ihn und die Gattin, Unterkunft und Arbeit suchend, von Leipzig durchs Land bis Wien.

Dort erblickt der Sohn Alfons am 24. September 1882 das Licht der Welt. Es ist eine Welt des Mangels und äußerster Armut, denn der unruhige Vater erkrankt sehr bald an einem unheilbaren Rückenmarkleiden. Der Mutter obliegt es, allein für den Unterhalt der Familie zu sorgen. Alles scheint sich gegen die Fremden aus Leipzig verschworen zu haben. Mit Mühe gelingt es, den Vater in einem Siechenheim unterzubringen. Da bekommt die Mutter eine Blutvergiftung und wird linksarmig gelähmt. So muß sich der rachitische und unterernährte Sohn nach seiner Schulentlassung sofort um einen Broterwerb bemühen.

Die derben, starken, doch gutmütigen Maurergesellen haben Mitleid mit dem zarten und schwächlichen Buben. Sie helfen ihm, soweit es die eigene Arbeit zuläßt. Es nützt nichts. Heinrich Lersch berichtet uns in seinem Nachwort zu einer Gedichtauswahl von Alfons Petzold (*Das hohe Leuchten*, 1939) knapp über das schnelle und böse Ende dieser ersten Beschäftigung des Vierzehnjährigen: »›Du krank, Vater krank, Mutter krank – am besten, ihr verreckt alle drei! Die Welt wird nicht ärmer ohne euch‹, sagte der Meister und schickte ihn weg.«

Alfons sucht einen neuen Arbeitsplatz. Er wird Tagelöhner, Laufbursche, Drechsler- und Bäckergeselle. Nie reichen seine Kräfte aus, den Anforderungen der Meister und Arbeitgeber zu genügen: »Es ist der Groll des Mannes in mir, der ein Leben voll Unterdrückung und körperlicher Not hinter sich hat«, gesteht Petzold später in seinem Lebensbericht *Das rauhe Leben* (1920) über diese ersten Arbeitsjahre.

Das Eintreten seiner Eltern für die Rechte des Proletariats erlaubt ihnen auch in Wien kein friedliches Leben. Und zudem sind sie nun ganz auf ihren Sohn angewiesen. Als der Vater stirbt, ist Alfons sechzehn Jahre alt, aber er hat schon ein Dutzend verschiedene Arbeitsstellen innegehabt. Zwar mag niemand diesen blonden, leicht verkrümmten Jungen mit seinen so strahlend blauen Augen abweisen, wenn er um Arbeit nachsucht, doch erweist sich bei ihm immer das Wollen stärker als seine Kräfte. Ein lästiger heimtückischer Husten beginnt ihn zudem zu quälen. Er wird Abwaschbursche in einem Gasthaus. Er verrichtet Handreichungen in einer Schachtelfabrik. Er müht sich als Metalldreher. Da bricht sich die Mutter ihren noch gesunden Arm. Als sie aus dem Spital kommt, ist sie mit zwei gelähmten Armen völlig von dem Jungen abhängig. Der jagt weiter von Beschäftigung zu Beschäftigung, während die Mutter, an der er mit großer Zärtlichkeit und Liebe hängt, ihren Lebensmut immer mehr verliert.

Nun, da er die Mutter sich nur noch grämen und quälen sieht, erkennt er ihren ganzen Wert und möchte sie nicht verlieren.

Als habe das Schicksal nur darauf gelauert, schlägt es heimtückisch zu. Die in Grübeleien versunkene Frau wird von einem Karren überfahren.

Sie stirbt an den Folgen des Unfalls. In seiner Erzählung *Nachtstück* beschreibt er später realistisch und erschütternd ihren kläglichen Tod. Seiner kindlichen Liebe und Anhänglichkeit aber hat er in einem Gedicht beredten Ausdruck verliehen:

Meine Mutter

Wieviel Tage und Nächte
werden noch vergehn,
Bis ich wieder werde
Meine Mutter sehn?

Bis ich wieder höre
Ihre Stimme lind:
»Hast du heimgefunden
So wie ich mein Kind?

Schau, mein Bub, ich habe
Schon dein Bett gemacht,
Gleich an meiner Seite
Rechts im Armenschacht.

Rück mit deinem Sarge
Fest an mich heran,
Daß ich, Bub, des öftern
Nach dir sehen kann.«

Nun steht er allein auf der Welt. Wieder ist er Hilfsarbeiter, Flaschenausträger, Fensterputzer, Handwagenzieher – »Zughund« nennen es die Leute vom Fach – und schaufelt Schnee von den Straßen Wiens. Aber ohne Mutter mag ihm Wien nicht mehr gefallen. Er wandert fort, arbeitet zeitweilig sogar in Polen, in Łódź, und kehrt schließlich nach langer Arbeitslosigkeit zurück.

Und wieder beginnt das gleiche Leben im Wechsel zwischen Erwerbslosigkeit, Gelegenheitsarbeit und harter Fron:

Der Arbeitslose

Staub auf den Schuhen und auf der getretenen Seele,
Schleicht er den Weg der stummen Vergrollten dahin,
Springt ihm kein fröhliches Wort aus der trockenen Kehle,
Suche nach Arbeit drückt seinen grübelnden Sinn.

Seine Tage sind dunkel, die Sonne verhüllen
Graudampfe Nebel. Er hebt die Blicke empor.
Die Klänge der Arbeit, die alle Straßen erfüllen,
Brausen um ihn wie hohnvoll spottender Chor.

Wie doch die Stunden in quälendem Hoffen sich dehnen,
Indes ihn vorwärts peitscht die hungernde Not.
Er klopft an die Türen, dahinter die Hämmer dröhnen,
All seine Sinne schreien nach Arbeit und Brot.

Alles umsonst. Der Taglauf beugt sich dem Ende.
Wiederum nichts. Seine Lippen flüstern es matt.
Er schaut mit Haß auf die schwielenbedeckten Hände
Und schleicht hinaus auf das lehmige Feld vor der Stadt.

Diese Verse sind erfüllt von herber Düsternis, einer Düsternis, die auch eine »geregelte Arbeit« in der Fabrik nicht mehr aufzuhellen vermag. Sein feinnerviges Gemüt und sein unbändiges eigenschöpferisches Vermögen lassen ihm die sich damals bereits anbahnende moderne Arbeitsteilung nur als »seelenlos« und seinem Wesen feindlich erscheinen:

Die Teilnahmslosen

Da stehen sie und regen schwer die Glieder
In den durchdampften Räumen der Fabrik.
Ein jeder senkt auf seine Arbeit nieder
Den noterstarrten, teilnahmslosen Blick.

Sie sind nicht Menschen mehr, sind nur Maschinen,
Die in dem vorgeschrieb'nen Stundenkreis
Sich drehen müssen, ohne daß von ihnen
Nur einer seine Kraft zu schätzen weiß.

Sie können nimmer ihre Hände spannen
Nach ihrer Tage mühevollem Tun
Um eigne Werke; was sie je begannen,
Muß halbvollendet tot im Dunkel ruhn.

Sie schaffen abertausend Gegenstände,
Sie machen viele Dinge, stark und groß;
Doch ist nicht Gott im Regen ihrer Hände,
Und was von ihnen kommt, ist seelenlos.

Nur eine Verrichtung läßt ihn alles um sich her vergessen: Nach Feierabend und an den Sonntagen hockt er in seiner Unterkunft, liest und schreibt.

Als Neunzehnjähriger war er bereits Mitglied der sozialistischen Bewegung geworden. Die revolutionären Gedichte Karl Henckells hatten ihn in helle Begeisterung versetzt. Im Volksheim zu Ottakring, einer sozialistischen Bildungsstätte, hatte er einige führende Männer der immer mehr erstarkenden Bewegung kennengelernt. Hier hatte er sich für zehn und später zwanzig Heller wöchentlicher Leihgebühr die so dringend benötigte geistige Nahrung verschafft. Hier hatte er seinen Nachholbedarf an Allgemeinwissen gesättigt und sich mit Literatur beschäftigt.

Alfons Petzold ist immer und überall bei seinesgleichen beliebt. Etwas verwachsenen Leibes, hat er unter blondem Haar die hohe Stirn eines Gelehrten. Das Schönste in seinem schmalen Gesicht sind seine sprechenden blauen Augen. Man ahnt, daß er krank ist, sein ständiges Husten und die etwas spitze Brust verraten es. So schließen sich die Arbeitskameraden zusammen und werden beim Arbeitgeber vorstellig, um Erleichterungen für ihn durchzusetzen: »Sie erzählen von dem tapferen Mann und unterstützen ihn mit Fürsprache bei dem Brotherrn. ›Ein Arbeiter, der dichten kann, darf in Wien nicht untergehen!‹ Es sprach sich rund, die Arbeiter wurden stolz auf ihn, sie ließen ihn in ihren Versammlungen Gedichte rezitieren, wilde, gläubige Gedichte an die nahende Revolution.« So berichtet es uns Heinrich Lersch in seinem bereits erwähnten Nachwort.

Im August 1908 muß man Petzold ins Krankenhaus bringen. Hier mag er in den Fieberschauern seiner Rippenfellentzündung und angesichts der Zuneigung seiner

Arbeitskameraden, die ihn besuchen kommen, zum ersten Male die besondere Aufgabe seines Lebens erfaßt haben:

Der Volksdichter

Verlorenes Land hab' ich gesehn,
Vergessene Menschen darüber gehen,
Es sprang mein Herz in die Weiten;
Ich mußte mit ihnen schreiten.

Ich band den Schritt an ihren Schritt,
Nahm ihre Last am Rücken mit
Und mochte mit ihren Augen
Das Bild der Welt einsaugen.

Fühlt' ihre Liebe, litt ihre Not,
Trank ihren Schweiß und aß ihr Brot.
Heim trug ich als herrlichste Beute
Das Dasein der einfachen Leute.

Ihr vieles Dunkel, ihr wenig Licht
Formte die Seele zum Gedicht.
Daraus singt die Nähe und Ferne
Und Himmel, Gott, Sonne und Sterne.

Der kaum ausgeheilten Rippenfellentzündung folgte ein Blutsturz, die Ärzte stellen Lungentuberkulose fest. Man setzt ihn auf die Straße, denn: »Wir sind ein Krankenhaus und keine Versorgungsanstalt!« sagt man ihm. Jetzt ist alles zu Ende! Aus ist sein Traum vom »Volksdichter«. Wie ein wundes Tier schleppt er sich in irgendein fremdes Notquartier. Der Tod mag kommen! »Ich träume, die Sichel des Mondes zu sein, / Und trinke die Qual dieser Stunden / Wie gütigen Wein ...«

Die Quartierbesitzerin, selbst Arbeiterfrau, kümmert sich um den Kranken und dessen Habseligkeiten. Sie findet viele Zettel und Blätter dürftigen Papiers mit Gedichten und Texten beschrieben, erzählt es ihrem Mann, der berichtet es weiter, und, o Wunder der Kameradschaft, plötzlich sind sie alle da, die Arbeitskameraden. Sie schlagen Alarm. Einer kommt auf die Idee, einen Schauspieler vom Burgtheater zu verständigen. Ferdinand Gregori heißt der Mann. Er interessiert seine Kollegin Frieda von Meinhard. Beide rezitieren an Vortragsabenden die Werke dieses sterbenden Proletarierdichters und erzählen von seinem Leben. Die Eintrittsgelder und die Ergebnisse der Sammlungen unter den Ärmsten der Armen häufen sich. In letzter Minute kann man die Unterbringung Petzolds in der Lungenheilstätte Alland finanzieren. Das Eis um das Lebensschifflein Petzolds beginnt zu schmelzen.

Die literarische Welt wird auf Petzold aufmerksam, und 1910 erscheint sein erster Gedichtband *Trotz alledem* (wobei sich Josef Luitpold, selbst ein Arbeiterdichter, selbstlos für Petzold einsetzt). Mit seinem zweiten Buch *Der Ewige und die Stunde* (1912) erringt Petzold, der nach der Heilstättenbehandlung zunächst in Bozen und später in anderen Kurorten unterkommt, den Bauernfeldpreis.

Inzwischen heiratet er eine ehemalige Leidensgefährtin aus der Lungenheilstätte. Er verliert sie jedoch bereits nach vier Jahren und setzt ihr in seinem elegischen Zyklus *Johanna* ein ergreifendes Denkmal.

In den nun noch folgenden acht Jahren seines Lebens sollte ihm die Sonne endlich friedlich und wohlmeinender scheinen. 1915 schließt er mit Hedwig Gamillscheg eine zweite Ehe. In Kitzbühel bauen sie sich ein eigenes Heim. Drei Kinder krönen das kurze Glück.

Dreiundzwanzig Bücher hat Petzold der Nachwelt hinterlassen. Von seinen Prosawerken erscheint sein selbstbiographisches Buch *Das rauhe Leben. Roman eines Menschen* (1920) als das bemerkenswerteste. Neben der Darstellung seines Lebenslaufes enthält es gleichzeitig eine Sittengeschichte der unteren Volksschichten Wiens um die Jahrhundertwende.

Petzolds Lyrik ist ohne Zweifel der bedeutendere Teil seines dichterischen Schaffens. Charakteristisch für ihn sind hier die Tiefe seiner Empfindungen, die Echtheit der von ihm eingefangenen Stimmungen und die tendenzlose Reinheit seines Ich- und Welterlebens.

In der Form seiner Poesie ist er traditionell. Er verschmäht bewußt Wendungen, Ballungen und Eigenheiten der »modernen Schule«, um ganz in äußerer und innerer Harmonie, in Schlichtheit und Einfachheit eben nur reine Dichtung zu bieten.

In seinem Buch *Dämmerung des Herzens* (1917) bekennt er sich zu einer alle verbindenden Menschenliebe. Die Seelenverwandtschaft mit dem Heiligen von Assisi, dem *pater pauperum*, dem Vater der Armen, läßt ihn sogar diesem »Sänger des Sonnengesanges«, der Pflanzen und Tiere Brüder und Schwestern nannte, 1918 einen Zyklus romantischer Gesänge widmen. Auf *Das Buch von Gott* (1920) folgen *Der Pilgrim* (1922), *Gesicht in den Wolken* (1923), *Der Irdische* (1923), lauter ans Religiöse grenzende Werke, allerdings auf einem der Welt zugewandten Hintergrund. In seinem Schwanengesang *Der Totentanz* (1923) ruft er das Jüngste Gericht an, nicht nur die wenigen Gerechten zu belohnen, sondern auch der vielen armen Knechte zu gedenken, die bereits dadurch genug Buße leisteten, daß sie das ihnen zugewiesene Leben überhaupt lebten und ertrugen.

»Ich band den Schritt an ihren Schritt, nahm ihre Last am Rücken mit«, hatte Petzold in einem ersten Programm-Gedicht gesagt. Leben und Los des »Arbeitslosen«, der »Teilnahmslosen«, der »Greisin«, der »Blinden«, vieler »Kranken«, eines »Bettlers vor dem Brunnen«, des »Grubenarbeiters«, kurz, das bunte Mosaik des Schicksals aller Leidenden und hart um ihre Existenz Ringenden ließ ihn neben seiner dichterischen Fixierung auch nach den Ursachen solchen Gequältseins suchen. Eine Ursache glaubte er im menschlichen Verhältnis zu den »Dingen«, der Technik, gefunden zu haben. Mit ihr konfrontiert er sich in seinem Gedicht

Alfons Petzold (1882–1923)

Die Dinge und wir

Wir werden immer kleiner vor den Dingen,
Schon ragen sie hoch über uns empor.
Wir können nimmer ihr Bewußtsein zwingen,
Demütig opfernd sich uns darzubringen,
Weil unser Herz dazu die Kraft verlor.

Wir haben zuviel Haß und Mißvergnügen
Bei ihrem Werden in sie eingesenkt.
Sie wachsen aus dem Sumpfe unsrer Lügen
Und wurden, um die andern zu betrügen,
Von uns zumeist mit falschem Kram behängt.

Und viele formten wir, daß sie Verderben
Und Elend geben, wenn sie angestellt.
Wir mochten Qual und Tod in sie verkerben,
So daß aus ihnen oft ein reiches Sterben
Mit Spinnenfüßen jagte durch die Welt.

So richten sie sich auf und werden mächtig,
Sind nicht mehr menschenblind, nicht stumm und taub;
Sie machen uns die hellsten Tage nächtig,
Sind allen bösen Unheils überträchtig
Und drücken uns, die Schöpfer, in den Staub.

Hier schaut er tief »hinter die Dinge« und »prophetisch in die Zukunft«. Er nennt die Ursache unseres menschlichen Versagens, den Dingen gegenüber, nämlich: »Wir können nimmer ihr Bewußtsein zwingen, / ... / weil unser Herz dazu die Kraft verlor.« Unser Herz also versagt, versagt in seiner ureigensten Funktion, die da »Liebe« heißt.

Zwölf Jahre bitterster Arbeits- und Krankheitsnot machen seine Lieder melancholisch. Des Todes eisiger Hauch weht oft aus ihnen. Das trockene Husten des an Tuberkulose Erkrankten keucht manchmal durch sie hindurch. Sehnsucht nach Freiheit und Gerechtigkeit weint ihre Weisen. Aber die Liebe, die Menschen-Bruder-Liebe, gibt ihnen auch eine strahlende Kraft. Petzold sagte einmal zu Heinrich Lersch:

> Schau, ich bin glücklich, weil mich das Leben nicht stumpf gemacht hat. Jetzt muß ich immerzu dichten: Glück und Gram, Trauer und Klage, Jubel, Fluch und Qual der gegenwärtigen Umwelt und die Anbetung der Geliebten, Eingebung und Empörung. So ein verbitterter Mensch, wie ich als Junge war, mußte körperlich zusammenbrechen. – Soll ich nun traurig sein, weil sich die Kraft zu Kunst und Dichten überreich in meinem Leben ansammelt, anstatt daß sie den kranken Leib wieder aufbaut?

Nein, er hatte keine Angst vor dem Sterben.

Aber plötzlich meldete sich der Tod. Im Winter 1922/23 zieht er sich eine starke Erkältung zu, der sein seit der Kindheit geschwächter Körper nicht widersteht. Er stirbt am 26. Januar 1923 in Kitzbühel. Er wurde nur vierzig Jahre alt.

Was das Leben für Petzold bereithielt, wie sehr er trotzen, kämpfen und dulden mußte, das hat er meisterhaft in seinem Gedicht *Epilog des Wurmes* ausgedrückt:

> Wenn einst die Würmer meinen Leib durchmessen
> Und zwischen Kopf und Rücken beginnen zu fressen –
> Da wird sagen der oberste Wurm der Würmer:
> »Genossen! Das war ein Kämpfer und ein Stürmer.
> Die Sehne, die ich am Halse sehe,
> Ist, Brüder, gar fein, doch zähe, sehr zähe,
> Man spürt's, der hat niemals den Rücken gebeugt,
> Vor andern demütig sich verneigt.
>
> Und seht nur, der Schädel ist wie von Stein,
> Wer weiß, wie auf diesen das Leben hieb ein.
> Ja, ja, dieser Mensch hat gekämpft und getrutzt,
> Seine Seele im Kampfe abgenutzt.
> Und seht nur – ich finde bei ihm kein Herz,
> Das – fraß wohl der Schmerz.«

Wir sind besonders froh, in der an Gegensätzen so reichen Reihe unserer deutschen Arbeiterdichter diesen Alfons Petzold zu besitzen, einen kleinen, in allem Leid und aller Not nur »grauen«, unscheinbaren Vogel im Dickicht und Gestrüpp menschlicher Daseinsbekundungen.

Doch nehmen wir uns ein wenig Zeit und Muße in der Hast und Eile unserer Tage – wir werden entdecken, er besitzt die Stimme einer Nachtigall.

Max von der Grün
Karl Bröger (1886–1944)

Kein zweites Gedicht deutscher Sprache darf sich rühmen, in einem Zeitraum von knapp zwei Jahren so oft gedruckt worden zu sein wie Karl Brögers *Bekenntnis*. 40 Millionen Abdrucke konnte die literarische Forschung bereits Ende 1916 ermitteln. Erstmals erschien es in der Januar-Nummer 1915 des *Simplicissimus* unter dem Pseudonym: »Von einem Arbeiter«. Diese Verfasserkennzeichnung weist schon den Weg, den Karl Bröger zu gehen gedachte, und den er später auch kompromißlos gegangen ist. Bröger verkörpert in der Arbeiterdichtung die menschlich markanteste, politisch konsequenteste und dichterisch eindringlichste Persönlichkeit.

Er war Demokrat im Sinne und in der Forderung eines Theodor Heuss, für den der ideale Demokrat ein »unbequemer Staatsbürger« ist. Und Bröger war überzeugter Sozialist, nicht aber Anhänger einer dogmatischen marxistischen Ideologie. Er war Mahner, Künder und Vorkämpfer für die Menschwerdung des Proletariats. Unter proletarischem Hunger allerdings verstand er den geistigen Hunger. Das Streben nach Wohlstand aber sah er als Weg zur Teilnahme am kulturellen Leben der Nation.

Alle späteren Versuche der braunen Ära, ihn zu einem braunen Dichter zu stempeln, zum »Blut-und-Boden«-Dichter und zum Propheten einer staatlich gelenkten »Volksgemeinschaft«, scheiterten an Brögers politischem Scharfblick. In keiner Phase seines Lebens dachte er daran, in die NSDAP einzutreten, er lehnte Stipendien eines Joseph Goebbels ab, auch die einträgliche Mitarbeit am *Angriff*, obwohl er finanziell oft in Bedrängnis war. In seinem literarischen Schaffen flüchtete er nach 1933, wie so viele andere Schriftsteller, die in der Emigration nicht der Weisheit letzten Schluß sahen, in die Vergangenheit und griff historische Stoffe auf.

Von allen Arbeiterdichtern blieb Bröger der politisch klarste Geist, von oft erstaunlichem Mut, wenn es galt, Zeugnis zu geben für eine Idee, Vorbild zu sein für Wankelmütige. So ließ er sich bei den bayerischen Kommunalwahlen im Februar 1933, also nach der Machtübernahme Hitlers, zum sozial-demokratischen Stadtrat wählen; er, der alle die Jahre vorher ein politisches Amt weit von sich gewiesen hatte. In der einzigen Sitzung des noch frei gewählten Stadtparlamentes versäumte es der NS-Frankenführer, Julius Streicher, nicht, Bröger rüde und wüst zu beschimpfen, nur weil Bröger mit seinen Parteigenossen nicht für einen nationalsozialistischen Oberbürgermeister stimmte.

Die Vergeltung ließ nicht lange auf sich warten. Erst wurde Bröger von SA-Leuten brutal zusammengeschlagen, dann in das KZ Dachau eingeliefert. Welche Tragik für ihn, dort hinter Stacheldraht aus dem Lagerlautsprecher, als Entrechteter, sein berühmtes Gedicht *Bekenntnis* zu hören.

Bekenntnis

Immer schon haben wir eine Liebe zu dir gekannt,
bloß wir haben sie nie mit einem Namen genannt.
Als man uns rief, da zogen wir schweigend fort,
auf den Lippen nicht, aber im Herzen das Wort
    Deutschland.

Unsre Liebe war schweigsam; sie brütete tiefversteckt.
Nun ihre Zeit gekommen, hat sie sich hochgereckt.
Schon seit Monden schirmt sie in Ost und West dein Haus,
und sie schreitet gelassen durch Sturm und Wettergraus.
    Deutschland.

Daß kein fremder Fuß betrete den heimischen Grund,
stirbt ein Bruder in Polen, liegt einer in Flandern wund.
Alle hüten wir deiner Grenze heiligen Saum.
Unser blühendstes Leben für deinen dürrsten Baum,
    Deutschland.

Immer schon haben wir eine Liebe zu dir gekannt,
bloß haben wir sie nie bei ihrem Namen genannt.
Herrlich aber zeigte es deine größte Gefahr,
daß dein ärmster Sohn auch dein getreuester war.
    Denk es, o Deutschland.

Welche Gedanken stiegen auf? Wir wissen es nicht, denn alle seine Manuskripte, die sich mit Dachau und den braunen Jahren beschäftigt haben, wurden Opfer einer amerikanischen Fliegerbombe. Die einzige Bombe übrigens, die auf die Siedlung, in der Bröger wohnte, fiel. Auch seine reichhaltige Bibliothek wurde ein Raub der Flammen.

Am 10. März 1886 wurde Karl Bröger in Nürnberg, im Stadtteil Wöhrd, in der Fabrikstraße, als das älteste von neun Kindern geboren. Er mußte erleben, wie sechs seiner Geschwister wegstarben, und als Sechzehnjähriger schrieb er das Gedicht

Karl Bröger (1886–1944)

Auf ein frühverstorbenes Kind

Dich riß im ersten Blühn, der Knospe kaum entsprungen,
ein rauher Frühlingssturm von deinen Zweigen los,
die dich noch gestern froh hin durch die Luft geschwungen,
und die heut trauernd stehn, weil ihres Schmuckes bloß.

Du flatterst herab, eh' du dich noch gestaltet.
Es trog der Lenz den Herbst um die erhoffte Frucht.
Oft habe ich geklagt: »Wie hätt sie sich entfaltet!«
und schmerzgebeugt sodann dein frühes Grab besucht.

Da sah ich jüngst am Weg, vom Baume abgefallen,
die ausgereifte Frucht, zerfressen halb vom Wurm.
Da ward mir plötzlich Licht. Die Klage mag verhallen.
Ich schied von deinem Grab und segnete den Sturm.

Brögers Urgroßvater war noch Schäfer, sein Vater Schuhmacher, der jedoch bald den Schusterschemel mit der Fabrik tauschte; seine Mutter, Textilarbeiterin, mußte viele Jahre ihres Lebens mitverdienen, um die hungrigen Mäuler satt zu bekommen. Kein Wunder also, daß die Kinder sich tagsüber selbst überlassen blieben und den Gefahren der Straße ausgesetzt waren. Bröger bekundete nie ein zärtliches Verhältnis zu seiner Mutter, er haßte sie sogar, und in seiner gesamten Kriegslyrik, wo doch sonst die Mütter bei anderen Dichtern im Mittelpunkt stehen, vermissen wir das bei Bröger. Er hat nie ein Gedicht an seine Mutter geschrieben.

In unbeschreiblich geistiger Enge wuchs Bröger auf, und erst ein Geistlicher, der den Hunger nach Bildung in dem verschlossenen und nicht selten aufbrausenden Jungen spürte, verhalf ihm zu einer Freistelle an einer Oberschule. Mit Abstand schaffte er es zum besten Schüler. Da er aber den Hohn und die Sticheleien seiner gutbürgerlichen Mitschüler mit seinen Fäusten zu beantworten pflegte, relegierte man ihn schließlich. Dann kam eine kaufmännische Lehre und die Großstadt mit ihren verwirrenden und zu Verwirrung lockenden Reizen, denen er nicht widerstand. Seine Rettung war schließlich das Militär, wo er, äußerlich und innerlich der auf bajuwarisch frisierten preußischen Zucht ausgeliefert, zum »sauberen« Menschen und Charakter reifte. Er sagte selbst einmal, daß das Militär seine Rettung war. In vielen Berufen versuchte er sich später, es waren aber immer nur Beschäftigungen, um das tägliche Brot zu schaffen, denn dumpf fühlte er damals schon, daß er zum Dichter geboren war.

Die Wende führte seine Schwester Anna herbei. Sie nahm eines Tages den beschriebenen Papierstoß vom Schrank in der Dachstube ihres Bruders und trug ihn zu ihrem früheren Lehrer Grimm und bat um ein Urteil. Grimm war zwar begeistert, aber unsicher, und als das Urteil des Lyrikers Gustav Falke ebenfalls positiv ausfiel, wandte sich Grimm an den Literaturhistoriker Prof. Franz Munker. Im zweiten Band der *Süddeutschen Monatshefte* stellte Munker 1910 den jungen Dichter Bröger der Öffentlichkeit vor mit den Worten: »... kein Zweifel, es lohnte, dieses ringende

Talent kennenzulernen«. 1912 war es wieder Prof. Munker, der im Hans-Sachs-Verlag München eine Sammlung mit dem Titel *Gedichte* herausgab; im Vorwort nennt er den Dichter »begabt, aber noch unfertig«. In diesem Bändchen berührte Bröger erstmals sein eigentliches Thema, die Arbeit:

Lied der Arbeit

Ungezählte Hände sind bereit,
stützen, heben, tragen unsre Zeit.
Jeder Arm, der seinen Amboß schlägt,
ist ein Atlas, der die Erde trägt.

Was da surrt und schnurrt und klirrt und stampft,
aus den Essen glühend loht und dampft,
Räderrasseln und Maschinenklang
ist der Arbeit mächtiger Gesang.

Tausend Räder müssen sausend gehn,
tausend Spindeln sich im Kreise drehn.
Hämmer dröhnend fallen, Schlag auf Schlag,
daß die Welt nur erst bestehen mag.

Tausend Schläfen müssen fiebernd glühn,
abertausend Hirne Funken sprühn,
daß die ewige Flamme sich erhellt,
Licht und Wärme spendend aller Welt.

Drei Jahre später erschien der Gedichtband *Die singende Stadt* (1913). Den Krieg hat Bröger nie besungen, »denn seine Ehre heißt Mensch, nicht Menschen totzuschießen«, oder anders ausgedrückt in einem seiner Gedichte: »den Krieg schießt tot«. 1914, schon am Kopf verwundet, entstand sein *Bekenntnis*, das ihn plötzlich zum meistzitierten Dichter seiner Zeit machte. Staatsmänner und Politiker nahmen sein Gedicht in ihre Reden auf, der Reichskanzler von Bethmann-Hollweg sprach es im Reichstag.

1916 erschien bei Reclam sein erstes erzählendes Bändchen, *Der unbekannte Soldat*, im gleichen Jahr *Kamerad, als wir marschiert*, Kriegsgedichte und Erzählungen von schonungsloser Realistik und tiefer Menschlichkeit. Der Verlag Eugen Diedrichs in Jena, ohne den es wohl Arbeiterdichtung in solcher Fülle und Dichte nie geben würde, nahm sich 1917 auch Brögers an.

Brögers Kriegslyrik ist zeitlos, er hat sich ihrer nie zu schämen brauchen, sie kann auch heute noch bestehen.

Die menschlichen Verirrungen vor seiner Militärzeit setzten sich – er war mittlerweile Schriftleiter einer Nürnberger Zeitung, Ehemann und Vater geworden – in seiner Dichtung fort. Als Dichter stand er an unbeschrifteten Kreuzungen, überall pulste zwar Leben und leuchtete Land, aber wo schlummerte das wirkliche Leben, wo das geistige

Feld, für dessen Bestand zu kämpfen lohnte? Erst im Anblick seines Sohnes ordnete sich sein Denken, und im autobiographischen Roman *Held im Schatten* (1920) faßt er die gewonnene Erkenntnis in einigen Sätzen zusammen: »Das Leben ist des Lebens Ziel. Es gibt kein anderes Ziel. Jeder ungelebte, nur gedachte Augenblick ist Irrgang.«

Held im Schatten ist, neben Heinrich Lerschs *Mensch im Eisen*, Gerrit Engelkes *Vermächtnis*, August Winnigs *Frührot* und den Tagebüchern Friedrich Hebbels, das aufschlußreichste menschliche Selbstzeugnis im Bereich der Arbeiterliteratur.

Heute vergessen, aber noch genauso aktuell und brennend, Brögers kleine Schrift über die Erziehung, 1923 von Prof. Oestreich unter dem Titel *Phantasie und Erziehung* herausgegeben, denn hier wird Bröger ein bedingungsloser Verfechter von Schillers »ästhetischer Erziehung des Menschen«. Bröger sagt darin: »Keine Freiheit ohne Phantasie«, und voll Bitterkeit fährt er fort: »... unsere Schule dient nur sich selbst, nicht dem Lehrer, nicht dem Kinde, am wenigsten dem Leben«. Und weiter: »... nur in der Phantasie sind wir frei«.

Ein Schriftsteller ist nur zu einem geringen Teil aus seinem Werk zu erkennen, mehr, ihn zu verstehen, bieten die mit ihm geführten Gespräche oder aber seine Briefe, weil Gespräch und Brief impulsive Ausdrucksmittel sind. Ein Brief Brögers scheint, politisch gesehen, der bedeutendste zu sein, nämlich der an Max Barthel vom 20. Februar 1919, wo er ganz klar zum Leninismus Stellung nimmt:

> Ich habe in letzter Zeit mehrere Schriften Lenins aufmerksam gelesen. Mein Eindruck: Ein kalter und zäher Systematiker entwickelt ein Programm, das der schlimmste Hohn auf jede sozialistische Auffassung ist. In jeder dritten Zeile stößt man auf Begriffe wie Repressionsgewalt, Vernichtung, Zerstörung und ähnliche Ausdrücke, die eine Geistesverfassung verraten, wie sie eines Tamerlan würdiger ist als eines Sozialisten ... Kann der Sozialismus nur durch diese Methoden der Bolschewiki Wirklichkeit werden, dann ist es besser, die Welt bleibt vom Sozialismus dieser Wirklichkeit verschont.

An den englischen Dichter Sheriff schrieb er einmal, daß es im Kriege nur eine Seite gegeben habe, daß es bei Kriegen immer nur eine Seite geben wird. Der beste Garant zur Erhaltung des Friedens ist und bleibt die Arbeit, schreibt er in einer Flugschrift, »die Arbeit will wieder ein menschliches Gesicht, darin sich die Gottheit spiegelt«.

Seine besondere Liebe gehörte der Jugend, auf zahllosen Tagungen und Kundgebungen in Deutschland hat er zu ihr gesprochen, seine Gedichte und Prosa gelesen, er kapselte sich als Dichter nicht ab und huldigte niemals einem falsch verstandenen Individualismus, wie viele seiner Zeitgenossen, denn, so sagt er, wer die Masse formen will, muß in der Masse leben. Beim Reichsjugendtag in Hamburg sagte er: »Wir wollen, daß die Arbeit wieder Freude werde.« Viele seiner Werke sind der Jugend gewidmet, so *Flamme. Gedichte und dramatische Szenen* (1920), *Unsere Straßen klingen. Neue Gedichte* (1925), *Deutschland. Ein lyrischer Gesang in drei Kreisen* (1923) sowie *Bunker 17. Geschichte einer Kameradschaft* (1928).

Unvergessen sein Sprechchorwerk *Rote Erde* (1928), das vor 20 000 Zuhörern in der Dortmunder Westfalenhalle aufgeführt wurde. In seinem Legendenbuch *Die vierzehn*

Nothelfer (1920) werden alte Heilige zu Trägern helfender Weisheit im Alltag, da wird zum Beispiel Hieronymus durch einen Falter von seinen Büchern gelockt, und Bröger sagt: »Und der zehn Jahre in Büchern um Gott gewühlt und geschanzt, / hat sich in einer halben Morgenstunde den Himmel ertanzt.« Gott ist für Bröger keine Abstraktion im Imaginären, Gott ist Realität, er steht immer unter uns.

Sehr bald stellte sich Bröger die Frage: Was will eigentlich das Proletariat wirklich? Kultur entsteht aus Bewegung der Kräfte, Bewegung ist gleichsam der Urtrieb des Menschen und mündet in die beiden Realitäten: Wille zur Macht – oder – Verlangen nach Freiheit! Aber gerade dieses »oder« läßt Bröger fallen, er schmilzt die beiden Begriffe zusammen, denn im Triebe sind sie eins, sagt er.

Eine Reihe seiner Gedichte und Aussprüche hat das »Dritte Reich« verfälscht und mißbraucht, wie überhaupt mit dem Namen Bröger schamloser Mißbrauch getrieben wurde. Bröger sagt, die Arbeit stellt keine Ware dar, sie kann weder gekauft noch verkauft werden. »Arbeit will Kraft zur Freude, damit ihr Werk von dieser Kraft getragen sei. Arbeit ist die Ehre, die allen zukommt in gleichem Maße.« Aus diesen zwei grundlegenden Sätzen über den Wert der Arbeit kristallisierten sich später zwei Spruchbandschlagworte, die selten bei Kundgebungen der braunen Herren fehlten: »Kraft durch Freude« und »Unsere Ehre heißt Arbeit«.

Die dritte Welle der Arbeiterdichtung rief Bröger ins Leben. 1924 erließ er einen Aufruf an die jungen schreibenden Arbeiter, ihre Gedichte einzusenden. 200 Arbeiter sandten daraufhin 1200 Gedichte ein, Bröger wählte die 70 besten aus und gab sie als Bändchen *Jüngste Arbeiterdichtung* heraus.

Während seines ganzen Lebens blieb Bröger seiner Heimatstadt Nürnberg und dem Lande Franken eng verbunden, er liebte diese Stadt und das Land, wo er in den Feierabendstunden am liebsten mit den Arbeitern in einer Vorstadtkneipe saß und sein Bier trank, mit ihnen sprach, denn er war ja selbst einer aus der namenlosen Masse, die zum Menschsein strebte, er, Nürnbergs größter Dichter nach Hans Sachs.

Aus der innigen Verbindung mit seiner Stadt und dem fränkischen Land sind die Romane *Der Ritter Epperlein* (1942) und *Guldenschuh* (1934) zu verstehen. Sie sind aber schon Flucht in die innere Emigration, ebenso der Roman *Licht auf Lindenfeld. Geschichte eines Suchers* (1937). In diesen Romanen ist nichts von dem Kämpfer Bröger spürbar, nur versteckt wird der Freiheitsbegriff innen und außen behandelt, nur aus der Vergangenheit die Frage an die Gegenwart gerichtet.

Bröger wäre nicht er, hätte er nicht reizende Kinderbücher geschrieben, wie ja auch Heinrich Lersch in dieser Sparte hervorragend gewirkt hat. Brögers *Vierkindermann*, die *Benzinschule*, die *Ferienmühle* und *Vier und ihr Vater* sind heute noch eine erbauende Lektüre. Daneben aber stehen wieder Verse von reifem Ernst und visionären Wirklichkeiten: »Ich bin im dunklen Ringe / der abertausend Dinge / das allerletzte Glied.« Auf den Vorwurf Max Barthels, er überschätze den Geist, erwidert er: »Besser den Geist überschätzen als die Materie.«

Nicht darf vergessen werden, daß Bröger ein feinnerviger und in zarten Tönen singender Naturdichter war. Seine Naturgedichte werden neben den Kriegsgedichten und denen der Arbeit am meisten gedruckt und sind immer wieder in Anthologien und Schullesebüchern zu finden. Bröger wuchs als Dichter nicht zum Gedanklichen hin, sein Weg ging von der gedanklich stadtbedingten, intellektuellen Einstellung zum Boden, um Kräfte zu neuem Gedankenflug zu schöpfen, schreibt Dr. Wießner in einer Literaturgeschichte.

Bröger hatte in seinen jungen Jahren keinen Sinn für die Natur und ihre Schönheiten, für Erstehen und Vergehen im Wunderreich der Schöpfung, das kam später, als er schon zum Dichter gereift war. In der gesamten Arbeiterdichtung trägt die Liebeslyrik einen hohen Ernst; Spielerei oder gar Frivolität ist ihr gänzlich fremd, dem Arbeiterdichter bleibt die Frau in erster Linie fruchttragender, lebensfortpflanzender Teil der Menschheit. Bröger nimmt dahingehend eine Ausnahmestellung ein, daß viele seiner Gedichte aus Enttäuschung und Schmerz entstanden sind.

In seinem Roman *Nürnberg* (1935) hat er seiner Heimatstadt ein Denkmal gesetzt, wenngleich die Widerwärtigkeiten hinter den Verlagskulissen seine Freude an dem Werk verleideten.

Durch den Bombenangriff vernichtete Manuskripte versuchte er nachzuschreiben, aber das Gedächtnis reichte nicht mehr so weit.

Brögers Tod erfolgte viel zu früh; mit 58 Jahren hat ein Dichter noch lange nicht den Scheitelpunkt seines Schaffens und Schöpfens erklommen, und den Untergang des braunen Reiches durfte er nicht mehr erleben. Josef Simon, einstiger Reichstagsabgeordneter und KZ-Kamerad Brögers und später dessen Nachbar, besuchte ihn wenige Tage vor seinem Tod in der Universitätsklinik in Erlangen, wohin Bröger wegen eines schweren Halsleidens gebracht worden war. Und diesem Freund gegenüber äußerte er, daß er noch so lange am Leben bleiben möchte, bis dieses verhaßte Regime zerbricht.

Aufschlußreich auch der Bericht von Erich Grisar, der Bröger nach der Bombennacht, weil er zufällig durch Nürnberg kam, besuchte:

Den Dichter selbst fand ich, die Kappe tief ins Gesicht gedrückt, bei einem Nachbarn, bei dem er Unterkunft gefunden hatte. Er war eben dabei, aus seinem Gartenstück, das neben dem Hause lag, die Glassplitter aufzulesen. Als ich ihn anrief, wandte er sich gelassen um und wies mich ins Haus. Ich will noch eben dieses Stück saubermachen, erklärte er, und bückte sich von neuem. Bald kam der Dichter herein, und wie wir nun bei einer den Zeiten entsprechenden Mahlzeit ins Gespräch kamen, konnte ich feststellen, wie sehr jene dem Dichter Unrecht taten, die ihn, ohne die Umstände zu kennen, jenen zurechneten, die sich seines Werkes bemächtigt hatten. Hier in diesem kleinen Kreise, den einige Nachbarn vergrößerten, von denen jeder einzelne vorgestellt wurde mit den Worten: »Der ist echt!«, spürte man, daß der alte Glaube, der für uns einmal lebendige Gegenwart gewesen, immer noch lebendig war, wenn auch niemand wußte, wann wir uns wieder laut zu ihm würden bekennen dürfen.

Am 8. Mai 1944 starb Bröger, am 9. Mai wurde er begraben und mit einem Aufmarsch brauner Prominenz auf den letzten Weg begleitet; Staatsbegräbnis heißt das. Minister sandten Telegramme an die Witwe, und die alten Kameraden aus dem KZ standen am Grabe wie stumme Schildwachen vor der Ehre des Toten. Aber nicht einmal die Presse, die in langen Nachrufsätzen das Leben des Dichters würdigte, konnte verschweigen, daß Bröger der Sozialdemokratie angehört hatte, so etwa der *Völkische Beobachter* vom 9. Mai 1944.

Schriftsteller werden irgendwann immer in politische Auseinandersetzungen gezerrt, zumal solche, denen die politische Erziehung der Masse ein Herzensbedürfnis war und ist. Bröger bleibt dafür ein auffallendes Beispiel. Die freie Stadt Berlin aber wußte sehr wohl, warum sie eine ihrer neuerbauten Schulen Karl-Bröger-Schule taufte, und auch die Nürnberger, die zum Gedenken an ihren großen Sohn eine Straße nach ihm benannten. Es ist hoch an der Zeit, bestehende verzerrte Lebensbilder Brögers, wie sie immer noch in Literaturgeschichten und Lexika vorzufinden sind, zu revidieren, damit dem großen Dichter der Freiheit und demokratischen Erziehung Genugtuung wird. Das Staatsbegräbnis vom 9. Mai 1944 war Schmach genug.

Max von der Grün
Heinrich Lersch (1889–1936)

> So bist du, Proletariat, mein Schicksal. Aus dir stieg ich auf, zu dir kehre ich zurück. Namenlos, ohne Gesicht, werde ich vermischt mit deiner Masse. Verstoßen von der Welt, dem Vater Staat, unserer heiligen Mutter Kirche, als Ausgebeuteter, als Leergesogener, Schale, entkernt, verdorrtes Reis. Hinabgestoßen zu dir, Urgrund des Volkes.

Der Arzt mit der Wünschelrute untersuchte ihn. Die Rute schlug so heftig vor der Brust des Patienten aus, daß sie den Händen des Arztes zu entgleiten drohte. Dann sah der Arzt noch in die Augen seines Gegenüber und sagte: »Sie sind innerlich vergiftet, die Organe halbwegs in Ordnung, aber sonst alles Gift. Sie sind von einem tödlichen Haß besessen.«

Der Patient antwortete: »Als Proletarier und Dichter muß ich ja die verfluchte Gesellschaft hassen, weil sie nur auf Geld und Geldeswert eingestellt ist. Die Liebe zu meinem Volk erzeugt diesen Haß.«

Das sagte Heinrich Lersch, der Kesselschmied aus Mönchengladbach, der Wahrhaftigste derer, die wir heute Arbeiterdichter nennen, und der von religiösen Gefühlen, politischen Leidenschaften und fanatischem Gerechtigkeitssinn durchrüttelte Mensch und Dichter, damals schon körperlich zerbrochen, krank vom Leid der Welt. In erschütternden Versen gibt er von sich selbst Zeugnis:

Mensch im Eisen

> Mein Tagwerk ist im engen Kesselrohr
> bei kleinem Glühlicht kniend krumm zu sitzen,
> an Nieten hämmernd, in der Hitze schwitzen,
> verrußt sind Aug' und Haar und Ohr,
> nur noch ein kleiner Menschenkraftmotor
> bin ich, dess' Hebel, meine Arme, flitzen,
> ich will die Adern mit dem Messer ritzen:
> Dampf stößt, statt roten Blutes Strahl, hervor.

> O Mensch, wo bist du? Wie ein Käfertier
> im Bernstein eingeschlossen, hockst du rings im Eisen,
> Eisen umpanzert dich mit schießendem Gewirr!
> Im Auge rast die Seele, arm und irr.
> Heimweh heult wahnsinnswild, Heimweh weint süße Weisen
> nach Erde, Mensch und Licht! Schrei lauter, Mensch im Eisen!

Immer wieder muß man dieses Gedicht lesen, um am eigenen Herzen zu erfahren, was Verknechtung des Menschen in unserer zivilisierten Zeit bedeutet, und man wird förmlich dazu hingerissen, mitzuschreien: »Schrei lauter, Mensch im Eisen!«

Es gibt tatsächlich wenige Zeugnisse in der gesamten Weltliteratur, denen gleiche Bedeutung zukommt, wie Heinrich Lerschs *Mensch im Eisen* (1925). Das ist mehr als ein Buch.

Erstmals wird hier das Leben des Arbeiters, eines ganzen arbeitenden Volkes mit glühendem Eisen und heißem Blut geschrieben. *Mensch im Eisen* ist und bleibt ein Kunstwerk in und aus der Sprache des Volkes, es ist das Denkmal des Arbeiters in Sprache gegossen.

Lersch hatte nie die Absicht, ein ästhetischer Dichter zu werden; er kam aus dem Werkvolk und wollte auch da bleiben. Er wollte eine elementare Arbeiterschaft heranziehen, elementarer als er selbst war. Seinem Freund Jakob Kneip schrieb er 1921:

> Ich gehöre als Mensch zum Paria, zum Pack, zum Proletariat, und eine namenlose ungeheure Bruderschaft verbindet uns, – nicht Diederichs –, nein, uns, die Masse, die für nichts anderes da ist als zum Verbrauchtwerden! Und ich erkläre hiermit feierlich, daß ich keine Zeile schreiben werde, die nicht Schrei der Masse ist und nicht Form der Masse ist und einen anderen Sinn hat als die Bewegung des Proletariats: Menschlichkeit!!!

An Alfons Petzold, den er schon auf seinen Wanderjahren in Wien kennengelernt hatte, schrieb er am 15. März 1920: »Ich will in Wahrhaftigkeit Genosse allen Menschen werden; ich will, denn mein Herz ist so gewachsen am Leid und Elend der Welt.«

Er wurde am stärksten von allen Dichtern seiner Zeit von dem weitumspannenden Brudergefühl des Amerikaners Walt Whitman geprägt, auch seine Verse beweisen Whitmans Einfluß: melodisch, beherrscht, die Strophen fast volksliedhaft, sind sie lyrische Prosa, weit geschwungen und hymnisch. Da er aus der Masse kam, die Sprache der Masse sprach, ihr Leid erfuhr und von denselben Sehnsüchten gerüttelt wurde, ist es nur verständlich, daß seine Gedichte enthusiastisch in dieser Masse aufgenommen wurden. Die Arbeiter gaben sie von Mund zu Mund weiter. Das ist heute kaum verständlich, aber das gab es einmal: Arbeiter riefen sich Verse eines Arbeiters zu.

Lerschs Sehnsuchtsschrei ist der Schrei aller Arbeiter der ganzen Welt, seine Prophetie ist in hohem Maße Wirklichkeit geworden. Darum soll das folgende Gedicht, eines der besten überhaupt, in vollem Wortlaut wiedergegeben werden:

Heinrich Lersch (1889–1936)

An die Arbeiter

Was schafft dir deinen Schmerz, Prolet? –
Daß du dich ganz, mit Leib und Leben,
dem Werk, der Arbeit hingegeben,
die du mit deiner Seele nährst –
– und daß nichts von dir darin aufersteht!
Das schafft dir deinen Schmerz, Prolet!

Daß Brücke, Schiene, Haus und Tuch
dein Blut trank und der Seele Schmerzen,
das prangt im Licht von tausend Kerzen! –
– Und daß man stolz daran vorübergeht:
Das ist dein und der Menschheit Fluch, Prolet!

Und daß die Herrscher unserer Welt
nach Macht und Gold aus unsrem Schaffen haschen,
kristallisiert aus unserem Blut;
wir wissen, Haus und Brot sind gut,
doch hat der Lohn, das blanke Geld
noch nicht den Fluch davon gewaschen.

So reck' dich auf! Sei stark und groß, Prolet!
Und schau: in Brücken, Häusern und Maschinen
da kreist dein Blut, der Welt zu dienen.
Du hältst in deinen harten Händen
das Weltgeschenk: dich selbst, zu spenden.
– Wenn einst die Welt dich und dein Tun versteht,
bist du erlöst. Es kommt dein Tag, Prolet!

Gleich nach seiner Geburt, am 12. September 1889, trug ihn sein Vater in die Kesselschmiede. Die Gesellen schürten das Feuer und schlugen dann dreimal auf dem Amboß das glühende Eisen. Der Säugling schrie nicht. »Er wird Kesselschmied!« rief der Vater. Heinrich Lersch wurde Kesselschmied in der Werkstatt seines Vaters.

Wenn Lersch auch schon vor dem ersten Weltkrieg veröffentlicht hat, so *Abglanz des Lebens* (1914), kam der eigentliche Durchbruch doch erst im Kriege selbst und durch die Verbindung mit den »Werkleuten auf Haus Nyland«.

Der Krieg wurde zum gestaltenden Erlebnis, bei Lersch wird hier Klasse zum Volk, das Volk aber Hauptträger des Staates. Unter Volk versteht Lersch den Arbeiter, und die Parole nach 1933 vom »Arbeiter der Stirn und Faust« hat ihn so stark beeindruckt, daß er Hitler und seine Partei als die alleinigen Verwirklicher der Ziele ansah, die sich die Arbeiterschaft gesteckt hatte. Er war immer mit seinem Herzen Arbeiter, und auf einer Station seiner Wanderung durch Europa, in Duisburg, bricht in dem Werk, in dem er arbeitet, ein Streik aus. Der Meister sagt zu ihm: »Sie bleiben doch, Lersch, Sie sind nicht organisiert.« Aber Lersch geht mit den anderen und sagt an der Tür zum Meister: »Der Arbeiter hat immer recht.«

Durch die Vereinigung mit den »Werkleuten auf Haus Nyland« kommt er in persönliche oder briefliche Verbindung mit den Leuten, die ihm seine dichterische Mission bestätigen. Es waren dies Karl Bröger, Gerrit Engelke, Max Barthel und Alfons Petzold.

Sein gewaltiges Kriegserlebnis drückt sich in seinem bekanntesten Gedicht *Soldatenabschied* aus, die Unterordnung des Individuums zum Wohle der Gesamtheit. Es ist das Gedicht, das seinen eigentlichen Wandel zeigt: von der Klasse zum Volk. »Laß mich gehen, Mutter, laß mich gehen, / All das Weinen kann uns nichts mehr nützen …« Und dann die fünfmalig wiederkehrende Schlußzeile: »Deutschland muß leben, und wenn wir sterben müssen.«

Aber Heinrich Lersch, der emotionelle Dichter und Mensch, der Überschäumende, der Sich-selbst-Verzehrer, der uferlos Schenkende sieht mit Fortschreiten des Krieges nur den Menschen. Gerade in den Gedichten der Arbeiterdichter, die 1914, wie das ganze Volk, von einer heute kaum noch zu begreifenden Begeisterung erfaßt wurden, wird die Stimmung des Volkes im Laufe der Jahre sichtbar. Das gilt besonders für Engelke und Heinrich Lersch.

Brüder

Es lag schon lang ein Toter vor unserem Drahtverhau,
die Sonne auf ihn glühte, ihn kühlte Wind und Tau.

Ich sah ihm alle Tage in sein Gesicht hinein,
und immer fühlt' ich's fester: Es muß dein Bruder sein.

Ich sah in allen Stunden, wie er so vor mir lag,
und hörte seine Stimme aus frohem Friedenstag.

Oft in der Nacht ein Weinen, das aus dem Schlaf mich trieb:
Mein Bruder, lieber Bruder, hast du mich nicht mehr lieb?

Bis ich, trotz aller Kugeln, zur Nacht mich ihm genaht
und ihn geholt – Begraben: ein fremder Kamerad.

Es irrten meine Augen. – Mein Herz, du irrst dich nicht:
Es hat ein jeder Toter des Bruders Angesicht.

Ein paar Wochen nach Kriegsende heiratet er, reißt später aus dem Elternhaus aus und fährt mit seiner schwangeren Frau nach Hamburg zu Richard Dehmel, dem damals hochverehrten Dichter, denn er fühlt: dieser Mann wird ihm sein Gleichgewicht wieder zurückgeben. Der Krieg habe ihn stumm gemacht, klagt er einmal, auch Engelke schrieb an seine Braut: »Der Krieg hat mir meine Sprache geraubt.« Wie schmerzlich muß dieser

Schnitt gewesen sein, sie waren doch wirklich keine verwöhnten Menschen, sondern hatten schon vor dem Kriege die ganze Härte menschlicher Existenz durchlitten.

1925 legt er den Hammer endgültig nieder, er war krank. Er ernährte sich nun von Lohnschreiberei und Zeitungsaufsätzen, er geht zu Lesungen durch ganz Deutschland, und wenn 1924 der Literaturhistoriker Julius Bab klagt, daß Lersch seit Kriegsende nichts mehr geschrieben habe, das erwähnenswert wäre, dann hatte er recht. Lersch befand sich in einem Umbruch, er brauchte Zeit, er mußte die Jahre des Krieges erst bewältigen. Und weil er Geld brauchte, die Familie größer wurde – die Söhne Gerrit und Edgar waren geboren worden, gab er sich für Jahre dem Journalismus hin, eine Arbeit, die er haßte, die aber doch sofort Geld ins Haus brachte.

Dann schreibt er *Manni!* (1926), diese reizenden Kindergeschichten, denn Lersch ist ein närrischer Vater, ein blind-liebender, und als später dann noch ein Mädchen geboren wird, kennt seine Freude keine Grenzen.

Die nagende Krankheit treibt ihn zum Süden. Es folgt eine Mittelmeerreise und später ein zehnmonatiger Aufenthalt auf Capri. Aber die wiederholten Ferien bringen nur bedingt Linderung; wohl kann er wieder schreiben, aber er macht sich keine Illusionen, daß seine körperliche Kraft zu erlahmen droht.

Lersch ist in seinem Leben oft mit Bergleuten in Berührung gekommen, er hat großen Respekt vor deren Arbeit gehabt: »Wenn ich Kultusminister wäre, müßten alle Poeten ein Jahr in den Pütt, damit sie einen Begriff von Menschenähnlichkeit kriegen«, schrieb Lersch in einem Brief an Max Barthel. Und er schrieb auch ein bergmännisches Gedicht:

Ausfahrt der Bergleute

Von den Städten zieht das Dunkel,
aus den tiefsten Fernen quillt
erstes Sonnenlichtgefunkel,
das um Dach und Türme schwillt.

Um die starren Mauermassen
glüht das erste Morgenrot,
in die Wolken, die verblassen,
rauchen qualmend Schlot um Schlot.

Von den schaffenden Gewalten
braust der Töne dunkler Chor;
müde schreitende Gestalten
wachsen aus dem schwarzen Tor.

Tiefenschürfer, alte, junge,
noch vom Stollengang gebückt;
atmend weitet sich die Lunge,
die noch staub- und rauchbedrückt.

> Reckend strecken sie die Köpfe,
> heben auf ihr Angesicht –
> Menschen, fühlende Geschöpfe,
> treten sie aus Nacht zum Licht.
>
> Die das Licht mit Dunkel büßen,
> das mit Grauen sie umlag –
> und mit wankend müden Füßen
> grüßen sie den neuen Tag.

Wer ihn auf seinen unzähligen Vortragsreisen durch Deutschland lesen hörte, war beeindruckt von seiner Stimme und der natürlichen Art seiner Rezitation. 1932 wurde es offenkundig: er kann die rauchige Luft nicht länger ertragen. Die Wohnung wurde von Mönchengladbach nach Bodendorf (Ahr) verlegt. Dort fühlte er sich freier, die Kinder hatten es leichter, und es beginnt sein »zweites Leben«: »Die Natur sieht mir beim Schreiben über die Schulter und sagt mir, was ich falsch mache.«

Dann kommt das Jahr 1933 und ein Regime, das alles, was in seine nationale Idee paßt, für sich annektiert. Die Braunen annektierten Heinrich Lersch und sein Werk und berufen ihn in die Deutsche Dichterakademie. Hinfort schrieb die Partei vor, was Kunst war und was entartet war, was ein Dichter zu schreiben, ein Maler zu malen hatte.

Bis heute sind die Angriffe auf Heinrich Lersch nicht verstummt, er habe sich den braunen Herren nur zu gerne an den Hals geworfen, er habe wirtschaftliche Vorteile durch das Regime unter Aufgabe seiner Persönlichkeit und dichterischen Kraft gesucht und gefunden. Was ist davon wahr?

Es stimmt, daß Heinrich Lersch vor der Machtübernahme mit der »Bewegung« sympathisierte, denn er glaubte, diese Partei allein sei fähig, den uralten Traum des Proletariats zu verwirklichen, daß jeder Arbeiter gleichberechtigter Bürger würde; daß dem Arbeiter endlich Gerechtigkeit gegeben werde. Darum wählte er diese Partei. Es stimmt, er unterschrieb Briefe mit »Heil Hitler«, zu einer Zeit, wo es noch möglich war, herzliche Grüße zu senden. Auch war er stolz, daß sein Sohn Fähnleinführer war, und er dichtete ein Jungvolklied. Es stimmt, er änderte viele vor 1933 geschriebene Gedichte um: wo früher »Arbeiter« stand, las man nun »Volk«, wo früher das Brudergefühl vorherrschte, stand nun »Reich« zu lesen, wo früher »Prolet« stand, da stand nun »Werkmann«. In einem Gedicht heißt die erste Zeile: »Ich glaube an Deutschland wie an Gott«, und das soll etwas heißen, wenn man bedenkt, wie stark Lersch im katholischen Glauben verwurzelt war.

Hanns Martin Elster hat für diese zweideutige Haltung Heinrich Lerschs die richtigen Worte gefunden:

> Heinrich Lersch gehörte mit seinem Wesen und Werk noch in den Raum des volkhaften Denkens und Daseins, was ihren Urgrund angeht. Er war noch mit Leib und Seele »deutsches Volk«, Mitglied eines Organismus und einer schöpferischen Einheit, der Herder im Gegensatz zur allgemeinen Menschenvernunft für das einzelne Individuum jene romantische Verklärung verliehen hat, die im 19. Jahrhundert als

»nationale Idee« zu der politischen Gewalt emporwuchs, deren explosive Dämonie wir im Nationalsozialismus erfahren haben. Kein Wunder also, wenn Heinrich Lersch heute noch Ablehnung und Widersprüchen begegnet, die sein Werk stimmungshaft ansehen und deuten, aber nicht in seinem wahren Gehalt und seiner wahren Gestalt zu erkennen imstande sind.

Daß gerade das »Dritte Reich« mit diesem volkhaften Denken und Dasein den größten Mißbrauch trieb, erkannte Lersch erst zwei Jahre später. Da aber war er schon vom Tode gezeichnet. Freunden gegenüber äußerte er, daß er vom braunen Regime tief enttäuscht sei, es hätte ihn und sein Werk maßlos mißbraucht, und er sagte, wenn man alle Menschen Deutschlands so hintergehe wie ihn, dann wären die Tage dieses Staates gezählt.

Und in den *Ruhrnachrichten* (17. Juni 1961) urteilte Dieter Schwarzenau: »Tragisch ist sein Irrtum, der ihn verleitete, sich in den Dienst der Nationalsozialisten zu stellen. Er durchschaute noch nicht und nicht mehr den grausigen Hintergrund des Hitlerreiches. Eines Tages hätte er mit diesem Staate brechen müssen.«

Lersch war ein freigebiger Mensch. Hatte er zu essen, hatten alle um ihn zu essen. Besaß er Geld, dann lud er alle erreichbaren Freunde zu sich, manchmal las er fremde Arbeiter von der Straße auf und feierte mit ihnen, bis nichts mehr in den Taschen war. Oft wurde er unverschämt ausgenützt. Das ist bei Lersch weder Verschwendung noch Praßsucht gewesen; das Brudergefühl, sein eigentliches Ich, riß ihn zu solchen spontanen Handlungen hin, wenngleich er sich dann Geld leihen mußte, um seiner Frau ein neues Kleid zu kaufen, den Kindern neue Schuhe.

Er war ein Mensch, der, wie es landläufig heißt, es nie zu etwas brachte, etwa zu Amt und Würden, zu Stellung und Pensionsberechtigung, obwohl das für ihn möglich gewesen wäre. Alle diese etwa zu erlangenden Stellungen sah er als Beschneidung seiner persönlichen und dichterischen Freiheit an.

> Mein Leben muß ich leben für das, was mehr ist als ich. An und für sich liegt nämlich gar nichts an mir und meinem Leben; nicht daran, ob ich erbärmlich huste und ob ich Kohldampf schieben muß. Mein Auftrag ist, zu sagen, was in mir wühlt und gärt und brennt, und ich darf keine Ruhe haben und es mir nicht bequem machen wollen ... Arbeiten, arbeiten! Denn gesagt muß es sein!

Es gehörte zur Praxis des »Dritten Reiches«, entweder einen Dichter ganz zum Schweigen zu verdammen oder von ihm nur das zu veröffentlichen, was in seine Kulturpolitik paßte. Besonders bei Lersch unterließ man es, seine andere Seite aufzuzeigen, jenen Lersch, der gegen Totalitarismus wetterte und dagegen Sturm lief, jenen Lersch, der für die Freiheit eintrat.

Und wie stand Lersch jungen Dichtern gegenüber? 1932 sollte ein rheinischer Dichterbund gegründet werden und nur anerkannte Autoren sollten aufgenommen werden. Lersch wandte sich in einem Brief 1932 an Adolf von Hatzfeld. Er schrieb: »... die Dilettanten radikal ausschließen? Ich kann es nicht mittun, denn ich bin selber zu lange Dilettant gewesen, und nur ein Zufall schmiß mich nach oben. Ich muß demnach in jedem Dilettanten einen zukünftigen Dichter sehen«.

Lersch konnte auch hassen, er konnte sich bei seinen Lesungen so ereifern, daß er nicht mehr an seine eigentliche Aufgabe, die Lesung, dachte, nur Haß und Anklage gegen die schleuderte, denen Gewinnsucht und Raffgier mehr bedeuteten als die Versöhnung der Menschen.

Bevor der Tod kam, schrieb er: »Pfingsten fahren wir auf dem weißen Dampfboot den Rhein hinunter.« Daraus wurde nichts mehr. Im Sommer des Jahres 1936 fuhr er ins Nachbardorf um sich von einem Bekannten 20 Mark zu borgen. Auf dem Rückweg, vom Feldweg auf die Straße, kreuzte seinen Weg ein Auto; um einen Unfall zu vermeiden, warf er sich vom Rad in den Graben. Mit schmerzender Brust kam er nach Hause. Abends fuhr ihn sein Sohn zu einer Lesung in die Nachbargemeinde. Auf dem Rücksitz des Motorades holte er sich eine Erkältung. Er legte sich zu Bett. Es wollte nicht besser werden. Dann schafften sie ihn in das Krankenhaus nach Remagen, aber auch dort konnten die Ärzte nicht mehr helfen. Der Patient wollte nicht mehr, sagten sie. Lersch war schon lange einsam geworden. Während seiner kurzen Krankheit summte er Melodien, die er auf Capri gehört hatte. Am 18. Juni 1936 starb er. Er war noch nicht 47 Jahre alt.

Max Barthel berichtet: »Hein wurde zuerst in einem Notsarg aufgebahrt. Er lag zwischen zwei Werkleuten, einer von ihnen war vom Gerüst gestürzt, der andere war von einem Lastwagen überfahren worden. Zwischen zwei Werkleuten lag er, zwischen zwei toten Brüdern aus dem Volk, das er so geliebt hatte.« Bevor man ihn nach Mönchengladbach überführte und vor der Beerdigung noch einmal durch die Schmiede trug, bahrten sie ihn am Rheinufer auf, gegenüber der Erpeler Ley.

Zum Abschluß sei eines seiner besten Gedichte wiedergegeben, ein Gedicht, das nicht allein für Lerschs sprachliche Meisterschaft zeugt, sondern das auch gültig die Lebenssituation des Arbeiters umreißt:

Wir Werkleute all

Wir Werkleute all, wir alte und junge, wir Männer und Frau'n,
die wir nur Flammen, Gluten, Massen und Kräfte schau'n,
wir, die wir die Flammen, Gluten und Kräfte bezwingen:
hört unsere Fäuste das Lied der Arbeit singen.

Wir Werkleute all tragen unter dem blauen Tuch
wie ihr eine Seele, die weint und jubelt unter Segen und Fluch,
und neben dem lauten Leben ein Menschsein mit allen Gefühlen,
in Liebe und Frühling, in Armut und Not, Erde und Himmel wühlen.

Wir Werkleute all sind allen Werks Fundament!
Auf unseren Leibern steh'n die Maschinen, auf unseren Leibern der Hochofen brennt;
auch unsere Seelen zwingen wir in Hebel und Walzen, Räder und Achsen,
darum kann sie nicht mit steilen Bäumen in Gottes Himmel wachsen.

Heinrich Lersch (1889–1936)

Wir Werkleute all hüten Gottes Erde und machen sie untertan,
darum ist Gott uns gnädig, wenn wir im Tod uns ihm nah'n –
– und zerbräch diese Erde, loderten aus den Spalten des Erdkerns Flammen –
wir Werkleute all, wir schmiedeten sie wieder mit stählernen Ringen aus Trägern
                                              und Schienen zusammen.

In Heinrich Lersch hat Deutschland einen Dichter besessen, dessen Herz bei den Arbeitern war, und die Arbeiter liebten ihn, wie keinen zuvor.

Werner Tillmann
Max Barthel (1893–1975)

Wenn vor 1933 die Sozialistische Arbeiterjugend oder die Naturfreundebewegung Rezitationsabende und Feierstunden veranstalteten, standen sehr oft Verse von Max Barthel auf dem Programm, ob als Lesung oder in Sprechchorform. Dieser Dichter aus den eigenen Reihen – ein echter Sohn des Volkes – fand mit seinen zündenden Wortaussagen stets den Weg zu den Herzen seiner Mitstreiter.

Das Geheimnis zu diesem kameradschaftlichen Verstehen offenbart uns Barthel selber in seiner Autobiographie *Kein Bedarf an Weltgeschichte* (1950), dort heißt es über seine Anfänge:

> Es war eine herzbewegende Zeit, die des Aufbruchs und des Beginnens. Die Arbeiter bereiteten sich auch auf eine geistige Machtübernahme vor, die politische schien uns Jungen damals nicht so wichtig zu sein, wir sangen die Internationale und schöne Volkslieder, verachteten das Kino, tranken keinen Alkohol und verabscheuten den Tabak. Wir liebten Gedichte und lasen Darwin, Zola, Schiller, Strindberg, Dostojewski und Gorki. Die Arbeiterzeitung und Karl May.

Das waren die Vorbilder einer Generation, die über die Schwelle vom 19. in das 20. Jahrhundert schritt; die hineingeboren wurde in die Wirren einer wirtschaftlichen und soziologischen Umformung und Umwälzung gewaltigen Ausmaßes. Einer ihrer stärksten Rufer nach Freiheit, geistiger Erhebung und wahrer Menschengemeinschaft wurde Max Barthel.

Das Geburtshaus des Dichters stand in Dresden-Loschwitz. Dort wurde er am 17. November 1893 geboren. Der Vater war Maurer. Er starb, als Max elf Jahre alt war. Für die Mutter mit sechs Kindern begannen schwere Zeiten. Max wurde frühzeitig gezwungen, zum Unterhalt der Familie beizutragen. Er schreibt darüber: »Von der ersten Stunde an mußte ich Geld verdienen: als Elfjähriger bei einem Gärtner für sechs Pfennig Stundenlohn, als Zwölfjähriger auf den Schuttabladeplätzen als Metall-, Knochen-, Glas- und Lumpensammler und auf den Friedhöfen als Grabpfleger und als Wasserträger.«

Und dabei hatte er sich bereits als Knabe vorgenommen, Dichter zu werden. Einmal hatte ihm die Mutter das Loschwitzer Weinhaus gezeigt, die Stätte, wo Schiller den *Don*

Carlos geschrieben hatte. Damals hörte er zum erstenmal etwas über die Dichter; ein unbändiger Drang erfaßte ihn, das Wesen der Dichter und der Dichtung zu ergründen. Und Heinrich Lersch schildert in *Kindheit und Jugend eines Dichters* (Heft 26 der Reihe *Dichter und Denker unserer Zeit*) sehr bildhaft die Einstellung von Max Barthel zu seiner Berufung:

> Max war der Klassenerste einer Dresdener Vorstadtvolksschule. In den Tagen vor der Entlassung fragte der Lehrer auch ihn nach seinem künftigen Beruf. Max sprang auf, strahlte in Freude und Stolz, öffnete den Mund und – schwieg. Das Gesicht wurde beherrscht und hart. Als der Lehrer ihn zum Sprechen drängte, setzte er sich verbissen hin. Alle anderen schmetterten hinaus: »Schreiner, Goldschläger, Arbeiter, Kaufmann, Schlosser ...« Max, der sonst so schlagfertige Könner, blieb auf alle Fragen hin stumm; es war ihm, als verlöre er die Kraft und die Eignung zu diesem Beruf, wenn er davon redete. So duldete er der Klasse Hohn und trug sein Geheimnis bis in die letzte Schulstunde. Nach der Entlassung rannten alle Jungens in die Freiheit hinein. Als Max hinter der Tür war, da schmiß er die Arme in die Luft, stieß den Kopf hoch und sagte: »Dichter werde ich, Dichter.«

Doch Max Barthel mußte seine großen Pläne zurückstellen. Zu Hause war die Not groß, ein Verdiener wurde dringend gebraucht. Mit 14 Jahren ging er in die Fabrik und trat zugleich in die Sozialistische Arbeiterjugend ein. Er war Arbeiter geworden, bekam bitter die Fron zu spüren (damals gab es noch keinen Acht-Stunden-Tag, keinen Urlaub, nur einen erbärmlichen Lohn)

> Jeden Morgen, wenn die Stadt erwacht
> und Millionen ins Mahlwerk schleudert,
> gehe auch ich in der endlosen Reihe
> und stürze hin in die Arbeit ...

Eine Sehnsucht nach fernen Ländern brannte in Max Barthel; sie veranlaßte ihn nach zwei Jahren Fabrikarbeit zu einer ausgedehnten Wanderfahrt nach Hamburg und später nach Italien. Nach der Rückkehr stand er wieder in Dresden an einer Maschine. Er fühlte sich eins mit der Arbeiterschaft, war politisch aktiv und wirkte mit vielen Gedichten erzieherisch oder propagandistisch auf die Arbeiterbewegung ein. Um das Thema »Arbeit« kreisen die meisten Gedichte seiner ersten Jahre. In *Arbeit ist Ruhm* stehen die Zeilen:

> Was unsre Welt zusammenhält,
> Damit sie nicht in Schutt zerfällt,
> Was Reichtum schafft, ist unsre Kraft,
> Ist Geist und Blut und Stolz und Mut,
> Bist du, bin ich, der brüderlich
> Im Alltag seine Arbeit tut!

Max Barthel (1893–1975)

Früh formen sich in dem Arbeiterjungen die Umwelteindrücke zu konkreten Bildern. Die Sehnsucht nach menschlicher Würde, nach Freiheit des Geistes, nach den ewig leuchtenden Sternen sind der rote Faden durch seine zahlreichen Werke in Lyrik und Prosa.

Eines der Erstlingsgedichte deutet auf Max Barthels empfindsames Gemüt. Als junger Hilfsarbeiter in einem Sägewerk hat er folgendes Erlebnis:

Arbeiterseele

Ein blutjunger Vogel hat sich durchs Fenster verirrt,
Dorthin, wo die Maschinen poltern.
Und ängstlich, scheu flatternd, durchhuscht er den Raum
Wie eine befleckte Arbeiterseele, die ans Licht will.
Ein schlängelnder Riemen faßt den Flüchtling
Und zerrt ihn blitzschnell zur Welle.
Laut pocht das Herz der großen Maschine!
Was weiter? Nichts – eine Alltagsgeschichte.
Leuchtend wie eine taufrische Rose
Blüht an der Decke ein Blutfleck.
Und den Kadaver des Vogels hat der Exhaustor verschluckt.
Durchs Fenster flog eine blutjunge Schwalbe!

Dieses Gedicht brachte auch den Titel für seinen viel beachteten Gedichtband *Arbeiterseele. Verse von Fabrik, Landstraße, Wanderschaft, Krieg und Revolution* (1920).

Barthel hat sich sein Vorhaben, Dichter zu werden, nicht leicht gemacht. Als Kind still und versonnen, reifen dennoch Kräfte in ihm, alle Anfechtungen zu bestehen. Schon als Jüngling zieht es ihn hinaus in die Welt. Italien übt einen besonderen Reiz auf ihn aus. Auch Belgien und die Niederlande sind Stationen seiner Weltsehnsucht. Er lernt Arbeiter, Tippelbrüder und Landschaften kennen.

Max Barthel malt die Bilder farbig und tiefsinnig aus. Er ist Deuter alles Schönen, das dem Arbeiter ebenso gehört wie dem Reichen. Barthel weiß aber auch als Rufer der revolutionären Ideen die richtigen Akzente zu setzen. Er weckt die Träumer, weist den Kämpfern die Ziele; er ist seinen Brüdern auf den Straßen und in den Werkshallen Fanfare und Bannerträger:

Volksversammlung

Du gehst mißmutig zur Versammlung.
Du sagst: Nützen die Reden etwas?
Da lauschest du auf! Ein Schlag hat dich getroffen.
Du fühlst, wie Glut in dir wächst
Und bist der Gläubigen einer.
Hart fallen die Worte des Redners in dem rauchigen Saal
Und pochen hammerschwer an die Stirnen der Menschen.

Abstimmung!
Wer stimmt mit ja?
Hastig stoßen die harten zerschundenen Hände hoch,
Und über dem Pfeilergewirr der Arbeiterarme
Rundet sich mächtig
Die Kugel der Welt.

Max Barthel ließ sich auf ein großes Wagnis ein: Mit zwanzig Jahren gab er die Arbeit in der Fabrik auf und wurde freier Schriftsteller. Politisch stand er damals auf dem linken Flügel der deutschen Arbeiterbewegung.

Er schrieb nicht allein Lyrik, obwohl diese ihn besonders bekannt machte; er schrieb auch Sprechchorwerke, Erzählungen und Romane (als ersten *Das Spiel mit der Puppe*, 1925). Nicht vergessen werden dürfen seine reizenden Kinderbücher, u.a. *Der Bund der Drei, ein Hund ist auch dabei* (1938) und *Hutzlibum* (1943). Hohen literarischen Rang erreichten seine Reiseberichte, von denen genannt seien *Vom roten Moskau bis zum Schwarzen Meer* (1921), *Deutschland* (1926) und *Erde unter den Füßen* (1929). Diese Reisen haben für die Bildung und Entwicklung Max Barthels große Bedeutung gehabt, und Heinrich Lersch sagt zu Recht: »Auf den Landstraßen holen sich die dichtenden Arbeiter ihr Reifezeugnis, die Werkstätten sind ihre Universitäten. Max war immer Werkstudent und Ferienschüler.«

Das ist überhaupt das Bewundernswerte an diesen Dichtern in der Frühzeit der Arbeiterbewegung: Sie haben nur eine kurze und unzureichende Schulbildung erhalten, und doch beherrschten sie alle Stilelemente der Lyrik – den gebundenen Reim, den fließenden Rhythmus des Wortes und auch die strenge Form des Sonetts. Bei Max Barthel ist all das stark ausgeprägt. 1912 war der Bund der »Werkleute auf Haus Nyland« gegründet worden, und kurz darauf wird bereits der junge Max Barthel in diesen Dichterkreis aufgenommen. Er ist nicht mehr zu überhören. Von Werk zu Werk erfüllt er die Hoffnungen seiner Freunde und Förderer. 1917, im Toben des Weltbrandes, macht Theodor Heuss den jungen Dichter in Literaturkreisen bekannt. Wer die Gabe besitzt, ein Gedicht wie das folgende zu formen, auf den darf man große Hoffnungen setzen:

Abendgang

Siehst du das Land zu beiden Seiten?
Der Himmel malt es goldenrot.
Komm, laß uns still vorüberschreiten:
Hier wächst das Brot.

Siehst du das Glänzen in den Halmen?
Am Himmel purpurt letztes Rot.
Die Ähre reift ... die Mühlen malmen ...
So wird das Brot.

Max Barthel (1893–1975)

Der erste Weltkrieg wird zum tiefen Einschnitt im Denken und Schaffen der deutschen Arbeiterdichter. Er lenkt ihre Dichtungen in andere Bahnen. Der empfindsame Max Barthel wird vom Kriegserlebnis tief erschüttert. Die Gedichte, die er im Kriege veröffentlichte, u.a. in den Büchern *Verse aus den Argonnen* (1916) und *Freiheit!* (1917), sind nicht so sehr von Kriegsbegeisterung geprägt wie die Gedichte von Dehmel, Bröger und Lersch aus dieser Zeit. Er rührt mehr an das Menschlich-Kreatürliche in diesem abscheulichen Massenmorden und findet später, gleich den anderen Arbeiterdichtern, zu Friedensbeteuerungen:

Deutsches Herbstlied 1914

Der Krieg hat uns mit roher Hand das bißchen Glück zerbrochen,
Wir gaben Blut und Leben hin in diesen wilden Wochen;
Was hoch und heilig in uns war, liegt staubbedeckt am Boden,
Es welkt das Laub und blättert ab und taumelt zu den Toten.

Gewiß, der Winter naht heran mit Frost und bösem Wetter,
Was kümmert ihn das bunte Laub, was die zermürbten Blätter.
Das Lied verstummt, der Sänger schweigt, die hellen Flammen singen,
Die Weihnachtsglocken klingen an und wollen Frieden bringen.

Ach Frieden! Jetzt, in dieser Zeit! Wie die Granaten sausen!
Ein Höllenlärm, die Erde schreit, Novemberstürme brausen.
Nicht weich, nicht weh, nein, eisenfest erhärten sich die Herzen,
Gelobt der Sturm, gelobt der Kampf, wir rüsten uns zum Märzen!

Aus Schmach und Schande wunderbar wird uns die Tat ersteigen,
Sie rüstet sich geheimnisvoll im tiefen Winterschweigen.
Die Tat, die löst, die Tat, die wirbt im weiten Erdenrunde,
Die Tat, die rote Rosen blüht selbst aus der Todeswunde.

Es kommt der März, der deutsche März, den wir schon lange erwarten,
Die graue Schande wäscht er ab und wetzt die Sommerscharten,
Es ist ein Krieg, ein letzter Krieg, und der ist uns beschieden,
Gelobt der Sturm, gelobt der Kampf, der Endkampf für den Frieden!

Im eignen Land der Sklaverei, der machen wir ein Ende,
Zur Faust, die alles niederzwingt, verwachsen unsre Hände.
Zu einer Faust, zu einem Schlag, zur Tat in allen Ländern:
Es gilt, die blutbefleckte Welt nach unserm Ziel zu ändern!

O März der Zukunft, deutscher März! Ich seh im Pulverqualme
Hochragen einen stolzen Baum: Die Völkerfriedenspalme.
Ob Wintersturm und Schlachtgesang, ich hör in euer Brausen
Wie letzten Krieg, wie letzten Sieg die Märzenstürme sausen!

Von dem 1917 erschienenen Gedichtband *Freiheit!* war Heinrich Lersch so beeindruckt, daß er Barthel diese Feldpostkarte schrieb:

Ich kann nichts als Bruder, Bruder! sagen. Immer nur Bruder! Wie Du sprichst, was mein Herz nicht sagen konnte. Es muß ja so sein, daß Du noch Tag und Nacht immerzu zwischen den Zahnrädern des Getriebes liegst. Mit Ehrfurcht und Staunen las ich jedes Wort nach. Du im Wahnsinn selbst darin, fühlst gar nicht, wie Deine Gedichte wirken. Lies sie, ohne Du selbst zu sein, in der kostbaren Stille der Thüringer Landschaft – und dann ging Dir Dein eigenes Dichten auf.
Ich grüße Dich aus Herzensgrund
Dein Freund und Bruder
Hein Lersch

Der Krieg hatte alles verändert, die Werte zerstört, den Glauben bitter enttäuscht. Manches sozialistische Ideal starb dahin auf den Schlachtfeldern des Krieges. 1918/19 stand die deutsche Arbeiterbewegung vor ganz neuen Aufgaben, vor großen Problemen. Die Bewegung war politisch gespalten: Spartakus-Bund (der dann zur KPD wurde), USPD und SPD standen sich gegenüber.

Max Barthel hatte das Kriegserlebnis zum Kriegsgegner gemacht, nun stand er politisch auf der äußersten Linken, er schloß sich dem Spartakus-Bund an. 1919 wurde er zu fünf Jahren Gefängnis verurteilt, aber den Bemühungen der Dichterfreunde (darunter Karl Bröger und Paul Zech) verdankte er eine vorzeitige Entlassung. Max Barthel war zu einem revolutionären Dichter geworden. Ein Zeugnis für diese Epoche seines Lebens ist das folgende Gedicht:

Aufbruch

Wenn wir Proletarier die Städte durchschreiten,
Sind uns alle Dinge untertan.
Banken und Bahnhöfe flehen um Gnade an.
Wir lassen sie lächelnd durch unsere Finger gleiten.

Wir wandeln daher in Donner und Blitzen.
Die Stadt ist wie eine Dirne geschmückt,
Die sich demütig vor unsere Füße bückt.
Wir spotten der Perlen. Wir lachen der Spitzen.

Ob unseren Häuptern rauschen die Fahnen,
Von denen jede zum Himmel reicht
Und die falschen Götzen zu Boden streicht,
Damit wir die ewigen Götter ahnen.

Max Barthel blickte voller Hoffnung nach Rußland, wo durch die Oktoberrevolution das Proletariat zur Macht gelangt war. Er glaubte, daß sich dort seine Träume und Ideale erfüllen würden. Von der Verfälschung des Marxismus, der Diktatur über das Proletariat statt der von Marx verheißenen Diktatur des Proletariats, ahnte er damals noch nichts. Und er fuhr hin nach Rußland, ins Land seiner Hoffnung. Bis nach Sibirien führte ihn seine Reise; er begegnete Lenin, Maxim Gorki, Nikolai Bucharin und Karl Radek. Bei einer Begegnung mit Lenin in Moskau sagte dieser zu Barthel:

> Sie verstehen kein Russisch? Wir aber haben Deutsch gelernt, um Marx und Engels zu verstehen! Fahren Sie an die Wolga, nach Engels, wo noch Deutsche sind. Hören Sie gut zu und beobachten Sie. Kümmern Sie sich um das ganz gewöhnliche Leben. Wenn Sie das studiert haben, dann schreiben Sie darüber. Auch an der Wolga werden die Fundamente des neuen Lebens gelegt. Wir haben nichts zu beschönigen, nichts zu verschleiern ... Schildern Sie brutal und offen, wie die Dinge augenblicklich sind. Erzählen Sie von den Anstrengungen, die gemacht werden, um sie zu ändern und zu bessern. Wir bauen einen Staat, der so einfach und übersichtlich ist, daß ihn jede Waschfrau verstehen kann.

Nun, Barthel reiste, beobachtete; doch was er sah, erschütterte ihn. So konnte Rußland niemals das »Arbeiter- und Bauernparadies« werden. In seiner Autobiographie *Kein Bedarf an Weltgeschichte* (1950) versucht Max Barthel seine Enttäuschung zu erklären: »Vier Jahre war ich Spartakus-Mann gewesen und hatte getan, was das Herz befahl und der Verstand für richtig hielt. Und nun reiste ich nach Berlin, Ende 1923, und löste die alten Bindungen. Viele gingen damals, die nach ihren russischen Reisen und Erlebnissen ›Nein!‹ sagten, nachdem sie vorher laut ›Ja!‹ gesagt hatten.« An anderer Stelle des Buches bekennt Barthel dann resigniert: »... ausgeträumt der Traum vom Flügelschlagen des Sieges. Der Osten war nicht meine Welt.«

In Berlin fand Barthel nahe des Alexanderplatzes eine Wohnung und gründete eine Familie. Er »vagabundierte« durch die Riesenstadt, schrieb neue Bücher und Artikel für Zeitungen, Texte zu alten Melodien und freute sich, daß Komponisten seine Verse zu Chören und Liedern formten.

Mit dem 30. Januar 1933 senkte sich die Nacht über Deutschland. Die braune Diktatur schwang ihre Geißel. Brutal griff sie auch nach der Arbeiterbewegung und deren geistigem Gut, der Arbeiterdichtung und den Arbeiterdichtern. Viele flohen ins Ausland. Max Barthel aber blieb in Berlin. Und hier stehen wir vor einem weiteren Rätsel im Leben und Wirken dieses Mannes. Er ließ sich von den Nationalsozialisten zur Zusammenarbeit mit ihnen gewinnen. Die Arbeitsfront übernahm die Büchergilde Gutenberg; Max Barthel wurde für zwei Jahre einer ihrer Lektoren.

Solange ihm Hanns Heinz Ewers und Hans Friedrich Blunck – die Mächtigen in der Reichsschrifttumskammer – noch etwas Freiheit ließen, setzte Max Barthel sich für seine alten Freunde ein, erwirkte Buchausgaben für sie und verschaffte ihnen bescheidene Honorare. In seiner Autobiographie sagt er von jener Zeit, sie sei keine verlorene gewesen, und freimütig bekennt er, daß die in Deutschland verbliebenen Arbeiterdichter »für geraume Zeit den Blick verloren und in dem Glauben gestärkt wurden, es ginge auch um die Sache der Arbeiter«.

Doch nur scheinbar. Die führenden Nationalsozialisten gingen bei ihren »Gleichschaltungen« langsam und planmäßig vor. Unbewußt waren Heinrich Lersch und Max Barthel Helfer bei solch unehrlichem Spiel. Sie machten die KdF-Fahrten mit und schrieben Artikel darüber, die in der NS-Presse erschienen.

Man wird fragen: Wie war so etwas möglich? 1918 war Barthel revolutionärer Spartakus-Mann, 1933 war er Nationalsozialist. Manches harte Urteil wurde über ihn gesprochen – »Von der äußersten Linken zur äußersten Rechten« – »Barthel ist anfällig für alle Arten von Diktatur« usw. Diese Urteile, diese Verurteilungen werden Max Barthel nicht gerecht. Nicht, weil er für die Diktatur der Kommunisten und die der Nazis war, machte er dort mit, nicht, daß er den Terror guthieß oder gar unterstützte – er machte dort mit, weil man ihn eine Zeitlang über Diktatur und Terror hinwegzutäuschen vermochte. Max Barthel, der empfindsame Dichter, war leicht entzündbar und begeisterungsfähig, vieles bei ihm war (und ist) nichts als Gefühl. Er träumte seit seiner Jugend von einer Verbrüderung der Menschen, einer Überwindung der Ausbeutung und der Verachtung des Arbeiters, strebte nach einer besseren Gesellschaftsordnung ohne einander feindlich gegenüberstehende Klassen und Gruppen. Bei dieser Grundeinstellung fiel die Parole »klassenlose Gesellschaft«, die die Kommunisten in ihrer Fahne führten, auf fruchtbaren Boden. Und aus dem gleichen Grunde fiel er später der nationalsozialistischen Ideologie der »Volksgemeinschaft« zum Opfer. Er glaubte den Verheißungen, den Ankündigungen, den Propagandathesen. Er war zu gutgläubig, zu wenig kritisch oder argwöhnisch. Max Barthel wurde mißbraucht. Als er hinter den schöntönenden Worten und Parolen die Fratze der Diktatur erkannte, brach er mit den Kommunisten und später mit den Nationalsozialisten.

Als die Nationalsozialisten Max Barthel aus seiner Stellung als Lektor jagten, schlug er sich mit journalistischer Tagesarbeit durch. Zu einem günstigen Zeitpunkt übersiedelte er mit seiner Familie wieder nach Dresden. Dort gab er zwei unverfängliche Romanzeitschriften heraus, die aber bald wieder eingingen. Es erschienen aber auch während der Hitlerzeit weiter Bücher von Max Barthel, u.a. Neuauflagen seiner früheren Kriegsgedichte. 1942 wurde Barthel als Wachtmeister der Schutzpolizei eingezogen. Man stellte ihn jedoch bald frei vom Dienst. Er wurde an die Eismeerfront beordert, um dort im Rahmen der Truppenbetreuung Lesungen aus eigenen Werken zu halten. Schließlich wurde ihm noch aufgetragen, als Kriegsberichter in Rumänien und Polen tätig zu sein. Hier mußte Max Barthel dann ausweichen vor dem Ansturm der Roten Armee.

Und noch eines hielt das Schicksal für den mehrfach Enttäuschten bereit: den Untergang seiner Vaterstadt Dresden im größten Bombenhagel, der je auf eine Stadt herniedergeprasselt ist. Im Angesicht dieser Verwüstung und im Gedenken an die erhalten gebliebene Antikensammlung im Albertinum zu Dresden beschließt Barthel seine Selbstbiographie mit der bitteren Erkenntnis: »Im pausenlosen Hammerschlag der Jahrhunderte waren auch sie vernichtet, zerstäubt, atomisiert. Aber ihr Werk lebte, ihr Traum. Und ich wußte, es war der ewige Traum, unser Traum.«

Heute lebt Max Barthel, fast siebzigjährig, auf dem Elzenberg im Rheinland. Er kann auf ein reiches und bewegtes Leben zurückschauen, ein Leben, das nicht frei war von

Max Barthel (1893–1975)

Irrtümern und Widersprüchen. Max Barthel läßt uns einen Blick tun in seine Seele mit dem folgenden Gedicht, das vor kurzem entstanden ist:

Selbstbildnis

In diese Haut bin ich hineingeboren
und trag' bald siebzig Jahre schon dies Fell.
Wie vieles hörten meine Ohren,
Geschwätz der Klugen und der Toren,
das Lied der Vögel und den Flüsterquell.

Ich habe manches wilde Wort gesprochen
und tat begeistert manchen Schwur –
ich hörte auf die wilden Worte pochen,
die aber hatte lächelnd ich gebrochen,
weil nach dem Wilden ich das Milde süß erfuhr.

Ich witterte in all den Jahren viele Düfte,
den sauren Schweiß, den Brandrauch der zerbombten Stadt,
im Mai den Wohlgeruch der linden Lüfte,
im Herbst den bittren Duft der Gräber und der Grüfte,
das letzte Atemholen vom vergilbten Blatt.

Und meine Augen sahen manchen Turm und Bogen,
Berlin und Moskau, Stockholm und Paris,
ich sah das Eismeer und das Südmeer wogen,
ich sah, wie hoch die Adler und die Lerchen flogen,
die Hölle sah ich, und ich sah das Paradies.

Ich trank den Wein und habe nicht vergessen,
wie der aus Frankreich und Italien schmeckt,
ich habe Büchsenfleisch und Kaviar gegessen –
Kartoffeln fraß ich, wie die Schweine fressen,
ich hab' den Wohlgeschmack von trocknem Brot entdeckt.

Zehn Jahre Krieg hat Herz und Hirn erfahren,
die Träume fielen einer wilden Zeit zum Raub,
wie lange ist es her, daß wir wie Kinder waren!
Im Flugzeug bin ich und im Karussell gefahren –
und als ich ernten wollte, war die Ernte taub.

Das volle Haar ist merklich schon gelichtet,
auf einem Schönheitswettbewerb bekomm' ich keinen Preis –
Ich hab' geträumt, gesäumt und manches Lied gedichtet,
ich hab' gerichtet, und ich ward gerichtet,
und – daß wir gar nichts wissen, ich nun selber weiß.

Und doch, ich war kein Tauber und kein Blinder,
und meine Zeit ist mir kein Zeitvertreib –
gefesselt bin ich und bin Überwinder,
und was mir bleibt, das sind die Kinder
und dann die Zärtlichkeit von meinem Weib.

An diesem Gedicht erweist sich wiederum die große und ungebrochene dichterische Kraft Barthels. Aber man sollte auch auf die selbstkritischen Aussagen achten – »ich hab' gerichtet, und ich ward gerichtet«, und »als ich ernten wollte, war die Ernte taub.«

Sein Werk ist auf rund 60 Titel angewachsen. Und noch immer schreibt er, heute vorwiegend Chorlieder und Kinderlieder. Eines seiner schönsten Gedichte:

Der Schlaf

Schlaf, die Barke trägt mich fort.
Ausgelöscht das laute Leben.
Dunkel fühlst du nur erbeben
Ein Gelächter und ein Wort.

Schweigend fährt dein Kahn im Dunkeln
Auf der unruhvollen Flut.
Himmel, der darüber ruht,
Läßt die großen Sterne funkeln.

Ist dein Tagwerk getan,
Kommt die Nacht und kühlt die Wunden.
Nach des Wachseins wirren Stunden
brechen Ewigkeiten an.

Mögen ihm in seinem besinnlichen und ruhigen Lebensabend die Wunden gekühlt und geheilt werden, die ihm ein stürmisches Leben schlug!

Heinz Kosters
Otto Wohlgemuth (1884–1965)

Es gehört wohl zu den schicksalhaften Vorbedingungen eines Künstlerlebens, eine unerfüllbare Sehnsucht zu haben. Eine solche Sehnsucht gab auch dem unbestritten bedeutendsten lebenden deutschen Arbeiterdichter aus der Welt des Bergbaus, Otto Wohlgemuth, den Impuls zu seinen Dichtungen.

Wohlgemuth bekannte einmal in liebevoller und zugleich schmerzlicher Rückbesinnung auf seine Kindheit, daß das Los seines Lebens in das Zuhause-Daheim eines armen westfälischen Kohlenbergmanns an der Ruhr gefallen sei, und zwar am 30. März 1884 in Hattingen, einer alten Stadt »mit krummen Gassen und flieder- und holunderüberwucherten Wehrmauern aus dem Mittelalter, mit engen Winkeln, traulichen Hinterhöfen, stattlichen Bürgerhäusern, Kramläden, Erkern und vorgekragten Schaukästen«.

Zu dieser Stadt kehrte er nicht zuletzt aus einer geradezu rührenden Anhänglichkeit an sein geliebtes Elternhaus, in dem er zusammen mit zwölf Geschwistern unter der unermüdlichen Fürsorge seiner Eltern aufwuchs, immer wieder zurück.

Angeregt durch die in seinem Elternhause noch mit ursprünglicher Frische lebendige Tradition, die in ihm eine Fülle kindlicher Vorstellungen von dem märchen- und legendenumwobenen Bergbau wachrief, wollte er schon sehr früh wie sein Vater Bergmann werden, um das große Wagnis auf sich zu nehmen, »tief in der Erde Nacht« dem »Geraun aus Kohle, Quarz und Erzen«, dem »Geruch nach Grünspan und nach Schweiß und Blut«, aber auch dem »Berglampenschimmer«, der »Weisheit alter Häuer«, dem »Fundglück im Schacht« sowie dem »in nächtlicher Tiefe« immer gegenwärtigen »geheimen Abenteuer« mit der Wünschelrute seiner unstillbaren Sehnsucht nachzuspüren.

Als Wohlgemuth schließlich vierzehn Jahre alt geworden war, starb nicht nur seine von ihm so geliebte und verehrte Mutter, sondern es trat auch inzwischen die unabweisbare Forderung des Lebens, die Berufswahl, ernstlich an ihn heran. Nunmehr wäre er doch lieber – wie er in seiner kurzen Selbstbetrachtung am Schlusse seines Gedichtbandes *Aus der Tiefe* (1922) bekennt – »Bildhauer geworden, Zeichner oder so etwas«, um eine gründliche Ausbildung seiner dementsprechenden Neigungen zu erreichen, »aber das kostete Geld und ging nicht«, denn der unsichtbare Gevatter in seinem Elternhause hieß Sparbrot und hielt es immer sehr genau. So kam der junge Wohlgemuth entgegen seinen Wünschen in die Eisenformerlehre.

Nachdem er jedoch zwei Jahre später auch seinen Vater verlor, mußte er in der drängenden Sorge um die nunmehr vollends verwaisten kleineren Geschwister die wenig einbringende Eisenformerlehre abbrechen und Bergmann werden.

Mit wenigen zeitlichen Unterbrechungen, in denen er vor den Öfen der Gießereien und Stahlwerke und auch als freier Schriftsteller gearbeitet hatte, war er fast fünfundzwanzig Jahre als Pferdejunge, Bremser, Bergeversetzer, Schlepper, Lehrhauer, Vollhauer, Zimmerhauer und schließlich als Feuermann in der Grube.

Er hat auf vielen Zechen des Ruhrgebietes, aber auch in den Erzgruben des Siegerlandes, »mit Tausenden in der Reihe gestanden, gearbeitet und schwitzen müssen, bis zur Erschöpfung«, und er hat »Blut lassen müssen, Hieb und Schrammen und Narben abbekommen wie jeder andere auch«.

Wir sehen, daß Otto Wohlgemuth unter dem Druck der ihm aufgezwungenen Lebensverhältnisse in die Anonymität der Masse geriet und von ihrem unbarmherzigen Räderwerk zu einem »innerlich sich mühsam vorwärtsbewegenden Kumpel, der ganz auf sich allein gestellt war«, gemacht wurde, zu einem Kumpel, der die Bedeutung des Wortes »Literatur« kaum dem Namen nach kannte. Dennoch ist es unübersehbar, wie stark sich in ihm der elementare Drang spürbar machte, die vorhandenen Bildungslücken durch ein nur von Hoffnung und Selbstvertrauen geleitetes Selbststudium auszufüllen, um Vollendung in der künstlerischen Gestaltung zu erlangen.

Diese Vollkommenheit, um die Wohlgemuth mit beispielloser Ausdauer rang, sollte ihm schließlich nicht versagt bleiben. Sie fand ihren sichtbaren Ausdruck in der erstaunlichen Vielgestaltigkeit seines künstlerischen Werkes, wovon in erster Linie seine zahlreichen Buchveröffentlichungen künden, die sowohl seine Gedichte, Erzählungen und auch viele seiner Zeichnungen umfassen.

Nicht weniger verdienstvoll war auch seine Herausgebertätigkeit, die ebenfalls ganz im Banne des Ruhrlandes und seines Bergbaus stand. Er stand im Mittelpunkt des »Ruhrlandkreises«, jener bedeutenden Gruppe von Bergmannsdichtern in den zwanziger Jahren.

Eine weitere bemerkenswerte Bestätigung seines literarischen Ansehens lag in seiner Berufung zum Stadtbibliothekar und Leiter der Volksbüchereien zunächst in Buer und, nach der Vereinigung der Städte Gelsenkirchen und Buer, in Gelsenkirchen. Seinem Wirken für die von ihm im Wortsinne verstandene »Volksbücherei« wurde jedoch durch seine Zwangspensionierung im Jahre 1933 leider ein allzu frühes Ende gesetzt.

Schließlich wurde auch noch die Beschlagnahme seiner umfangreichen Bibliothek verfügt, und es wurde ein Schreibverbot über Otto Wohlgemuth verhängt. Er zog sich aus dem Ruhrgebiet ins Bergische Land zurück. Dort, in der Heimat seiner zweiten Frau, fand er das, was er auf der verzehrenden Flucht vor den äußeren Mißhelligkeiten so sehnlich erstrebte. In einem Briefe aus dieser Zeit heißt es:

> Ich wohne in der Stille. Wenn es draußen dunkel ist, liegt mein liebes Bücher- und Arbeitszimmerchen in einem unendlichen Meer von Nachtschweigen und Finsternis. Hier rauschen vom Berg ins Tal hernieder die Bäume, hoch überm Nebel schwimmt der stille Mond, und alle Welt liegt fern im tiefen Schweigen. In meinem Tusculum aber ist es warm und hell, und viele liebe Dinge sind nahe bei mir.

Otto Wohlgemuth (1884–1965)

Als der Krieg und mit ihm die Zeit der schöpferischen Einengung endete, blieb er bei aller Sehnsucht zum Ruhrland weiterhin hier wohnen, um aus der Enge seines ihm so liebgewordenen Bücher- und Arbeitszimmerchens in seinen von allen Bedrängnissen befreiten Dichtungen wieder so von den »Stätten des härtesten Ringens, das man sich denken kann, von der Schwere, Würde und Ehre dieser Arbeit in den Erdenabgründen«, »von der Treue und Kameradschaft, die sich Tag um Tag einsetzt bis zur letzten Möglichkeit des menschlichen Schaffens, vom Schweigen, Wachsen und Werden in der Not, aus der das Leben aufsteigt«, zu zeugen, wie er es sich zum Richtungspunkt seines Lebens gesetzt hatte.

Wenden wir unseren Blick nunmehr seinem dichterischen Werk zu, so stellen wir fest, daß sich in allen seinen Gedichten und Erzählungen der arbeitende, leidende, sehnende, liebende, hoffende und letztlich auch der mit sich, mit Gott und der Welt versöhnte Mensch ausspracht, in erster Linie aber immer der Bergmann, genauer gesagt, der Ruhrkohlenbergmann, weil ihn das im eigenen Leid erworbene Wissen zum Reden brachte, wie es der dem »Ruhrlandkreis« eng verbundene Erich Sieburg zutreffend bemerkte.

Während Wohlgemuths erste Verse noch ganz der romantischen Weltschau verhaftet waren und in einer schlichten, poesievollen Sprache die »freudige Bejahung eines jugendlichen Lebensgefühls mit einem still verträumten Sinn« (Karl Ecks) ausdrücken, kündeten seine unter dem formenden Einfluß seiner Freunde und Förderer, zu denen der münstersche Professor Julius Schwering, Friedrich Castelle, der »Ruhrlandkreis« und nicht zuletzt der von Josef Winckler, Jakob Kneip und Wilhelm Vershofen begründete Kreis der »Werkleute auf Haus Nyland« zählen, entstandenen späteren Dichtungen bereits unverkennbar den Wandel zum Dichter der industriellen Arbeitswelt des Bergbaus an.

In ihnen ließ er zum ersten Male die ganze Atmosphäre des Bergwerks unter dem Gesichtswinkel des Allgemein-Menschlichen, des Ewigen, Unendlichen erstehen. Darin liegt das Neue bei Wohlgemuth, der sich trotz aller anklagenden Not zu einer Weltsicht durchgerungen hatte, die tief im Metaphysischen verankert liegt und die in der Erkenntnis eines ewig waltenden Schicksals und in dem Glauben an die beseligenden Kräfte seiner Mutter Erde und an das Gute im Menschen gipfelt.

Im Wechselspiel seiner Eindrücke beschwor Wohlgemuth das gefahrbergende Dunkel der »Urnacht« im Schacht, seine in das Kohlenflöz sausende Haue, den aufdonnernd schmetternden Schuß im Stollen, die »dumpfleidende, stille Kreatur« des Grubenpferdes, den stillgelegten Schacht, den ersten »Morgenweg zur Schicht« nach dreijähriger zermürbender Arbeitslosigkeit, die »Knechtschaft, Tyrannei und Empörung« der Arbeit, »Flamme und Flut, Aufbruch und Ermüdung, die Träne der Ohnmacht im Schweiß und in Enge, die Erbärmlichkeit«, aber auch sein eigenes Abbild:

Hauer vor Kohle

Nun bin ich nur ein Donner im Element:
Es zwängt die Brust sich schrunde Zacken,
die Muskeln straffen sich, die Fäuste packen
den Abbauhammer vor, in dem die Preßluft rennt

und wiehert, daß mein Bohrer springt und brüllt.
All mein Verzehren brennt in meinen Augen,
daß sie sich fest in das Verborgene saugen,
ins Ewige, das noch kein Traum enthüllt.

Wühlend im finstern Ort, in zornigen Schauern,
da nun das Flöz aus ungeheuren Mauern
hervorgezerrt, sich schwer und schwarz ergießt,
daß dicker Staub nachtdunkel mich umfließt:

So ist es mir, als ob mir im Gehirne
der Puls des Unbekannten pochte hinter der Stirne.
O Hungerdunkelheit, du Not, du Lebensdrang,
du tief in meinem Wesen mahnende Urgestalt,
bleib bei mir, halte mich, du Ferne, du Gewalt!

Ich bin so nah vor dir, daß meine Seele brennt ...
Es zwängt die Brust sich ein durch schrunde Zacken,
die Muskeln straffen sich, die Fäuste packen
den Abbauhammer vor, es heult, es rennt:

Es peitscht und jagt mich durch die Erdenwände,
durch muß ich, durch! Es bluten meine Hände,
in mir ist Brand und Fördergedröhn der Sohle:
Volk! Ich breche deine Kohle!

In diesem Gedicht fand das bergmännische Erlebnis, wie es von den Menschen, die unmittelbar vor der Kohle arbeiten, tagtäglich mit derselben inneren Erregung empfunden wird, eine nachhaltig wirkende meisterliche Gestaltung.

Während Wohlgemuth den Bergmannstod einer eigenwilligen Deutung unterzog und damit die dem Tageslicht abgewendete Seite des Bergmannslebens in der ganzen Tragweite ermaß, hat er auch die Schönheiten der Natur in ihrer für einen Bergmann doppelt spürbaren Strahlkraft wahrgenommen und ist darüber hinaus auch dem Bergmann in die Tiefe seiner »inneren Welt« nachgegangen.

So hörte er das Rauschen der »alten Sauerlandforste«, »wo der Windbruch am Kahlen Asten bergüber braust«, und sah die »Wälder von den Bergen« in der »letzten Abendglut« leuchten, er empfand die Schwere der Heimatnacht, die »über einem schilfverwachsenen, verwunschenen See« des Münsterlandes »in der Dämmerung« schwebenden »sehnsüchtigen Drosselieder«, aber auch »ein brünstiges Verzehren / nach dem, was war und wieder kommen soll. / Ein übermächtig, krankhaft Heimbegehren, / ein Denken, schwankend zwischen Scham und Groll ...« Aus diesem inneren Zwiespalt heraus hat er sich auf die Suche gemacht, um sein eigenes Wesen mit »seltsamen Dingen« in die »große Einheit« zu bringen und zu erleben, »wie ewig alles ins Eine kreist«.

Auf diesem Wege weitergehend, von einem dunklen Verlangen getrieben, das er nicht zu ergründen vermochte, reifte er der tröstenden Einsicht entgegen:

Über des Lebens dunklen Gründen
wehn wir dahin.
Alles wissen wir, immer schweigen wir,
das Schicksal erfüllt sich,
wie es ihm gefällt.

Alles ist in Einem,
muß sich finden und vollenden.
Und das Eine ist in der Tiefe,
und die Tiefe ist überall,
tiefer als alle Welt.

Wie Karl Ecks in seiner Dissertation *Die Arbeiterdichtung im rheinisch-westfälischen Industriegebiet* (1925) richtig erkannte, näherte sich Wohlgemuth – wie hier und mit wenigen Ausnahmen nahezu in seinem ganzen dichterischen Werk vernehmlich ist – stilbegrifflich dem »Pansymbolismus«, der in der doppelseitigen Erlebniskraft (sinnlich und geistig) den tiefsten Sinn am lebendig gestalteten Körper darstellt, wobei »alles bewußtes Symbol wird«.

Sehr deutlich kommt das in dem folgenden Gedicht zum Ausdruck, dem erklärten Lieblingsgedicht Wohlgemuths, das uns tiefe Einblicke in seine geistige Grundhaltung gestattet:

Erde

Erde, Erde, wie habe ich dich mein Leben lang gefühlt.
Erde, wie habe ich in dir herumgewühlt,
wie ward ich von deinen geheimen Wundern erfüllt,
Erde, in deiner Schönheit, wie hast du dich mir enthüllt.

Erde, wie sann ich mich in deinen innersten Anfang hinein,
wie du von Gott gekommen warst, in dein eigenes, seliges Sein.
Erde, wie du Mutter wurdest, wie alles Leben von dir kam,
wie alles Blut, alle Sehnsucht in dir seinen Anfang nahm.

Erde, ich weiß wohl, Stein und Baum und Tier,
und alle Menscheninbrunst ist nur in dir, in dir,
alles, was starb und verdarb, du verwandeltest alles neu,
Erde, du Mutter, du bliebst dir von Anfang an treu.

> Erde, du weißt es schon, wie wir uns auch wild gebärden,
> du bist es zufrieden, wir müssen doch ruhig werden,
> es werden Völker kommen, es werden Völker vergehn,
> nur du, Mutter Erde, du wirst in die fernste Zukunft sehn.
>
> Unsre Liebe, unser Haß, unser Drang über dich hinaus,
> du weißt, ist nur wie der Schaum im Meer, wie im Blute der Braus,
> ist ja nur die Schönheit, die aus dir kommt, und nicht weiß wohin,
> dein eigener Traum im endlosen Raum, Mutter, seit Anbeginn.
>
> Siehe, Mutter Erde, so danke ich dir, daß du mir gegeben hast
> einen sinnenden Geist, der dein heiliges Wirken erfaßt.
> Eine Zeitlang glühe ich noch, dann schlafe ich bei dir wieder still. –
> Wer weiß, wie Gott, der Lebendige, einst alles vollenden will.

Dieses hymnische Gedicht, welches die Erde mit der reinen, abgeklärten Sprache eines einfältigen Herzens verherrlicht, steht in unmittelbarer Nähe von Rilkes neunter *Duineser Elegie*. Es hebt an mit einem leidenschaftlichen Doppelanruf und fährt fort mit dem freudig erregten Bekenntnis: »Wie ward ich von deinen geheimen Wundern erfüllt, / Erde, in deiner Schönheit, wie hast du dich mir enthüllt.«

Immer wieder wird in seinen Gedichten die Erde angerufen, immer aufs neue rühmt Wohlgemuth sie im stillen Einverständnis mit seinem schweren Schicksal. Und er bekennt in Dankbarkeit: »Siehe, Mutter Erde, so danke ich dir, daß du mir gegeben hast / einen sinnenden Geist, der dein heiliges Wirken erfaßt.«

Otto Wohlgemuth nähert sich dem achtzigsten Lebensjahr. In einem seiner letzten Gedichte stehen die Worte:

> Ich schlaf nicht viel. Jetzt bin ich alt.
> Oft träum' ich von des Bergs Gewalt.
> Sehr müde bin ich, schon betagt.
> Die Silikose in mir nagt,
> an meinem Herzen, meinem Sein.
> Ich müßte ja schon längst gestorben sein.
> Mein Herz fällt schwer, ein brennend Lot,
> mißt es steilab der Menschheit bittere Not.

Vor kurzem ist er ins Ruhrgebiet zurückgekehrt, er wohnt wieder in seiner Vaterstadt Hattingen. Und er wohnt dort auf Einladung dieser seiner Vaterstadt, als ihr Gast. Diese Ehrung hat Otto Wohlgemuth wahrlich verdient und sich erdient.

Vor vielen Jahren hat er seiner Liebe zur schwarzen, geschundenen Ruhrlandheimat ergreifend Ausdruck gegeben, und er hat dabei stellvertretend für unzählige Menschen, die hier leben und arbeiten, gesprochen:

Otto Wohlgemuth (1884–1965)

Ich stehe auf dem Tippelsberg

Ich stehe auf dem Tippelsberg bei Nacht.
Dich grüß' ich, Ruhrland. Es ist Zeit zu schlafen.
Doch du schaffst schwer, im Hüttenwerk, im Schacht.
Fern über Wanne lärmt der Umschlaghafen.

Dampf wallt und Dunst. Vulkanisch Leuchten loht.
Maschinen grollen. Tausend Räder sausen.
Grell an die Wolken schlägt ein flammend Rot.
Sturm peitscht den Qualm zerfetzt in dunklem Brausen.

All deine Wucht und Liebe, streng und gut,
pulst tief in mir, in meinem Tun und Treiben.
Ich weiß, daß meine Seele in dir ruht.
Mein schlichtes Lied wird immer in dir bleiben.

Das ganze dichterische Werk Otto Wohlgemuths, das weit über das Ruhrgebiet hinaus bekannt und anerkannt wurde, ist der unüberhörbare Gesang eines einfachen Ruhrkumpels, der viele Jahre selbst vor Ort lag und die »nachtbedeckte Welt unter Tage, das Volk der Schürfenden in den Flözen und Erzbänken« mit seinem Herzen erlebte und erlitt.

Max von der Grün
Gerrit Engelke (1890–1918)

Im Frühjahr 1913 fuhr ein Anstreichergeselle von Hannover nach Hamburg und pilgerte dann hinaus nach Blankenese, wo Richard Dehmel zu Hause war. Dehmel förderte junge Talente, vermittelte sie an Redakteure und Verleger. An Dehmel hatte Engelke sich in einem Brief vom 26. Februar 1913 gewandt und ihm offenbart, daß er, der Anstreichergeselle, Gedichte schreibe; ob er diese dem »Dichter-Vater« vorlegen dürfe? Naiv und rührend zugleich heißt es da: »Vor drei Jahren im Oktober schrieb ich mein erstes Gedicht. Im anderen Monat schrieb ich zwei, dann drei usw. Von da ab steigerten sich die schriftlichen Äußerungen bis zu einer Höchstzahl von etwa 22 Gedichten, die im letzten Dezember geschrieben sind.«

An verschiedene Zeitungen hatte er seine Gedichte geschickt, nichts wurde angenommen, sie waren den Redakteuren zu modern, sie waren nicht das, was man damals gemeinhin unter einem Gedicht verstand. Sie hatten zu wenig Gefühl, waren zu hart und kritisch in der Aussage.

Eines Tages nun stand der junge Mann vor Richard Dehmel und legte ein Bündel Gedichte auf den Tisch. Dieser war beeindruckt, einmal von dem tiefernsten und wortkargen Jüngling, und dann noch mehr von dessen Gedichten.

Nach der Begegnung schrieb Dehmel spontan an Paul Zech, der damals Herausgeber der Literaturzeitschrift *Das neue Pathos* war. Und in dem berühmt gewordenen Brief vom 16. März 1913 steht, daß er hier die Gedichte eines jungen Unbekannten schicke, die wie geschaffen wären für Zechs Zeitschrift:

Der Mann heißt Gerrit Engelke und ist ein gewöhnlicher Stubenmaler (Anstreichergehilfe), 21 Jahre alt, ein wahres Wunder. Ich bin sonst immer mißtrauisch gegen sogenannte Naturpoeten und gehe mit Empfehlungen überhaupt sehr sparsam um, aber hier muß ich eine Ausnahme machen. Bis jetzt hat er nicht die geringsten Beziehungen zur »Literatur«, lebt ganz zurückgezogen, will auch vorläufig auf meinen Rat (damit er nicht in den Sumpf der Boheme gerät) bei seinem Handwerk bleiben, sehnt sich aber natürlich heraus aus der zeit- und kraftraubenden Tagelöhnerei. Er hat mir das alles selber erzählt, kam extra von Hannover herüber, hat sich das Fahrgeld vom Munde abgespart, wollte sich's aber partout nicht von mir ersetzen lassen ... Ich meine: drucken Sie mindestens fünf der Gedichte auf einmal ab und schreiben Sie ein paar Worte davor, daß Deutschland noch nicht verloren ist, solange die Volksschule solche Jünglinge zeitigt!

Dieser Brief Dehmels an Paul Zech hob das eine große Genie, das die Arbeiterdichtung hervorgebracht hat, aus der Tiefe in die Öffentlichkeit.

Tragik des Schicksals: Kaum hatte Engelke die ersten Sprossen der Dichterleiter erklommen, verlöschte sein Leben. In einem englischen Lazarett an der Westfront starb er an den Folgen einer zuerst harmlos aussehenden Verwundung kurz vor Ende des ersten Weltkrieges, am 13. Oktober 1918. Damit verlor Deutschland den hoffnungsvollsten und zugleich vehementesten Lyriker der Neuzeit.

Könnte nicht sein Gedicht *An den Tod*, aus einer lastenden Ahnung und vielleicht Furcht niedergeschrieben, die Grabinschrift eines Frühverblichenen sein?

An den Tod

Mich aber schone, Tod,
Mir dampft noch Jugend blutstromrot, –
Noch hab' ich nicht mein Werk erfüllt,
Noch ist die Zukunft dunstverhüllt –
Drum schone mich, Tod.

Wenn später einst, Tod,
Mein Leben verlebt ist, verloht,
Ins Werk, wenn das müde Herz sich neigt,
Wenn die Welt mir schweigt –
Dann trage mich fort, Tod.

Gerrit Engelke ist nicht Arbeiterdichter von der Art eines Heinrich Lersch, Max Barthel oder Karl Bröger, die in den sozialen und politischen Spannungen ihre Sprache gefunden haben, Engelke wurde erst durch den Beruf zum Arbeiterdichter geprägt. Sein Vater, Kaufmann, wanderte, als Gerrit zehn Jahre zählte, nach Amerika aus, wenige Jahre später folgte die Mutter und Schwester nach; Gerrit blieb allein in der »großen Stadt Hannover«, in der er nur zwei wirkliche Freunde besaß. Er arbeitete tagsüber auf den Gerüsten, wo er Kanten zog und mittels Farbe den Häusern ein neues Gesicht aufdrückte, abends »bosselte« er Gedichte und verzehrte sich in Sehnsucht nach jener anderen Welt, die da heißt: Kant, Goethe, Beethoven.

Besonders das Genie Beethoven faszinierte ihn, und immer wieder hat er versucht, diesem Genius in Versen ein Denkmal zu setzen, was ihm auch unnachahmlich gelang in seinem Gedicht *Beethoven*. Dabei hat Engelke bestimmt nicht allzuviel Beethovenscher Töne in sich einsaugen können, die Schallplatte als Musikkonserve existierte kaum, und Geld für den Besuch der Symphoniekonzerte konnte er nur selten erübrigen.

In arbeitslosen Zeiten, auch im Sommer nicht selten, besuchte er Fortbildungskurse im Zeichnen, und hätte er Geld gehabt, um eine Kunstakademie zu besuchen, wäre er wahrscheinlich ein bedeutender Maler geworden. In der Tat: Er gewann Preise im Zeichnen und hat auch viele seiner Arbeiten für gutes Geld verkaufen können.

Ein Redakteur des *Hannoverschen Courier* endlich druckte einige Sachen in seiner Zeitung, sei es aus Mitleid, weil er um die materiellen Nöte des Jünglings wußte, oder aber aus dumpfer Ahnung, daß in dem vorwärtsdrängenden jungen Mann das lyrische Genie des Jahrhunderts schlummere. Auch forderte er Engelke auf, Kritiken über Bücher, Theater und Kulturereignisse zu schreiben, und Engelke nahm dankbar an, denn in der arbeitslosen Zeit lief das Leben weiter, das Leben aber kostete Geld.

Erst durch die »Werkleute auf Haus Nyland«, zu denen er durch Vermittlung Dehmels fand, insbesondere aber die enge Verbindung mit Jakob Kneip, den Engelke seinen »strengen Kehrbesen« nannte, kam er der literarischen Welt näher – Abdruck seiner Gedichte in *Quadriga* und *Nyland*. Kneip war es auch, der sich später des Nachlasses annahm und das erste Buch – angeregt durch Paul Zech, die Gedichte zu sammeln – 1921 bei Eugen Diedrichs, Jena, herausgab unter dem Titel *Rhythmus des neuen Europa*. Den Titel hatte Engelke noch selbst bestimmt, die Korrekturfahnen erreichten ihn allerdings nicht mehr.

In dem schmalen Band ist nicht nur metrisch gesehen ein neuer Rhythmus, hier wird die ganze Seelenhaltung des deutschen Arbeiters zur Sprache, da ersteht das Pan-Europa, für das Engelke gedichtet hat. Hier unterscheidet sich Engelke insofern von den Arbeiterdichtern, daß er schon im Anfang erkannt und begriffen hat, Dichtung dürfe niemals Standpunktdichtung sein, Dichtung hatte es immer mit dem Ganzen der Welt zu tun. So ist es auch kein Zufall, daß nur sechs oder sieben seiner Gedichte unmittelbar aus der Arbeit oder deren Umwelt kommen oder auf sie bezogen sind. Mit Engelke kam die Großstadtdichtung auf die Welt, und seine Dichtung ist ohne die Stadt undenkbar, durch die Stadt wird seine Dichtung erst geweckt.

Stadt

Zehntausend starre Blöcke sind im Tal errichtet,
Aus Stein auf Stein um Holz und Eisenroste hochgeschichtet;
Und Block an Block zu einem Berg gedrückt,
Von Dampfrohr, Turm und Bahn noch überbrückt,
Von Draht, der Netz an Netze spinnt.
Der Berg, von vielen Furchen tief durchwühlt:
Das ist das große Labyrinth,
Dadurch das Schicksal Mensch um Menschen spült.

Fünfhunderttausend rollt im Kreis das große Leben
Durch alle Rinnen fort und fort in ungeheurem Streben:
In Kaufhaus, Werkstatt, Saal und Bahnhofshalle,
In Schule, Park, am Promenadenwalle,
Im Fahrstuhlschacht, im Bau am Kran,
Treppauf und ab, durch Straßen über Plätze,
Auf Wagen, Rad und Straßenbahn:
Da schäumt des Menschenstrudels wirre Hetze.

Fünfhunderttausend Menschen rollt das große Leben
Durch alle Rinnen fort und fort in ungeheurem Streben.
Und karrt der Tod auch täglich hundert fort,
Es braust der Lärm wie sonst an jedem Ort.
Schleppt er vom Hammer-Block den Schmied,
Schleppt er vom Kurven-Gleis den Wagenleiter,
Noch stärker brüllt das Straßenlied:
Der Wagen fährt – der Hammer dröhnt weiter.

Engelke wird nicht müde, die Straße zu besingen, die Straßenbahn, das Bergwerk, die Häfen und rauchenden Schlote, den Kumpel, den Metallarbeiter, die Lokomotive – und dann wieder strömen aus ihm Verse von einer Innigkeit und einem Zartgefühl, wie sie nur noch in der Sinnenlyrik eines Goethe gefunden werden; Engelke schuf eines der schönsten Gedichte der deutschen Sprache, *Ein herbstlich Lied für Zweie*. Es kommt ganz am Schluss zum Abdruck.

Gerrit Engelke ist sprachgewaltig und sprachschöpferisch, seine Sprache von jener Reinheit, wie sie ein Nietzsche schuf. Er brachte neue Worte, Wortgebilde und Satzsymphonien in die Literatur, er allein ist es, der Ausdrücke, denen bis dahin nur in Verkehr, Wirtschaft und Technik Gültigkeit zukam, in die dichterische Sprache hob, ordinäre Ausdrücke ihres ordinären Sinnes entkleidete und sie literaturfähig machte. Dabei hielt er nicht viel von der papierenen Literatur; eine Kunst um der Kunst willen war ihm zuwider und verhaßt, das drückt er ganz klar in einem Brief aus dem Felde aus: »Übrigens: Künstler-Ästheten?! Das sind ja gerade die Schlimmsten! Die Literatürlichen! Nein: das breite, muskulöse Herz und dazu die bedächtig aber schön formenden zehn Finger des Könners.« Das war auch gegen diejenigen Dichterlinge gerichtet, die glaubten, verzerren sie bestehende Formen ins Wahnsinnige, werde eine neue Sprache und eine neue Wortkunst geboren. Engelke fand täglich neu eine neue Form.

Beeinflußt wurde Engelke durch die hymnischen Gedichte des Amerikaners Walt Whitman (*Grashalme*).

Welcher Dichter schrieb, wie Engelke, einen solchen Hymnus an die Sonne? Welcher Dichter gestaltete, wie er, die Mietskaserne in seinem »Ahnen des Hauses«?

So bescheiden er war, niemand in seiner Kompanie (und das vier Jahre lang) vermutete hinter dem pflichtbewußten, verschlossenen und briefeschreibenden jungen Mann einen Dichter; so war er sich seiner dichterischen Mission voll bewußt: »Ich weiß, daß Berge auf mich warten, / draußen – weit – / Und Wald und Winterfeld und Wiesengarten / voll Gotteinsamkeit –«.

Verwunderlich nur, daß dieser genialste Lyriker der Neuzeit, wie Jean Boyer in seiner Dissertation *Gerrit Engelke. Poete ouvrier* (Toulouse 1938) schrieb, von den Deutschen so vergessen werden konnte, bis heute im Aspik der Literatur lag. Politische Diskrepanz muß hier mit in Betracht gezogen werden – leider!

Engelke hat – bemerkenswert – sich und sein Werk 1913 einmal aufgeschlüsselt und niedergeschrieben: »In folgender Dreiteilung könnte vielleicht ein Kapitel über mich geschrieben werden (man kennt sich selbst am besten): I. Der Weltmensch (Stadt- und Weltgedichte). II. Der Künstler (Einfache Gedichte und Lieder). III. Der

Phantast (Kosmische Gedichte).« Mit 23 Jahren also hat er sich selbst charakterisiert und analysiert, und das zeigt, daß er trotz seiner Bescheidenheit von der Qualität und Originalität und des Noch-nie-Dagewesenen überzeugt war.

Und doch beschwert er sich bei Jakob Kneip, daß seine Gedichte unter dem Namen eines Tüncher laufen, und das sei falsch, Tüncher bedeute in Norddeutschland ein Ungelernter, während er doch gelernt habe und Geselle sei.

Engelke wollte nach Dänemark, da überraschte ihn der Krieg, der Krieg raubte ihm seine Sprache; kein nennenswertes Gedicht entstand in der Folgezeit, denn das »leichenfressende Verdun« und die »blutgierige Somme« ließen seine Gesänge verstummen. Nur in Sinn und Herzen trug er schönere, als er je niedergeschrieben, für eine spätere Zeit, für die Zeit des Friedens. Und von einer deutschen Weltherrschaft, gestützt auf Waffen, hielt er nichts, er erkannte klar, wo die Deutschen mächtig sind, das steht in einem Brief an Frau S., geschrieben in Cannieres:

> Es scheint nun alles irgendwie dem Ende zuzutreiben. Vielleicht, daß uns das Schicksal, wie schon so oft in früheren Jahrhunderten, wieder hart prüfen und schlagen will. Dadurch würden denn der deutschen »Weltherrschaft« der Boden entzogen und dem Materialismus der letzten Jahrzehnte zu einem Teil das Genick gebrochen, und wir Deutschen in unser eigentliches Zentrum, unsere Domäne, durch die wir immer Weltherrscher waren und sein werden, in unsere Geistigkeit zurückgeworfen! Über alles triumphiert der Geist!

Engelke fand im Kriege erst seine Sprache wieder, nachdem er 1917 Heinrich Lersch begegnet war und wenig später Frau S., der Frau, die ihm Schicksal wurde und die er heiraten wollte. Für die Aussage seiner Liebe blieb ihm wenig Zeit, kaum zehn Monate, vom 22. November 1917, wo er sie ansprach: »Werteste! Sie sind ein prächtiger Mensch«, bis zum 7. Oktober 1918, wo er seiner Hoffnung Ausdruck gab, Weihnachten in Berlin zu sein. Heute gehören diese Briefe, in die Literatur eingegangen als *Briefe der Liebe*, zum Innigsten, was je in deutscher Sprache geschrieben wurde, vergleichbar vielleicht den Briefen Vincent van Goghs, wo das Nein der geliebten Frau in einfaches Ja umgeschmolzen werden soll. Frau S. war kein junges Mädchen mehr; die nahe Verwandte Jakob Kneips zählte etliche Jahre mehr als Engelke und hatte Kinder aus erster Ehe. Kostbarkeiten sind die hingeworfenen Verse in seinen Briefen an sie, aus einer plötzlichen Eingebung niedergeschrieben: »Sehnsucht peinigt / Leib zu Leibern, / Liebe einigt Leib in Leibern, / Leben – Schweben / angstvoll schön!«

Engelke sollte aus der stummen Grabenmisere erlöst, aus der Front genommen, in eine redaktionelle Arbeit geschleust werden. Heinrich Lersch hatte sich dafür verwendet, und die zuständigen Stellen sahen darin auch kein Hindernis, denn Engelke war »politisch einwandfrei«. Nie hat er ein Gedicht für den Krieg geschrieben, und den berühmt-berüchtigten *Haßgesang gegen England* von Ernst Lissauer, für den dieser von Kaiser Wilhelm sogar einen Orden bekam, fand Engelke einfach lächerlich. Aber plötzlich, von Liebe zu Frau S. bewegt, schrieb er seinen großen Gesang *An die Soldaten des großen Krieges*, der von der Zensur verboten wurde. Er bat Lersch, dieses Gedicht illegal zu verbreiten, und er meldete sich jetzt freiwillig an die Front.

Ab und zu kommt ein Schrei aus seiner Großstadtseele, er sehnt sich nach Ruhe, nach Erdverbundenheit, ohne jedoch das vom Menschen Geschaffene zu verfluchen, er weiß, daß die Entwicklung fortschreiten wird, es aber ganz allein in der Hand des Menschen liegt, ob er von dieser Entwicklung aufgefressen wird oder ob er sie in seine Zügel bekommt. Wie sieht ein solcher Aufschrei bei Engelke aus?

Seele

Straßenbahnschienen klirren,
Hundert Menschen umschwirren,
Fabriken umrauchen dich,
Im Ohre gellt dir: Messerstich,
Geschäft, Diebstahl, Geld, Brand.
Wände stürzen über dir ein:
Du verkümmerst, wirst klein und gemein – Hinaus!
Hinaus aufs Land!

Ein anderes Gedicht übertitelt er mit *Ich will heraus aus dieser Stadt*. Und was ein Dichter ist, das sagt er unmißverständlich: »Ich bin ein Greis und bin ein Kind ... Bin Priester und bin Leierdreher ... Ich will die Welt in Worte zwingen ...«

Rhythmus des neuen Europa, das *Vermächtnis* und die *Briefe der Liebe* sind heute des einen großen Genies, das die Arbeiterdichtung hervorgebracht, Gesamtwerk. Zugegeben: umfänglich gesehen kein allzu großes, aber die Größe strahlt aus jedem Wort, aus jedem Vers, aus jeder Zeile, und noch zwischen den Zeilen bebt die große Sehnsucht der Menschen.

Mensch zu Mensch

Menschen, Menschen alle, streckt die Hände
Über Meere, Wälder in die Welt zur Einigkeit!
Daß sich Herz zu Herzen sende:
Neue Zeit!

Starke Rührung soll aus Euren Aufenthalten
Flutgleich wellen um den Erdenball,
Mensch-zu-Menschen-Liebe glühe, froh verhalten,
Überall!

Was gilt Westen, Süden, Nähe, Weitsein,
Wenn Euch eine weltentkreiste Seele millionenfältigt!
Euer Mutter-Erde-Blut strömend Ich- und Zeitsein
Überwältigt!

Menschen! Alle Ihr aus einem Grunde,
Alle, Alle aus dem Ewig-Erde-Schoß,
Reißt euch fort aus Geldkampf, Krieg, der Steinstadt-Runde:
Werdet wieder kindergroß!

Menschen! Alle! drängt zur Herzbereitschaft!
Drängt zur Krönung Euer und der Erde!
Einiggroße Menschheitsfreunde, Welt und Gottgemeinschaft
Werde!

Das ist weiter nichts als in Verse gehauener Ruf eines Pan-Europa. Dichter sind einsame Menschen, sagte ein großer Dichter einmal, auch wenn sie von hundert Freunden umgeben sind, denn in dem Moment, wo ein Dichter sich hinsetzt und seine mannigfachen Impressionen niederschreibt, der Schöpfungsakt beginnt, versinkt die Umwelt, und er ist genaugenommen nicht einmal mehr er selbst, nur noch Werkzeug seiner Idee. Das Leben eines Dichters ist nach den Worten Engelkes ein »Erleiden der Welt«.

Viel zuwenig ist Engelke als Kunstkritiker bekannt, und dabei hat er definiert wie selten einer. Wie stand er überhaupt zur Kunst? »Letzten Grundes entspringt die Kunst doch einer gewissen Dekadenz. Die Kunst der Kulturvölker (Europäer, Inder, Japaner) entsteht aus einer Kulturhochspannung, die bis zum Kulturekel umschlägt.« Und wie denkt er über den Begriff »l'art pour l'art«, also Kunst um der Kunst willen? »Kunst aus Kunst ist Inzucht! (wenn nicht gar mitunter Inzest) – lebensunkräftige Kinder werden geboren.«

Er verflucht den Materialismus nicht, er sieht die Notwendigkeit ein, er weiß, daß die moderne Industrie ohne diesen lebensunfähig wird. Aber er stellt andere Forderungen auf: »Keine Zeit kann sich vom Materiellen frei machen. Darum wollen wir nicht: Überwindung des Materialismus, sondern: Durchgeistigung desselben. Solches ist uns bitter not!«

Diese einsam dastehende sprachschöpferische Begabung bearbeitete zuförderst Themen, die wohl von den »Werkleuten auf Haus Nyland« geplant und in Angriff genommen waren. Wie aber hat er sie vollendet, welche Wortbilder geschaffen, damit der bis dahin dichtungsfremde Begriff »moderne Industrie« in die Dichtung fand! Immer wieder war er fasziniert von der Schöpfung:

Sonne

Allmächtig prächtig Glutgestirn,
Überwältigend emporwirbelnd, aufdonnernd vor Licht über Wolkenfirn,
In flutblau schäumende Himmelshallen,
Die aus Unendlichem ewig herniederfallen:
Unter dir sind: Waldmeere, der Flüsse Geäder, Felsballen,
Und der grenzenlos hindunstende Tag
Von Anfang zu Anfang.

...

Allmächtig, prächtig Glutgestirn,
Emporwirbelnd, aufdonnernd vor Helle über Wolkenfirn:
Es ist kein Tag, der nicht von dir zerglüht, versengt, erbleicht
In Meere, Prärieen, Städte sich abendmüde, leblos neigt und schweigt.
Und keine Sterne – Nacht, die sich in blindem Durste schnell verblüht,
Bis wieder Morgen! Morgen! Wolken, Wellen Menschenhäupter übersprüht.

Du Gottgestirn, flammensausender Blick und Auge ungeheuer:
Du hältst, umwärmst und brennst mit deiner Güte Feuer:
Gewölk, Getier, Gezeiten, Menschheit aller Zonen,
Erdniedersingend, himmelüberschwingend in Äonen,
Äquator, Pol – Europa und auch Asien?

O, unser aller, meine deine lebenheiße Welt
Von unaufhörlich gutem, ewig großem Tage überhellt,
        Von Sonne! Sonne, Sonne!

Lokomotive

Da liegt das zwanzigmeterlange Tier,
Die Dampfmaschine,
Auf blankgeschliffener Schiene
Voll heißer Wut und sprungbereiter Gier –
Da lauert, liegt das langgestreckte Eisen-Biest –
    Sieh da: wie Öl- und Wasserschweiß
Wie Lebensblut, gefährlich heiß
Ihm aus den Radgestängen: den offnen Weichen fließt.
Es liegt auf sechzehn roten Räder-Pranken,
Wie fiebernd, langgeduckt zum Sprunge
Und Fieberdampf stößt röchelnd aus den Flanken.
Es kocht und kocht die Röhrenlunge –
Den ganzen Rumpf die Feuerkraft durchzittert,
Er ächzt und siedet, zischt und hackt
Im hastigen Dampf- und Eisentakt, –
Dein Menschenwort wie nichts im Qualm zerflittert.
    Das Schnauben wächst und wächst –
Du stummer Mensch erschreckst –
Du siehst die Wut aus allen Ritzen gähren –
    Der Kesselröhren-Atemdampf
Ist hochgewühlt auf sechzehn Atmosphären:
Gewalt hat jetzt der heiße Krampf:
    Das Biest es brüllt, das Biest es brüllt,
    Der Führer ist in Dampf gehüllt –

Der Regulatorhebel steigt nach links:
Der Eisen-Stier harrt dieses Winks!:
   Nun bafft vom Rauchrohr Kraftgeschnauf:
   Nun springt es auf! nun springt es auf!

Doch:

Ruhig gleiten und kreisen auf endloser Schiene
Die treibenden Räder hinaus auf dem blänkernden Band,
Gemessen und massig die kraftangefüllte Maschine,
Der schleppende, stampfende Rumpf hinterher –

Dahinter – ein dunkler – verschwimmender Punkt –
Darüber – zerflatternder – Qualm –

Es wäre hier vielleicht an der Zeit, verschiedene Wortbilder aufzuzeigen, Wortschöpfungen, wie sie vor Engelke nicht waren und nach Engelke selten oder nie in der Lyrik Verwendung fanden. Jean Boyer – wie wunderbar, ein Franzose – schrieb gerade über diese Engelke-Ursprünglichkeit eine geistreiche Abhandlung, und diese ist heute fast das einzige Material in dieser Hinsicht. Wortbilder: Silber – Mond – Kreis / Lichtgetropf / Urweltklang / Stromgesang / Erde – Gedärm / Fieberköpfchen / Gottesmorgen / Zeugungsnacht / Menschheit – Arsenal / Erdefleisch / Straßenstrang / Menschenstrudel / Alles – Endung / Sprühlichtregen / Flüsterbäumchen / Saufkrakeel / All – Hirn / Kaufgeschwirr / Vorwärts – Halt / usw.

Das sind nur einige wenige Worte aus der Fülle, wie sie Prof. Jean Boyer zusammengetragen hat. Dabei sind hier nur Substantive verwendet und aus der Menge gelöst, die Verben allein, ihre mannigfachen und überraschenden Verbindungen, sind die eigentliche sprachliche Stärke und Originalität Engelkes.

Man darf nicht, wie Grillparzer am Grabe Schuberts, resignieren und Gedanken flechten, was dieser große Jüngling noch alles hätte schaffen können. Was er der Nachwelt hinterließ, sind mehr als Gedichte schlechthin, die neue, niemals vor ihm verwendete Form; er hat die Sprache gereinigt, er hat bewiesen, daß in unserer Sprache unausschöpfliche Bilder und Möglichkeiten wohnen, er hat dokumentiert, daß das scheinbar Tote – Technik und Steinmeere – Atem bekommt und zu Leben wird, wenn es der Gluthauch eines begnadeten Sängers berührt. Die Technik hat er nicht verflucht, nicht die Menschenmassen in Häusermassen – und er hat gezeigt, daß es möglich ist, nach Goethe noch ein Gedicht zu schreiben.

Wurde bislang für das Werk Engelkes etwas getan? In Hannover existiert eine Gerrit-Engelke-Gedächtnisstiftung, die von Oberlandeskirchenrat Dr. Lampe betreut wird und wo fast alle Manuskripte liegen. Und in Dortmund ist das Archiv für Arbeiterdichtung und soziale Literatur, das Fritz Hüser, Direktor der städtischen Büchereien, leitet und der auch die Impulse gab, endlich das Gesamtwerk Engelkes herauszubringen, was 1961 auch geschah (Verlag Paul List und Büchergilde Gutenberg).

Dem Bergmann hat Engelke ein Gedicht geschenkt, auf das der Kumpel stolz sein kann. Kein Dichter hat je in solch umfassender und prophetischer Weise die Arbeit unter Tage in Verse gehauen. Das *Lied der Kohlenhäuer* gehört zu den stärksten Dichtungen aus der Arbeitswelt, das je ein Dichter schrieb:

Lied der Kohlenhäuer

    Wir wracken, wir hacken,
    Mit hangendem Nacken,
    Im wachsenden Schacht
    Bei Tage, bei Nacht –

Wir fallen und fallen auf schwankender Schale
Ins lampendurchwanderte Erde-Gedärm –
Die Andern, sie schweben auf schwankender Schale
Steilauf in das Licht! in das Licht! in den Lärm.
Wir fallen und fallen auf schwankender Schale –

    Wir wracken, wir hacken,
    Mit hangendem Nacken,
    Im wachsenden Schacht
    Bei Tage, bei Nacht –

Wir wühlen und wühlen auf wässernder Sohle,
Wir lösen vom Flöze mit rinnendem Schweiß
Und fördern zu Tage die dampfenden Kohle.
Uns Häuern im Flöze ist heißer als heiß –
Wir wühlen und wühlen auf wässernder Sohle.

    Wir wracken, wir hacken,
    Mit hangendem Nacken,
    Im wachsenden Schacht
    Bei Tage, bei Nacht –

Wir pochen und pochen, mir bohrenden Würmer,
Im häuser- und gleisüberwachsenen Rohr,
Tief unter dem Meere, tief unter dem Türmer, –
Tief unter dem Sommer. Wir pochen im Rohr,
Wir pochen, wir pochen, wir bohrenden Würmer.

    Wir wracken, wir hacken,
    Mit hangendem Nacken,
    Im wachsenden Schacht
    Bei Tage, bei Nacht –

Gerrit Engelke (1890–1918)

Wir speisen sie Alle mit nährender Wärme:
Den pflügenden Lloyd im Atlantischen Meer:
Die erdenumkreisenden Eisenzug-Schwärme:
Der Straßenlaternen weitflimmerndes Heer:
Der ragenden Hochöfen glühende Därme:
Wir nähren sie Alle mit Lebensblutwärme!

    Wir wracken, wir hacken,
    Mit hangendem Nacken,
    Im wachsenden Schacht
    Bei Tage, bei Nacht –

Wir können mit unseren schwieligen Händen
Die Lichter ersticken, die Brände der Welt!
Doch – hocken wir fort in den drückenden Wänden:
Wir klopfen und bohren und klopfen für Geld –
Doch hocken wir fort in den drückenden Wänden:

    Wir wracken, wir hacken,
    Mit hangendem Nacken,
    Im wachsenden Schacht
    Bei Tage, bei Nacht –

Wir pochen und pochen durch Wochen und Jahre,
Wir fahren lichtauf – mit »Glück-Auf!« dann hinab –
Wir pochen und pochen von Wochen – zur Bahre –
Und mancher schürft unten sein eigenes Grab –
Wir pochen und pochen durch Wochen und Jahre.

    Wir wracken, wir hacken,
    Mit hangendem Nacken,
    Im wachsenden Schacht
    Bei Tage, bei Nacht.

Und auch eines der innigsten Gedichte kommt von diesem genialen Jüngling, und Julius Bab hat bis heute recht behalten, wenn er schreibt:

Und dieser barbarisch wilde, blutig großartige Meister des Schöpfungsgedichtes, dieser Titan des tobenden Ichgefühls, er beherrscht die andere große Grundmelodie des Lebens aus nicht minder tiefer Empfindung: er singt von unserem wehrlosen Eingebettet- und Hingetriebensein inmitten des Schöpfungswunders das »Herbstlich Lied für Zweie«. Ich bezweifle, daß die deutsche Sprache in diesem zwanzigsten Jahrhundert bisher ein reineres, tieferes und vollkommeneres Gedicht hervorgebracht hat.

So Julius Bab.

Ein herbstlich Lied für Zweie

Auch diesem Stieglitz da im Blätterfall
Tickt wunderbar in seinem Federball
Ein schüchternd-schluchzend Herz, ein kleines,
Ein Herz wie meins und deines.

Der Vogel singt, weil ihn sein Herz bezwingt
Und große Sonnenluft ihn frisch umschwingt –
Er muß von seinem Herzen zehren.

Und jedes Flüsterbäumchen, uns vertraut,
Trägt unter seiner weichen Rindenhaut
Ein horchend Neugierherz, ein wachsend kleines,
Ein Herz wie meins und deines.

Der Baum verzweigt, und weiter zweigt er still,
Weil frei sein Herz ins Blaue schauen will –
Er muß von seinem Herzen zehren.

Wer spürt, wie bald das nächtge Schweigen naht –
Du hast mich lieb und gehst denselben Pfad;
Wir leben zueinander warm und still,
Wie unser ruhlos, wunschgroß Herz es will.

Einmal ist Schauerstille um uns her,
Das Herz klopft aus, ist tot und leer –
Wir müssen all von unserm Herzen zehren.

Und heute, wie vor fünfundvierzig Jahren, gilt Richard Dehmels Wort über Engelke: »Genial! Größer als wir alle.«

Werner Tillmann
Bruno Schönlank (1891–1965)

Berlin im sich neigenden 19. Jahrhundert. Kaiserwetter unter den Linden, bunte Droschken, zufriedene Bürger. Zufriedene Jahre überhaupt, wenn man nur die Oberfläche sieht. Die gute alte Zeit. Plüsch und Stuckdecken in den Wohnungen der Bürger, und Majestät fährt im offenen Jagdwagen den Kurfürstendamm entlang zum Grunewald.

Es geht aufwärts, tschingderassassa! Der Deutsch-Französische Krieg 1870/71 ist siegreich beendet worden, im Spiegelsaal des Schlosses von Versailles hat die Kaiserproklamation die Herzen höher schlagen lassen, und Bismarck greift durch. Einheitliches Strafgesetzbuch, Reichsgericht, die Mark löst den Taler ab, Reichspost und Reichsmarineamt werden gegründet. Wer da nicht mitmachen will, der soll's zu spüren bekommen! – Doch wie es darin aussieht, geht das niemanden etwas an?

Die Gründerjahre mit ihren wirtschaftlichen Blähungen und ungesunden Aufschwemmungen sind landauf, landab durch Konkurse abgelöst worden. Zu schnell ist die Welle der Industrialisierung über das Land gespült. Hinter der plüschrosigen Zufriedenheit des Bürgertums gibt es Armut, Not und Elend.

Wer aber denkt schon an die beschämend niedrigen Löhne der Arbeiter, wenn es gilt, in Südafrika deutsche Kolonien zu gründen! Wer merkt im Bürgertum schon etwas von den Bewegungen, den Gärungen in der Arbeiterschaft, wenn Majestät bei Kaiserwetter unter den Linden spazierenkutschiert!

Schutzlos ausgeliefert ist der schaffende Teil der Bevölkerung allen Wechselfällen des Daseins: Der Arbeiter hat keinerlei Sicherungen bei Krankheit, Unfall, im Alter oder bei Arbeitslosigkeit.

Trotzdem: Wer nicht mitmachen will mit den nationalen Triebkräften, der soll's zu spüren bekommen. Der Staat nimmt gegenüber der Arbeiterschaft eine heute kaum zu begreifende Haltung ein; Bismarck bekämpft mit dem sogenannten Sozialistengesetz die organisierten Arbeiter, die sich eben in der Sozialdemokratischen Partei (1869 in Eisenach) zusammengeschlossen haben.

Das Sozialistengesetz ist bis 1890 in Kraft: es verbietet alle Vereinigungen der Arbeiter, alle gewerkschaftlichen Zusammenschlüsse, es verbietet Zeitungen und Flugschriften. Maßgebende Kreise aber, nicht zuletzt Kaiser Wilhelm II. selbst (er hat 1888 den Thron bestiegen), erkennen, daß die Arbeiter größere Rechte haben, als der Kanzler Bismarck ihnen zugestehen will.

Es kommt zu heftigen Auseinandersetzungen zwischen Kaiser und Kanzler, die einesteils in einer Selbstüberschätzung Wilhelms II. begründet sind, anderenteils aber eine ihrer wichtigsten Ursachen in der Arbeiterfrage haben. Bismarck widersetzt sich der geplanten Arbeiterschutzgesetzgebung; es kommt zur weltgeschichtlich bedeutsamen Entlassung des Jahres 1890.

Der Kaiser hält sein Wort: Es werden Kranken-, Unfall-, Alters- und Invalidenversicherung eingeführt.

Aber es sieht so aus, als käme das alles schon etwas zu spät. Es gelingt dem Kaiser nicht, die Arbeiter damit allein für den Staat zu gewinnen; es gelingt vor allem deshalb nicht, weil Wilhelm II. den Arbeitern die politische Gleichberechtigung vorenthält. Und als am 28. Juni 1914 mit der Ermordung des österreichisch-ungarischen Thronfolgerpaares in Sarajewo der Weltkrieg an die Tür klopft, ist es zu spät ...

Berlin im sich neigenden 19. Jahrhundert. Gute alte Zeit. Aber Erinnerung verklärt, der Blick zurück wird nur zu gern mit rosenroter Brille unternommen.

Sie war nicht gut, die alte Zeit – nicht gut für alle, die zur arbeitenden Schicht gehörten oder sich ihr verbunden fühlten.

In Berlin-Wilmersdorf wohnte ein sozialdemokratischer Politiker namens Schönlank. Sein Name hatte einen guten Klang in der deutschen Arbeiterbewegung; er war lange Jahre als Redakteur tätig und hat die ersten Jahre der Arbeiterbewegung und dann die bösen Jahre unter dem Sozialistengesetz mitgemacht.

Aber nicht von ihm soll hier und heute die Rede sein, sondern von seinem Sohn, der am 13. Juli 1891 in Berlin-Wilmersdorf das Licht der Welt erblickt hat – vor nunmehr gut sieben Jahrzehnten also. Der Junge des Redakteurs Schönlank bekam den Namen Bruno.

Wir haben einleitend bewußt mit ein paar Strichen den politischen Hintergrund jener Jahre aufgezeichnet: einmal, um die Situation verständlich zu machen, aus der heraus der Arbeiterdichter Bruno Schönlank seinen Weg antrat, zum zweiten aber, um überhaupt einmal zu zeigen, wie sehr sich doch in sieben Jahrzehnten die Welt gewandelt hat.

Es ist aber immer noch unsere Welt, immer noch die eine Welt; nicht der geringste Sinn unserer Beschäftigung mit der deutschen Arbeiterdichtung ist es, den vielfach verlorenen Zusammenhang wieder ins Bewußtsein zu bringen.

Die Welt hat sich schier unglaublich gewandelt; nicht gewandelt hat sich die Würde der Arbeit. Darüber wieder einmal nachzudenken lohnt sich. Die oft gewaltigen Verse der deutschen Arbeiterdichtung sollen dazu anregen. Sie sind, wie die Einleitung zu dieser Folge gezeigt hat, aus einer anderen politischen Zeit heraus entstanden; zeitlos geblieben ist ihr Ziel, die Würde des schaffenden Menschen schöpferisch bewußt zu machen.

Bruno Schönlank aus Berlin-Wilmersdorf also. Die Zeit, seine Zeit ist vorgestellt worden; jetzt soll der Arbeiterdichter zu Wort kommen, der sein Erlebnis der Zeit ins dichterische Wort geholt hat. Hier ist ein Gedicht von Bruno Schönlank, ein sehr frühes übrigens, aus den Jahren stammend, da er noch ganz am Beginn seines Weges stand. Es ist ein Gedicht, dem wir für das Gesamtschaffen Bruno Schönlanks programmatischen Wert zumessen dürfen.

Das hohe Lied

Das hohe Lied der Arbeit tönt.
Hört, wie's über schütternden Schienen dröhnt.
Hört, wie es unterirdisch saust,
Hört, wie es in den Fabriken braust.

Die Arbeit spielt mit Riesenhänden
Gewalt'ges Orgellied der Zeit,
Hinflutet es an grauen Wänden,
Hinrauscht es zu der Ewigkeit.

Ein ganz knappes, fast schmuckloses Gedicht; aber es hat nicht nur im Werk Schönlanks große Bedeutung. Denn es setzt der von Nationalstolz und von nationaler Überheblichkeit erfüllten Zeit eine überzeugende ethische Auffassung der Arbeit entgegen. Ebenso beispielhaft ist die sprachliche Form der Verse. Das Bild von den grauen Wänden der Fabrik, an denen das Orgellied der Zeit hinrauscht zur Ewigkeit, hat zwingende Gewalt.

Schönlanks Sache ist – das läßt sich hier schon spüren – nicht so sehr der Protest; was anderen deutschen Arbeiterdichtern erst aus dem Protest gegen die gesamte Umwelt erwachsen, was ihnen erst aus dem Protest gegen die Welt der Väter klargeworden ist, das ist bei ihm bereits Selbstverständlichkeit. Denn er hatte ja das Glück, in seinem Vater einen Mann zu haben, der ihm von früh auf den Weg wies.

Zwar stellte der frühe Tod des Vaters den jungen Bruno Schönlank vor große Aufgaben, materielle Not bestimmte große Abschnitte seiner Jugend, aber er hatte das Glück, ein Gymnasium besuchen zu können, von dem er später in eine Landwirtschaftsschule überwechselte, um seinen Jugendtraum zu verwirklichen, fern der grauen Stadt in der Natur schaffen und leben zu können.

Als junger Landwirt jedoch litt Bruno Schönlank unerträglich unter der Last der Aufgabe, einerseits die Forderungen seines Gutsherrn erfüllen zu müssen, andererseits aber die einfachen menschlichen Forderungen der Landarbeiter nicht erfüllen zu können.

Er bricht aus. Er verläßt die Sicherheit seiner landwirtschaftlichen Laufbahn, steigt aus aus seinem Jugendtraum und geht – hier gleicht sein Weg dem so vieler Arbeiterdichter – auf die große Wanderschaft. Er wandert als Arbeiter durch Europa und steht nun auch in seiner Existenz auf der Seite der Arbeiter.

In Fabriken arbeitet er, ist handwerklich tätig, wird Laborant, geht wieder in Fabriken, wird irgendwo sogar Hausbursche, ist kurze Zeit Buchhändler: er lernt die Welt kennen und erkennt dabei die Not des Alltags ebenso wie die Freude, in der Gemeinschaft ein besseres Dasein zu erstreben. Zwei Gedichte aus jenen Jahren sollen davon sprechen.

Das Lied vom täglichen Brot

Das ist das Lied vom täglichen Brot,
Die es erschaffen, leiden Not.
Die Kleider wirken – gehen bloß,
Die Häuser bauen – wohnungslos.

Das ist das Lied vom alten Geschlecht:
Dem Herrn das Land, die Fron dem Knecht.
Die Kohle graben – ohne Herd,
Die Werte schaffen – ohne Wert.

Das ist das Lied der höllischen Pein:
Dem Reichen Brot, dem Armen Stein.
Dem Armen Nacht und bittres Muß,
Dem Reichen Glanz und Überfluß.

Das ist das Lied, wenn der Aufruhr gellt,
Wenn alte Schmach an uns zerschellt.
Das ist das Lied, das nicht verzeiht.
Ihr Knechte, seid zur Tat bereit!

Frauen am Maitag

Wenn die Frauen in den Maitag gehen,
Leuchtet mütterlich der Sonnenschein,
Denn sie tragen junges Auferstehen
In die Stadt aus Stahl und Qual und Stein.

Wenn die Frauen ihre Kinder schmücken,
Flammet auf das schlichte rote Band,
Denn der Hände liebendes Beglücken
Macht zum Reichtum allerärmsten Tand.

Selbst das Pflaster trägt gerührt die Füße,
Die nach Blumen einst und Tanz sich sehnten,
Nach der Gärten blumenreicher Süße,
Bis die Tore der Fabriken gähnten.

Tag für Tag im bleiernschweren Fluge,
Not und Werk und blasse Mutterschaft –
Und nun gehen sie im großen Zuge
Und sie fühlen wieder neue Kraft.

Es dauert nicht lange, da hat sich Bruno Schönlank als Schriftsteller durchgesetzt. Noch während des Krieges, 1917, erscheint sein erster Gedichtband; er trägt den Titel *In diesen Nächten*. Weitere Bände folgen schnell: *Ein goldner Ring – ein dunkler Ring* (1919), *Sonniges Land* (1920).

Bruno Schönlank versucht sich auch als Dramatiker, kann aber auf der Bühne die Erfolge, die er sich als Lyriker erringt, nicht einholen. Bekanntgeblieben ist eine Tragödie *Brennende Zeit* aus dem Jahre 1920; auch ein Volksstück *Das Klassenlos* (1931) hat sich halten können. Oft gespielt worden ist das Drama *Verfluchter Segen* (1921).

Seine eigentliche, seine wirklich große Bedeutung erringt Bruno Schönlank durch seine Sprechchöre und Kantaten, die die Arbeiterbewegung in der Weimarer Zeit entscheidend mitgeprägt haben.

Ein Weihespiel mit dem Titel *Erlösung* (1920) hat große Wirkung gehabt; andere vielgenannte Werke jener produktivsten Jahre sind *Großstadt*, ein Chorwerk (1923), *Der gespaltene Mensch*, ein Spiel für bewegten Sprechchor (1927), *Fiebernde Zeit*, Sprechchöre und Kantaten (1935 in der Schweiz herausgekommen), und ein Festspiel, das 1954 erschienen ist und den Titel trägt *Wir schaffen alle Hand in Hand*.

Aus der 1929 veröffentlichten Kantate Schönlanks *Das Bergwerk* soll hier ein Teil vorgelegt werden, um die teils hymnische, teils volksliedhaft schlichte Sprache Schönlanks zum Klingen zu bringen:

Bergarbeiterfrau

Da schläft er nun den tiefen grauen Schlaf,
Hat kaum gegessen, ist schon hingesunken.
Wie gut, daß tückisches Gestein nicht traf.
Kein schlagend Wetter sprang aus Eisenfunken.

Gib, Schlaf, ihm wieder neue Lebenskraft.
Wie ist mir heute bang um euch, ihr Jungen.
Ich seh euch tief in eurer Grubennacht,
Ich höre kochen eure armen Lungen.

Ticke tacke, ticke tacke
Geht die alte Wanduhr.
Immer sieht sie Kumpels munter.
Stieg der Vater auf zum Licht,
Steigen Söhne tief hinunter
Zu der andern Schicht.

Ticke tacke, ticke tacke
Geht die alte Wanduhr,
Sieht die Mutter stets in Sorgen:
Kam der Mann zu ihr zurück,
Bangt sie bis zum andern Morgen
Um der Söhne Glück.

Eine bedeutende Seite im Leben des Arbeiterdichters Bruno Schönlank gehört dem Pazifismus. Es war stets ein sehr mutiger Pazifismus, den Schönlank vertreten hat. Er hat den Krieg bekämpft, als seine gesamte Umwelt noch in nationaler Vernebelung »Sieg!« und »Gloria!« schrie. Zur Geschichte Berlins gehört eine die ganze Stadt erschütternde Friedensdemonstration im Jahre 1915. Bruno Schönlank hatte sie organisiert. Die Demonstration war zusammengeschlagen worden. Aber das ist nicht das Wesentliche dabei; das war zu erwarten. Das Wesentliche war, daß die Welt erkennen mußte: es hat auch damals eine mutige Opposition gegen den maßlosen Nationalismus und gegen die furchtbare Krankheit der Kriegssehnsucht gegeben; der Arbeiterdichter Bruno Schönlank hat sie aus der Berliner Arbeiterschaft heraus auf die Straße gestellt.

Die große Demonstration gegen die Verblendung ist in den Hintergrund getreten, als 1918 ein leider auf zu schwachen Füßen stehendes anderes Deutschland aus der Katastrophe emporgehoben werden sollte. Aber Bruno Schönlank gehörte zu denen, die glühenden Herzens für die Weimarer Demokratie eintraten.

Nicht vergessen wurde die Kundgebung 1915 von den braunen Herren, die den demokratischen Neubeginn brutal abwürgten. Hitlers Aufpasser wußten um die Kraft Schönlanks; als einer der ersten mußte der Arbeiterdichter 1933 sein Berlin verlassen. Er wurde Hals über Kopf des Landes verwiesen. Und die braunen Herren wußten genau, was sie taten. Ein Schönlank hätte nicht mitgemacht und hätte die falsche Phraseologie der »Arbeiterpartei« sofort erkannt.

In der Schweiz hat Bruno Schönlank Freunde gefunden. Und er fand dazu die Möglichkeit, als freier Schriftsteller weiterarbeiten zu können. Er hat zum Beispiel die Märchen der Schweiz gesammelt und aufgeschrieben und ist so etwas wie der Grimm der Schweiz geworden. Er hat viele Singspiele geschrieben, und er hat immer wieder Gedichtbände veröffentlicht. Er war und ist als Übersetzer tätig und hat sich einen bedeutenden Ruf erworben, und er hat sich schließlich als Hörspieldichter an vielen Rundfunkstationen in ganz Europa durchsetzen können. Er hat sich einen Kreis geschaffen, der zu ihm gehört und in den er nun gehört.

Bruno Schönlank ist in dem Lande, das ihm in schwerer Zeit großzügig und freizügig Gastfreundschaft geboten hat, geblieben. In Zürich am Zürichsee, die Glarner Alpen vor sich, lebt er heute – ein junggebliebener Siebziger nun.

Er ist viel unterwegs. Gerade ist er wieder von einer großen Reise durch Westdeutschland zurückgekehrt. Er hat viele Jugendgruppen besucht. Denn die Kantaten und Sprechchorwerke von Bruno Schönlank werden viel aufgeführt. Und er ist gern dabei, um zu helfen und um zu zeigen, wie das Wort in die Feierstunde der Gemeinschaft eingebaut werden kann.

Denn das ist das Zeitlose am Werk von Bruno Schönlank: Wo heute junge Menschen in der Gemeinschaft nach einer sprachlichen Form suchen, die ihren Feiern Weihe und Würde geben soll, greifen sie immer wieder zu den Versen des Arbeiterdichters aus Berlin-Wilmersdorf.

Josef Büscher
Erich Grisar (1898–1955)

> Hänge dein Ziel hinauf in die Sterne – so hoch, daß du es nie erreichen kannst. Aber erreichen wollen mußt du es! Das sei das einzige, das dich bindet an diese Erde.

Diese Worte finden sich als handschriftliche Eintragung Grisars in einem seiner Gedichtbände, die heute im einzigartigen Archiv für Arbeiterdichtung und soziale Literatur, Dortmund, bewahrt werden. Dieses Wort könnte als Motto über seinem Leben gestanden haben. – Ein jähes Sich-Hochreißen zu den Sternen! Und zugleich eine Verwurzelung in dieser Welt! Dazwischen der strebende Mensch mit einem Herzen voll Sehnsucht!

> Zu Staub wird alle Erdensehnsucht.
> Und Staub wird Stein
> Und Stein zur Mauer,
> Die uns trennt vom Sehnen unsres Nächsten,
> Der seine Arme reckt wie wir.
> Und unser ganzes Dasein ist zuletzt
> Ein stumm Hinausbegehren
> Aus dieser Welt.
> Im Tode erst verstehen wir
> Die Sprache unsres Nächsten
> Und das Geheimnis unsrer Sehnsucht. –
> Hoch über Sternen reichen wir uns Hände.

Solche Verse schrieb der junge Dortmunder Kesselschmied und Werkstattzeichner Grisar in den Not- und Elendsjahren nach dem ersten Weltkrieg. Wir können sie in seinem schmalen Gedichtband *Morgenruf* nachlesen, der 1923 in Leipzig erschien.

Im Roman *17 Brückenbauer und ein paar Schuh* (1938) findet sich eine andere und für Grisar typische Stelle:

> Eine Brücke bauen, das ist etwas Großes ... Das Größte aber war, daß er daran mitarbeiten darf, daß seiner Hände Arbeit notwendig ist, um das Werk aufzurichten.

Dieses Werk, das einmal zeugen wird von der Kühnheit, von der Verstandeskraft des Menschen, der die Schöpfung selbst vollendet, indem er ihre Möglichkeiten sich nutzbar macht, unter dem Bogen des Himmels über die Ufer greift, die gesetzt sind zwischen Land und Land und Mensch und Mensch, der die Erdkruste durchwühlt und ihr metallenes Geäder zu Tage fördert, um es zu schmelzen in Öfen ... und es neuem Schaffen und neuen Plänen nutzbar zu machen.

Der ganze Roman ist ein Hohelied auf menschliche Werkfreude. Diese Arbeiter sind rauhe Helden, derbe, trink- und handfeste Burschen, »fahrende Gesellen unter den Werkleuten«, überzeugt von ihrer Kunst als Brückenhauer, beseelt von alten Idealen. Sie fühlen sich wohl, wenn ihre Reibahlen knirschen, wenn Eisen auf Eisen schlägt, der Kompressor faucht und die Kommandos ihrer Monteure über den Strom schallen. Tatkraft und Technik paaren sich, sie lassen Brücken über reißende Fluten entstehen, »damit des Menschen Fuß das Trennende überwindet«. Die Brücke wird bei Grisar Gleichnis und Symbol.

»Brückenbauer im geistigen Raum« überschrieb in Erinnerung an diesen Roman die *Westfälische Rundschau* vom 5. Dezember 1955 ihren Bericht über die Beisetzung Erich Grisars auf dem Dortmunder Südwest-Friedhof. In der Tat ist das literarische Werk, das Grisar der Nachwelt hinterließ, der Versuch eines grandiosen Brückenschlages, eines Brückenschlages zwischen Licht und Dunkel, Haß und Liebe, Erde und Himmel, zwischen dem Fluch der Technik und dem Segen der Technik.

Selten wird man soviel Spannung und Entspannung in ein und derselben literarischen Setzart antreffen wie bei Erich Grisar, der im Land der großen Kontraste, im Ruhrrevier, in Dortmund, als Sohn eines Arbeiters geboren wurde. Das war am 11. September 1898.

Nach dem Besuch der Volksschule kommt der Vierzehnjährige als Lehrling in eine Fabrik für Kessel- und Brückenbau. Dort bildet man ihn als Vorzeichner aus. Der Achtzehnjährige wird Soldat, geht 1916 an die Front. Schwer verwundet sieht er 1919 seine Vaterstadt wieder. Hier findet er eine Beschäftigung in der Kesselschmiede der Dortmunder Westfalenhütte. Sein Interesse an der Literatur führt ihn zu Tolstoi. Er wird Sozialist und Pazifist. Ab 1924 schlägt er sich als freier Schriftsteller oft mühsam durchs Leben, wohnt einige Zeit in Leipzig, macht größere Reisen durch Europa, verfällt mit seinen Büchern der Ächtung des »Dritten Reichs«, arbeitet seit Beginn des letzten Weltkriegs wieder in einer Dortmunder Maschinenfabrik und wird 1945 von der Stadt Dortmund als Bibliothekar angestellt. Nach kurzer Krankheit verstirbt er am 30. November 1955.

Als Erich Grisar zu schreiben begann, da stand die Elite der deutschen Arbeiterdichtung bereits auf dem Höhepunkt ihres Schaffens. Julius Bab gibt uns in seiner Schrift *Arbeiterdichtung* (1924) einen vorzüglichen Situationsbericht. Der Durchbruch zu dem, was das Wesen der Arbeiterdichtung ausmacht, nämlich die aus dem Arbeitserlebnis kommende künstlerische Aussage, war in den Jahren des ersten Weltkriegs gelungen. Heinrich Lersch hatte als »erster wirklicher Arbeiterdichter deutscher Sprache« (Bab) die Fesseln von Tradition und Epigonentum gesprengt. Elemente, die unmittelbar aus der Arbeiterschaft erwuchsen, »flossen seiner Poesie zu und bekamen durch seine

Gestaltungskraft Allgemeinbildung«. Der Österreicher Alfons Petzold stellte sich mit einigen tiefen, echt empfundenen »Darstellungen der Bitternis des Proletariergeschicks« an seine Seite. Dort stand bereits Max Barthel. Als Angehöriger des radikalen Flügels der Arbeiterbewegung hatte er »in vielen Gedichtbänden das neue Arbeiterbewußtsein sehr stark betont« (Bab). Zwar war er in Sprache und Form der klassischen und romantischen Tradition verhaftet, aber es gelang ihm doch, durch neues Erleben und Anschauen eine Tonart zu entwickeln, die ihn kühn aus der Überlieferung herausriß, die ihn zum wahren Arbeiterdichter werden ließ. Und auch Karl Bröger schuf kräftige, originelle Arbeiterdichtung.

Alle diese Talente aber überragte zu jener Zeit jedoch »ein Genie, unbestreitbar das größte, das die deutsche Arbeiterdichtung hervorbrachte« (Bab). Gerrit Engelke, der Tünchergeselle aus Hannover, überlebte leider den ersten Weltkrieg nicht. Er war der erste schreibende Arbeiter gewesen, der sich vollständig von der literarischen Tradition befreite und der »alle Erscheinungen der Natur und Kultur in seinem Sinne, im Sinne der neuen Menschenschicht«, der Arbeiterschaft, zu gestalten verstand.

In diesen bunten Blumenteppich aus Tradition, Konvention, aus Epigonentum und leuchtend hellen Neuschöpfungen säte auch Erich Grisar seine Saat. Das Eigentümliche seiner Schöpfungen ist das, was man vielleicht mit dem Wort »Kohlenpotthaftigkeit« bezeichnen könnte. Alle seine Werke sind dem Revier verhaftet, es bestimmt ihre Farbe, ihren Wuchs, ihr Aussehen, das manchmal unscheinbar ist, manchmal von Schweiß und Dreck überlagert ist und manchmal gewaltig wie die Mammutwerke seiner Industrie. Alle Dichtungen haben den Reiz einer eigenwilligen Schönheit, die sich nicht billig erschließt, die sich nicht von selbst versteht, sondern die entdeckt werden will.

Unverständlich ist das Gejammer einiger Literaturkritiker, die behaupten, Mensch und Landschaft des Industriereviers seien niemals eindrucksvoll in der Dichtung erfaßt worden. Sie sollten Erich Grisar lesen! Selbst in seinen Unzulänglichkeiten ist er ein echter Sohn dieser Landschaft.

Als Erich Grisar 1923 seine erste Prosa veröffentlichte, seinen Band *Das Herz der Erde hämmert*, war Arbeiterdichtung noch von jenem »notwendigen Mangel« behaftet, wie Bab ihn nennt, daß sie sich eben »nur« in lyrischer Dichtung niederschlug. Fünfundzwanzig Kurzgeschichten mit Titeln wie *Sinfonie der Arbeit, Die Zechentore, Die Landstraße, Hunger, Grubenbrand* usw., alle kaum länger als drei Schreibmaschinenseiten, zeigen deutliche Ansätze zu eigener literarischer Form. Die industrielle Arbeitswelt, das Zeitchaos, die Reizüberflutung, das geänderte tägliche Leben ließen sich schon damals nach Grisars Meinung besonders gut in derartigen Momentaufnahmen einfangen, in fragmentarisch verkürzten Handlungsabläufen, die sich alle um einen symbolischen Kern ranken. Thematisch singt er in ihnen ein inniges Lied der Liebe zu einer Heimat, die ebenso gewaltig wie grausam ist.

Diese Art der Darstellungskunst setzt er in *Schreie in der Nacht* (1925), seinem »Buch der Besinnung«, fort. Auch hier wieder die Form der Kurzgeschichte mit Überschriften wie *Heimkehr, Die Hinrichtung, Das Gewehr, Die Gulaschkanone*: Kriegseindrücke und -erlebnisse, menschliche Unmenschlichkeiten, dargestellt in der Sicht eines Weltpazifisten.

»Ist Technik Segen? Ist Technik Fluch? Bedeutet der alles übertönende Schritt, mit dem sie der Welt ihren Willen aufzwingt, Fortschritt oder Untergang?« – So fragte

1929 ein führender Industrieller des Reviers, als nach dem berüchtigten Schwarzen Freitag an der New Yorker Börse die Weltwirtschaftskrise begann, deren Auswirkungen das künftige Gesicht Europas bestimmen sollten. So hatte man lange vorher schon zu fragen begonnen, als das Jahrhundert der Maschinen heraufzudämmern begann und sich vorerst noch in örtlich überschaubaren Krisen bemerkbar machte. So konnte man nicht laut genug fragen, als der erste Weltkrieg immer mehr die diabolische Fratze eines technischen Krieges bekam. So fragten wir selbst, als im Chaos einer mechanisch-perfekten Apokalypse des letzten Krieges die Städte des Ruhrgebiets einfach ausgelöscht wurden, als man Dortmund, Grisars Vaterstadt, zu einem Trümmerfeld von zehn Millionen Kubikmetern Schutt zermalmte. Erich Grisar trug diese Frage von allem Anfang als schmerzhaft brennendes Menetekel in seinem Innern.

Schon war neben seinen Kurzgeschichten eine Anzahl längerer Erzählungen entstanden, wovon die meisten erst viel später, zehn, zwanzig Jahre danach, erscheinen konnten. *Monteur Klinghammer und andere Brückenbauergeschichten* heißt solch ein Sammelband, der 1948 gedruckt wurde. Aber bereits in einem vergilbten Taschenbuch der Volksbuchhandlung Dortmund, *Der Bücherwurm* aus dem Jahre 1926, können wir eine seiner typischen Erzählungen nachlesen, *Rückkehr ins Leben* ist ihr Titel: Ein Lebensmüder ordnet, bevor er aus dem Leben scheiden will, noch einmal seine Bibliothek. Dabei schlägt er einige Bücher auf, kommt ins Lesen und kommt nicht wieder los davon – und aus der Begegnung mit den Büchern erwächst ihm neue Lebenskraft, sein Leben gewinnt seinen Sinn zurück.

Hatte der Dortmunder erst einmal den Weg in die Prosa beschritten, so richtete sich sein Streben recht bald auf das Ziel, auch ihre königliche Form, den Roman, in den Dienst des Neuen zu stellen. Dies als »Massenprodukt der Literatur« anerkannte Gebilde galt es, mit dem Geist der Arbeiterbewegung zu füllen, ja, durch Spiegelung des Lebens der arbeitenden Schichten neu zu gestalten, damit es auf breitester Ebene, im ganzen Volk, jene Wirkung erziele, die der eigentlichen Dichtkunst nur immer bei einem kleineren Kreis sicher ist.

Der Begriff des »Werkromans« wurde geboren, dessen Merkmale die Auseinandersetzung Mensch – Technik, Mensch – Maschine, die Konfrontierung von privater Sphäre und Betriebsklima und vor allem seine Volkstümlichkeit sein sollten.

Unter der Überschrift »Roman eines Arbeiters« schreibt Grisar in den »Monatsblättern für Kultur der Arbeiterschaft« mit dem Namen *Kulturwille* (1. Jg., 1926), daß er durch Stendhals Roman *Rot und Schwarz* angeregt worden sei, selbst den Roman eines Arbeiters zu schreiben. Darum schicke er einen Auszug seines Romans *Heinrich Volkmann* an die Redaktion. Wörtlich fährt er fort: »Wird mit ›Heinrich Volkmann‹ auch nicht *der* Zeitroman geschrieben sein, den zu schreiben ich als meine Aufgabe ansah, ich hoffe doch, einen interessanten Beitrag zum Verständnis der Seele des Arbeiters und zur Stärkung seines Klassenbewußtseins liefern zu können.« *Heinrich Volkmann* wurde 1927 als Fortsetzungsroman in einer Zeitung gedruckt.

Noch drei weitere große Romane hat Erich Grisar geschrieben, der bereits erwähnte *17 Brückenbauer und ein Paar Schuh* (1938), *Die Holtmeiers* (1946), der im Bergmannsmilieu spielt und die Umwandlung eines bäuerlichen Menschen zum Bergarbeiter schildert, und schließlich *Die Hochzeit in der Kesselschmiede* (1949), einen Werkroman in des Wortes reinster Bedeutung. Nur durch persönliches Wohlwollen des Herausgebers war es möglich, daß 1938, zu einer Zeit, als man seinem Schaffen durchaus nicht wohlwollend gegenüberstand, sein Brückenbauer-Roman gedruckt werden konnte. Er blieb seine einzige größere Publikation während des »Dritten Reichs«, eine Tatsache, die uns seine Lebensverhältnisse zu verdeutlichen vermag, denn der Dortmunder lebte bis zum Ausbruch des Krieges von seinen Einkünften als freier Schriftsteller. Die Daten des Drucks der beiden Romane *Die Holtmeiers* (1946) und *Die Hochzeit in der Kesselschmiede* (1949) haben keinerlei Beziehungen zur Zeit ihrer Entstehung. Anzunehmen ist, daß beide in den Jahren um 1930 geschrieben wurden. Damals entstand auch sein Reisebericht *Mit Kamera und Schreibmaschine durch Europa*, erschienen 1932 im Berliner Bücherkreis, der weit mehr als nur ein Reisebericht mit Bildern ist, sondern den Stil einer modernen Sozialreportage trägt.

Statt eines zusammenfassenden Urteils über Grisars Prosakunst soll er selbst mit einer für ihn besonders typischen Darstellung noch einmal zu Worte kommen. In seinem Roman *Hochzeit in der Kesselschmiede* hat er der heimischen Arbeitswelt und ihrer eigenartigen Schönheit ein bleibendes Denkmal gesetzt. Seine Vaterstadt Dortmund, das Herz des Kohlenpotts, und der lärmende Betrieb einer Kesselschmiede bilden den äußeren Rahmen. In ihn hinein stellt er seine Menschen, urwüchsige Typen, vital, blutvoll, aber gelegentlich auch verträumt.

Ein Liebespaar, der Werkstattzeichner Wilhelm und Elise, besuchen eine Kirmes, und dort wird in einer Bude als große Sensation »Dortmund bei Nacht« versprochen. Das war natürlich Hochstapelei, denn der Besitzer zieht einfach einen Vorhang vor den Besuchern beiseite und läßt diese einen Blick auf die tiefer liegende nächtliche Stadt tun. Erich Grisar nimmt das zum Anlaß, seiner Heimatstadt eine Huldigung darzubringen:

> Dortmund bei Nacht! Ja, da lag sie vor ihrem Blick, die Stadt, die ihnen Heimat war. Vor ihnen glühten die Feuer eines Hüttenwerks, überglänzt von dem Schein gekippter Schlacke, die, langsam rinnender Lava gleich, einen Berg hinunterfloß: brennende Koksfackeln. Vielleicht gab es wirklich keinen Punkt in der ganzen Gegend, von wo man das Leuchten und Flammen, das Zittern und Stöhnen dieses Riesenkolosses, der aus Fabriken und Häusern, Zechen und Straßen sich fügte zu einem unheimlich heimlichen Bild der Schönheit und Phantastik, so übersah wie von hier. Sie verstanden darum nicht, warum einige, die mit ihnen dieses Schauspiel genossen, schimpfend ihr Geld zurückverlangten, das man ihnen für einen Schwindel aus der Tasche gezogen. Ihnen tat der Groschen nicht leid, wenn sie auch all das, was nun vor ihnen lag, jeden Tag umsonst sehen konnten. Aber sie hatten es ja nicht gesehen! Sie sahen ja erst jetzt, wie schön so eine Nacht ist, wenn die Schatten des Himmels sich dunkel über der großen Stadt türmten und die tausend Feuer des Landes wetteifern mit dem Glanz der Sterne.

Kann es uns da noch wundern, daß er sich schließlich, mit nicht geringem Erfolg, als Anekdotenerzähler, als Döntgessammler betätigt hat?

Zwei Jahre vor seinem Tod erschien bei Wulff in Dortmund *Der lachende Reinoldus. Alte und neue Anekdoten aus einer alten Hanse- und jungen Industriestadt* (1953) – als wollte er dem Tod, der ihn bereits als knapp 57jährigen dahinraffte, mit lachenden Augen ins knöcherne Gesicht sehen.

Erich Grisar schuf auch Sprechchorwerke. In *Unser ist der Tag. Ein Spiel derer, die siegen werden* (1924), unternimmt er den Versuch, der durch den Krieg und sein nachfolgendes Elend entwurzelten und hoffnungslos gewordenen Jugend neue Ziele und Ideale zu vermitteln. Freilich sind diese Ziele und Ideale noch verschwommen. Sie gipfeln in großen Begriffen wie Freiheit, Natur, Sonne, Zukunft, Menschlichkeit und der Verneinung von Fron, Sklaverei, Lieblosigkeiten und tierischer Sinneslust. In seinem Sprechchor *Opferung*, den er aus Anlaß des ersten westdeutschen Jugendtreffens von Arbeiterjugendbündlern am 4. September 1926 in der Kölner Messehalle schrieb, nimmt seine Vision des Neuen konkretere Formen an:

Dunkler Chor:	Brecht auf, Genossen, brecht auf, brecht auf,
	Der helle Morgen steigt bergauf.
	Verlaßt das dunkle Sklavenhaus,
	Aus dunklen Schächten, heraus, heraus.
	Hebt eure Stimmen hinein in den Wind
	Und kündet, daß wir Menschen sind.
Alle Chöre:	Und kündet, daß wir Menschen sind.
Heller Chor:	Herrliche Menschen, Mann und Weib,
	Jeder begabt mit göttlichem Leib,
	Jeder begabt mit leuchtendem Blick.
Dunkler Chor:	Wir wollen nicht in die Nacht zurück,
	Die hinter uns wuchtet und lastet und droht.
Heller Chor:	Pflanzt auf eurer Fahne leuchtendes Rot,
	Die herrlichen Fahnen auf jedem Turm
	Und schreit in die Welt wie Gewittersturm:
	Vorbei die Zeit der Dunkelheit,
	Vorbei das falsche Streben,
	Nicht Einsamkeit,
	Gemeinsamkeit
	Erneuert alles Leben.

Mit solchen fast hymnischen Versen offenbart sich Grisars soziale und humane Grundeinstellung. – Nicht *Ein*samkeit, sondern *Gemein*samkeit erneuert das Leben.

Das Verbindende, die Brücke als Gleichnis und Symbol, das *Tor*, wie er einen anderen Sprechchor nennt, der 1929 gedruckt wurde, oder schließlich sein politischer Ruf *Die Grenze auf! Ein fröhliches Spiel für die arbeitende Jugend* (1932) sind der Ausfluß seiner Überzeugung als Sozialist und Pazifist, als dichtender Brückenbauer von Mensch zu Mensch, als Prediger einer wahrhaft freien Demokratie.

Des Dortmunders bedeutendste und literarisch wertvollste Hinterlassenschaft sind ohne Zweifel seine fünf schmalen Gedichtbände: *Morgenruf* (1923), *Das atmende All* (1925), *Gesänge des Lebens* (1925), *Bruder, die Sirenen schrein* (1931), *Zwischen den Zeiten* (1946).

Erich Grisar (1898–1955)

Einige seiner Gedichte sind in mehreren Bänden vertreten. Die Gedichte in *Morgenruf* und *Das atmende All* werden vom Autor selbst als »Gedichte für meine Klasse« bezeichnet. Hier in seiner Lyrik gelingt Grisar das Größte, das er zu erreichen anstrebte: die strudelnde Fülle der ihn umgebenden Welt mit klarem Arbeiterblick einzufangen, sie in Zeilen zu bannen, die oft den überlieferten metrischen Zwang, Strophen zu bauen, sprengen, die in Gestalt, Form, Stimmung echte Arbeitermelodie sind, trotzig sind und voll duftzarter Weichheit.

Es gelingt ihm, sich ebenbürtig an die Seite der Großen zu stellen, und dabei ein eigenes Gesicht zu wahren, das ganz persönliche Gesicht eines Dichters aus dem Kohlenpott!

Als die große Mehrheit der schreibenden Arbeiter noch glaubte, den Fluch der Technik beschwören zu müssen, schrieb Erich Grisar 1923 das folgende Gedicht:

Und doch

Wir alle lieben dich,
Du stolzes Tier Fabrik;
Denn du bist Geist aus unserm Geist.
Und Blut aus unserm Blut
Hast du getrunken, um zu werden.
Nun aber bist du unsere Not geworden.
Wir sehn dich nirgends wachsen mehr
Wie ehedem,
Du aber trinkst noch immer unsere beste Kraft
Und unsern Schweiß,
Bis wir zusammenbrechen,
Und wandelst sie in Gold,
Das fremde Taschen füllt.
Wir aber stehn mit leeren Händen.
Verhungert halb und ausgemergelt
Lernt unser Herz, was unsre Hand erschuf
Verachten.

Und doch:
Wir sind noch immer stolz auf dich,
Du Werk, erbaut aus unserm Schweiß,
Und dir gehört noch immer unsere Liebe.
Du aber bist undankbar,
Blind,
Vergessen hast du das Geschlecht,
Das dich erschaffen hat,
Und daß wir Kinder haben,
Die ins Helle streben
Und Sonne möchten,

> Wo wir Staub und Qualm geschluckt.
> Wenn ihnen unser Fleiß nur Glück bedeutet
> Und die Erlösung von der Qual
> Der Gegenwart,
> Wir wollen gerne schaffen,
> O wie gerne,
> Denn uns war Schaffen immer höchste Freude
> Und Gottesdienst.

Eine geheimnisvolle telepathische Fähigkeit scheint unter den schreibenden Arbeitern dieser Zeit geherrscht zu haben, die oft Bewußtseinsinhalte ohne Absprachen gleichzeitig erfassen und gestalten ließ. Sie wäre einer eigenen Untersuchung wert, weil sie die Feinheiten und Eigentümlichkeiten jedes einzelnen besonders deutlich offenbar machen könnte. Als Walter Steinbach in seinen *Proletarischen Gedichten* (1925) in dumpfen apokalyptischen Visionen und schweren Rhythmen in Anlehnung an *Die Internationale* sein Gedicht anstimmte: *Verdammte sind wir auf der Erde alle*, eine finstere Hymne an einen selbstmörderischen Nihilismus, antwortete ihm Grisar, allerdings mit einer ganz bewußten Antithese:

Wir schreiten stolz

> Ich glaube nicht, daß wir Verdammte sind,
> Wenn wir auch hungern und im Elend schrein,
> Und um uns steile Wände sind:
> Im Elend sind wir nicht allein.
>
> Es ist mit uns ein helles Licht,
> Und eine Seligkeit
> Aus unsrer heißen Sehnsucht bricht,
> Die die Verdammnis überschreit.
>
> Wir schreiten stolz durch Nacht und Tod
> Und unsre Fahnen wehn
> Entgegen jenem Morgenrot,
> Das unsern Sieg wird sehn.

Zu groß ist der Reichtum unserer Arbeiterdichtung, um ihn in einer kurzen Darstellung auch nur annähernd zu erschließen. Hatte schon Grisars trotziges »Und doch« aufhorchen lassen, so erreichte sein Gedicht *Die neue Maschine* selbst die Herzen derer, die die harte Arbeit stumpf gemacht hatte:

Erich Grisar (1898–1955)

Die neue Maschine

Einschalten!
Zittert die Stimme des Meisters.
Erwartung auch er.
Funken sät der Motor.
Ein Brummen, der Anlauf.
Entspannung auf allen Gesichtern:
Sie läuft,
Die große Maschine,
An der wir so lange geschafft.

Sie läuft.
Ein Ruck nun, herum fliegt ein Hebel,
Und nun stampfen die glänzenden Kolben:
Ruck, tuck, tuck, tuck,
Ruck, tuck, tuck, tuck.

Immer im gleichen schwingenden Takt.
Ruck, tuck, tuck, tuck.
Ruck, tuck, tuck, tuck.

Wie Schreiten ist das in sonniges, freieres Land.

Und es ist auch ein Schreiten;
Denn jede Maschine, erschaffen im Schweiße
Ruhloser Hände,
Löst Hände vom Spaten,
Löst Arme vom Werk,
Nimmt Lasten vom Rücken keuchender Männer,
Richtet erblindende Augen empor,
Weckt Menschen,
Die die Welt einst befrein.
Darum auch leuchten allen die Augen,
Vergessen der Monate endlose Müh,
Vergessen Hunger, Schikane und Not
Beim Anblick der kreisenden, glänzenden Räder.
Nur hören das schwingende feste Gestampf
Der Maschine,
Sein bei ihrer Geburt,
Bringt Wechsel ins Einerlei freudloser Tage,
Macht froh unsre Fron,
Gibt Sinn unserm Sein.

Einer hat im Gefühl dieses Seins
Seinen Namen in eine Traverse geritzt:
Es soll nicht vergessen sein,
Daß er geholfen beim Bau der Maschine.
Er.
Wer ist er?
Einer von uns,
Einer von vielen,
Die wie er teilhaben an diesem Werk:

Ingenieure, die Pläne entwarfen,
Vorzeichner, die sie ausgeführt,
Schlosser, die all die hundert Teile
Mit Sorgfalt befeilt, gebohrt und zusammengesetzt.
Kranführer, die die werdenden Teile
Von Werkbank zu Werkbank geschafft,
Und selbst der Portier, der uns täglich hineinließ ins Werk
Und abends heraus nach qualvoller Mühe,
Hat Teil an dem Ganzen,
Das endlich erstand.
Was soll da der Name des Einen?
Ich lösche ihn aus.
Wir schufen das Werk.
Wir leben in ihm,
Und wehe den Menschen,
Die es vergessen;
Denn kein Einzelner lebt ohne das Ganze.
Das Ganze entsteht nur durch der Hände Verein.
Der Hände Verein segnet die Menschheit.

Will man aber Grisars lyrische Kraft und ihre Besonderheit, ihr Pendeln zwischen den großen Kontrasten des Lebens, ihre wortkarge Innigkeit und die Eigenheit seiner Formgebung voll erfassen, so lasse man sein Gedicht *Zeugung* auf sich einwirken, das ich für eines der schönsten Liebesgedichte halte.

Wenige haben wie er das Hintergründige des Arbeitsrhythmus in knappen und schlichten Versen eingefangen:

Rhythmus der Arbeit

Wir haben keine Ohren mehr,
Wir hören Lieder nicht.
Wir haben keine Augen mehr
Zu sehn das viele Licht.

Wir sehn die hellen Feuer nicht,
Die flammend um uns lohn.
Und keiner fragt, was hältst du noch
So fest in unsrer Fron?

Der wilde Takt, der ist das Lied,
Das unsre Glieder spannt
An dieses Werk, das unser Sein
Aus Menschennähe bannt.

Der Arbeit Rhythmus reißt uns mit,
Da gilt kein Wille mehr,
Wir hören nicht, wir sehen nicht,
Und nichts wird uns zu schwer.

Wir sind nur Nervenbündel, hart
Um einen Hammerstiel.
Um einen Hebel, einen Griff.
Wer weiß um unser Ziel?

Erich Grisar hat sich in einigen Gedichten auch mit dem Bergmann und dem Bergbau beschäftigt. Das folgende Gedicht ist nicht nur eine reife künstlerische Leistung (man beachte, wie überzeugend Grisar der Trauer Ausdruck gibt, die passenden Bilder dafür findet) – das Gedicht ist leider von einer beklemmenden Aktualität. Denn verlassene Zechen gibt es auch heute wieder im Ruhrrevier.

Verlassene Zechen am Abend

Die graue Hand verlassner Zechentürme
greift in den müden Tag
und nimmt das Licht heraus,
wie aus dem Neste toter Vögel
man die Eier nimmt.

Hungrige Bettlerinnen
hocken am Weg und greinen.
Um ihre Männer klagen sie,
die in den Gruben dort verkamen.

Nun stehn sie still.
Die großen Räder beben
nicht mehr.
Die schwarzen Fahnen auf den hohen Schloten
sind eingezogen.

Auch die weißen Vögel
auf den Maschinenhäusern
sind fort.

Alles ist still und verloren.
Nur die Erde zuckt manchmal;
Gestein rollt nach in abgebauten Flözen,
Begrabene noch tiefer zu begraben.

Und oben, wo der Hunger wohnt,
hinter den rissigen Wänden
dunkler Bergmannshäuser,
erwacht ein Kind
und weint.

Grisars dichterische Kunst und die Glaubwürdigkeit seiner Kunst erscheinen mir auch heute noch aktuell. Sein früher Tod hat ihn aus einer Fülle von Arbeit und Plänen herausgerissen. Es bleibt zu hoffen und zu wünschen, daß sich im Kreise seiner Freunde oder der Nachfahren seiner Kunst oder ihrer Kritiker und Würdiger bald ein Mann finden möge, der uns diesen echten »Kohlenpotter« unter den Arbeiterdichtern in einer verdienten Gesamtausgabe wieder zugängig macht und neu wirksam werden läßt.

Ein kleiner, besonders menschlicher Zug dieses Mannes sei noch zum Abschluß berichtet: Fritz Hüser erzählte mir, daß sein Freund Grisar während des »Dritten Reiches« immer sonderbare »Liebesbriefe« aus dem Ausland erhielt, die er möglichst rasch und ungesehen in seine Brieftasche zu stecken versuchte. Wie er dann später herausfand, handelte es sich hierbei um Gedichte von Emigranten, als Liebesgedichte getarnt. Erich Grisar gab sie 1946 als erste Anthologie deutscher Emigrantenlyrik unter dem inhaltsschweren Titelzitat *Denk' ich an Deutschland in der Nacht* heraus, lange bevor unsere Großen Gleiches oder Ähnliches zuwege brachten.

Bruno Leon
Walter Bauer (1904–1976)

> Das, was ich bekennen könnte, ist im Leib der Worte verborgen, und wo sollte ich sonst stehen als auf der Seite derer, die leiden?

Walter Bauer wurde am 4. November 1904 geboren, mitten hinein in eine Zeit, in der das Proletariat zu begreifen begann, daß nicht allein seine Arbeitskraft, sondern auch der Geist entscheidend für seinen Aufstieg ist.

Bauer ist das fünfte Kind eines vom Dorf in die Stadt übergesiedelten Bauernsohnes. Walter Bauers Vater war der zweite Sohn eines Kleinbauern gewesen, der gezwungen war, gemeinsam mit dem älteren Bruder den väterlichen Hof zu bewirtschaften. Aber er wollte nicht der Knecht des Bruders sein. Und so ging er, der Vater Walter Bauers, in die Stadt. Diese Geschichte, vom Leben geschrieben, hat Walter Bauer in seinem Roman *Ein Mann zog in die Stadt* (1913) nachgezeichnet. Meisterhaft hat er die Atmosphäre der Mietskasernen eingefangen. Hier hat das Proletariat, haben die Elenden, die Siechen und Hungernden Unterschlupf gefunden. Es sind Wohnungen, in denen es sich mehr schlecht als recht leben ließ. In diesem Milieu wächst Walter Bauer auf. Über seine Geburt schreibt Walter Bauer in *Stimme aus dem Leunawerk* (1930):

> Niemand weiß, wie die Geburt des fünften Kindes verläuft in einem kleinen Zimmer zwischen Geruch, Gerümpel, Schweiß und Stille. Der Name, der ihm gegeben wird ... ist gleichgültig, die Armseligkeit, die schon dieses Kind zwingt, sich mit einem Fetzen Tuch zu begnügen, in den es eingeschlagen wird, die Armut wird ihm zuletzt wie vielen anderen allein den Namen Hiob lassen, der ächzt und knarrt wie vom Winde geschüttelt.

Seine Eltern aber hatten beschlossen, daß dieser, ihr jüngster Sohn, es einmal besser haben soll als der Vater. So wird Walter Bauer von einem Lehrer, der dessen Fähigkeiten frühzeitig erkennt, für die Aufnahmeprüfung zu einem Lehrerseminar vorbereitet. Mit sechzehn Jahren besteht er diese Prüfung und kann das Seminar besuchen. Hier ist er umgeben »von den freundlichen Kameraden der Menschheit«.

Aber ehe er seine Tätigkeit als Lehrer beginnen kann, vergehen noch einige Jahre. Nach dem Studium arbeitet er als Packer in einer Fabrik, um sich das Geld für einen guten Rucksack und einen festen Anzug zu verdienen. Dann geht er auf Wanderschaft, bereit, »den Erdball zu erobern«. Sein Weg führt ihn durch Süddeutschland, Österreich bis nach Italien, von wo er versucht, nach Afrika zu gelangen. Dies gelingt ihm aber nicht. So kehrt er um. Durch einen Freund erhält er Verbindung zu einem Redakteur, der Bauers Reiseberichte zum Abdruck annimmt. Nach kurzer Redaktionszeit erhält er ein Stipendium und kann sein Studium wieder aufnehmen. In dieser Zeit entsteht der Lyrik und Prosa versammelnde Band *Stimme aus dem Leunawerk*. Er schreibt:

Es ist schon hell, Dunkelheit sitzt nur noch in den Ecken, hell und ziemlich kühl. Meine Mutter sitzt da und mahlt den Malzkaffee, dann schneidet sie Brote, das Wasser ist auch schon im Waschbecken. Die Seife ist noch naß, von früh um fünf her, da hat mein Vater sich gewaschen ... Später werde ich begreifen, daß diese kleinen Handreichungen des Wasserhinstellens und Brotschneidens die Gebärden einer proletarischen Kommunion sind, die nur der genießen kann, der den blauen Anzug trägt und mit ihm in die Anstrengung des Leidens geschlüpft ist.

Und Walter Bauer trägt in dieser Zeit den Kittel des Leuna-Arbeiters. Er fährt mit ihnen im gleichen Zug und fühlt all das, was sie erleben und erleiden in dem riesigen Werk. Aber es ist nicht das Werk, das ihn in seinen Bann zieht, sondern es sind die Menschen, die sich in dem Riesenwerk fast verloren vorkommen. Diese Menschen sind ihm Freunde und Brüder zugleich. Dafür zeugen diese Gedichte. Hier eine Probe:

Wenn sie jubeln, gehe ich mit dir

Wenn sie jubeln über die Triumphfahrt der Bremen
und dem Donner lauschen der zwölf Motoren von Do X
wenn sie auf Kongressen Beschlüsse fassen
über Minderheitsfragen und Abrüstungen –
wenn sie den Traber Elvira bewundern im Rennen
und das Tennisspiel von Helen Wills und Cochet,
wenn sie –

    ich aber
will dich aufsuchen in den Bergwerken, mein Bruder,
und berichten, wie du leidest und lebst, mein Bruder,
ohne zu beachten, daß es schön klinge und Reim werde ...
Ich sehe: du bist blaß und abgezehrt, der Schweiß
klebt wie Licht an deinem Herzen. –
Ich sehe: du keuchst vorbei mit dem schweren Förderwagen,
antwortest nicht meinem Wort, gehst schweigend hin.
Ich sehe: Der Rand der blauen Kaffeeflasche,
die du an die trockenen Lippen hebst, ist rissig –

Ich weiß, man hat dir unaussprechliches Leid bereitet,
hier, wo das Wasser in die Sümpfe fällt,
starrt das Weiße deiner Augen mich aus der Nacht an
wie sterbendes Licht.
O Leben, wie du dich klammerst an diesen müden Bruder.
O Gram und vergehendes Herz.

   Wisse:
Wenn sie jubeln über den Sieg des blauen Bandes
und füllen die Kais,
will ich mit dir gehen,
dorthin, wo du mit nacktem Leib arbeitest,
um den Turbinenhammer einzusetzen.
Und ich will in der Pause mich neben dich werfen
und fühlen, wie das Wasser aus der Nacht
auf die Haut tropft ...

In diesem Gedicht spiegelt sich der immer mitfühlende und mitleidende Mensch und Bruder Walter Bauer wieder, der hier einer der in den Sielen der Arbeit stehenden Mitbrüder ist. Aber nicht das Mitfühlen mit dem arbeitenden Menschen ist es, was Walter Bauer so überzeugend ausdrückt, sondern das Miterleiden der Arbeit. Dieses Erleiden schildert er wohl am eindrucksvollsten in dem folgenden Gedicht, das seinem ersten Gedichtband *Kameraden, zu euch spreche ich* (1929) entnommen wurde:

Kreuzigung im Werk

Wie sie einmal deinen Sohn
ans Kreuz schlugen und ließen ihn allein,
und er schrie,
werden wir auch jeden Tag ans Kreuz geschlagen,
und wir leben davon.
Für eine Monatskarte zu sechs Mark zwanzig
fahren wir schneller nach Golgatha,
und die Maschine schreit wie das Volk, das um ihn stand.
Auch sehen wir die Bäume nicht, weil
wir sehr müde sind und geschwächt wie er
von den Anstrengungen vielen Leidens.
Wir sind schon dem Kalvarienberge näher,
und wenn wir, vorzeigend den rötlichen Ausweis,
eintreten in die Straße D, die zum Richtplatz führt,
werden schon in Werkstätten, Kellern,
auf den Gerüsten die Kreuze errichtet.

Uns schlagen sie nicht Nägel ein,
wir steigen allein hinauf, zu seiner Stunde,
um unsere blauen Anzüge feilschen sie nicht
                        wie um sein Tuch.
Niemand reicht uns den Essigschwamm, zu kühlen,
auch wir haben lange geschrien,
wir verlernten Durst, verschwiegen ihn, niemand kam.

Warum geschah's nicht, daß du den Vorhang der Welt in Stücke rissest
und Nacht herumwarfst?
    Und doch hing er
    nur allein am Kreuz,
    wir sind dreißigtausend,
    die langsam aufhören zu leben,
    und rufen längst nicht »Eli« mehr.

Niemand ist, wie auch keiner trauert,
der uns abnimmt und zärtlich ist mit Salben mit dem Toten,
nur die Kühltürme geben den Stirnen Abwässer-Regen.

Wir steigen, wenn uns der Atem müd wird,
selbst herab und gehen
alle nach Hause, ein Stück weg von Golgatha,
              weil wir atmen müssen,
daß wir morgen wieder aufsteigen
und abends uns herabnehmen, auferstehen,
weil wir davon leben, Vater des Gestorbenen.

Wie bitter muß Walter Bauer ums Herz gewesen sein, als er diese Zeilen schrieb. Hier steht nicht der einzelne Mensch im Mittelpunkt, sondern die Masse, und in dieser Masse steht Hiob, namenlos, und dieser Hiob, dieser Namenlose ist Walter Bauer selbst.

Im Jahre 1932 erscheint der zweite Roman Walter Bauers, *Die notwendige Reise*. Es ist ein autobiographischer Roman, in dem der Autor seinen Weg zu den Menschen beschreibt, die unten stehen, die darben und hoffen. Hier findet er das Wir und verliert das Ich. Er schreibt darin:

> Ich werde niemals mehr einen Weg gehen, der in unfruchtbare Einsamkeit führt, sondern den, der mich in den Kolonnen derer sieht, die aufgebrochen sind, die Grenzen der Vaterländer zu übersteigen, die Zäune niederzubrechen, die Erde in das Vaterland der Menschen zu verwandeln, die alte, geliebte Kugel zur großen Heimat zu machen.

Dieses Buch ist eine flammende Anklage gegen den Krieg und zugleich ein Wegweiser zu Europa. Aber als 1933 Leute an die Macht gelangten, die den in den Wahnsinn übersteigerten Nationalismus von der »Herrenrasse« verkündeten, wurden Walter Bauers Bücher verboten.

Bauer selbst durfte im Lande bleiben. Er schrieb weiter, um sich das Fenster zur Welt offenzuhalten. Seit 1929 ist er Volksschullehrer in seiner Heimat. In der Zeit bis zum zweiten großen Kriege schreibt er Kinderbücher und den Roman *Der Lichtstrahl*. Er schildert den Weg eines Arbeiterkindes zum Gelehrten.

Als der Krieg ausbricht, holt man auch Bauer zu den Fahnen. Er schreibt 1941 seine *Tagebuchblätter aus Frankreich*. Hierin spricht er nicht mehr von den Leiden der Arbeiter, sondern hält Zwiesprache mit den Toten, den Tieren und mit alten Kathedralen. Sein Thema, das Erleiden, bleibt aber auch darin vorherrschend.

Wie eine ungeheure Last legen sich die Toten des Krieges auf seine Feder und lassen ihn tausend Tode mit ihnen sterben, wie er vorher tausend Tode mit den Arbeitern aller Welt gestorben ist und immer sterben wird.

Als dann unser Volk 1945 unter Flammen und Rauch zu verlöschen drohte, erhob er wieder seine Stimme. Eine Stimme ist es, die nicht von Vaterland spricht, sondern von Europa. Und dieses Europa holt er sich nachts mit seinem Radio in seine Stube:

> Wie könnte ich in dieser Nacht mein Land vergessen? Da liegt es in der Mitte eines zerrissenen Erdteils, zerrissen, zerschnitten, ein dunkles Land. – Wir, in der Tiefe des Elends, in Hoffnung und Furcht, wir, die verloren scheinen – wer verwehrt uns, den Gedanken Europa mit größerer Leidenschaft zu denken als jeder andere?

Die Sehnsucht läßt ihn jedoch zweifeln und nimmt ihm die Sicherheit, voll an Europa zu glauben: »Immer die Stimmen, die Rufe / drängen mich Tag und Nacht: / was wir nicht bauen konnten – / sage: wird es vollbracht?«

Bauer wurde tief enttäuscht von der Nachkriegsentwicklung im geteilten Deutschland. Die furchtbaren Lehren des Krieges hatten nicht zu einer Selbstbesinnung der Menschen (und der Politiker) geführt, die Erkenntnis eigenen Versagens und eigener Schuld stellte sich nur bei wenigen Menschen ein. Die deutsche Politik geriet wieder in die alten Gleise.

In *Mein blaues Oktavheft* (1954) stehen erschütternde Gedichte, in denen Walter Bauer davon spricht, Beispiele dafür bringt, daß die Menschen nichts dazugelernt haben, daß sich die Geschichte mit all ihrem Schrecken zu wiederholen droht. Ein solches Gedicht ist *Einem Fremden etwas zeigend*: Walter Bauer führt den Fremden durch die Stadt, er zeigt ihm die Straßen und Plätze, auf denen nach den Bombennächten die Toten lagen, viele Kinder darunter. Er führt den Fremden vor die Luftschutzkeller: »Hier verbrachten die meisten endlos scheinende Lehrstunden für eine andere Welt. Ob die Prüfung bestanden wurde, fragen Sie? Nein.« – Wie schlimm für uns, daß es auf diese entscheidende Frage die Antwort »Nein« gibt, nicht ein allgemeines, überzeugendes »Ja«.

Walter Bauer hielt es nicht mehr in Deutschland. Im Herbst 1952 wanderte er nach Kanada aus. Bevor er wegfuhr, schrieb er einem Freunde: »Ich wollte nicht vor Scham, Ekel, Zorn und Resignation ersticken. Ich wollte dem Tisch entfliehn, an dem die

Wasser immer dünner, immer vergifteter wurden. Das Morgenrot, das wir erhofften, ist nicht gekommen. Restauration und Reaktion sind im Begriff, die Plätze einzunehmen.«

In *Mein blaues Oktavheft* (1954) steht auch ein Gedicht, das vom Bergmann spricht. Es ist aber nicht einer Person allein gewidmet, sondern durchaus symbolisch zu verstehen:

Trost

Da ist einer, tief unten
beim Lichte der Grubenlampe
verbringt er die Schicht;
niemand kennt ihn.
Er läßt sie Feste feiern da oben –
geduldig hackt er.
Er läßt sie Reden halten oben –
geduldig fördert er.
Er läßt sie ihre Zukunftsmusik anstimmen –
geduldig ist er in seiner Tiefe.
Sehr viele sprachen schon seinen Namen.
Nacht ist um ihn, zu Stein gewordene Sonne.
Stark sind seine Muskeln –
doch scheint er ihr Knecht,
mit schweren Händen, mit langsamen Gedanken.
Sie verfügen über ihn. –
Immer wieder
wird er sich aufrichten in seiner Tiefe,
langsam, durch nichts dann zu halten,
das Erdreich zersprengen
und seine Wahrheit verlangen.

Hoffen wir, daß immer aufs neue Menschen aufbrechen, sich auflehnen und nach der Wahrheit verlangen.

Als dieser Gedichtband erscheint, ist Bauer schon in Toronto (Kanada). Obwohl er wußte, daß ihn dort die Ungewißheit erwartete, wie er sein Brot verdienen könnte, ging er in dieses fremde Land, um vollständig neu anfangen zu können. Er glaubt nicht daran, daß dort bessere Menschen leben werden, aber hier hielt ihn nichts mehr.

Anfangs findet er Arbeit in einer Fabrik. Dann bekommt er einen Job als Packer. Nachdem er die ersten Schwierigkeiten der ungewohnten Arbeit überwunden hat, schreibt er an Ernst Tessloff:

> Die äußeren Umstände meines Lebens haben sich nicht geändert. Ich bin noch Packer und arbeite schwer. Das Aufschichten der Kisten und Kartons ist so eine Sache. Wenn es Wahrheiten sind, so habe ich ein paar einfache Wahrheiten wiedergefunden: die Wahrheit von der Luft, die, wenn man nach zehn Stunden aus dem

Tor tritt, wie reines Wasser schmeckt, die Wahrheit vom Aufgehobensein in einem team, die Weisheit des siebenten Tages als eines Ruhetages ... Hier bin ich niemand – everybody –, der wie alle im streetcar named Jane Bloor fährt, in einem lunch-room ißt, von keinem angesehen, von keinem gefragt, was das nächste Buch macht – und das empfinde ich jetzt als wohltuend.

Walter Bauer lernt in Kanada einen Menschenschlag kennen, der frei von Verzweiflung und Angst ist. Er selbst ist noch nicht frei davon, denn in ihm nagt noch die Scham über die Verbrechen, die von seinem Volke, dem er sich so tief verbunden fühlt, in der Vergangenheit begangen wurden. So klingt aus seinen Kurzgeschichten immer wieder das Verlangen, etwas wiedergutzumachen.

Bald wechselt Walter Bauer seinen Job. Er wird Tellerwäscher. Jetzt steht er von abends sieben bis morgens um vier im Dunst der Küche und reinigt Geschirr. Darüber schreibt er:

Teller reinigend von Überresten,
Denke ich nach.
Abfall in die Tonne wischend,
Denke ich nach.
Ungestört wandern meine Gedanken
Hierhin und dorthin und kommen zurück,
Und ich denke nach,
Ein nächtlicher Schüler Sokrates',
Fragen stellend.
Teller reinigend von Überresten,
Denke ich darüber nach,
Wieviel in der Welt
Zu den Überresten gehört.

Diese Verse stammen aus dem Gedichtband *Nachtwachen des Tellerwäschers*, erschienen 1957 im Verlag Kurt Desch.

Walter Bauer hatte sich im Laufe der Jahre, die er sich in seiner neuen Heimat befand, nicht nur durch seiner Hände Arbeit Anerkennung verschafft, sondern wurde auch als Schriftsteller und Übersetzer bekannt. Das brachte ihm ein Stipendium zum Besuch der Universität Toronto ein. Dort legte er 1957 sein Bakkalaureat ab und ist heute Lektor am Germanischen Institut der Universität Toronto.

Im Tessloff-Verlag, Hamburg, erschien kürzlich ein neuer Gedichtband Walter Bauers, *Klopfzeichen*. Hier ist eines der stärksten Gedichte daraus:

Still, still, ich höre Kinder singen.
Es ist nahe bei mir, im Garten,
Überwölbt von der Stimme der Stadt,
Vom Himmel bedacht, der ihnen seine Geheimnisse schenkt.
Still, still, ich höre Kinder singen.
Es ist ferne von hier, fern von dieser Stadt, diesem Lande.

> In Peru fassen sich die Kinder bei den Händen
> Wie in Rußland,
> Und in Deutschland verschlingen sich Kinderhände
> Wie in den Staaten.
> Sie singen und bewegen sich im Kreis
> In Frankreich und in Israel.
> Still, still, ich höre Kinder der Welt singen,
> Im Herzschlag des Morgens überall singen sie im Licht.
> Still, stört sie nicht.

Somit hat der eigentlich nur kurze Zeit in seiner Jugend und einige Jahre im Alter als Arbeiter tätige Schriftsteller seine Vergangenheit und die Gegenwart gemeistert. Er hat den Weg des arbeitenden Menschen vom Proleten bis zum heute so abgeschmackten »Arbeitnehmer« durchmessen und immer wieder erkannt, daß der Arbeiter das, was er erreichen könnte, nicht erreicht hat. Walter Bauer wird nicht müde werden, weiter gegen Unrecht und Gleichgültigkeit aufzubegehren, denn im Grunde ist er einer, der mit dem arbeitenden Menschen fühlt und leidet.

Ob er jemals wieder nach Deutschland zurückkehren wird, ist noch ungewiß. Solange es aber noch Mahner wie Walter Bauer gibt, ist es nicht schlecht bestellt um die arbeitende Menschheit.

Walter Köpping
Victor Kalinowski (1879–1940)

Ich lebe, Büder, euer Leben
vom ersten bis zum letzten Schritt.
Wohin auch eure Wege streben:
Ich gehe mit euch immer mit.

Mit diesen Zeilen beginnt das Einleitungsgedicht des ersten und einzigen Gedichtbandes von Victor Kalinowski, *Meine Seele singt!* (Bochum 1922). Das Bekenntnis ehrt den Arbeiterdichter Kalinowski – und wir können heute, in der Rückschau auf sein vollendetes Leben, sagen, daß er nie wankend geworden ist, daß er dieses Wort mit seinem Leben bestätigt hat.

Victor Kalinowski ist heute nahezu unbekannt. Das ist unverdient, das ist zu beklagen. In den zwanziger Jahren wurden viele seiner Gedichte nicht allein in der *Bergarbeiter-Zeitung*, sondern auch in der übrigen Gewerkschaftspresse und der Parteipresse veröffentlicht. Er schuf ein umfangreiches Werk; es ist aber seine Tragik, daß die besten Teile davon verschollen sind. Als 1933 die braune Nacht über Deutschland hereinbrach und mit der Arbeiterbewegung auch die Arbeiterdichtung zu einem vorläufigen Ende kam, da hatte Kalinowski gerade die Herausgabe eines zweiten Gedichtbandes und die Veröffentlichung eines Jungarbeiterromans aus dem Ruhrgebiet vorbereitet. Diese Manuskripte wurden 1942 von der Gestapo vernichtet.

Die Bergarbeiterbewegung hat allen Anlaß, sich dieses Mannes wieder zu erinnern. Die besten Arbeiten Victor Kalinowskis haben uns noch heute etwas zu sagen. Ein Beispiel dafür ist sein Gedicht *14 Prozent Dividende*. Bei dem Unglück auf der Zeche Anna II in Alsdorf wurden im Oktober 1930 mehr als 260 Bergleute getötet. Damals stand in der *Deutschen Bergwerkszeitung*, einem Unternehmerblatt, folgende Notiz: »Auf die Dividende dürfte das Unglück von Alsdorf ohne Einfluß bleiben, da bis zum Jahre 1942 die 14prozentige Dividende garantiert wird.« Victor Kalinowski empörte sich darüber. Sein Gedicht – eine einzige zornige Anklage – wurde in der *Bergbau-Industrie*, der Zeitung des Alten Verbandes, am 8. November 1930 gedruckt:

14 Prozent Dividende

Flammen schlagen aus dem Schacht,
Schachthaus stürzt in Schutt und Scherben.
Drunten in der Grubennacht
rast der Tod und sät Verderben.
Tja, wenn auch die Grube brennt:
Sicher sind vierzehn Prozent!

Menschen frißt die heiße Glut,
frißt zweihundertsechzig Herzen.
Menschen wälzen sich im Blut.
Menschen winden sich in Schmerzen.
Tja, wenn auch die Menschheit flennt:
Sicher sind vierzehn Prozent!

Kohle! Kohle! Immer 'ran!
Preßlufthämmer in die Hände!
Abkehr, wer nicht schuften kann!
Tempo! Tempo! Dividende!
Tja, da sind wir konsequent:
Sicher sind vierzehn Prozent!

Was? Du knurrst? Zu wenig Lohn?
Schwere Arbeit? Schicht verkürzen?
Mund gehalten! Keinen Ton!
Sollen denn die Kurse stürzen?
Tja, was man so Wirtschaft nennt:
Sicher sind vierzehn Prozent!

Victor Kalinowski wurde als Sohn armer Landarbeiter am 24. August 1879 in Schönfelde, einem Dorf bei Allenstein (Ostpreußen) geboren. Nach dem Besuch der Volksschule ging er in die Schriftsetzerlehre bei der *Gazeta Olstynska*. Später packte ihn die Wanderlust, und er durchquerte ganz Deutschland. Im Ruhrgebiet wurde er dann seßhaft. 1902 begegnete er der Sozialwelt des Bergarbeiters. Diese Begegnung wurde ihm zum Schicksal. Er trat in die Dienste des Alten Bergarbeiterverbandes: Acht Jahre redigierte er die polnische Ausgabe der Verbandszeitung, die damals in Herne herausgegeben wurde. Als diese Ausgabe eingestellt wurde, ging Victor Kalinowski als Setzer in die Druckerei des Verbandes in Bochum. Dort blieb er bis 1933 (abgesehen von einer Unterbrechung 1915 bis 1918, als er als Dolmetscher in ein Lager für russische Gefangene verpflichtet wurde).

Kalinowski beherrschte mehrere slawische Sprachen. Frühzeitig schon trat er als Übersetzer hervor. Gedichte schrieb er erst verhältnismäßig spät, wahrscheinlich von 1914 an. Im Januar 1915 stand das erste Gedicht von ihm in der *Bergarbeiter-Zeitung*. 1922 erschien im Verlag des Bergarbeiterverbandes in Bochum sein Gedichtband *Meine Seele singt!*, er schrieb ein Theaterstück – *Stadt und Land, Hand in Hand* –, das nicht aufgeführt wurde.

Victor Kalinowski war ein bescheidener Mensch, und er blieb es bis zu seinem Tode. Zwar war er nie selbst Bergarbeiter gewesen, aber er lebte sich verstehend in die bergmännische Welt ein. Durch seine Arbeit im Verband und durch seine schriftstellerische Arbeit wollte er der großen Bewegung dienen, den drangsalierten Bergarbeitern helfen. Dafür finden sich unzählige Zeugnisse in seinen Gedichten. Wilhelm Helf, der ihn kannte und förderte, urteilte über ihn: »Er blieb der bescheidene Arbeitsmann im Setzerkittel, er sprach wenig, lächelte selten und führte außerhalb seiner Arbeit ein zurückgezogenes Leben.«

In seinen Gedichten aber offenbart sich eine Kämpfernatur. Bereits während des Weltkriegs hatte er in Gedichten Anklage gegen die Verantwortlichen erhoben: In der *Bergarbeiter-Zeitung* vom 15. Januar 1916 stand ein Gedicht mit der Überschrift *Glaube an die Menschheit*, in dem er für Frieden und Menschenliebe wirbt, in der Ausgabe vom 11. August 1917 wurde das Gedicht *Drei Jahre* gedruckt, das mit den Worten beginnt: »Drei Jahre schon fließt in Strömen das Blut ...«. Auch nach dem Kriege erhob er immer wieder mahnend seine Stimme: Am 27. Juli 1929 (15 Jahre nach Beginn des Weltkriegs) standen in der *Bergbau-Industrie* gleich zwei pazifistische Gedichte Kalinowskis: *Bilanz des Weltkriegs* und *Jaurès' Tod* (Jaurès, ein französischer Sozialist und Pazifist, wurde in den ersten Kriegstagen von französischen Nationalisten ermordet). Und ein Jahr später, am 26. Juli 1930, veröffentlichte die Verbandszeitung sein Gedicht *Du sollst nicht töten!*, das die Widmung trägt: »Zum 16. Jahrestag des Weltkrieges«.

Auch in die innenpolitischen Auseinandersetzungen griff Victor Kalinowski immer wieder mutig ein. Nahezu zu jeder Reichstagswahl und preußischen Landtagswahl nahm er Stellung, versuchte die Bergarbeiter aufzurütteln. Er glaubte an den Sieg der Arbeiterbewegung durch freie Wahlen, er setzte auf die »Revolution durch den Stimmzettel«. In seinem Gedicht *Wahlaufruf zur Nationalversammlung* (1919) stehen die charakteristischen Sätze: »Auf euch, Proleten, blickt die Welt! ... Der Zettel soll das Urteil sprechen ... Die Urne ist das Maß der Macht.« Wir wissen heute mehr. Aber es wäre billig, über diese Fehleinschätzung der politischen Verhältnisse zu lächeln. Was mag man später einmal von unserem Verhalten in unserer Epoche sagen?

Die Leidenschaft, mit der Kalinowski in die politischen Kämpfe eingriff, kommt gut in seinem Aufruf zur Preußischen Landtagswahl am 20. Februar 1921 zum Ausdruck:

Euch ist die größte Macht gegeben!

Steigt aus den dunklen Kohlenschächten,
Ihr Knappen, in das helle Licht
Und richtet jene, die euch knechten,
Denn heute seid ihr das Gericht!
Das Urteil sollt ihr heute sprechen!
Den Damm des Rückschritts sollt ihr brechen!
Man hat euch lang genug gequält!
Geht an die Urne! Urteilt! Wählt!

Man hat gar schnell das Wort gebrochen,
Das man in schwerer Zeit euch gab.
Vergeßt nicht, was man euch versprochen!
Grabt dem Profit das tiefste Grab!
Marschiert zur Wahl in dichten Scharen
Und jagt das Kapital zu Paaren!
Wer heute seine Pflicht vergißt,
Vergißt, daß er ein Bergmann ist!

Auf euch stützt sich das Staatsgebäude.
Ihr seid der Wirtschaft Fundament.
Ihr spendet Wärme, Licht und Freude,
Von der man euch noch immer trennt.
Euch ist die größte Macht gegeben,
Sie wird euch aus dem Elend heben,
Wenn ihr euch selbst von ihm befreit
Durch eure Macht: die Einigkeit!

Es gilt, ein neues Reich zu bauen,
Das Reich der Menschenbruderschaft.
Drum weckt die Zagen und die Lauen
Aus ihrer dumpfen Geisteshaft.
Heraus, ihr Knappen, aus den Gruben!
Heraus, ihr Frauen, aus den Stuben!
Erlösen kann euch nur die Tat!
Wie ihr seid, so ist auch der Staat!

In vielen Gedichten hat er zu politischen Ereignissen und gewerkschaftlichen Problemen Stellung genommen. Er schrieb über den Kapp-Putsch, zum dreißigjährigen Bestehen des Bergarbeiterverbandes, er forderte zur Teilnahme an Betriebsratswahlen und Knappschaftsältestenwahlen auf, behandelte die Grubenunglücke, beklagte den Tod Otto Hues, schrieb Gedichte zum 1. Mai, ehrte die Jubilare, wetterte gegen die Unorganisierten und die »Beitragsscheuen«, widmete jedem Gewerkschaftskongreß ein Gedicht. Die meisten Gedichte dieser Gattung sind keine Dichtungen, auch Kalinowski selbst wird sie nicht überschätzt haben, es sind oft gereimte Leitartikel oder Flugblätter in Strophenform. Solche Gedichte aber sind für eine Gewerkschaftsbewegung wertvoll, solche Gedichte fanden oft eine überraschend weite Verbreitung in der Bergarbeiterschaft. So hob Kalinowski beispielsweise in der *Bergarbeiter-Zeitung* vom 4. Mai 1918 die Bedeutung des gewerkschaftlichen Zusammenschlusses hervor:

Victor Kalinowski (1879–1940)

Beispiel

Ein Blatt Papier zerreißt ein Kind
Und streut die Fetzen in den Wind,
Jedoch ein Band von *tausend* Blatt
Trotzt selbst dem stärksten Goliath.

Dies Beispiel gibt dir den Bescheid:
Ein Mann gilt nichts als Einzelheit,
Doch schließt er sich der *Vielheit* an,
Gibt's nichts, das ihn bezwingen kann!

Scharf ist seine Kritik an den Abseitsstehenden, den Schmarotzern: *An die Unorganisierten* ist ein Gedicht vom Februar 1918 überschrieben, in dem es heißt: »… du bist am grünen Baum des Lebens / ein dürrer, unfruchtbarer Ast. / Du pflegst den Geist des Widerstrebens, / dem du dein Glück verschachert hast.«

In der Ausgabe der *Bergarbeiter-Zeitung* vom 15. November 1924 stand ein Gedicht mit unmißverständlicher Überschrift:

Idioten organisieren sich nicht!

Das Pflegehaus für Idioten
Gab letzten Hort den armen Kranken.
Das Schicksal warf sie zu den Toten
Im Reich der logischen Gedanken.

Umschattet waren ihre Seelen
Von Nebeln und von Finsternissen.
Sie konnten kaum drei Knöpfe zählen.
Sie wußten nicht, was Kinder wissen.

Der alte Arzt, der sie betreute,
Verstand ihr kindisches Gebaren,
Doch es gelang ihm nicht bis heute,
Sie vor dem Schwachsinn zu bewahren.

Einst stellte ihm ein Freund die Frage,
Ob Idioten fähig seien,
Aus ihrer dumpfen, stumpfen Lage
Sich auch gemeinsam zu befreien?

»Oh«, sprach der Arzt, »bei geistig Toten
ist kein Gemeinschaftssinn zu spüren,
Drum werden auch die Idioten
Sich nie zur Wehr organisieren!«

Das ist sicher weit entfernt von Dichtung, es ist aber ein interessantes Zeitdokument.

Victor Kalinowski erwarb sich im Laufe seines Lebens ein umfangreiches, erstaunliches Wissen. Als Setzer fügte er nicht mechanisch Lettern zu Worten und Worte zu Sätzen; er überdachte das, was er für die *Bergarbeiter-Zeitung* zusammenstellte, es wurde für ihn zum Anlaß für geistige Auseinandersetzungen, die auch seine Freizeit ausfüllten. Mit Übersetzungen slawischer Lyrik begann er; bald schrieb er selbst Gedichte. Als Setzer hatte er bei seiner Arbeit in der Druckerei des Bergarbeiterverbandes die Gedichte Heinrich Kämpchens gesetzt. Jahrelang waren diese Gedichte Kämpchens, der einer der geistigen Führer der Bergarbeiter war, regelmäßig in der Verbandszeitung erschienen. 1912 starb Kämpchen. Und bald sah Kalinowski seine Aufgabe darin, das Werk Kämpchens fortzusetzen. Nun erschienen die Gedichte Victor Kalinowskis in der *Bergarbeiter-Zeitung* und in der *Bergbau-Industrie* (wie die Verbandszeitung ab 1929 hieß). In seinen besten Gedichten hat Kalinowski sein großes Vorbild Heinrich Kämpchen erreicht. So wurde Victor Kalinowski in den zwanziger Jahren zu einer Art Hausdichter des Alten Verbandes.

Dabei hat Kalinowski eine Entwicklung durchlaufen, er steigerte sich und wurde reifer. Dieser Prozeß aber blieb weithin unbemerkt. Greifbar ist heute lediglich der Gedichtband *Meine Seele singt!* (1922). Die meisten der dort zusammengefaßten Gedichte wirken heute blaß oder abstrakt. Manchmal verwehrt ein gehöriges Maß an Pathos den Zugang zu den Gedichten. Oft erkennt man auch, daß es sich um tastende Versuche gehandelt hat oder daß Kalinowski bei der Nachahmung von Vorbildern stehengeblieben war. Erheblich stärker und origineller sind die Gedichte, die er zwischen 1922 und 1933 in der Zeitung des Verbandes veröffentlicht hat. Um so mehr muß man bedauern, daß der geplante zweite Gedichtband nicht mehr erscheinen konnte.

Nur selten hat Victor Kalinowski bergmännische Themen in Gedichten behandelt. Zwei Beispiele aus der *Bergarbeiter-Zeitung* (vom 21. März 1925 und 1. März 1924) beweisen aber, daß ihm auch das gelang, daß ihm eine bewundernswerte Einfühlungsgabe gegeben war:

Der Jungkamerad

Er geht bedächtig zur gewohnten Schicht
In seines Vaters ausgetretnen Spuren.
Ein Schatten furcht sich in sein Junggesicht
Wie eine Wolke in ergrünte Fluren.

Die Kaffeepulle gluckert hinterrücks.
Die Hände hängen lässig in der Tasche.
An seinem Weg steht keine Fee des Glücks –
Sein Weg ist überstäubt mit schwarzer Asche.

Acht Stunden lang zermürbt er seine Kraft
Für irgend jemand, dem er nie begegnet.

Stumm geht er heim, ermüdet und erschlafft,
Wo ihn der stille Blick der Mutter segnet.

So geht er Tag für Tag an seinen Platz.
So lebt er Tag für Tag in gleicher Weise.
So hebt er Tag für Tag den schwarzen Schatz
Für irgend jemand aus dem goldnen Kreise.

So dreht er sich im täglichen gleichen Kreis,
Versucht vergebens, sich emporzuschwingen.
Er ist verdammt, im ausgetretnen Gleis
Der schweren Fron die Jugend zu verbringen.

Doch die Gewissheit gibt ihm Kraft und Mut:
Am Weg zur Arbeit werden Blumen sprießen,
Wenn alle Ströme jugendheißer Glut
Sich in das Meer der Einigkeit ergießen.

Tod im Schacht

Es fiel ein Stein im tiefen Kohlenschacht
Und hat dem Knappen breit die Stirn gespalten.
Als seine Lippen ungehört verlallten,
Stieg seine Seele in die Sternennacht.

Die Grube spie ihr stummes Opfer aus
Wie Rauchgewölk aus dickgebauchten Schloten.
Auf morschem Tragebrett trug man den Toten
Durch die entlärmte Winternacht nach Haus.

Ein Stern hing überm Haus und weinte rot,
Und in den Stübchen stöhnten Traumgespenster.
Ein Weib fuhr aus dem Schlaf. Wer klopft ans Fenster?
Vielleicht war es der Wind, vielleicht der Tod.

Victor Kalinowski hat in so manchem Gedicht die Not und die Verzweiflung der Menschen damaliger Zeit eingefangen. Im Gedicht *Schatten* aus der *Bergarbeiter-Zeitung* vom 22. März 1924 heißt es in der ersten Strophe: »Ich sehe Menschen, die nur Schatten sind. / Bleich ist das Antlitz, hungerhohl die Wangen. / In ihren Augen geistert ein Verlangen, / Ein Wunsch nach Glück, der aus der Arbeit rinnt.«

Derb und farbkräftig ist seine Schilderung der Arbeiternot, die am 10. Januar 1925 in der *Bergarbeiter-Zeitung* veröffentlicht wurde:

Der reiche Arbeiter

Was besitzt der Arbeitsmann?
Sein Reichtum, sein Gut
Hat Platz im Fingerhut.
Irgendwo und irgendwann
Hat er Arbeit; oft auch keine.
Hat er aber wirklich eine,
Schuftet er von früh bis spät.
Doch verläßt ihn nicht die Not,
Wo er geht und wo er steht.
Zur Erholung keine Zeit.
Immer Kohldampf, wenig Brot.
Löcher im verbrauchten Kleid.
Löcher in den Schuhen.
Löcher in den Taschen.
Mäuse in den Truhen.
Schimmel in den Flaschen.
Fliegen in der Pfanne.
Malzbrüh in der Kanne.
Paar schiefe Pantoffeln.
Zehn Pfund Kartoffeln.
Ein halbes Pfund Knochen
Zum Braten und Kochen.
Eine Schwarte zum Specken.
Zehn Finger zum Lecken.
Als himmlische Gabe
Ein Topf Marmelade.
Kehricht zum Feuern.
Mieten und Steuern.
Als Wohnung zwei Zimmer
Mit Wanzen und Kraken.
Geschrei und Gewimmer,
Quieken und Quaken
Hungriger Göhren,
Die ihm gehören.
Ein hustendes Weib
Und etwas Liebe im Leib. –
So lebt im Bann
Von Leid und Verdruß
Der Arbeitsmann,
Der Lazarus.

Victor Kalinowski (1879–1940)

Im Herbst 1929 begann die große Wirtschaftskrise, die auf ihrem Höhepunkt zu mehr als sechs Millionen Arbeitslosen in Deutschland führte und die entscheidend zum Zusammenbruch der Weimarer Republik beitrug. Wiederholt hat sich Victor Kalinowski mit den Ursachen der Krise und ihren schlimmen Folgeerscheinungen beschäftigt. Unzählige Menschen hungerten, auf der anderen Seite wurden große wirtschaftliche Werte vernichtet, Getreide beispielsweise ins Meer geschüttet oder in Lokomotiven verbrannt. Davon spricht Kalinowski u.a. in seinem Gedicht *Not-Weihnacht* (aus der *Bergarbeiter-Zeitung*, 26. Dezember 1931):

Not-Weihnacht

Und wieder schallt die alte Mär
Von Liebe und Friede auf Erden,
Jedoch die Welt ist liebeleer,
Und Frieden will es nicht werden.
Millionen leben in Leid und Not,
Millionen schreiben nach Licht und Brot,
Millionen wollen mit Hirn und Hand
Schaffen im Menschheitsverband.

So kehrt in viele Hütten ein
Der Mangel am Festtag der Liebe.
Kein Frohsinn, kein Schenken, kein Kerzenschein
Verklärt das Weihnachtsgetriebe.
Die Freude, das Familienglück
Geht aus dem Hause Stück um Stück,
Seit man nach Arbeit sucht und sinnt
Und Tag um Tag verrinnt.

Die Erde hat alle Speicher gefüllt,
Kein Mensch braucht Hunger zu leiden.
Die Liebe aber hat das Antlitz verhüllt,
Denn die Begierden entscheiden.
Vernichtet wird der Überfluß,
Wenn auch der Arme darben muß.
Trotzdem singt man zur Weihnachtszeit:
Freue dich, Christenheit!

Und wieder kündet der Glocken Klang
Das Heil der Erlösung auf Erden. –
Erlösung aus Unrecht, aus Not und Zwang
Wir allen Schaffenden werden,

Erst wenn sie die Botschaft gründlich verstehn
Und einig miteinandergehn,
Dann herrscht auf Erden für alle Zeit
Liebe, Friede, Gerechtigkeit!

Natürlich fehlen im Werk Victor Kalinowskis nicht die zukunftweisenden und anspornenden Gedichte. In vielen Mai-Gedichten hat er die Schönheit einer kommenden Welt beschworen, in Strophen versuchte er Begeisterung zu wecken, die Arbeiter zur Tat aufzurufen und sie mitzureißen.

Ein Beispiel für Kalinowskis Zuversicht und Zukunftssicherheit ist das Gedicht *Arbeiterkinder*, erschienen in der *Bergarbeiter-Zeitung* am 14. Januar 1928:

Arbeiterkinder

Wir sind noch jung, wir sind noch klein,
Uns lacht noch Lust und Leben.
Wir wachsen in die Zeit hinein,
Der *wir* ein Antlitz geben.

Der Vater werkt, die Mutter schafft,
Die Not hat sie verkümmert.
Wir wachsen in die große Kraft,
Die alle Not zertrümmert.

Die Welt ist morsch, die Welt ist alt,
Es gilt, sie jungzurütteln.
Wir wachsen wie der junge Wald,
Den die Gewitter schütteln.

Wenn wir so groß wie Vater sind –
Hoi-ho! – dann weh den Schindern!
Wir wachsen wie der Wirbelwind,
Wenn ihn die Berge hindern.

Uns ruft die Zeit, wir brechen vor
Mit donnernden Gesängen.
Wir wachsen, bis wir einst das Tor
Der alten Ordnung sprengen.

Aber die Zukunft sah ganz anders aus, als sie sich Victor Kalinowski erträumte. Das Elend und die Verzweiflung der Weltwirtschaftskrise gaben einen fruchtbaren Boden für Hitlers Demagogie ab, die Nazis gewannen immer mehr Macht, die bürgerlichen Parteien zerbröckelten, und schließlich konnte auch die Arbeiterbewegung die braune Flut nicht mehr zurückwerfen. Kalinowski widersetzte sich gemeinsam mit vielen anderen Gewerkschaftern

Victor Kalinowski (1879–1940)

und Sozialisten den Nazis. Er war Sozialist, machte nie ein Hehl daraus – auch nach 1933 nicht. In manchem scharfen, beißenden Gedicht kämpfte er gegen Hitler und seine Helfer. Bereits im April 1925 – Friedrich Ebert war gerade gestorben – suchte er mit sarkastischen Versen dazu beizutragen, die Wahl Hindenburgs zum Reichspräsidenten zu verhindern. *Links um! Links um!* war das in der Verbandszeitung veröffentlichte Gedicht überschrieben, das mit den Worten beginnt: »Papa Hindenburg will deutscher Präsidente werden ...«

Im Juni 1932 warnt Kalinowski: »Im dritten Reich / Wachsen alle Birnen weich. / Eingetunkt in alle Jauchen, / Wird die Dummheit nur so rauchen. // Der Prolet wird nach und nach / Schuften wie der Ochs im Joch.« Und wir sollten lesen, was Victor Kalinowski zur Reichstagswahl im Sommer 1932 in der *Bergbau-Industrie* schrieb:

Wahl – Alarm!

Es dröhnt der Ruf an alle Wähler,
An jede Frau, an jeden Mann:
Erhebt euch gegen eure Quäler
Und tretet alle, alle an!
Ja, tretet an mit heil'gem Grimme
Zur Urne, daß sie eisern klirrt,
Weil jede, jede, jede Stimme
Jetzt Weltgeschichte schreiben wird!

Soll denn der Landsknecht jetzt regieren?
Der Junker, der Kapitalist?
Soll sich der Mord mit Lorbeer zieren?
Soll Herrscher sein der Terrorist?
Soll die Gewalt das Recht bespucken?
Soll der Revolver Richter sein?
Soll sich der frei Bürger ducken?
Soll das Kosakentum gedeih'n?

Ersehnt ihr Wilhelms Polterschnute?
Ersehnt ihr den Kasernendrill?
Ersehnt ihr wohl die Hakenknute,
Mit der man euch kuranzen will?
Die Geier kreisen um die Beute
Und spähen mit brutalem Blick.
Schaut auf, schaut auf, ihr Arbeitsleute,
Sonst habt ihr sie bald im Genick!

Dem Reichen wird noch mehr gegeben,
dem Armen nimmt man noch den Rest.
Jetzt geht's um Freiheit wie um Leben,
Drum wählt, erstickt die Nazipest!

Wehrt euch mit eisenhartem Grimme,
So daß die Wahlfront kracht und klirrt,
Weil deine, meine, jede Stimme
Jetzt Weltgeschichte schreiben wird!

Wer 1932 in einer Gewerkschaftszeitung geschrieben hatte: »Erstickt die Nazipest!«, der mußte ja nach der »Machtergreifung« Hitlers im Januar 1933 auf einiges gefaßt sein. Victor Kalinowski verlor sofort seine Stellung. »Wir bekamen des öfteren Gestapo-Besuch«, berichtet Herta Kalinowski, Witwe des Dichters, die heute in Leipzig lebt. Lange Zeit war Victor Kalinowski arbeitslos, viele Male wechselte er den Wohnsitz, um so vielleicht der politischen Drangsalierung zu entkommen. Durch Vermittlung eines Freundes bekam er endlich Arbeit in einer Druckerei in Bielefeld als Fremdsprachen-Korrektor. Aber er hatte nicht mehr lange zu leben. 1928 hatte eine ernsthafte Erkrankung, eine Hüftgelenkentzündung, begonnen. Das Leiden verschlimmerte sich. Seine Frau schrieb uns dazu: »Seine Krankheit wurde gefördert, weil er seelisch unendlich litt und seinen Ekel vor der Verlogenheit sich nicht vom Herzen reden und schreiben konnte.« Denn selbstverständlich war ihm Schreibverbot auferlegt worden.

Er starb am 9. April 1940 in Bielefeld. 1942 beschlagnahmte die Gestapo seinen Nachlaß. Das war, als die Witwe Herta Kalinowski wegen Wehrkraftzersetzung verhaftet und ins Zuchthaus gebracht wurde.

So wissen wir heute zu wenig vom Arbeiterdichter Victor Kalinowski. Vieles von dem, was er schuf, ist entweder vernichtet oder ins Vergessen gesunken. Ganze Abschnitte seines Lebensweges blieben im Dunkeln. Um wenigstens einen Eindruck von der Persönlichkeit dieses Menschen zu geben, seien abschließend zwei Episoden aus seinem Leben berichtet.

Kalinowski übersetzte, neben Dichtung, auch Aufsätze aus russischen und polnischen Zeitungen. Einmal forderte die *Wirtschafts-Zeitung* ihn auf, Artikel für sie zu schreiben. Kalinowski aber antwortete der Redaktion, daß er nur für sozialistische Zeitungen schreibe. Aber auch nach links zog Victor Kalinowski eine klare Grenze: Nach Übersetzung von Artikeln aus der *Prawda* wurde er von Moskau eingeladen, mit einer Delegation nach Rußland zu kommen. Damals wurde vorausgesetzt, daß die Teilnehmer an solchen Delegationen Kommunisten sind. Kalinowski lehnte es ab, in die Sowjetunion zu fahren.

Victor Kalinowski gebührt ein fester Platz in der deutschen Arbeiterdichtung.

Walter Köpping
Kurt Kläber (1897–1959)

Kurt Kläber ist heute den wenigsten bekannt. So mancher aber wird Kurt Held kennen, den Verfasser herrlicher Jugendbücher: *Die rote Zora und ihre Bande, Der Trommler von Faido, Matthias und seine Freunde* und *Giuseppe und Maria*. Und dabei ist Kurt Held niemand anders als Kurt Kläber. Daß aus Kläber Held wurde, das ist eine Folge der nationalsozialistischen Gewaltherrschaft. Der linksorientierte Arbeiterdichter Kurt Kläber hatte Hitler bekämpft, 1933 wurde er verhaftet, konnte freikommen und ging ins Exil in die Schweiz. Dort verhängte man über ihn ein Schreibverbot. Es war ein Glück für ihn, daß seine Frau, die Kinderbuchautorin und Märchenerzählerin Lisa Tetzner, verwandtschaftliche Verbindungen zur Schweiz hatte, und daß das ihr ebenfalls auferlegte Verbot bald aufgehoben wurde. So konnte ein gemeinsam geschriebenes Jugendbuch unter dem Namen Lisa Tetzner in der Schweiz erscheinen. Dann schrieb Kurt Kläber *Die rote Zora und ihre Bande*. Seine Frau wollte dieses Werk Kläbers nicht unter ihrem Namen veröffentlichen. Da legte er sich das Pseudonym Kurt Held zu (seine Schwiegermutter, geb. Held, stammte aus der Schweiz). Das Buch erschien 1941. Damit begann ein neuer Abschnitt im Leben Kurt Kläbers. Immer bekannter wurde der frischgebackene Schriftsteller Kurt Held – aber darüber geriet allmählich der Arbeiterdichter Kläber in Vergessenheit. Das aber hat er nicht verdient.

Kurt Kläber wurde am 4. November 1897 in Jena geboren. Sein Vater war Mechaniker in den Zeiss-Werken, in denen er später bis in die Geschäftsleitung aufstieg. Es ist nicht einfach, den Lebensweg Kläbers in allen Etappen und Verzweigungen korrekt nachzuzeichnen. »Die Phantasie ist das einzig Wahre«, so hat er einmal geurteilt. Er steckte voller Fabulierlust, neigte zu Übertreibungen: »kläbern« nannten das seine Freunde. Wenn er über sich selbst, seinen Lebensweg berichtete, dann ging offenbar dann und wann die Phantasie mit ihm durch. Das zeigt sich, wenn man seine eigenen Schilderungen mit denen seiner Frau (*Das war Kurt Held*, 1961) und denen von Freunden und Weggenossen vergleicht.

So ist nicht ganz sicher auszumachen, wie lange Kurt Kläber das Gymnasium besuchte (es war auf jeden Fall nur eine kurze Zeit) und wann er seine Lehre als Mechaniker beendete und den Gesellenbrief erwarb. Von der Oberschule lief er davon. Wie es weiterging, erfahren wir aus dem Erinnerungsbuch von Lisa Tetzner:

Als sein ältester Sohn berufsreif war, wollte Kurts Vater untersuchen, ob er zu einem bei Zeiss gesuchten Feinmechaniker tauge. Er gab ihm ein Stück Eisen und eine Feile in die Hand, führte ihn in den Obstkeller und bat: »Mein Sohn, feile mir aus diesem Eisen einen Würfel.« Schon am übernächsten Tag kam sein Sohn zurück mit einem kunstgerechten Würfel und trat darauf in die Firma Zeiss ein.

Dasselbe Experiment wollte der Vater mit Kurt, seinem jüngsten Sohn, versuchen. Auch er bekam die Feile und das Eisen und ging gehorsam in den Obstkeller. Aber nach drei Wochen war alles Obst im Keller aufgegessen, an Kurts Platz lag ein Schulheft, dicht beschrieben mit Gedichten. Das Eisen war noch immer kein Würfel.

Dennoch begann er eine Mechanikerlehre, hielt es aber nicht lange aus. Er ging auf Wanderschaft, kam durch halb Europa, versuchte sich in den verschiedensten Berufen. Als er nach Jena zurückkam, trat er doch noch bei Zeiss ein.

Am ersten Weltkrieg nahm er als Infanterist teil, war auf dem Balkan und kam bis Jerusalem. Dort erkrankte er an Malaria, eine Krankheit, die ihn durchs ganze Leben begleitete.

Das Kriegserlebnis machte ihn zum Pazifisten und Sozialisten. Er wurde zum Revolutionär, war am Spartakus-Aufstand maßgeblich beteiligt. »Es war eine stürmische Zeit«, schrieb er im November 1955 in einem Brief an die Jugendabteilung der IG Bergbau, »wir lebten ja alle in dem Glauben, daß wir gerade dabei waren, unser Schicksal, unser Leben, ja ganz Deutschland aus den Angeln zu heben – das hieß, es zu vermenschlichen, zu demokratisieren, ein Erdenparadies daraus zu machen«.

1919 zog er als Wanderbuchhändler durch Thüringen und Hessen. Beauftragt dazu war er vom Kultusministerium in Weimar. Bei einer Kirchweih in Lauscha (Thüringer Wald) lernte er die drei Jahre ältere Lisa Tetzner kennen. Er pries, vor einer hinfälligen Bude stehend, Bücher an (Goethe, Kleist, Tolstoi usw.), sie erzählte in den Schulen Märchen. Da Kurt Kläber die Angewohnheit hatte, abends Jugendliche und Kinder um sich zu versammeln und ihnen Erlebnisse und Geschichten zu erzählen (»Im Krieg habe ich keinen Schuß abgegeben. Ich hatte immer eine Blume, manchmal einen ganzen Strauß im Gewehrlauf stecken, weil ich nicht schießen wollte.«), kam er der Märchenerzählerin immer wieder ins Gehege. Bald zogen sie gemeinsam weiter. 1924 heirateten sie. Es wurde eine ungewöhnlich glückliche Ehe. Lisa Tetzner war Arzttochter, ihr Vater stand politisch rechts. Als sie den revolutionären Bräutigam ins Haus brachte, gab es heftige Auseinandersetzungen.

Kurt Kläber führte ein sehr bewegtes Leben. Ende 1919 war er im Ruhrgebiet und wurde Schlepper auf der Zeche Centrum, arbeitete später als Gesteinshauer. 1919 erschien auch sein erster Gedichtband: *Neue Saat*. Er war politisch aktiv, schrieb für Zeitungen, war Mitherausgeber von Zeitschriften und leitete die Arbeiterhochschule in Bochum. Dann kam eine Einladung von den Quäkern zu Vorträgen in den USA. Ein Jahr verbrachte er dort. Die Frucht war sein Roman *Passagiere der III. Klasse* (1927), der anarchistische Züge trägt: Das Buch besteht im wesentlichen aus aufgezeichneten Gesprächen von dreizehn Männern und drei Frauen im Zwischendeck eines Schiffes, das von Nordamerika nach Europa fährt. In diesen Gesprächen entwerfen diese entwurzelten Menschen das Bild einer ersehnten Gesellschaftsordnung voller Gerechtigkeit und Glück.

1923, nach der Rückkehr aus den USA, ging Kläber wiederum ins Ruhrgebiet, arbeitete erneut unter Tage. 1925 veröffentlichte er drei Bücher: den Band Erzählungen *Barrikaden an der Ruhr*, der von der Zensur verboten wurde, *Revolutionäre* und *Empörer! Empor!*, die beide jeweils Gedichte und Erzählungen enthielten.

Zu den frühen Gedichten Kurt Kläbers findet der Leser heute nur schwer einen Zugang. Kurt Offenburg (*Arbeiterdichtung der Gegenwart*, 1925) sagte seinerzeit zu Recht, daß Kläber seine Begabung »zur Verlebendigung eines bewußt revolutionären Willens nutzt«. Aus einer genauen Kenntnis des Denkens und des Charakters Kläbers heraus stellte Hans Alfken (*Kurt Kläber zum Gedächtnis*, 1961) fest: »Er wollte die Welt verändern um der Gerechtigkeit willen. Nur von hier aus ist seine Arbeit innerhalb der Kommunistischen Partei zu verstehen, der er anhing bis zur Erkenntnis des furchtbaren Betruges.« Kläber hatte die Schrecken des Krieges erlebt, die Laster, die Not, die Verzweiflung der Menschen, die Ungerechtigkeiten in der kapitalistischen Gesellschaft. Da nahm er gläubig die Lehre von Karl Marx auf, besonders dessen Prinzip, die Selbstentfremdung des Menschen aufzuheben und die Selbstverwirklichung des Menschen an Stelle dessen zu setzen.

Ein starkes Mitgefühl, Mitleiden und Menschenliebe – das waren die Antriebskräfte, die ihn in die politischen Kämpfe stürzen ließen und die sich in seinen Gedichten und Erzählungen widerspiegelten. Sein 1919 veröffentlichter Gedichtband *Neue Saat* schließt mit:

Bruder, du schaffender Bruder

Bruder, du schaffender Bruder,
ich habe den Haß und das Leid,
das dir aus gramerfüllten Augen sah,
in Worte gezwungen,
und was aus deinem Herzen und deiner Seele
und all den sausenden Rädern geklungen,
habe ich Tag für Tag in meine Seele geprägt.
Bruder!
Und wenn man heut meine Seele in deine
Hände legt,
dann glaube,
daß meine schaffende Kraft und mein junges
Herz mit dir klingt und schlägt
und mein Arm
Stein um Stein zu deinem heilgen Altar
trägt:
dem Altar der Freiheit.

Ein anderes Gedicht trägt die Überschrift *Friede auf Erden*, ein weiteres heißt *Eine Kirche*, und in *Die heilige Saat* stehen die für einen Spartakusmann überraschenden Zeilen:

> Und Jesus schreitet wieder über das Land,
> und Blut,
> sein Blut rinnt aus den Nägelmalen
> und seiner lieben Vaterhand.
> Er sät,
> sät Liebe.
> …
> Und ich höre ein himmlisches – himmlisches Klingen,
> höre ein Volk,
> erwachend,
> *de deum* singen,
> gebender Liebe,
> die strahlend aus blutiger Saat,
> aus unsrer heiligen Heimat
> aufersteht.

Das entsprach gewiß nicht dem Programm der KPD. Die kommunistische Literaturkritik hält das Kläber noch heute vor. So schrieb Gerhard Rudloff in der *Wissenschaftlichen Zeitschrift* der Martin-Luther-Universität Halle-Wittenberg im Mai 1961: »Er sieht die Berechtigung einer neuen Staatsordnung, doch lehnt er alle Gewaltmaßnahmen der unterdrückten Klasse ab. Kläber glaubt, die Widersprüche der bürgerlichen Gesellschaft durch Liebe überwinden zu können.«

Als Idealist erlebte Kurt Kläber bereits in den Wirren der Revolutionszeit herbe Enttäuschungen. Dafür zeugen einige Gedichte in *Neue Saat* (1919). Besonders widerten ihn betrunkene Arbeiter an, er erkannte, daß mit solchen Menschen keine bessere Welt zu bauen ist:

In einer Kneipe

> In einer Kneipe sitzen Menschen –
> viele –
> Männer, Frauen,
> und aus ihren verglasten Augen schauen
> wilde Lüste.
> »Brüder!« schreit einer.
> Brüllend fallen die anderen ein –
> »Brüder, jetzt wollen wir Herrscher sein!
> Wir« –
> Und er faßt lallend ins Leere hinein.
> Irgendwo jammert ein Schrei:
> »Wir sind frei!«

In einem anderen Gedicht fragt Kläber besorgt: *Ist das die Ernte?* Er beklagt die »Totenglocken«, den »gellenden Haß«, in denen »der Freiheit Lieder« untergegangen sind.

Mit seinem ersten Gedichtband erreichte Kläber noch nicht die Höhe, die andere Arbeiterdichter (Gerrit Engelke, Heinrich Lersch) erklommen hatten. Der kundige Julius Bab stellte 1924 in seiner Schrift *Arbeiterdichtung* fest: »Kurt Kläber hat etwas von einem Dichter. Sein Schwung ist echt, das Ungestüm seines Vortrags zuweilen packend. Aber in seiner Wortwahl ist er meist von den großen Vorbildern bürgerlicher Herkunft abhängig.« Das trifft auf *Neue Saat* zu. Die Gedichte von 1919 waren oft nichts weiter als gereimte Agitation, in Verse gepreßte Weltanschauung. Den späteren, gereifteren Bergmannsgedichten aber lag eigenes Erleben zugrunde, die Arbeit unter Tage. Mit knappen und sicheren Strichen entwirft hier Kläber Bilder, die voller Leben sind:

Der junge Bergmann

Er geht den gleichen Weg wie seine Väter,
so eingebogen ist sein junger Gang,
er ähnelt einem hoffnungslosen Beter,
nichts ist in ihm von Freude und Gesang.

Dumpf brüllt der Berg nach seinen jungen Schritten.
Die Essen schleudern Rauch. Sie glühen rot.
Er ist durch alles nur hindurchgeschritten.
Er weiß den Weg. Er weiß auch das Gebot.

Nun hält er schon in seinen dünnen Händen
die schwere Schaufel, wächsern, heiß und nackt.
Er weiß, dies dunkle Leben wird nicht enden,
und wiegt und hebt sich doch in seinem Takt.

Aus der Tiefe

Wir steigen aus den Schächten,
Wir steigen aus der Not.
Wir steigen aus den Nächten,
Aus Leben und aus Tod.

Wir sind der Erde Samen.
Wir sind der Erde Gut.
Sind Menschen ohne Namen
Und doch der Menschheit Blut.

Sind Erde, Mensch und Scholle
Und opferten uns hin.
Doch wie der Segen rolle,
Wir trugen nie Gewinn.

Wir kommen zu bezichten,
Wir klagen alle an.
Wir kommen, um zu richten,
Die uns das angetan.

Die Erde ist erschaffen,
Daß jeder Segen schaut,
Und nicht, daß die erraffen,
Nur ernten, was gebaut.

Wir sind der Tiefe müde,
Wir sind des Opfers leid.
Auch wir, wir wollen Friede
Um eine bessere Zeit.

Wir wollen nicht als Müher
Nur in die Erde gehn,
Wir wollen froh wie früher
Auch Tag und Sonne sehn.

Wir bitten nicht und hoffen,
Wir sind dazu zu alt.
Laßt alle Tore offen,
Sonst werden wir Gewalt.

Von 1924 an lebte die Familie Kläber/Tetzner abwechselnd in Berlin und im Tessin. Lisa Tetzner erkrankte 1924 schwer, der Arzt empfahl eine Übersiedlung ins Alpengebiet. Von da an behielten sie ein möbliertes Zimmer in Carona bei. Kläber arbeitete als Journalist, leitete Verlage, war Mitherausgeber von Zeitschriften. Die wichtigste war *Die Linkskurve* (1929–1933). Kläber ahnte den Krieg voraus, für den Fall, daß Hitler an die Macht kam. Kläber, der die meiste Zeit in Berlin lebte, war es gar nicht unrecht, daß sie die kleine Wohnung in der Schweiz hatten. Bald sollte sie ihnen zur Zuflucht werden. Schwere Wochen kamen für die Familie Kläber im Frühjahr und Sommer 1933. Zur Zeit des Reichstagsbrandes waren sie in Berlin. Lisa Tetzner schreibt: »Kurt, als erbitterter Nazigegner, hatte in diesen Tagen nie mehr daheim geschlafen, aus Angst vor plötzlicher Verhaftung.« Aber einmal blieb er doch über Nacht in seiner Wohnung, und er wurde prompt verhaftet. Niemand wußte, in welches Gefängnis er gebracht worden war. Aber Kurt Kläber hatte Glück. Er konnte freikommen. Dazu Lisa Tetzner in ihrem Erinnerungsbuch:

Ich besaß einen Brief vom nationalsozialistischen Kultusminister Rust, der Kläber um Abdruck seines Gedichtes »Eine Kirche« für das nationalsozialistische Lesebuch gebeten hatte. Mit diesem Brief ging ich in scheinheiliger Frömmigkeit ins Innenministerium zu Göring. Er kannte mich aus dem Rundfunk. Mit leisem Vorwurf zeigte ich ihm den Brief und erklärte verwundert: »Und diesen wertvollen Mann haben sie eingesperrt.« Göring entschuldigte sich nervös, telefonierte mehrmals und sagte mir dann, wo Kurt sich befand und daß ich meinen Mann, gegen den nichts vorliege, in wenigen Tagen wiedersehen würde.

Kurt Kläber tauchte nach der Entlassung bei Verwandten in Zittau unter. Er besaß keinen Paß. Eine Tante schmuggelte ihn über die Grenze in die Tschechoslowakei. Sofort reiste er weiter in die Schweiz. Dort traf er seine Frau wieder. Aber noch andere Emigranten stießen zu ihnen, so u.a. Bertolt Brecht mit Frau und Kindern. Mit Brecht war Kläber seit langem befreundet. Mehrere Monate wohnte die Familie Brecht bei ihnen in Carona.

In der Exilzeit arbeitete Kläber an antifaschistischen Zeitschriften mit, so u.a. an den *Neuen deutschen Blättern*, die in Prag verlegt wurden. 1936 erschien in Moskau ein Band mit zehn Erzählungen unter dem Titel *Die Toten von Pabjanice*. Sie waren eine Abrechnung mit dem Nationalsozialismus. In der Schweiz aber durfte Kurt Kläber nichts unter seinem Namen veröffentlichen. Die bürgerliche Welt in der Schweiz verhängte über diesen rebellischen Arbeiterdichter ein Schreibverbot.

Einmal, als Kurt Kläber längere Zeit allein im Hause in Carona war, fand er das angefangene Manuskript eines Jugendbuches seiner Frau. »Die schwarzen Brüder« war es überschrieben. Kindern, die fast täglich ins Haus zu Besuch kamen (eigene Kinder hatte er nicht), erzählte er viele Male diese Geschichte, sie vollendete sich allmählich unter seinen Händen. Das Buch erschien dann unter dem Namen Lisa Tetzner. Aber Kurt Kläber hatte am Jugendbuch Gefallen gefunden.

Bei einer Reise zu einem ebenfalls emigrierten Freund, der in Jugoslawien wohnte, hatten sie einen längeren Aufenthalt in Senj. Dort lernte er die Kinder kennen, denen wir in *Die rote Zora und ihre Bande* (1941) begegnen: Branko, Zora (sie führte damals tatsächlich eine Kinderbande) und all die anderen. Kläber schrieb dieses Buch in einem Zuge, er wollte es unter dem Namen seiner Frau veröffentlichen. Diese lehnte ab. So kam es zum Pseudonym Kurt Held, unter dem er dann weitere Jugendbücher schrieb: *Der Trommler von Faido* (1947), das den Aufstand der Levantiner gegen Napoleon zum Inhalt hat, *Alles für zwanzig Rappen* (1951), die Erlebnisse eines Schweizer Jungen, eines Verdingknaben, *Matthias und seine Freunde* (1953) und schließlich den vierbändigen Roman *Giuseppe und Maria* (1955). Dieser Roman geht, wie die *Rote Zora*, auf eigene Erlebnisse zurück. Kläber (oder sollen wir ihn nun Held nennen?) hatte mehrere Reisen nach Italien gemacht. In Neapel hatte er eine erste Begegnung mit verwahrlosten Kindern der Nachkriegsjahre und mit gewissenlosen Erwachsenen, die Geschäfte mit ihnen machten. Aus diesen Begegnungen erwuchs *Giuseppe und Maria*. Stundenlang hörte Kläber den Kindern zu, lud sie zu sich ins Hotel, ließ sich deren Erlebnisse berichten. Er erkannte die Schuld der Erwachsenen an dem Elend und der Verrohung der Kinder. Von dieser Zeit an verwendete er sehr oft ein Wort Albert Schweitzers: »Wenn die Menschen das würden, was sie mit zwölf Jahren sind, wie anders wäre die Welt.«

Es ist eine erstaunliche Tatsache, daß Kurt Kläber bis zu seinem vierzigsten Lebensjahr für Erwachsene schrieb und vom fünfzigsten an für Kinder. Er selbst sagte dazu, er habe vor allem zeigen wollen, wie schön die Welt sein kann, wenn man sie mit den Augen der Zwölfjährigen betrachtet. Das aber entdeckte Kläber nicht erst im Alter. Bereits in jungen Jahren hatte er enge Verbindung zu Kindern, so zum Beispiel bei seinen Wanderungen mit seiner Bücherbude. Nach der Rückkehr aus dem ersten Weltkrieg hatte er seine Hoffnung auf die Kinder gesetzt. In *Neue Saat* (1919) findet sich folgendes Gedicht:

Kinder säen

Ich sehe,
wie Kinder, jauchzende Kinder,
durch die blutende Heimat gehen
und Liebe säen.

Ich sehe,
wie Mütter und Frauen
nach ihren säenden Kindern schauen,
und wie ihr Kinderland leuchtend vor ihren Augen erstrahlt
und ihnen heimliches Rot auf die kummerblassen Wangen malt. –
Seh, wie sie heimlich hinter den Kindern gehen
und auch Liebe sä'n.

Ich sehe Männer,
die in schwarzen Kitteln
hinter Maschinen in hohen Sälen
oder in Kontoren brüten.
und die, wie erwachend, ihre Frauen schauen
mit dem heimlich erglühten
Lächeln auf den Wangen.
Und die Frauen nehmen die Männer
bei der harten Arbeitshand
und führen sie in das lachende, alle liebende Kinderland.

Und da zuckt über die bärtigen Wangen ein froher Schein
von vergangenen Zeiten und strahlendem Seligsein.
Und die Männer schaun sich an und sehen nicht,
daß der eine grauen Kittel trägt,
und der andere, in Pracht gehüllt,
sonst nur Reichtum wägt, –
und sie fühlen auch nicht mehr den wilden Haß,
der brütend in ihren Seelen und Herzen fraß. –

Ich sehe nur,
wie sie mit Kinderfreuen sich wieder in die Augen schauen
und dann hoffend aus ihrem erstrahlten Kinderland die Zukunft bauen.

Die Jugendbücher wurden zum großen Erfolg Kläbers. Unzählige Kinder schrieben ihm, fast jeden Tag bekam er Kinderbesuch in Carona. Er wurde Herausgeber einer Taschenbuchreihe, der »Drachenbücher«, die unter dem Protektorat der UNESCO standen. Er leitete das Sekretariat der Internationalen Vereinigung zur Herausgabe des guten Jugendbuchs.

1948 wurde er Schweizer Staatsbürger. Zuvor mußte er sich einer Prüfung in italienischer Sprache unterziehen. Damit hatte Kläber große Mühe, sie lag ihm einfach nicht. Schließlich halfen ihm die Prüfer über diese Klippe hinweg. Im Festzug holten die Bewohner von Carona ihren neuen Landsmann ins Dorf zurück. Die Tessiner achteten und liebten ihn. »Perchè è buono«, sagten sie, »weil er gut ist«. Eine bezeichnende Episode hat uns Lisa Tetzner in ihrem Buch *Das war Kurt Held* (1961) überliefert:

Nach der Einbürgerung mußte Kurt noch einer Musterung für das Schweizer Militär folgen. Als er unten im Luganeser Park saß, trat ein Schweizer Offizier auf ihn zu und fragte ihn: »Was waren Sie eigentlich beim deutschen Militär?« »General«, antwortete Kläber frisch und fröhlich. (Die Tatsache ist, daß Kurt während eines Linksputsches einmal als General gewirkt hatte.) Der Offizier ging gelassen vor ihm auf und ab: »Ja – da können wir Sie leider nicht gebrauchen; einen General haben wir nur im Krieg.« Kurt antwortete mit charmantem Lächeln: »Ich will gern bis zum nächsten Krieg warten.« Der Offizier legte ihm die Hand auf die Schulter und sagte liebenswürdig zu ihm: »Möchten Sie nicht aufstehen, wenn Sie mit mir reden?« Kurt antwortete freundlich: »Nein, ich habe ja noch keine Uniform an, aber Sie können sich neben mich setzen.«

1959 machte sich das Kriegsleiden Kläbers wieder heftig bemerkbar, es warf ihn aufs Krankenbett, am 25. November mußte er in die Klinik gehen. Dort starb er am 9. Dezember. Er war frohgemut bis zur letzten Stunde, führte scherzende Telefongespräche mit seiner Frau. Das Begräbnis in Carona fand unter großer Anteilnahme der Bevölkerung statt. Die Schulfahne der Gemeinde folgte dem Sarge, unzählige Kinder gaben ihrem geliebten Kurt Held das letzte Geleit. Aus Deutschland und anderen Ländern schrieben viele Kinder an Lisa Tetzner. Ein Mädchen brachte die Worte zu Papier: »Aber, Herr Held, wie konnten Sie nur sterben.«

Aber er ist nicht tot. Das ist nur der, der vergessen wird. Kurt Kläber lebt weiter in den Herzen vieler Kinder, doch um korrekt zu sein: er lebt dort nicht als Kurt Kläber, sondern als Kurt Held. Sein großer Erfolg als Jugendbuchautor sollte nicht hindern, in ihm zu erkennen und zu respektieren, was er ebenfalls gewesen war: ein deutscher Arbeiterdichter, ein Freund der Armen und der Leidenden.

Walter Köpping
Zusammenfassung und Ausblick

Der Begriff »Arbeiterdichtung« wurde von dem einflußreichen Literaturkritiker Julius Bab geprägt, der 1924 ein Buch unter diesem Titel veröffentlichte. Nun konnte man in Deutschland nicht länger an dieser Dichtung vorübergehen. Sie hatte – dank Engelke, Lersch, Barthel und Bröger – eine solche künstlerische Reife erreicht, daß niemand mehr geringschätzig auf die Werke derer herabschauen konnte, die ja »nur« Arbeiter gewesen waren. Das bürgerliche Vorurteil, Dichtung sei allein Sache der Berufsschriftsteller, der »gebildeten« Leute, geriet ins Wanken.

Das, was die Eigenart der Arbeiterdichtung der Anfangszeit ausmacht, kommt besonders klar in einem Gedicht von Alfred Thieme zum Ausdruck. Es beginnt mit folgenden Zeilen: »Du hast die Roheit vieler Schmerzen. / Du hast die Glaubenskräfte vieler Herzen, / hast allen Fluch der Menschennöte, / hast aller Morgen Morgenröte …«

Die Arbeiterdichtung ist eng mit der Arbeiterbewegung verbunden, die ihrerseits die Konsequenz des Kapitalismus gewesen ist. Die Entrechtung und ungeheure Notlage der damaligen Proletarier ist in der Arbeiterdichtung eingefangen worden. Thieme spricht in seinem Gedicht *Arbeiterdichtung* zu Recht von Roheit, Schmerz und Fluch. Aber von Anfang an fanden auch Sehnsucht, Hoffnung und Glaube der drangsalierten Arbeiter in der Arbeiterdichtung ihren Ausdruck. Dafür zeugen die Zeilen von Thieme ebenfalls.

Die in der *Gewerkschaftlichen Rundschau* veröffentlichten Aufsätze haben viele Beispiele gebracht sowohl für die Not der Arbeiter wie auch für ihre Zukunftsgläubigkeit. Wir haben in dieser Aufsatzreihe mehr als zwanzig Arbeiterdichter vorgestellt. Aber damit konnten längst nicht alle Dichter gewürdigt werden, die es verdient hätten. So konnte leider nicht näher eingegangen werden auf Max Dortu, Julius Zerfaß, Josef Luitpold, Oskar Maria Graf, Wilhelm Haas und Hans Dohrenbusch.

In den hier veröffentlichten Aufsätzen wurde nachgewiesen, daß sich die deutsche Arbeiterdichtung zunächst nur zögernd entwickelte und daß sie wenig Anerkennung fand. Eine literarische Epoche Ausgang des 19. Jahrhunderts, die die Bezeichnung »Naturalismus« erhalten hat, gewann entscheidende Bedeutung für die Arbeiterdichtung. Deutsche und ausländische Dichter – wie Hauptmann, Holz, Zola, Tolstoi, Dostojewskij – hatten sich in ihren Werken dem einfachen Menschen zugewandt, sie scheuten sich nicht, auch das Häßliche, das Elend, Krankheit und Not zu schildern. Die soziale Frage wurde zu einem Thema der Kunst. Das war eine Revolution in der

Literatur. Die Arbeiter und deren geistige und politische Führer wurden von diesen Dichtungen tief beeindruckt und begeistert. Und diese Dichtungen wurden wegweisend für die jungen Arbeiterdichter. Eine bedeutende Rolle spielten dabei die Förderer dieser Arbeiterdichter, wobei an erster Stelle Richard Dehmel zu nennen ist. Bei ihm suchten und fanden die besten Kräfte der jungen Arbeiterdichtung Rat, Ermunterung und Selbstbestätigung.

Einer der ersten Dichter aus dem Proletariat war der Bergmann Heinrich Kämpchen, der im großen Bergarbeiterstreik von 1889 erstmalig mit Gedichten hervortrat. Neben politischen Gedichten und gewerkschaftlichen Kampfaufrufen finden wir in Kämpchens Werk lebendige Schilderungen der bergmännischen Arbeit. Vor Kämpchen gab es bereits eine politische Dichtung von sozialistischen Politikern, die einst Arbeiter gewesen waren: Jakob Audorf (1835–1898), Karl Frohme (1850–1933), Max Kegel (1850–1902). Die Arbeiterdichtung der ersten Epoche wurde von der Öffentlichkeit wenig beachtet, sie wurde nicht ernst genommen. In der Tat hatten diese ersten Arbeiten keinen literarischen Rang. Es handelte sich vorwiegend um die Nachahmung großer Vorbilder (Goethe, Schiller), soweit es die Sprache und die Form betraf, oder um gereimte Agitation, was die Themen anbelangte. Die darauf folgende Generation von Arbeiterdichtern machte sich davon weitgehend frei, sie schuf originelle Werke von hohem künstlerischem Wert. Besonders der geniale Gerrit Engelke (viel zu früh im Herbst 1918 gestorben, im Felde geblieben) stieß in dichterisch-jungfräuliches Gelände vor. Den Weg nach oben markieren drei Ereignisse: 1913 veröffentlichte Paul Zech die sprachgewaltige Dichtung *Das schwarze Revier*, 1914 kamen die *Eisernen Sonette* von Josef Winckler heraus, zwei Jahre zuvor wurde der Bund der »Werkleute auf Haus Nyland« gegründet.

Die Blütezeit der deutschen Arbeiterdichtung waren die vierzehn Jahre der Weimarer Republik. Unzählige junge Arbeiterdichter traten hervor. Mancher enttäuschte später. Andere schufen ein umfangreiches Werk, das noch für unsere Generation Bedeutung hat. In den hier gedruckten Aufsätzen wurde über manchen dieser Männer ausführlich berichtet. Unter ihnen befanden sich auch zwei Bergarbeiterdichter: Otto Wohlgemuth und Victor Kalinowski. Der Aufschwung der Arbeiterdichtung in den zwanziger Jahren ist nicht allein mit dem Hervortreten vieler Talente zu erklären. Damals war die Arbeiterdichtung eng mit der Arbeiterbewegung verbunden. Sie erfuhr durch diese eine starke Förderung, die sich u.a. darin äußerte, daß Zeitschriften und Verlage der Gewerkschaften und der Partei sich der Werke der Arbeiterdichter annahmen.

Den Arbeiterdichtern verdanken wir ein kostbares soziales Dokument. Sie haben festgehalten, unter welchen Bedingungen die Menschen im ausgehenden 19. und beginnenden 20. Jahrhundert gelebt haben und arbeiten mußten. Diese Dichtung enthält erschütternde Schilderungen der Not, Verzweiflung und Demütigung der Arbeiter und deren Frauen und Kinder. Die Arbeiterdichtung ist aber auch Ausdruck des Behauptungswillens der Arbeiter, in ihr spiegeln sich die Gefühle und Erwartungen der Proletarier wider. Immer wieder ist man überrascht, welch geradezu ungebärdige Gläubigkeit die Arbeiter in dieser für sie bitteren Zeit erfüllt hat. Vergleicht man die Arbeiterdichtung der Anfangszeit mit der der Gegenwart, so kommt man zu einer erstaunlichen Feststellung: Einst waren Arbeiterbewegung: und Arbeiterdichtung von

Optimismus und Zukunftsgläubigkeit erfüllt, obwohl die Arbeiter unter bedrückenden Umständen leben mußten. Heute ist die materielle Not weitgehend geschwunden. Viele Forderungen aus der Anfangszeit der Arbeiterbewegung sind erfüllt und da und dort gar übertroffen: Aber die Dichtungen von Arbeitern unserer Zeit sind skeptisch, teilweise pessimistisch, und keiner von ihnen vertraut überschwänglich auf die Zukunft. Man sollte die Arbeiterdichtung nicht so sehr mit einer ästhetischen Elle messen. Den Arbeiterdichtern ging es – von Ausnahmen abgesehen – nicht in erster Linie darum, Kunstwerke zu schaffen, sondern die Wahrheit zu sagen und durch die Offenbarung der Wahrheit politische Wirkungen zu erzielen. Große Teile der deutschen Arbeiterdichtung sind Lebensberichte, andere sind bewußt in den Dienst der Gewerkschaft oder der Partei gestellt. Wieder andere haben ganz offenbar erzieherische Funktion. So haben Arbeiterdichter die Arbeiter zur Einigkeit gemahnt, haben gegen Alkoholismus gewettert, die Arbeiter zu politischer Aktivität aufgefordert und sich bemüht, dem Menschen eine Erkenntnis der gesellschaftlichen Verhältnisse und seines Standortes in der Gesellschaft zu geben. Arbeiterdichtung war engagierte Dichtung im besten Sinne des Wortes. Ihre Bedeutung für die Arbeiterbewegung ist gar nicht abzuschätzen. Nicht zu Unrecht hat man die Arbeiterdichtung die »Seele der deutschen Arbeiterbewegung« genannt. Daß die soziale Frage von der Öffentlichkeit gesehen und einer Lösung zugeführt wurde, ist nicht zuletzt auf das Wirken der Arbeiterdichter zurückzuführen.

Natürlich ist vieles aus der alten Arbeiterdichtung zeitgebunden. Viele ihrer Themen sind heute einfach historisch, sie vermögen uns nicht mehr zu fesseln. Der dokumentarische Wert auch dieser Dichtungen bleibt jedoch bestehen. Die künstlerischen Ausdrucksmittel haben seit dem 19. Jahrhundert manche Wandlung und Steigerung erfahren. Auf die Epoche des Naturalismus folgte später der Expressionismus, der ganz neue sprachliche Möglichkeiten erschlossen hat. So ist es natürlich, daß manches, was den Arbeiterdichtern originell und kühn erschien, heute seinen Glanz eingebüßt hat. Eine gewisse Beeinträchtigung ergibt sich auch aus dem Pathos, dem viele Arbeiterdichter erlegen sind. In den besten Werken der Arbeiterdichter aber lebt eine so starke künstlerische Kraft, daß sie über ihre Zeit hinaus ihre Wirkung behalten haben. Das gilt ganz besonders für die Dichtung Gerrit Engelkes. Wer die hier veröffentlichte Aufsatzfolge aufmerksam gelesen hat, der wird in den Proben, die in die Lebensberichte eingestreut waren, eine Bestätigung dieser Behauptungen finden.

Das Jahr 1933 wurde zum Schicksalsjahr auch für die deutsche Arbeiterdichtung. Der Beginn des »Dritten Reiches« bedeutete nicht nur das vorläufige Ende der deutschen Arbeiterbewegung, sondern auch das der Arbeiterdichtung. Für die Arbeiterdichter kam eine Zeit der Prüfung und Bewährung. Mancher hüllte sich in Schweigen, viele gingen in die Emigration, wenige haben sich in den Dienst der Nationalsozialisten gestellt. Das Verhalten von Heinrich Lersch und Max Barthel ist bekannt, und sie sind zu Recht scharf kritisiert worden. Karl Bröger kam in ein Zwielicht, da die Nazis seine Dichtungen schamlos mißbraucht haben. Diese Vorfälle wurden nach 1945 verallgemeinert, und es wurde immer wieder eine unberechtigte Gesamtverurteilung der deutschen Arbeiterdichter ausgesprochen. Viele meinen noch heute, daß die Arbeiterdichter allesamt 1933 vor Hitler kapituliert oder sich in dessen Dienste begeben hätten. In Wahrheit sind die meisten standhaft geblieben und haben ein ungewisses und oft bitteres Schicksal auf sich genommen, um der Schmach zu entrinnen. Julius Zerfaß, der im KZ Dachau gewesen war, flüchtete 1934 in die Schweiz und veröffentlichte dort ein Buch über seine Erlebnisse im Konzentrationslager. Kurt Kläber wurde ebenfalls verhaftet. Auch er emigrierte in die Schweiz. Paul Zech, gleichfalls verfolgt, ging nach Südamerika. Oskar Maria Graf, der sich zur Zeit der Bücherverbrennung in Österreich befand, erhob leidenschaftliche Anklage gegen die Nationalsozialisten und forderte: »Verbrennt mich auch!« Theodor Plivier und Willi Bredel gingen nach Rußland, Bruno Schönlank, Otto Krille und Ernst Preczang fanden in der Schweiz eine zweite Heimat, und von den jüngeren Arbeiterdichtern damaliger Zeit emigrierten Hans Dohrenbusch und Kurt-Karl Doberer. Es besteht also kein Anlaß, über die deutschen Arbeiterdichter den Stab zu brechen.

***

Die hiermit abgeschlossene Aufsatzreihe über deutsche Arbeiterdichtung wäre nicht zustande gekommen, wenn es nicht das einzigartige Archiv für Arbeiterdichtung und soziale Literatur in Dortmund geben würde. Es wurde von Fritz Hüser, dem Direktor der Dortmunder Volksbüchereien, aus eigenem Antrieb und auf eigene Kosten zusammengetragen. Fritz Hüser ist Arbeiterkind, er wurde selbst Arbeiter, schrieb als junger Sozialist Aufsätze und war in der Kulturarbeit der Arbeiterbewegung aktiv. Durch den Großvater, einen Bergmann, war er bereits als Kind mit der Bergarbeiterdichtung in Berührung gekommen. Bald begann er, Arbeiterdichtungen zu sammeln. »Diese Sammlung entstand aus Liebe zur Dichtung«, sagt Fritz Hüser selbst, »es bestand nicht die Absicht, eine Sammlung Arbeiterdichtung zu schaffen. Dennoch kam bis 1933 eine umfangreiche Anthologie zusammen.«

Gegen Kriegsende vernichteten Bomben die Bestände Fritz Hüsers. Nach dem Kriege begann er von vorn. Im Archiv für Arbeiterdichtung und soziale Literatur sind heute mehr als tausend Titel vorhanden, darunter viele Manuskripte, Briefe der Dichter und Dissertationen. Dort liegt auch der Nachlaß vieler Arbeiterdichter. Nicht weniger wertvoll ist die umfangreiche Sammlung von Artikeln über Arbeiterdichter und Arbeiterdichtung, die Zeitungen, Zeitschriften; wissenschaftlichen Abhandlungen usw. entnommen sind. Daneben gibt Fritz Hüser die Schriftenreihe »Dichter und Denker unserer Zeit« heraus, in die bereits mehrere Arbeiterdichter aufgenommen wurden.

Diese in Deutschland einmalige Sammlung des Archivs für Arbeiterdichtung und soziale Literatur ist das persönliche Werk eines Mannes. Fritz Hüser hat große Opfer gebracht und ein unermeßliches Maß an Arbeit aufgewendet, um diese Sammlung zusammenzutragen und zu erhalten. Das Archiv hat zwar seinen Platz im Dortmunder Haus der Bibliotheken – aber noch heute unterhält es Fritz Hüser aus eigenen Mitteln. Er hat damit mehr als ein Archiv geschaffen: Es wurde zu einem Treffpunkt schreibender Arbeiter unserer Zeit. So dient dieses Archiv nicht allein der Bewahrung der Schätze aus vergangenen Zeiten; es hat wesentlichen Anteil daran, daß die deutsche Arbeiterdichtung neu erstanden ist. Im Archiv für Arbeiterdichtung und soziale Literatur hat sich kürzlich die »Dortmunder Gruppe 61« für künstlerische Auseinandersetzung mit der industriellen Arbeitswelt angesiedelt.

***

In den Jahren nach 1945 war es still geworden um die deutsche Arbeiterdichtung. Die Werke der alten Arbeiterdichter wurden nicht neu aufgelegt, nur vereinzelt wurde gedruckt, was Arbeiterdichter in der Emigration geschrieben hatten. Junge Arbeiterdichter schien es nicht zu geben. Literaturwissenschaftler und Journalisten kamen zu dem Resultat: »Die Arbeiterdichtung ist tot«, die Arbeiterdichtung sei ein Protest gegen die Entrechtung des Arbeiters und sie sei Notdichtung gewesen. Durch die politische Gleichberechtigung des Arbeiters und durch die Erfolge der Arbeiterbewegung sei der Arbeiterdichtung der Boden entzogen worden. Und selbst dann noch, als 1960 die IG Bergbau den Sammelband *Wir tragen ein Licht durch die Nacht* herausbrachte, der immerhin auch Gedichte mehrerer junger Bergarbeiterdichter enthielt, schrieb die *Buersche Zeitung* (24. August 1960): »Vielleicht ist der Auswahlband, der hier von der IG Bergbau vorgelegt wird, ein Abgesang der Arbeiterdichtung.« Nun, es war kein Abgesang, sondern der Auftakt zu einer neuen Entwicklung der deutschen Arbeiterdichtung. In der *Einheit* konnten wir von Januar bis September dieses Jahres unter der Überschrift *Sie schreiben heute* achtzehn Autoren vorstellen (darunter zwei Frauen), die neue Industriedichtung* schreiben: Josef Büscher, Günter Westerhoff, Bruno Leon, Willy Bartock, Max von der Grün, Ewald Rolf, Hans K. Wehren, Artur Granitzki, Hildegard Wohlgemuth, Georg Schneider, Burno Gluchowski, Elisabeth Wigger, Engelbert Lubos, Hans Niekrawietz, Paul Peter Gerwig, Kurt Küther, Wilhelm Griper, Heinz Kosters. Die den Porträts beigegebenen lyrischen Proben zeigen, daß hier eine originelle und ausdrucksstarke Industriedichtung entsteht. Die Autoren vermeiden Nachahmungen. Sie greifen neue Themen auf (zum Beispiel Lärm, Panzerförderer), alte Themen erfahren eine neue Ausdeutung. Darüber hinaus gelingt ihnen eine moderne Formung der Gedichte: Vielfach wird auf den Reim verzichtet, die Gedichte sind in freie Rhythmen gefaßt, oft wird eine knappe, gedrängte Sprache angewandt. Die neue Industriedichtung bedeutet einen Bruch mit der Tradition. Das kann aber nicht anders sein. Rilke sagte einmal: »Gedichte sind nicht aus Gefühlen gemacht, sondern aus Erfahrungen.« Und welch bittere Erfahrungen mußten die heute lebenden Arbeiter machen! Da ist es kein Wunder, daß ihre Gedichte anders aussehen als die der alten Arbeiterdichter, daß ihnen Optimismus und Überschwang fremd sind.

Den bemerkenswerten neuen lyrischen Leistungen stellt sich jetzt auch der neue Industrieroman an die Seite. Max von der Grün, Jahrgang 1926, Hauer und Lokomotivführer unter Tage, veröffentlichte im vergangenen Herbst seinen Roman *Männer in zweifacher Nacht* (Recklinghausen, Paulus 1962). Die Schilderung eines Grubenunglücks und der Rettung der Eingeschlossenen ist mit Sozialkritik durchsetzt. Für die Qualität dieses Erstlings spricht, daß bereits eine zweite Auflage gedruckt werden mußte. Im Herbst dieses Jahres erscheint vom gleichen Autor im gleichen Verlag *Irrlicht und Feuer*. In diesem Roman greift von der Grün das Problem der Zechenstillegung auf, und in

---

* Wir verwenden heute nicht mehr den Begriff »Arbeiterdichtung«. Dieser Begriff bezeichnet eine historisch abgeschlossene Epoche, die 1933 zu Ende ging. Außerdem muß man fragen: Sind es denn nur Arbeiter, die schreiben? Dann müßte man ja auch eine Angestellten-, eine Beamten-, eine Hausfrauendichtung haben. Auch der Begriff »Industriedichtung« wird nicht alle überzeugen, er deckt nicht alles. Vielleicht wird noch ein treffenderer Begriff gefunden.

einem Kapitel setzt er sich leidenschaftlich mit dem Problem Mensch und Maschine auseinander. Der Vorabdruck dieses Kapitels in einer Zeitschrift veranlaßte die Firma Westfalia Lünen, einen Antrag auf Erlaß einer einstweiligen Verfügung gegen das noch gar nicht erschienene Buch zu stellen. Diese Bergbauzulieferfirma stieß sich daran, daß von der Grün Kohlenhobel und Panzerförderer in Zusammenhang mit mehreren Unfällen bringt. In zwei Verhandlungen vor dem Landgericht in Bochum versuchten die Vertreter der Firma nachzuweisen, daß derartige Schilderungen für sie geschäftsschädigend wären. Der Antrag von Westfalia Lünen wurde vom Gericht kostenpflichtig abgewiesen. Damit kann das Buch unverändert erscheinen. Im Frühjahr 1964 erscheint der großangelegte Industrieroman *Der Honigkotten* von Bruno Gluchowski, ein Generationsroman einer Arbeiterfamilie des Ruhrgebiets von 1912 bis in die Gegenwart.

Die neue Industriedichtung hat Aufsehen erregt und da und dort Widerspruch erfahren. Das ist gut so. Man muß fragen: Wer widerspricht? Aus welchem Grunde wird widersprochen? Es wird niemanden wundern, daß sich die widersetzen, auf die die Sozialkritik gemünzt ist. Die Aufgabe der Literatur ist es, zu beunruhigen, nicht zu beruhigen oder abzulenken.

Die neue Industriedichtung will ein wahres Bild der Verhältnisse in der Arbeitswelt unserer Zeit zeichnen. Das scheint uns sehr notwendig, da von vielen Unberufenen und Propagandisten in den letzten Jahren ein Zerrbild und manchmal auch Wunschbild der Verhältnisse in der modernen Wirtschaft entworfen wurde. Man will nicht wahrhaben, daß heute noch hart gearbeitet wird, daß Arbeiter überfordert werden, daß es Mißstände und soziale Konflikte gibt. Gern wird behauptet, die soziale Frage sei gelöst, der Arbeitnehmer sei der eigentliche Nutznießer des »deutschen Wirtschaftswunders«, die klassenlose Gesellschaft wäre bereits erreicht. Dem soll durch die neue Industriedichtung die Wahrheit entgegengesetzt werden. In den besten Stücken aber ist die Industriedichtung nicht nur Abbild, sondern Sinnbild des Arbeiterlebens in der Industriewelt. Diese soziale Dichtung, diese ungeschminkte Dichtung scheint uns besonders in Deutschland notwendig und heilsam zu sein. Es ist das Verhängnis der deutschen Dichtung, daß sie in der Regel der Politik, der Arbeitswelt, dem Alltag ausweicht. Deutsche Dichter flüchten gern in historische Stoffe oder in die Tempel der feinen Kunst. Diese Lebensfremdheit isoliert viele Dichter vom Volke und schließt eine Einwirkung auf die Gestaltung unserer Welt aus. Es gibt nicht nur seelische Konflikte, es gibt auch soziale Konflikte. Es gibt nicht nur die mondäne Welt, es gibt auch die Arbeitswelt. Das sollte sich in der Dichtung eines Volkes widerspiegeln.

Vor drei Jahren beklagte der Literaturwissenschaftler Walter Jens, daß »die Welt, in der wir leben, noch nicht literarisch fixiert ist. Die Arbeitswelt zumal scheint noch nicht einmal in den Blick gerückt zu sein.« Jens sah eine wesentliche Aufgabe der deutschen Literatur darin, dieses Versäumnis wettzumachen. Die Industriedichtung könnte entscheidend beitragen, ein wahrheitsgetreues Bild unserer Welt in der Dichtung festzuhalten. Sie kann den Menschen zeigen, wie es heute in der modernen Arbeitswelt aussieht. Sie kann aber auch dem Arbeiter selbst Hilfe sein. Sie kann beitragen dazu, daß er Klarheit gewinnt über seine Berufsprobleme und seine Lebensprobleme. Die Industriedichtung ist also mehr als eine Feierabendbeschäftigung, mehr als ein Hobby. Sie ist nicht Sache einiger Liebhaber, sie geht uns alle an. Sie ist nicht für ruhige Stunden am Sonntag reserviert, sondern sie kann dazu beitragen, unseren Alltag zu gestalten, unseren Arbeitstag erträglicher zu machen. Sie dient nicht der Erbauung, sondern der Wahrheitsfindung und der Bewußtseinsbildung. Sie scheut auch nicht die Provokation.

Wir dürfen auf die »Dortmunder Gruppe 61« große Hoffnungen setzen. Die Autoren dieses Kreises vermögen zu artikulieren, was der arbeitende Mensch heute erlebt, was er sieht, was er erleidet, was Arbeiter empfinden und ersehnen. Aber sie formulieren auch deren Protest und deren Forderungen. Josef Büscher, Mitglied der »Gruppe 61«, hat diese Aufgabe des Schriftstellers in die Worte gefaßt »Für jeden armen / und einsamen Mann / sprech' ich, / der selbst nicht reden kann.«

Und kann es ein höheres Lob für einen Schriftsteller geben als das Urteil eines jungen Bergmanns, der anläßlich einer Diskussion über von der Grüns Roman *Männer in zweifacher Nacht* sagte: »Als ich das Buch las, da fiel es mir wie Schuppen von den Augen, da war es mir, als würde ein großer Vorhang beiseite gezogen«?

Die Aufsatzreihe über deutsche Arbeiterdichtung ist beendet. Nicht zu Ende aber ist die deutsche Industriedichtung. Sie strebt einem neuen Höhepunkt zu.

Arnold Maxwill
Was war Arbeiterdichtung?
Historie, Kritik, Konstellationen

I. Genese, Debatte, Annäherung

(1) Definitorische Versuche 220 (2) Ab- und Eingrenzungen 222 (3) Zeitgenössische Debatten 224 (4) Kritische Stimmen 228 (5) Historische Entwicklung 233 (6) Paradigmatische Anthologie 238 (7) Rezeptionsgeschichte 242

II. Exemplarische Exkursionen

(1) Anfänge 247 (2) Josef Winckler 249 (3) Heinrich Kämpchen 250 (4) Ludwig Kessing 252 (5) Otto Krille 254 (6) Ernst Preczang 255 (7) Ludwig Lessen 256 (8) Paul Zech 257 (9) Alfons Petzold 259 (10) Karl Bröger 260 (11) Heinrich Lersch 263 (12) Max Barthel 269 (13) Otto Wohlgemuth 272 (14) Gerrit Engelke 278 (15) Bruno Schönlank 280 (16) Erich Grisar 282 (17) Walter Bauer 284 (18) Victor Kalinowski 287 (19) Kurt Kläber 289 (20) Resümee 291

I.
Genese, Debatte, Annäherung

> Ich würde [...], um aus der Katalogisierung herauszukommen,
> sofort einen hurrahgroß-kapitalistischen Roman schreiben.
> B. Traven, Brief an Ernst Preczang, 11.10.1925

Gründe, sich gegenüber dem Etikett ›Arbeiterdichter‹ zu verweigern, skeptisch zu bleiben, gibt es reichlich: historisch, politisch, (literatur-)theoretisch, produktionsästhetisch. Travens heftige Abwehr[1] gegenüber Ernst Preczang, der ihm in seiner Rolle als Lektor der Büchergilde Gutenberg einen Beitrag zu einer entsprechenden Anthologie abringen wollte, sollte – trotz ihrer boshaften Zuspitzung – ernst genommen werden. Weshalb aber gab es (bereits) unter zeitgenössischen Autoren diese Ablehnung, weshalb sah sich die Arbeiterdichtung Verdikten verschiedenster Provenienz ausgesetzt, warum kam es in der zweiten Hälfte des 20. Jahrhunderts zum nahezu vollständigen Bedeutungsverlust dessen, was gemeinhin als ›Arbeiterdichtung‹ bezeichnet wird – und weshalb konnte auch die im vorliegenden Band dokumentierte Reihe Autorenporträts aus den Jahren 1961–1963 daran nichts ändern? Zur Beantwortung der Fragen sind mehrere Konfliktlinien, Brüche, Widersprüche und Zeitläufe zu sichten, ist Vergessenes zu bergen. Und die Frage, was genau ›Arbeiterdichtung‹ meint, ist ebenfalls zu beantworten. Bevor eine Problematisierung der einzelnen Porträts in diesem Band erfolgen kann, ist daher zunächst einmal eine begriffliche und literaturgeschichtliche Skizzierung vorzunehmen.[2] Neben definitorischen Annäherungen stehen zeitgenössische Debatten der 1920er Jahre sowie Abgrenzungen und Anschlüsse diverser Autoren im Fokus.[3] Vorab: Das Dilemma des Begriffs ›Arbeiterdichtung‹ ist nicht zuletzt seine meist verallgemeinernde, ungenaue Verwendung. Dass Walter Köpping als Mitinitiator der Reihe »Der Ruf gilt dir, Kamerad! Deutsche Arbeiterdichtung« sich am Schluss, nach 22 Beiträgen, in einer Fußnote selbst von dieser Bezeichnung distanziert, ist sehr bezeichnend: »Wir verwenden heute nicht mehr den Begriff ›Arbeiterdichtung‹. Dieser Begriff bezeichnet eine historisch abgeschlossene Epoche, die 1933 zu Ende ging. Außerdem muß man fragen: Sind es denn nur Arbeiter, die schreiben? Dann müßte man ja auch eine Angestellten-, eine Beamten-, eine Hausfrauendichtung haben.«[4] Neben dem begrifflichen gibt es – Köpping weist darauf nur indirekt hin – ein historisches Unbehagen, worauf noch einzugehen sein wird. Der Begriff ›Arbeiterdichtung‹ wirft also mehr Fragen auf als er zu klären imstande ist; eine schlechte Ausgangslage. Josef Reding frug, auch mit Blick auf die Bemühungen der »Gruppe 61« um ein wiederaneignendes Erinnern, ebenso wissbegierig wie skeptisch nach: »Ist es Dichtung, die von Arbeitern geschrieben wurde? Ist es der literarische Beitrag zum Thema Arbeit, gleichgültig, ob vom Kumpel oder vom akademisch gebildeten Autor verfaßt? Ist Arbeiterdichtung die programmatische Artikulation des Proletariers? Ist sie ein geistiger Unterbau des Sozialismus? Will sie die Dämonisierung oder die Glorifizierung der Arbeit?«[5] Arbeiterdichtung scheint auf den ersten Blick eine Art doppelt geprägter Begriff zu sein, thematisch an die Arbeitswelt gebunden und soziologisch rasch fixiert: der Arbeiterdichter[6] als lohnabhängiger Akteur innerhalb einer bestimmten gesellschaftlichen Situation. Inwieweit dies zutrifft, wo Schieflagen auftreten, wird zu untersuchen sein.[7]

(1) Definitorische Versuche

Arbeiterdichtung, so heißt es 1958 in einem Lexikonartikel von Fritz Martini, bezeichne eine »literarische Bewegung«, die »von dichtenden Arbeitern getragen wurde«[8] – dass Letzteres nicht unbedingt stimmt, zeigt bereits ein Blick in die Biografien der Autoren. Auch die Zuschreibung, es handle es sich um eine literarische Bewegung, ist ungenau, suggeriert sie doch einen organisatorischen Zusammenhalt, der in dieser Form nicht bestand.[9] Einen entsprechenden Charakter erhielt die Arbeiterdichtung allenfalls durch den Austausch der Autoren untereinander sowie deren mal mehr, mal weniger vorhandenen Kontakte zur Arbeiterbewegung; die Parteinahme für die Arbeiter als Klasse wurde oftmals – aber nicht immer – als Aufgabe verstanden.[10] Zustimmungspflichtig scheint hingegen der Befund, Movens der Arbeiterdichtung sei es, »die Gegenständlichkeit der widerstrebenden technisierten Arbeitswelt dichterisch zu gestalten, d.h. in eigenen Rhythmus und eigene Sprachwirklichkeit zu verwandeln«.[11] Unmittelbar darauf kippt Martinis Darstellung allerdings ins pathetische Übermaß: »Der Arbeiterdichter mußte sein Ich zum Wir des ganzen Standes weiten und derart im künstlerischen Gebilde die Stimme des Kollektivs vernehmbar machen.«[12] Das lässt aber die massiven Anlehnungen an formale wie ästhetische Rahmungen der bürgerlichen Literatur vergessen; eine brüderlich-revolutionäre Vereinnahmung fand bei den Arbeiterdichtern häufig eher im Gestus symbolischer Solidaritätsadressen statt (wobei hier im Einzelnen näher zu differenzieren wäre). Zu den bevorzugten Themen der Arbeiterdichtung zählt nach Martini

> einerseits der Kampf gegen Entrechtung und Verödung des Menschen durch die Maschine und durch den sich ihrer als Waffe bedienenden Kapitalismus, der Ruf nach Erlösung zu sozialer Gerechtigkeit, nach Befreiung der Menschheit zur allgemeinen Bruderschaft und nach neuer Verbindung mit der Natur, andererseits der Stolz und das Kraftbewußtsein des schaffenden Menschen, der sich als Herr eines neuen Weltalters fühlt und die Arbeit als Neubau der sozialen Zukunft bejaht.[13]

Martinis Zuschreibungen sind nicht zuletzt deshalb interessant, da sie noch ganz im Geiste eines zeitgenössischen Begleiters der ›Bewegung‹ formuliert sind; in der kraftvollen Benennung der Ängste und Wünsche »des schaffenden Menschen« werden nicht nur Veränderungswille und Zukunftslust spürbar, sondern scheinen ebenso die zeithistorischen Widersprüche auf: Die Maschinen verhindern eine selbstbestimmte Einrichtung des Lebens der Arbeiter, ermöglichen andererseits ungebremste Fortschrittseuphorie und neue Potentiale, die jedoch unmittelbar an eben jene ernüchternden Arbeitserfahrungen gebunden sind.

Christoph Rülcker macht hinsichtlich einer präziseren Abgrenzung des Begriffs ›Arbeiterdichtung‹ darauf aufmerksam, dass darunter nur literarische Werke subsumiert werden sollten, »die der in der Sozialdemokratischen Partei der Weimarer Republik bestehenden Meinung entsprachen und Ausdruck verliehen, daß, zumindest seit dem November 1918, das Proletariat in Deutschland nicht länger bloßes Ausbeutungs- und Herrschaftsobjekt, sondern zum Mitgestalter und Mitträger des Staats, seiner Politik,

Wirtschaft und Kultur geworden sei.«[14] Für viele kanonisierte Autoren (der vorliegenden Porträtreihe) lässt sich, großzügig betrachtet, eine solche Zuschreibung in Betracht ziehen.[15] Rülckers zentrales Differenzkriterium aber richtet sich als generalisierter Vorwurf an die Arbeiterdichter: »Sie behaupten zwar Arbeiter zu sein, sind jedoch eher kleinbürgerliche (oder bürgerliche) Existenzen, die allerdings meist der sozialdemokratischen Arbeiterbewegung angehören und ihrem ökonomischen Status nach zeitweise proletarisiert waren. Das heißt: *Arbeiterwort* ist ihre Dichtung nicht und kein Beweis für die Schöpferkraft des Arbeiters.«[16] Solch eine rigide Auslegung ist mit Blick auf die Arbeiterdichtung jedoch nicht unbedingt zweckdienlich, ignoriert die bestehenden Differenzen und Perspektiven im Feld der Autoren.[17] Auf die Heterogenität in diesem Bereich weist auch Klaus-Michael Bogdal hin; epochenspezifische Ausprägungen und Debatten um Begriffe wie ›Arbeit‹ und ›Proletariat‹ etc. seien für diese Literatur oftmals »signifikanter als eine phänomenologische oder funktionale Bestimmung«.[18] Die Gemeinsamkeit der Diskurse zur Arbeiterliteratur, insbesondere im späten 19. und frühen 20. Jahrhundert läge, so Bogdal, »im Mythos einer nicht mehr vom Individuum, sondern vom Kollektiv getragenen Repräsentationsfunktion des Arbeiters für Gesellschaft und Kultur begründet«.[19] Die Arbeiterdichtung hebt sich somit in ihrer Eigenwahrnehmung deutlich hervor, wendet sich der literarischen Moderne zu, nobilitiert im selben Zug das eigene Schreiben (als auch die Arbeiterexistenz) als zentrales Element der fortschrittlich-produktiven Industriegesellschaft. Bei Karl-Georg Ruppersberger, Arbeiterschriftsteller nachfolgender Generation, wird die Entwicklung der Arbeiterdichtung in der Rückschau durchaus kritisch, wenngleich mit kollegialem Verständnis gewürdigt:

> Da waren zunächst die empfindsamen Einzelpersönlichkeiten, die von der toten Welt der Schlote und Räder erwürgt worden wären, wenn sie nicht hätten in die ›Dichtung‹ entfliehen können, wenn sie nicht selbst dem Fließband, an dem sie dienten, mit Hilfe ihrer Phantasie ein wenig Romantik hätten andichten können. Sie konstruierten eine Ästhetik des Häßlichen, pervertierten ein Stahlwerk zum Kunstwerk. Dennoch, diese Arbeiterdichtung der Frühzeit war eine notwendige Entwicklungsstufe, ohne die wir heute nicht wären, wo wir sind.[20]

Mit deutlich mehr enthusiastischem Eifer näherte sich Walter Köpping einer Beschreibung der Arbeiterdichtung als literarisch-soziologischem Phänomen: »Die Arbeiter mußten aus der Lethargie herausgeführt, vom Fatalismus befreit werden. Die Bedürfnisse sind dem Menschen angeboren, doch die Interessen sind nicht angeboren. Diese müssen im Laufe des Lebens entdeckt, entwickelt und zur Geltung gebracht werden. Das ist eine Frage der geistigen Klarheit, des richtigen Bewußtseins.«[21] Der Arbeiterdichter wird in dieser ›Erzählung‹ zur moralischen Instanz, zum Geburtshelfer gesellschaftlich dringend nötiger Veränderungen, seine Texte zum manifesten Entwicklungsimpuls. Mindestens ebenso bezeichnend und voreingenommen ist die vom Mitstreiter Fritz Hüser vorgenommene Einschätzung, die – als vermeintlich offene Frage dekoriert – sogleich stark wertende Tendenz vorgibt: »Sind Arbeiterdichter jene Arbeiter, die schreiben – die recht und schlecht mehr Geibel als Eichendorff und Mörike nachahmen und glauben, sie haben etwas geschaffen, was vor ihnen noch niemand geschrieben hat – oder sind es jene Gebildeten aus dem Bürgertum, die die soziale und menschliche Not des Arbeiters realer sahen als diese selbst und die Ungerechtigkeit empörend fanden und in Worte faßten, die heute noch Gültigkeit haben?«[22] Die Diskrepanz des Zitats gegenüber den Selbstbeschreibungen zahlreicher Arbeiterdichter der 1910er und 1920er Jahre, ihrem Selbstverständnis, könnte kaum größer sein.[23]

(2) Ab- und Eingrenzungen

Über Jahrzehnte hinweg blieb in der Debatte um Arbeiterdichtung vor allem die Frage des Bezugs zum Gegenstand, noch mehr aber der Aspekt der Zugehörigkeit und Legitimation der Sprechposition das zentrale Augenmerk und Auslöser für Diskussionen. Minna Loeb definierte 1932 in ihrer Dissertation ›Arbeiterdichtung‹ folgendermaßen:

> Ich verstehe darunter Dichtung, die von Arbeitern geschaffen ist und formal oder inhaltlich Beziehungen aufweist zu der Schicht, in der sie entstand. Als Arbeiter in diesem Sinne begreife ich jeden, der gezwungen ist, sich durch körperliche Arbeit sein Brot zu verdienen, so daß gerade dieser Zwang eine bestimmte geistige Haltung in ihm auslöst, nicht aber Menschen, die aus irgendwelchen Gefühlsgründen zur Arbeiterschaft kommen wie etwa Paul Zech, der zwei Jahre freiwillig im Bergwerk arbeitete und meiner Ansicht nach durchaus fälschlich oft zu den Arbeiterdichtern gerechnet wird.[24]

Den sozialen Status des Autors, seine lebensgeschichtliche Vorprägung so kompromisslos stark zu machen, ist jedoch nicht so einfach zu rechtfertigen, kann kaum als hinreichendes Kriterium tragen. Dezidiert pragmatisch geht es hingegen der Essener Schriftsteller Günter Hinz an: »Als Arbeiterdichtung bezeichne ich jene Texte, in der Arbeiter und die Arbeitswelt Gegenstand einer Aussage sind, wenn diese Aussage im Interesse der Arbeiterklasse gemacht ist.«[25] Und auch eine Definition, die sich zunächst mehr auf thematische Zuschnitte und Herangehensweisen konzentriert, kommt spätestens bei der Frage nach Intention und kommunikativem Anschluss nicht mehr an der Prägung des Autors vorbei: »Arbeiterdichtung im engeren Sinne sind für mich Texte über Arbeiter, über ihre Probleme, über die Industriegesellschaft und ihre Klassenkämpfe. Arbeiterdichtung in einem idealtypischen Sinn wären Texte, die ein Proletarier über seine Belange schreibt, um seinen Klassengenossen Aufklärung, Unterhaltung und Anleitung zur Praxis zu geben.«[26] Dass die von Horst Hensel mit guten Gründen angenommene Zuweisung von Adressaten und Inhalten nicht in allen Fällen zutreffen muss, macht etwa Joseph Strelka deutlich: »Diese Dichtung hat keineswegs immer das Arbeitsleben zum Gegenstand und wird auch keineswegs in erster Linie von Arbeitern gelesen.«[27]

Die Frage nach einer vermeintlich proletarischen Existenz der Arbeiterdichter wird von Christoph Rülcker ganz grundsätzlich verfolgt; in einschlägigen Anthologien wie *Das proletarische Schicksal. Ein Querschnitt durch die Arbeiterdichtung der Gegenwart*

(1929) lässt sich anhand beigefügter Kurzbiografien recht mühelos nachverfolgen: Max Barthel, Karl Bröger, Bruno Schönlank und andere agierten schon bald als freie Autoren, Ludwig Lessen und Julius Zerfaß arbeiteten als Redakteure, Ernst Preczang verdiente sein Geld als Schriftleiter der Büchergilde Gutenberg.[28] Rülcker gelangt zu folgendem Schluss: »Die Repräsentanten der Arbeiterdichtung stammen aus proletaroiden Kleinbürgerfamilien. Die soziale Deklassierung macht sie jedoch noch lange nicht zu Arbeitern. Sofern sie zur Fabrik gehen, suchen sie sich diesem Gang wieder zu entziehen. Dabei wird auch ein vorübergehendes freiwilliges Abgleiten ins ›Lumpenproletariat‹ in Kauf genommen. Sofern sie den Arbeitsplatz des Arbeiters kennen lernen, ist die Bekanntschaft kurzfristig, episodenhaft, ähnlich, wie sie ein Praktikant haben könnte.«[29] Inwieweit dies allerdings als eklatanter Makel des Arbeiterdichters (seines Anliegens) verstanden werden muss, sei mit einem Fragezeichen versehen. Die von Rülcker vorgenommene Herabstufung mancher Autoren scheint jedenfalls nur bedingt zu überzeugen, zumal die definitorische Frage nach dem Proletariat im Laufe historischer Prozesse im Zeichen der Veränderung zu denken ist.[30] Florian Vaßen weist zudem auf folgenden Punkt hin: »Literatur nach der *sozialen Herkunft* der Autoren oder gar nach ihrem Beruf zu klassifizieren, erscheint insofern als unzureichend, als damit nicht nur eine gefährliche Nähe zum Standesdenken erreicht würde (Ärzte- und Offiziersdichtung), sondern Herkunft und Beruf in ihrer Bedeutung auch derart verabsolutiert würden, daß sie in unangemessener Weise eine determinierende Funktion in der Literaturanalyse erhielten.«[31] Günter Heintz ergänzt, hier durchaus im Sinne eines Korrektivs, »daß namhafte Vertreter der Arbeiterdichtung wesentliche Abschnitte ihres Lebens in ihrem primären Beruf verbracht« hätten:

> Heinrich Lersch war in seiner Kesselschmiede tätig, bis er 1924, elf Jahre vor seinem Tod, aus Gesundheitsgründen seine Arbeit aufgeben mußte; Gerrit Engelke verdiente sich in den Jahren bis zum Kriegsbeginn mit kurzen Unterbrechungen als Anstreicher seinen Lebensunterhalt; zwölf Jahre arbeitete Erich Grisar in der Schwerindustrie, ehe er freier Schriftsteller wurde; Alfons Petzold war bis zu seiner Berufsunfähigkeit im Jahre 1908 Arbeiter; Otto Wohlgemuth war über zwei Jahrzehnte Bergmann, Christoph Wieprecht ein ganzes Berufsleben Arbeiter in der Schwerindustrie.[32]

Und es ergäben sich – auf diese Schwierigkeit macht Heintz mit Recht aufmerksam – gegebenenfalls durchaus Probleme, sobald »der Zusammenhang von Arbeiten und Schreiben biographisch nicht mehr gegeben ist, d.h. in dem Augenblick, da sich die Literatur von der Bindung an die Arbeitswelt emanzipiert«.[33] Es seien – abseits der Frage nach lebensweltlicher Nähe etc. – insbesondere die Mechanismen und Zwänge des Buchmarkts, die der freie Schriftsteller sehr viel stärker zu beachten und berücksichtigen habe, so Heintz: »Arbeiter, für die das Schreiben zunächst eine Notwendigkeit darstellte, um Erlebnisfülle und Mitteilungsbedürfnis artikulieren zu können, wurden zu Großschriftstellern, die die Verkäuflichkeit ihrer Ware erkannten und in einen Manierismus der Arbeiterliteratur gerieten.«[34] Insbesondere Autoren wie Barthel, Bröger oder Lersch gerieten im Laufe der 1920er Jahre in eine politisch leicht deformierbare ›Vielschreiberei‹.[35]

Nicht gänzlich gelöst ist weiterhin die Frage nach dem Begriff ›Arbeiterdichtung‹, der »wegen seiner Unbestimmtheit und Undifferenziertheit nur bedingt brauchbar« sei, wie Florian Vaßen in seinen Überlegungen unmissverständlich herausstellt.[36] Beibehalten wurde er bis in jüngste Publikationen und Lexikonartikel für die Literatur der ersten Hälfte des 20. Jahrhunderts, da er sich längst etabliert hat, eine kritische Kontextualisierung ja nichtsdestotrotz möglich ist. Vaßen plädiert in seinem Aufsatz dennoch für detaillierte Präzisierungen zum Begriffsfeld ›Arbeiterdichtung‹, die sich konkret an Gruppierungen, ihrem Selbstverständnis und ihren Texten orientieren:

1) Anfänge der sozialistischen Literatur im 19. Jahrhundert (Weberlied, Weerth, Freiligrath, Zusammenarbeit mit Marx und Engels an der »Neuen Rheinischen Zeitung«, etc.), 2) »soziale Lyrik« der Jahrhundertwende (Gedichte, die in Verbindung mit der damaligen Arbeiterbewegung vor allem Mitleid erregen und Anklage erheben wollen), 3) »Arbeiterdichtung« im engeren Sinne (etwa von 1914 bis 1933 geschrieben und insbesondere von Funktionärsgruppen der Sozialdemokratie getragen – Bröger, Barthel, partiell auch Lersch), 4) »proletarisch-revolutionäre Literatur« (nach der Spaltung der Arbeiterbewegung als Parteiliteratur im Sinne Lenins unter der Führung der KPD kämpfend, z.T. aus der Arbeiterkorrespondentenbewegung hervorgegangen und sich im Bund Proletarisch-Revolutionärer Schriftsteller organisierend – Bredel, Marchwitza, Grünberg, Gotsche etc.), 5) die unter dem Motto »Arbeit macht frei« zur »Arbeitsdienst-Dichtung« pervertierte »Arbeiterdichtung« im Nationalsozialismus (entsprechend dem allgemeinen Eklektizismus der faschistischen Ideologie keine eigene Literatur, sondern Adaptierung und Intensivierung bestimmter irrationaler und heroisierender Elemente insbesondere der »Arbeiterdichtung«), 6) Bitterfelder Weg, seit den 60er Jahren Bewegung der »Schreibenden Arbeiter« in der DDR (Versuch einer allseitigen schöpferischen Entwicklung des Menschen auch im Bereich der Literatur vor allem durch die Verbindung von literarischer Produktion und Rezeption), 7) Literatur der Arbeitswelt in der BRD (nach langen Jahren der Tabuisierung erste Ansätze durch die Gruppe 61 sowie die Werkkreise, weitgehend thematische Begrenzung auf Arbeitsplatz und Freizeit).[37]

Der Vorschlag einer solchen Differenzierung ist für größere Erläuterungszusammenhänge weiterhin relevant. Deutlich interessanter erscheint hier jedoch Vaßens mahnender Hinweis, dass Arbeiterdichtung keinesfalls auf die »Darstellung der Produktionssphäre«[38] und die unmittelbar damit zusammenhängenden Lebensbereiche beschränkt sei.

(3) Zeitgenössische Debatten

Literaturkritiker Julius Bab hat sich bereits 1924 an einer grundlegenden Würdigung des Phänomens ›Arbeiterdichtung‹ versucht. In seiner gleichnamigen Publikation, 1929 in einer erweiterten Auflage erschienen, macht er einerseits das proletarische Bewusstsein, andererseits die literarische Neuerung als notwendige Voraussetzungen aus: »Das

Entscheidende im Bereich der Kunst ist immer die *Formkraft*, und erst dann wird es irgendeinen Sinn haben, von ›Arbeiterdichtung‹ zu sprechen, wenn auch die eigentliche dichterische Form: die Wahl der Worte, ihre rhythmische und geistige Anordnung, die Bilder der Sprache, die ganze Art der Phantasie deutliche Kennzeichen einer neuen Menschenart zeigen.«[39] Hinsichtlich der Frage einer genuinen Zugehörigkeit zur Klasse der Arbeiter (zumindest einer entsprechenden Herkunft) differenziert Bab jedoch deutlich weitsichtiger als manche ihm nachfolgende Debatte: Den Arbeiterdichter qualifiziere für sein Schreiben »nicht allein und vielleicht nicht einmal in erster Linie die proletarische Existenz im Sozialen und Wirtschaftlichen. Der heutige Arbeiter ist ein *Großstadtmensch*, in innerster Berührung mit Industrie und Weltwirtschaft, und er ist vor allem ganz innerlich gezeichnet durch die Tatsache seines *Klassenbewußtseins*: er will Arbeiter sein, und das bedeutet für ihn nicht nur ein Leid, sondern auch einen Stolz und einen Anspruch.«[40] Doch spätestens hier konkurrieren Interessen miteinander, denn die Produkte der Arbeiterdichter wurden seitens der Sozialdemokratie als auch der Gewerkschaften nur allzu gern in den Dienst der eigenen Sache gestellt: »Es ist verständlich genug, daß namhafte Arbeiterführer, die berechtigterweise rein politisch und gar nicht ästhetisch eingestellt waren, doch zuweilen den Ehrgeiz verspürten, junge Dichter proletarischer Herkunft als *die* Arbeiterdichter, die wirklich neuen Sprecher eines neuen Klassengefühls zu begrüßen. Über das, was geistesgeschichtlich einzig und allein als poetischer Durchbruch einer neuen Menschenart in Frage kommt«, so Babs berechtigter Einwand, »über das Wesen der dichterischen Formkraft waren sie sich dabei völlig unklar.«[41] Eben diese Dimension war in den Debatten nachfolgender Jahrzehnte tatsächlich oftmals unterbelichtet; der thematische Zugriff überwog gegenüber einer literarästhetischen Wahrnehmung der Texte. Dass der Entschluss zur poetischen Auseinandersetzung mit der Arbeitswelt gleichwohl nicht zwangsläufig in großen Phrasen und klingenden Versen enden muss, haben die Arbeiterdichter teils durchaus überzeugend bewiesen. Bab weist vor diesem Hintergrund auf die Hürden in der Rezeption hin, eine Kommunikationssituation, die der Dichter selbst nur bedingt beeinflussen kann: »Was sich an einer Dichtung *einprägt*, ist ja nicht der Stoff, die Idee, – *die können durch die Prosa eines Aufsatzes ja eindeutiger und schärfer übermittelt werden!* – Es handelt sich um das Gefühl, um die ganze, fast körperliche Einstellung des Menschen zu den Dingen der Welt, die sich uns durch den Klang, den Phantasiezauber seiner Worte übertragen soll.«[42] In dieser umfassenden, vom Sprachgenuss herkommenden Wahrnehmung wird sich den Texten allerdings nur eine Minderheit genähert bzw. dieser Sensibilität zugleich die Frage nach den realen Verhältnissen, dem Aussagegehalt der Verse beiseite gestellt haben.[43]

Bab ist in seiner schmalen Monografie zur Arbeiterdichtung gegenüber seinem Untersuchungsgegenstand, wie kaum anders zu erwarten, recht wohlwollend eingestellt, sieht auch verständnisvoll über weniger gelungene Anfänge und frühe Versuche hinweg[44] und ist doch mit einer deutlich spürbaren Erwartungshaltung gegenüber Kommendem ausgestattet: »Diese Arbeiterdichtung wird, was den Sprachschatz angeht, eine große Zahl von Worten und Wendungen vom Vorurteil des Ordinären befreien und poesiefähig machen, weil diese Dichter sich mit ungebrochenem Mut zu dem starken Gefühl bekennen, mit dem diese Worte in der Tiefe des Volkes gebraucht werden.«[45] Hinsichtlich der formalen Entwicklung innerhalb der Lyrik ergänzt er: »Diese Dichtung wird vielfach die übliche, durch Strophenbau und festes Metrum gewiesenen musikalischen Bahnen verlassen und sich der großen, auch von neueren bürgerlichen Dichtern schon vielfach aufgenommenen Bewegung anschließen, die die festen Formen löst und durch mannigfach zu gruppierenden Zeilen freie Rhythmen brausen läßt.«[46] Babs literaturkritischen Annahmen resp. Hoffnungen haben sich zu einem großen Teil bestätigt, jedoch ließen sich mit leichter Hand ebenso genügend Gegenbeispiele finden, die darauf hinweisen, dass jederzeit gewissermaßen ein ›Rückfall‹ hinter literarische Standards möglich ist. Vereinzelt schwingt in Babs Zeilen auch die unvermeidliche Hoffnung und Neugier des Zeitgenossen mit, der aus einzelnen, durchaus überzeugenden Beispielen Annahmen über die weitere Entwicklung in näherer Zukunft prolongiert: »In diesen Formen sucht die neue Arbeiterdichtung Ausdruck für ein Weltgefühl, das mächtig gespannt ist durch die Weiten weltwirtschaftlicher Zusammenhänge und in die Tiefe sozialer Verwobenheit hinein.«[47] Diese Erwartungen Babs erfüllten sich, nicht zuletzt aufgrund des politisch-ideologischen Umbruchs 1933, der all dies in der deutschen Arbeiterdichtung ins Gegenteil pervertierte, nur bedingt und kurzfristig. Der unverbrüchliche Optimismus Babs – »das kostbar unverbildete, lebenshungrige und zukunftsgläubige Menschentum des deutschen Arbeiters«[48] – mag heute eher Wehmut hervorrufen, weist jedoch – abseits von teils überzogenem Pathos – einmal mehr auf die Potentiale hin, die zeitgenössische Kritiker der Arbeiterdichtung (abseits aller punktuellen Mängel) zuschrieben.[49]

Karl Schröder hingegen, damaliger Leiter der Berliner Buchgemeinschaft »Der Bücherkreis«, forderte in seinem Beitrag *Arbeiterdichtung? – Proletarische Dichtung!* (1928) nach Durchsicht bisheriger literarischer Ergebnisse eine deutlich schärfere Konturierung, ja Politisierung und machte, ganz basal, auf folgenden Sachverhalt aufmerksam: Begriffe wie ›Freiheit‹, ›Solidarität‹ und ›Gerechtigkeit‹ würden auch von Mitgliedern der herrschenden Klasse gern in den Mund genommen, dort allerdings gänzlich anders aufgefasst und zur Praxis gemacht werden.[50] Unter der Ägide der bürgerlichen Literaturgeschichte, so eine Beobachtung Schröders, würde »nach allen möglichen ästhetischen, psychologischen, rein formalen und Dutzenden von anderen (aber niemals auf den gesellschaftlichen Kern gehenden) Gesichtspunkten«[51] gesichtet, bewertet und aussortiert, werde der Arbeiterdichtung allenfalls eine minoritäre Rolle zuteil. Schröder stellt somit, anders als Bab, die außerliterarischen Kampfplätze und deren Relevanz in den Vordergrund, würde auch den Hinweis auf qualitative Mängel der Texte nicht als ausreichende Rechtfertigung für ihre fortlaufend nachrangige Beachtung gelten lassen. Sein Unbehagen gegenüber der Etikettierung ›Arbeiterdichtung‹ resultiert, wie bei anderen auch, aus den damit verbundenen, unvermeidbaren Ungenauigkeiten hinsichtlich der Frage, was denn mit Berechtigung so bezeichnet werden dürfe:

> Wer ist für uns ein Arbeiterdichter? Welches ist das besondere Merkmal? Derjenige, der aus einem Arbeiterhaus stammt? Der Dichter mit Volksschuldbildung? Derjenige, der als Handarbeiter gearbeitet hat? Oder muß er dauernd als Handarbeiter tätig sein? Wie steht es mit einem Parteiangestellten, der vielleicht zwanzig Jahre in dieser Weise Beamter war, seit seinem achtzehnten Lebensjahr nicht mehr Handarbeit

geleistet hat und jetzt einen Roman schreibt? Wie, wenn er inzwischen noch Hochschulen besuchte? Was ist mit einem Jungsozialisten, der aus seiner Lehre wegging, ein paar Jahre arbeitslos ist, Schulen besucht und dann einen Band Lyrik schreibt? Oder endlich: Ist der Handarbeiter ein Arbeiterdichter, der reaktionär völkische oder katholisch strengkirchliche Dichtung schreibt; aber nicht derjenige Kopfarbeiter, der echteste Gestaltung der Arbeiterklassenideologie gibt?[52]

Aufgrund dieser offenkundigen Verkürzungen und Diskrepanzen beim Etikett ›Arbeiterdichter‹ votiert Schröder für eine deutlich präzisere, auch progressivere, ja aggressivere Bezeichnung: proletarische Dichtung. »In diesem Worte schwingt der Klassenbegriff, der Angriffsgeist, die Neugestaltung einer Welt. Versuchen wir es damit!«[53] Schriftsteller Bruno Schönlank ist im Vorspann zu seinem Gedichtband *Sei uns, du Erde!* (1925) ebenfalls ganz unbedingt daran gelegen, sich von einer Inszenierung kleinbürgerlicher Elendsdichtung zu verabschieden:

Der Begriff Arbeiterdichtung oder überhaupt Arbeiterkunst wird nach meinem Dafürhalten zu eng begrenzt. Der Dichter, der bildende Künstler oder Komponist, der von den sozialen Nöten und Kämpfen der Zeit inspiriert wird und ihnen Ausdruck gibt, ist dem Proletariat Verkündiger und Dolmetscher ihrer oft nur gefühlten Regungen, ist im besten Sinne Künstler der Arbeit, der Arbeitenden, Arbeiterdichter, auch dann, wenn er nicht seine Fronzeit in den Fabriken durchmachte. Letzten Endes entscheidet die Erlebniskraft, das Miterleben und Mitkämpfen.[54]

Manchem mag dies eine unbefriedigende, da völlig vage und dehnbare, kaum trennscharfe Kategorie zu sein, doch weist Schönlank mit Recht darauf hin, dass eine zu sehr auf Spezifika der Zugehörigkeit versessene Ein- und Aussortierung innerhalb des Felds ›Arbeiterdichtung‹ unzeitgemäßes Gebaren sei.

Kurt Offenburg, Herausgeber der Anthologie *Arbeiterdichtung der Gegenwart* (1925), bewegt sich eher in einer Mittlerposition, ist weniger an grundsätzlichen Debatten interessiert, macht aber auf einige An- und Einschlüsse aufmerksam:

Selbstverständlich, daß der Arbeiter auf die Kunstmittel der bürgerlichen Gesellschaft angewiesen ist. Aus dem Nichts kann man weder ökonomisch noch künstlerisch eine neue Welt aufrichten. Selbstverständlich auch, daß die expressionistische Kunstform mit ihren erweiterten Ausdrucksmöglichkeiten denen willkommen war, die ihre neue Weltanschauung zu bekennen hatten. Die größten dieser Dichter haben aber nichts von der artistischen Übersteigerung, nichts von der gejagten Sensationslust der bürgerlichen Dekadenz aufgenommen, die sich ebenfalls im Expressionismus aussprach. Die phantastische Liebeswärme eines Gerrit Engelke, die männliche Kraft Heinrich Lerschs, die bildnerische Stärke Karl Brögers, die epische Ruhe Paul Zechs, die fast beispiellose Formsicherheit Max Barthels – sind frei von der mystisch-reaktionären Spekulation und von den infantil artistischen Spielereien der bürgerlichen Moderne.[55]

Die reflexartige Abwertung dominanter Literaturströmungen schwächt allerdings eher Offenburgs Position, zumal seine Setzungen bei genauerem Blick in die Texte[56] argumentativ kaum tragen. Damit einher geht bei Offenburg ein bemerkenswert irritationsfreier Optimismus hinsichtlich der Wirkmächtigkeit der Arbeiterklasse und ihrer (literarischen) Kultur.[57] – Dass oftmals primär politische Einstellungen über die Befragung und Einschätzung der Arbeiterdichtung als zeitgenössischem Phänomen entscheiden, beweisen Kurt Kläbers unter dem Titel *Neuere Arbeiterdichtung* (1926) publizierten Einlassungen, in denen er mit Blick auf die in seinen Augen zu großen Teilen sehr kritisch zu beäugende Literatur erklärt: »Die Arbeiterdichter, einmal helle Feuer einer unterdrückten Menschenklasse, Andeutung höchster Begeisterung dieser Klasse in ihrer Revolution, fielen nach 1919 aus ihrer Wucht und Extase, aus ihrem unbedingten Willen zum Revolutionären und zur Gewalt in ruhigere Bahnen. Sie quollen nicht mehr, sie plätscherten. Sie schrien und jauchzten nicht mehr, sie ertönten. Sie verloren auch ihre ehemalige Bedeutung. Sie wurden aus Feuer und Ekstase zu Sängern.«[58]

(4) Kritische Stimmen

Harsche Vorwürfe gegenüber den Arbeiterdichtern haben eine Tradition, die sich bis in die frühen 1920er Jahre zurückverfolgen lässt. Spätestens mit Gründung des Bunds proletarisch-revolutionärer Schriftsteller (BPRS) im Jahr 1928 fanden diese Stimmen eine größere Konzentration und publizistische Kanalisierung, somit gewisse Popularität. Johannes R. Becher griff die Arbeiterdichter als Aushängeschilder der bürgerlichen Sozialdemokratie an, wandte sich mit unverhohlenem Hohn gegen die »Klassenversöhnungspoeten, die ihre Sendung darin erblicken, das Proletariat lyrisch zu erweichen und ihm durch ›ästhetische Stimmungen‹ sein Fließband- und Maschinendasein schicksalsgerecht zu machen«.[59] Der Vorwurf, die Arbeiterdichter würden sich auf diese Weise (unfreiwillig oder gewollt?) mit den Interessen der besitzenden und herrschenden Klasse stillschweigend gemein machen, wurde in den nachfolgenden Jahrzehnten in Varianten immer wieder aktualisiert. Was Becher der Arbeiterdichtung ebenso entschieden wie ungeduldig entgegensetzt, ist der Ausruf einer proletarisch-revolutionären Literatur: »Sie ist der Aufstand gegen die Welt, so wie sie heute ist, der Ruf nach durchbluteten Gehirnen und nach dem Breitschulterigen.«[60] Wonach es Becher literarisch offensichtlich drängt, sind »tolle Kerle, die vor Unruhe brodeln und ihre Sätze hinhauen, daß die Sprache platzt, und die wiederum so diszipliniert sein können und sachlich bis ans Herz hinan, daß sie nüchterne Berechnungen aufstellen und ihre Wortträume durchkonstruieren wie Maschinenbauer.«[61] Was einerseits nach militärischer Zucht, andererseits nach dem männerbündlerischen Sturz bestehender Verhältnisse klingt, ist vor allem als Abkehr von einer bestimmten Auseinandersetzung mit der Arbeitswelt zu verstehen, die Becher (nicht ganz zu Unrecht) als »Mitleidsdichtung«[62] bezeichnete. Die proletarisch-revolutionäre Dichtung, so der Anspruch, »bewimmert nicht tränenbeflissen das Elend des Proletariats, sie blättert nicht beschaulich in dem Krieg wie in einem Schaueralbum.«[63]

Der Angriff der proletarisch-revolutionären Schriftsteller gegenüber der ›herkömmlichen‹ Arbeiterdichtung kritisiert jedoch nicht nur die Ästhetisierung des Elends (was letztlich einer Verfestigung der Zustände diene), sondern ebenso die phrasenhaft-pathetische Berufung auf das Allgemein-Menschliche (was von einer Entblößung konkreter Zustände weglenkt): »Wir umgeben uns nicht mit einem Dunst von Ewigkeit wie die bürgerlichen Literaten, die ausschließlich damit beschäftigt sind, die vorhandenen Tatsachen geistreich als ›Schicksal‹ zu beschwatzen.«[64] Literatur ist im Sinne Johannes R. Bechers deutlich anders konturiert, als es die etablierten Arbeiterdichter für sich in Anspruch angenommen hätten, ist gefährlich und verantwortlich gleichermaßen: »Sie ist ein Einbruch, sie bohrt an und betrommelt den Menschen dort, wo, oft unberührt von politischem Tageskampf, die Gefühlsmassen verborgen liegen. Hier bricht die Kunst durch, sie spürt die Gefühlsmassen auf und bringt sie in Bewegung, sie pumpt Blut, sie verhindert, daß der Mensch zur Litfaßsäule erstarrt.«[65] Kunst geht für Becher immer »aufs Ganze«.[66] Dass die stürmisch-hochtönenden Bekenntnisse zwar markig, aber zugleich seltsam blass, ohne weitere Ausgestaltung blieben, scheint Becher als Verfasser selbst bemerkt zu haben; um nicht in dieselbe Falle wie die gescholtenen Schriftstellerkollegen zu tappen, wird daher sogleich, auch zur Einhegung der Erwartungen, hinzugefügt:

> Wir beten die Literatur nicht an, wir sind nicht so hoffnungslos literaturgläubig und wortbesessen, um nicht zu erkennen, welche natürlichen Grenzen der Kunst gezogen sind. Wir werden, wenn es nottut, auch jederzeit außerhalb der Literatur unseren Mann stellen, dort, wo man uns braucht. Unsere Literatur ist kein faules abgestandenes Gewässer, das die Haut schlaff macht und die Knochen weich brüht, wir sind eine Bewegung, ein Vorwärtsströmen voll Durchbruch und Wellenschlag.[67]

Das wiederum ist ein Versprechen, dass die ›klassischen‹ Arbeiterdichter in dieser Verbindlichkeit niemals gegeben hätten – »außerhalb der Literatur«, das war eine Sphäre, die Autoren wie Gerrit Engelke und Otto Wohlgemuth zwar als Arena ihrer Ansichten von Bedeutung war, als Echoraum für ihre dichterischen Produkte, der sie als Autoren allerdings nur in Halbdistanz zugeschaltet waren, der sie primär mit schriftlichen Äußerungen zur Verfügung standen.

Einen ganz anderen, mehr literarischen Aspekt macht Erik Reger zum Hebel seiner Kritik; am Anfang seiner Auseinandersetzung mit der zeitgenössischen Lyrik steht folgender Befund: »Die Beziehungen der Literatur zur Technik sind bisher nur wenig über Ressentiment hier und Fanatismus dort hinausgekommen. Ob das neue Stoffgebiet abgelehnt, ob es hymnisch begrüßt wird – beides entspringt der Verlegenheit.«[68] Regers zentraler Vorwurf gegenüber der Arbeiterdichtung: Eine Annäherung an die gegenwärtige, im Umbruch begriffene Arbeitswelt kann mit herkömmlichen Mitteln und Metaphern, oftmals aus dem 19. Jahrhundert hinübergereicht, nicht mehr gelingen. »Die traditionelle Lyrik müßte konsequenterweise das Wesen der technischen Welt als völlig unlyrisch empfinden. Wenn sie trotzdem so tut, als ob das Gegenteil der Fall wäre, so ist das eine kommerzielle Spekulation. Der sachliche Irrtum besteht darin, daß auf einen neuen und kühlen Komplex Vorlagen angewendet werden, die auf eine frühere, lyrisch bewegte Erscheinungswelt zugeschnitten sind.«[69] Auf die Komplexität des industriellen Zeitalters, seiner Abhängigkeiten, Mechanismen, Wertschöpfungsketten müsse, so der Anspruch, »eine neue literarische Totalität«[70] adäquat reagieren. Doch die einschlägig bekannten poetischen Begleiter der Arbeitswelt, so der Vorwurf, würden sich hinsichtlich konkreter Kontexte und Zusammenhänge allzu gern in »die Harmonie der Sphären oder irgendein mythisches Gleichnis«[71] flüchten. Die literarische Beschäftigung mit der Arbeitswelt wird dabei sehr schnell bloße Beschäftigung mit Oberflächen, ein Spiel mit pathetischen Versatzstücken – »Schornsteine und Rauchfahnen« als »kontrastreiche Staffage für seelische Exhibitionen.«[72] Und Reger ergänzt ebenso hellsichtig wie spitzzüngig: »Aber der Rauch ist das, was der Techniker als Unvollkommenheit, als Wärmeverlust bezeichnet. Diese pseudotechnische Lyrik feiert also das Untechnische als grandios.«[73] Ein wenig ungerecht ist diese (leicht höhnische) Zuweisung von Inkompetenz allenfalls, da sie bewusst ignoriert, dass Sicht- und Beschreibbarkeit der Phänomene in einer primär vom Naturalismus herkommenden Lyrik elementar zusammenhingen bzw. kaum anders vorstellbar schienen. Das Ausbleiben adäquater Schreibweisen zum Werkalltag als Manko zu benennen, ist gleichwohl richtig, denn: »Der Arbeiter sieht in seinem Arbeitsplatz keine dekorativen Reize, in denen sich das Spiel von Licht und Schatten, Luft und Dunst, Feuer und Dampf zu farbigen Akzenten steigert.«[74]

In einem Punkt nähert sich Regers Kritik an der bisherigen Auseinandersetzung mit der Arbeitswelt überraschend deutlich den proletarisch-revolutionären Autoren und ihrer Ablehnung der seitens der Arbeiterdichter stattfindenden ›Beweihräucherung‹ des Alltags an: »Wenn eine Lyrik, die nach dem an allen Mittelschulen eingeführten ästhetischen Leitfaden arbeitet, den Industriearbeiter zum Anlaß eines Gefühlsergusses nahm, so mußte sie zugleich, bei allem Naturalismus der Motive, eine idealistische Färbung annehmen. Sie strebte von Mitleidsdichtung und sentimentaler Armeleutepoesie über doktrinäre Klassenkampfgesinnung hinweg wieder zum ethischen Gefühl hin und endete zwangsläufig in Ekstasen der Menschenverbrüderung und Völkerbefreiung.«[75] Spätestens hier wird der ästhetische Vorwurf gegenüber den Arbeiterdichtern zugleich ein ethischer: Die plumpen Rufe nach solidarischer Verbrüderung blieben meist blass und ohne Konsequenz, sind somit laut Reger letztlich verlogen, da primär an einer Harmonie mit literarischen Mitteln interessiert: »Wer diese Verstrickung und Dunkelheit des Arbeiterdaseins in Sonetten einfängt, spielt nur die Rolle des Verschönerungsvereins, der eine Quelle mit Ziegelsteinen faßt. Werkstoff, Werkzeug, Arbeitsvorgang sind nun einmal für den Arbeiter nichts Metaphysisches. Er hat keine poetischen Assoziationen. Das Rattern der Maschinen ist für ihn kein Orgelbrausen, sondern eine Möglichkeit, das Leben zu fristen.«[76] Wie hätten Grisar, Lersch oder Bröger auf diese Kritik reagiert? Vermutlich hätten sie sich von solch einem Vorwurf gar nicht angesprochen und adressiert gefühlt, auf die Aufrichtigkeit ihres Anliegens gepocht.

In seinem Beitrag *Nationaldichter der Schwerindustrie* (1931) hat Erik Reger seine Kritik an der Arbeiterdichtung, die »die schwieligen Hände zur großen Mode der Salons erklärt«,[77] nochmals präzisiert und verschärft. Abseits der literarischen Einwände wird nun die höchst bedenkliche Ausrichtung, konkreter: die mangelnde Verantwortlichkeit dieser Literatur in den Fokus gestellt. Mit eindrücklichen Demonstrationen von technischer Dynamik und (Maschinen-)Kraft lasse es die Arbeiterdichtung zu, dass sich Wirtschaftsverbände diesen Weg der Popularisierung zu eigen machen, »als ein Mittel, sich ethisch-fortschrittlich aufzublähen«.[78] Das dabei stets mitklingende Pathos – »je nach Bedarf sozialversöhnlich oder moralisch-aggressiv«[79] – kann, so Regers Verdacht, eine ernstzunehmende Distanz gegenüber konzerneigenen Interessen allenfalls bedingt behaupten.[80] Der Arbeiterdichter also als agiler Öffentlichkeitsarbeiter, ohne fixe Losung und Auftragsheft? Reger kritisiert auch, dass klischierte Vorstellungen vom Reime bosselnden Heizer, Bergarbeiter oder Maschinisten bewusst aufrechterhalten worden seien: »Die dilettantisch-schwärmerische Illusion des dichtenden Arbeiters wird nämlich von den journalistischen Angestellten der Schwerindustrie in ein sozialethisches Phänomen umgefälscht. Sie wird reklamiert als Beweis für das hohe Maß an Freiheit, Bildung und moralischer Kraft, das dem Arbeiter durch das gegenwärtige wirtschaftliche System zufließen soll, für unbegrenzte Aufstiegsmöglichkeiten, Wohlergehen und verständnisvolle Förderung kultureller Bedürfnisse.«[81] Eine schrittweise Einpassung in gewünschte, förderungswürdige, konforme Schreibweisen finde bei den Arbeiterdichtern, so Reger, meistens stillschweigend statt.[82] Als Paradebeispiel für derartige Anpassungskünste ließe sich etwa auf Otto Wohlgemuth, Dichter des Ruhrbergbaus, verweisen, dem sowohl in der Weimarer Republik als auch unter den Nationalsozialisten sowie in der jungen Bundesrepublik ein (nahezu) bruchloses Publizieren gelang. Der Dreiklang blieb bei Autoren der Arbeitswelt, die in allen ideologischen Konstellationen erfolgreich waren, zugespitzt formuliert, immer der gleiche: Triumph der Tat, Wille zum Licht, Lust zur Pflicht. Was Erik Reger dem Gros der Arbeiterdichter vorwirft, ist nicht in erster Linie das verwendete »geistige Arsenal der Bildungsschicht«,[83] sondern vielmehr die Tatsache, dass diese »Barden der Rauchfahnen«[84] und »Rhapsoden der Schwefelgase«[85] so unbedacht, teils auch willfährig die Interessen »der Herren von Kohle und Eisen«[86] zu integrieren bereit sind bzw. sich dieser (mehr als nur latenten) Gefahr offenkundig nicht ganz bewusst sind.[87] Konsequenz dieser Verquickung: Die lyrisch geäußerten Anklagen werden kaum konkret, halten sich meist im Allgemeinen auf, fordern Veränderung, versteifen sich auf eine Zukunft, deren erste Anzeichen ganz sicher bald nahen; Leid und Sehnsucht dominieren den Raum.

Bedenken und schärfste Ablehnung erfuhr die deutsche Arbeiterdichtung aber nicht nur von der zeitgenössischen Kritik, sondern ebenso seitens der Literaturgeschichte; die Vorwürfe betrafen weniger poetische Mängel (wenngleich solche vorhanden waren), sondern vor allem Mängel in der politischen Haltung, der Auseinandersetzung mit gesellschaftlichen Konflikten. Das Gebot der Klassensolidarität sei verletzt worden, so das Urteil marxistischer Provenienz; die Arbeiterdichter hätten in der Weimarer Republik, so der Vorwurf, um des eigenen Erfolges willen ein Arrangement mit den herrschenden Verhältnissen gesucht. Den Autoren sei ihr Schreiben primär Mittel zum Zweck gewesen, ein Garant zur Annäherung an die bürgerliche Mitte. Vor allem das Urteil der materialistischen Literaturtheorie fällt scharf und eindeutig aus: Der Irrationalismus der Arbeiterdichter habe der faschistischen Arbeitsideologie wesentlichen Vorschub geleistet.[88] Inwieweit dieser Vorwurf gerechtfertigt ist, wo er gegebenenfalls modifiziert werden muss, wird in den nachfolgenden exemplarischen Exkursionen (immer wieder) diskutiert, Hintergrund für manche Fragestellung und Annäherung sein. Alfred Klein etwa macht ›klassischen‹ Arbeiterdichtern wie Max Barthel und Karl Bröger in seiner Monografie *Im Auftrag ihrer Klasse. Weg und Leistung der deutschen Arbeiterschriftsteller 1918–1933* (1972) den Vorwurf, mit ihrer Lyrik nicht »die geistige und gesellschaftliche Emanzipation der Arbeiterklasse«, sondern vielmehr »die Unterwerfung unter den Willen der herrschenden Klasse« gefördert zu haben.[89] Die Probleme der Arbeiterschaft innerhalb der hochindustrialisierten kapitalistischen Gesellschaft, so Klein weiter, seien etwa in den Gedichten eines Heinrich Lersch oder Karl Bröger nur ausnahmsweise und sporadisch zum Vorschein gekommen.[90] Die Annäherung der Arbeiterdichter an das Thema ›Arbeit‹ sei meistens inadäquat, verengt und zu kurzsichtig gewesen, um die Krisen und Konfliktlinien der gesellschaftlichen Gegenwart aufzuzeigen. »Es erweist sich, daß es nicht möglich ist, den Arbeitsprozeß unabhängig von den Klassenverhältnissen zu betrachten, den allgemeinmenschlichen Charakter der Arbeit und ihren allgemeinen Nutzen für die Gesellschaft zu beschwören und den Heroismus des Arbeiters zu rühmen, ohne dabei direkt oder indirekt zum Apologeten der kapitalistischen Produktionsweise und der sich ständig verschärfenden Ausbeutungsmethoden zu werden.«[91] Der Zusammenhang von »Alltag und Klassenkampf, geschichtlicher Aktion und Produktionsverhältnissen, kollektiver Emanzipation und individueller Auflehnung«[92] sei, so Klein, in angemessener Schärfe und kritischer Dringlichkeit nur von den Autoren des Bunds proletarisch-revolutionärer Schriftsteller aufgezeigt worden.[93] »In dem Welt- und Menschenbild der bürgerlichen Arbeiterdichter« aber, so Kleins Diagnose, »erscheint der Arbeiter im wesentlichen nur in seiner Funktion als Produzierender und nicht als Angehöriger einer aufsteigenden, sich emanzipierenden und um die Befreiung der Gesellschaft von der Ausbeuterherrschaft kämpfenden Klasse, das Lob der schöpferischen Arbeit steigert sich bis zu einem religiösen Kult, welcher die kapitalistische Industrie dämonisiert und mythisiert.«[94] Von mancher Zuspitzung abgesehen, ist den detaillierten Vorwürfen Kleins[95] auch aus anderer Richtung immer wieder zu begegnen; insbesondere die im pathosschwangeren Wortdunst verbleibenden Verbrüderungsgesten, die höchst erstaunliche Ignoranz gegenüber der Ökonomie, die mythisierend-regressive Sakralisierung der Industrie sind markante, wiederholt hervorgebrachte Kritikpunkte. Florian Vaßen etwa weitet in seiner Untersuchung Über die Brauchbarkeit des Begriffs »Arbeiterdichtung« (1973) die Kritik noch aus, indem er weitere Aspekte zur Validierung der These, die Arbeiterdichtung sei hinsichtlich des Anspruchs, im Sinne der Arbeiterbewegung zu schreiben, zu kritisieren, hinzuzieht:

> Die berechtigte Skepsis gegenüber der »Arbeiterdichtung« seitens der Mehrheit der Arbeiter läßt sich auch an der Höhe der Auflagen ablesen. Im Gegensatz zu der in die Hunderttausende gehenden Produktion der proletarisch-revolutionären Romane in der Weimarer Republik werden von der »Arbeiterdichtung« trotz des niedrigen Preises selten mehr als ein paar tausend Exemplare gedruckt. Daß nicht die Arbeitermassen, sondern die Funktionärsschicht der SPD sowie Teile der Bourgeoisie diese Literatur rezipierten, daß die »Grundstimmung« dieser Literatur keineswegs eine proletarische war, daß die »Arbeiterdichtung« an die Arbeiter von außen herangetragen wurde, all das entlarvt die Behauptung der SPD, hier spreche die Arbeiterklasse selbst, hier werde deren Interesse artikuliert, als Ideologie.[96]

Und Alfred Klein erinnert in seiner Analyse der Arbeiterdichtung an die verheerenden Kontinuitäten im 20. Jahrhundert, sieht, dass Patriotismus und falschverstandene Solidarität zu reaktionären Handlungsmustern und Entscheidungen führten, wo doch Gegenwart und Zukunft auch für andere Optionen offen gewesen wären.[97] Er betont zugleich, dass es »selbstverständlich nicht richtig« wäre, »im fatalistischen Sinne von einer Zwangsläufigkeit zu sprechen«,[98] die gewissermaßen im August 1914 ihren Ausgang nahm und im Januar 1933 endete.

(5) Historische Entwicklung

Die Geschichte der deutschen Arbeiterdichtung kann und soll hier nicht im Detail erörtert werden,[99] sondern hinsichtlich ihrer Genese und Entwicklung[100] anhand einiger weniger prägnanter Charakteristika sowie neuralgischer Punkte in den Blick genommen werden. Die frühe Arbeiterdichtung des 19. Jahrhunderts – in den 1860er Jahren entstanden Kampf- und Arbeiterlieder, etwa das *Bundeslied für den Allgemeinen Deutschen Arbeiterverein* oder die ›Arbeiter-Marseillaise‹, das *Lied der deutschen Arbeiter* – hat Klaus-Michael Bogdal folgendermaßen skizziert: »Sie erreicht über Presse- und Verlagsveröffentlichung, das Bildungswesen und die Arbeiterfestkultur ihr Publikum. Sie verbreitet das noch fragile proletarische Selbstbild und sichert einer traditionslosen Klasse erste Dokumente einer eigenen kulturellen Überlieferung. Das literarische Selbstverständnis der Arbeiterliteratur wird durch die Ablehnung einer artifiziellen Literatur und die Forderung nach einer ›schlichten‹ bis pathetisch-heroischen Volkskunst geprägt.«[101] Mit dem ›Sozialistengesetz‹ Bismarcks 1878 (»Gesetz gegen die gemeingefährlichen Bestrebungen der Sozialdemokratie«) verschwand die Arbeiterliteratur bis zur Aufhebung des Verbots 1890 im Illegalen; 1893 konnte eine fünfteilige Sammlung *Deutsche Arbeiter-Dichtung. Lieder und Gedichte deutscher Proletarier*, etwa mit Gedichtbänden von Wilhelm Hasenclever und Jakob Audorf, erscheinen, 1900 folgte die von Konrad Beißwanger verantwortete Anthologie *Stimmen der Freiheit. Blüthenlese der hervorragendsten Schöpfungen unserer Arbeiter- und Volksdichter*. Der Optimismus ist bereits im Buchtitel greifbar; Krystyna Nowak allerdings weist auf damit verbundene Schieflagen hin und kommt zu folgender Quintessenz: »Der innige Glaube an bessere Zeiten und die Hoffnung auf Verwirklichung der sozialistischen Ideen erlaubten es den Autoren nicht, sich so in die Einzelheiten der sozialen Not zu vertiefen, wie es die Naturalisten in ihren Werken getan hatten.«[102] Tatsächlich finden sich bei den Arbeiterdichtern – innerhalb der vorliegenden Porträtreihe sei insbesondere Kämpchen hiervon ausgenommen – kaum eindringliche, nicht allein punktuell drastische Schilderungen der alltäglichen Not. Einen anderen Mangel macht der zeitgenössische Literaturkritiker Julius Bab aus und spricht »all den Versen und Versbüchern, die von Autoren proletarischer Abkunft im letzten Drittel des vorigen Jahrhunderts veröffentlicht wurden«[103] zu großen Teilen eine angemessene poetische Qualität ab:

> Es ist ja klar, daß in einer großen Bewegung, die viele Menschen ans Licht das Bewußtseins und zu neuer Teilnahme an den Kulturgütern reißt, bei vielen nicht nur Ehrgeiz, sondern ehrlichster, innerer Trieb entsteht, auch in Versen das neue Welterleben auszusprechen. Aber der Trieb bedeutet noch nicht die Kraft, und die neuen Ideen noch nicht die Fähigkeit zu wirklich neuem, sinnlichem Erleben aller einzelnen Weltdinge. Bei der Absicht, ihre Gefühle, Eindrücke und Gedanken zu formulieren, gerieten alle diese Verfasser unwillkürlich und ohne es zu merken in volle Abhängigkeit von den Vorbildern, in denen sie Dichtung kennen gelernt hatten.[104]

Babs harsche Kritik ist sachlich ebenso richtig wie verständlich; verständlich ist aber auch, salopp formuliert, diese Geburt der Arbeiterdichtung aus Nachahmung und Einfühlung. Lyrische Formen wie das Lied haben die Arbeiterbewegung in Deutschland seit jeher begleitet, waren insbesondere im 19., aber auch noch im 20. Jahrhundert Material zur Gestaltung der Zusammenkünfte und Feiern.[105] Die Parteiorgane und Arbeitervereine druckten in den Unterhaltungsbeilagen ihrer Zeitungen und Zeitschriften, etwa in *Die Neue Welt* (1876–1919) und *Der wahre Jacob* (1879–1933), Gedichte ab, verwendeten sie für Rezitation und Gesang.[106] Anstelle monografischer Einzelpublikationen dominierte anfangs zudem – auch dies gewissermaßen logische Konsequenz des Gebrauchscharakters – der Abdruck der Texte in Anthologien.[107] Die Lyrik der frühen Arbeiterbewegung, deren politisch-freiheitliche Kontur nicht vergessen werden darf, ist somit vor allem als »operatives Medium«[108] zu verstehen, dem aufgrund damaliger Rezeptionsbedingungen eine teils größere Tragweite zukam als der ›klassischen‹ Arbeiterdichtung der Weimarer Republik, die eher in (nicht selten bürgerlichen) Verlagen veröffentlicht wurde. Allerdings ist auch Vorsicht geboten hinsichtlich einer allzu optimistischen Einschätzung des Wirkungsgrads der Lyrik innerhalb der Arbeiterbewegung: »Im Grunde blieb Literatur immer Nebensache, die eigentliche Bildung im Sinne der Arbeiterbewegung geschah durch die Vermittlung ökonomischer, gesellschaftlicher und historischer Kenntnisse. Im Sinne einer allgemeinen Bildung des Menschen wollte man freilich auf Kultur nicht verzichten.«[109]

Einer der Vorwürfe, denen die Arbeiterdichtung schon damals nicht entging und immer wieder begegnete: Hier werde ›Feierabendlyrik‹ produziert, es handle sich um ein Verschwinden in diffusen Hoffnungen; alltagsnahe Schönheitsphänomene würden als Movens der Begeisterung herangezogen, was freilich nur um den Preis einer Unterschlagung realer Arbeitsverhältnisse, »ihrer Mühseligkeit, Monotonie und Hoffnungslosigkeit im System der kapitalistischen Produktionsverhältnisse«[110] möglich sei. Dies widerspricht dem innerhalb der Porträtreihe »Der Ruf gilt dir, Kamerad!« ausgeprägten Tenor; insbesondere in den von Walter Köpping verfassten Beiträgen wird das widerständige Potential der Dichter als Kämpfer für mehr Anerkennung, mehr Rechte, mehr Freiheit und Solidarität immer wieder hervorgehoben. Welcher der Positionen ist nun eher zu vertrauen, welcher zuzustimmen? Handelt es sich um Autoren, »die durch die brutale Ausbeutung als Betroffene zur Feder griffen«, in deren Texten bei aller Kampfbereitschaft das »Selbstmitleid und die Dämonisierung der industriellen Arbeitswelt« nur eine allzu verständliche »Begleiterscheinung« war, wie es etwa Schriftsteller Richard Limpert rückblickend beschreibt?[111] Limperts wohlwollend vermittelnde, Verständnis einfordernde Position wirkt sympathisch, lässt aber letztlich nicht genügend Distanz für eine kritischere Differenzierung. Dass eine dezidiert anklägerische Haltung, wie Heinrich Kämpchen sie in seinen dem Ruhrbergbau, seinen Gefahren und Unglücken, seiner Not und seinen Mängeln gewidmeten Gedichten verfolgt hatte, nicht bei allen Arbeiterdichtern – zumal nicht in dieser dringlichen Unversöhnlichkeit – vorhanden war, zeigt exemplarisch der Blick auf ein von Christoph Wieprecht verfasstes ›Selbstbildnis‹ in der Anthologie *Antlitz der Zeit. Sinfonie moderner Industriedichtung* (1926):

> Ich, der ich im Herzen der wildbrausenden Industriearbeit Aufgewachsene, habe geschafft wie viele Zehntausende, die von der grünen Scholle, von Wäldern und Bergen sich trennten und das Reich der Flammen und Schächte aufsuchten – um Brot. Die Liebeslyrik wich vorübergehend ganz dem Gesang der großen Arbeit, und so entstanden in Preß- und Schmelzwerken, an Panzerwalzen und Riesenmaschinen meine Lieder vom werktätigen Schaffen, geboren aus Seelennot, Kraftgefühl und Stolz. Ich habe es nie vermocht, *nur* das Lied von schwieligen Händen und der Ungerechtigkeit der regierenden Macht zu singen. Ein Schönheitsgefühl schlug mich beim Anblick der gewaltigen Arbeit immer wieder in seinen Bann.[112]

Wieprechts Autorenauskunft demonstriert eindrücklich, dass Fragen von Selbstverhältnis und Stolz als auch die Behauptung gegen Widerstände gleichermaßen von Bedeutung sind, faktisch einen größeren Platz einnehmen als etwa Fragen nach Gerechtigkeit und gesellschaftlicher Anerkennung der Arbeiterschaft. Die von Walter Köpping ebenso leichtfertig wie emphatisch in den Raum gestellte Behauptung, in der Arbeiterdichtung sei »wie in einem Spiegel das Bild des arbeitenden Menschen damaliger Zeit eingefangen«, sie zeuge »auf erschütternde Weise für die sozialen und politischen Verhältnisse in der Zeit des Früh- und des Hochkapitalismus«,[113] muss zumindest mit nachfragenden Einschränkungen begegnet werden. Doch die Arbeiterdichter wurden – hier spielten die Selbstauskünfte der Autoren, das Interesse ihrer Förderer sowie die daran anschließende Berichterstattung der Literaturkritik einander kongenial in die Hand[114] – grundsätzlich als Experten ihrer eigenen Sache angesehen. Wolle man etwas von der Industriewelt sowie dem Alltag der arbeitenden Bevölkerung verstehen, sich zu Staunen und Mitgefühl verleiten lassen, so die Annahme, müsse man sich der Arbeiterdichtung als Informationsquelle sui generis anvertrauen; hier erschlösse einem die Lektüre einen Zugang zur Erfahrungswelt der Arbeiterschaft, ihrem Fühlen und ihrem Denken.[115] Dass der Arbeiterdichtung diverse Interessen und Absichten eingeschrieben waren, wird bei Annäherungen, die sich auf den Text gern als – literarisch verformtes, dennoch sehr aussagekräftiges – ›Dokument‹ fokussieren, in den Hintergrund geschoben.

Wie wichtig eine Kontextualisierung des Phänomens ›Arbeiterdichtung‹ sein kann, zeigt bereits der Rückblick auf eine zentrale historische Gelenkstelle: Mit dem Ersten Weltkrieg kommt es nicht nur zum politischen Bruch innerhalb der Sozialdemokratie, sondern auch zu einer gesamtgesellschaftlichen Transformation: »Den Arbeitern wird der Makel des Außenseiters genommen. Der belastende Widerspruch zwischen Fühlen und Denken der Arbeiter wird im Bewußtsein der Arbeiterdichter aufgehoben. Die versteckte Identifikation mit der Gesellschaft wird – durch die offiziöse Integration der Arbeiter in die Gemeinschaft – zur offenen und durch die Tat dokumentierten Identifikation mit Deutschland.«[116] Der Krieg als aufgezwungenes Schicksal (so die offiziöse Lesart) ermöglicht es plötzlich, sich qua vaterländischer Treue und unverbrüchlicher Gefolgschaft zu bewähren, sich einen neuen Platz zu sichern. Statt proletarischer Solidarität: Volksgemeinschaft, Verteidigung der deutschen Kultur.[117] Bedeutende Arbeiterdichtung gab es natürlich bereits vor dem Ersten Weltkrieg – Veröffentlichungen von Otto Krille, Ludwig Lessen, Alfons Petzold und Julius Zerfaß etwa –, doch das Jahr 1914 produzierte und konturierte bis zur militärischen Niederlage (und mit Langzeitfolgen darüber hinaus) eine grundsätzliche Neuformatierung. Die Literatur der Arbeiterschaft ist ab diesem Moment – die Frage nach Vaterlandsverteidigung vor dem Revers – nicht länger geeint; auch abseits von Parteipolitik und Ideologie blieben vormalige Ideengehalte angesichts der nationalen Umorientierung nicht unverbrüchlich. Bezeichnend sind in diesem Zusammenhang Heinrich Lerschs Überlegungen zum *Weg des deutschen Arbeiters zu seiner Dichtung* (1930/1934), in denen er den August 1914 als Weckruf inszeniert: »Der deutsche Arbeiter, todverachtend im Bergwerk, in der Gefahr der chemischen Industrie, Soldat der Arbeit auf Hochöfen und in Walzwerken, der Arbeitskumpel wurde zum Kriegshelden und Kriegskameraden. Der Werkmann kam vom Schlachtfeld der Arbeit und hatte zutiefst erlebt und erlitten, daß nur die Kameradschaft das Leben der Gemeinschaft retten konnte.«[118] Der Proletarier ist nun ›Soldat der Arbeit‹, täglich betritt er das Schlachtfeld namens Bergwerk oder Fabrik; ähnlich obsessiv hat sich Christoph Wieprecht in seinen Dichtungen gezeigt, im Fokus die Gleichschaltung von Arbeit und Krieg sowie der unermüdliche Nachweis, dass die Werktätigen als auch die Literaten ihren Teil zur Verteidigung leisten, keinesfalls Vaterlandsverräter sind. Die Arbeiterdichtung, so sekundiert Lersch, »stand als menschliche und nationale Offenbarung da«, durch seine »schöpferische Dichterkraft« habe der Arbeiter »sein Vaterland erobert«.[119] Dass die Literatur der Arbeitswelt sich so letztlich eine fatale Form der Anerkennung zuzog, haben viele der Dichter nicht sehen wollen.[120] Die Tatsache, dass Bröger, Lersch & Co. mit völkischem Getöse zur Vaterlandsverteidigung aufrufen, diesen Kampf literarisch unterstützten, hat aber einen irreparablen Bruch hervorgerufen. Dass die Arbeiterliteratur sich so freudig dem Nationalismus und Militarismus hingab, war ein Novum und diskreditierte für einen Großteil der schriftstellerischen Kollegen die Anliegen der Arbeiterdichtung. Ludwig Rubiner etwa ignorierte daher die teils prominenten Stimmen in seiner Anthologie *Kameraden der Menschheit. Dichtungen zur Weltrevolution* (1919) und begründete seine Ablehnung als Herausgeber im Nachwort folgendermaßen: »Nicht aufgenommen sind aber die sogenannten Arbeiterdichter, die als ehemalige Proletarier wissen mussten, was im Kriege gegen das Volk geschah, die sich vom Kriegskapitalismus zu jeder Art lyrischer Aktion gegen die verblutende Menschheit hündisch verräterhaft mißbrauchen ließen, und die heute, selbstverständlich, jede Revolutionskonjunktur mitmachen.«[121] Und ebenso unmissverständlich der Vorwurf der Literaturwissenschaft:

Die opportunistischen Arbeiterschriftsteller erwiesen dem deutschen Imperialismus unermeßliche Dienste, indem sie das Proletariat zur Solidarität »mit der ganzen kämpfenden Nation« aufriefen. Den Krieg faßten sie fatalistisch auf – die Brüderlichkeit der Waffen sollte die Klassenbarrieren liquidieren, die Kriegsmühen dagegen wären die Pflicht und Schuldigkeit gegenüber Gott und Vaterland. Diese, den Interessen der Arbeiterklasse zuwiderlaufende Strömung in der Arbeiterliteratur wurde von den Herrschenden kolportiert und mit großem Propagandaaufwand als repräsentativ für die in den proletarischen Massen herrschende Stimmung erklärt.[122]

Die Umbrüche in der Entwicklung der Arbeiterdichtung sind jedoch nicht nur gesellschaftlicher Natur, entstehen nicht nur aufgrund kapitalistischer und ideologischer Monopolisierung, betreffen nicht ausschließlich die Wirklichkeit der Arbeitswelt,[123] sind auch verbunden mit einem veränderten Selbstverständnis der Schriftsteller, die zwar weiterhin im Sinne der Arbeiterbewegung eine gerechtere Verteilung des akkumulierten Kapitals erkämpfen möchten, sich aber zugleich selbstbewusst als Autoren verstehen, die einen ›poetischen Mehrwert‹ erzeugen wollen.[124] Karl Bröger, Max Barthel und Heinrich Lersch etwa produzierten ab 1914 bezeichnenderweise in schneller Folge Band auf Band. Dieser enorme lyrische Output,[125] (auch) getrieben von den Mechanismen des Markts, war bis ins Jahr 1923 spürbar stark: Barthel, Bröger und Lersch veröffentlichten in dieser Zeit nahezu jährlich einen neuen Band, teilweise mehrere pro Jahr. Nicht zuletzt deshalb wurde diese Phase als ›Aufschwung‹ der deutschen Arbeiterdichtung wahrgenommen.[126] Doch Mitte der 1920er Jahre – das betrifft etwa auch Autoren wie Grisar, Wieprecht und Wohlgemuth – schrumpfte das Ausmaß an Publikationen erheblich. Dies hat sich, nicht zuletzt aufgrund der wirtschaftlichen Krisen und wachsender Instabilität, während der Weimarer Republik nicht mehr grundlegend geändert; ab 1933 hingegen gab es einen quantitativen Anstieg an (Wieder-)Veröffentlichungen; die These vom sofortigen Verschwinden der Arbeiterdichtung bzw. der Vertreibung ihrer Protagonisten unter den Nationalsozialisten ist somit nicht in Gänze haltbar.[127] – Was zudem im literaturhistorischen Rückblick auffällt, ist das rege Interesse bürgerlicher Autoren an der Arbeiterdichtung;[128] renommierte Kollegen setzten sich für die ›Sänger von Eisen und Kohle‹ ein, vermittelten Aufträge, Abdrucke, reichten Einsendungen weiter, warben um Zugang zu etablierten Zeitschriften und Verlagen.[129] Dass sich dabei, parallel zur Trennung der Arbeiterbewegung in einen reformistischen und revolutionären Flügel, in der Literatur eine vergleichbare Differenzierung vollzog, überrascht wohl kaum.[130] Auch wenn es vereinzelt Autoren gab, die von beiden Lagern in Anspruch genommen wurden, schien doch offensichtlich, dass die Arbeiterdichtung sich die kämpferisch-revolutionäre Parole vom ›Wort als Waffe‹ kaum ernsthaft zu eigen machen würde; Jürgen Rühle sprach daher, mit durchaus provozierender Absicht, von »sozialdemokratischer Erbauungslyrik«.[131]

(6) Paradigmatische Anthologie

Als eine der größten Hypotheken und Altlasten der Arbeiterdichtung, die ihr im Nachkriegsdeutschland ein ungehindertes Anknüpfen an bisherige Bestände unmöglich machte, gilt die scheinbar nahezu geräuschlose Transformation unter Vorzeichen einer faschistischen Arbeitsideologie. Die Annäherung beider aneinander lässt sich in einer vergleichenden Betrachtung von Hans Mühles Anthologie *Das proletarische Schicksal* (1929) und ihrer veränderten Neuausgabe unter dem Titel *Das Lied der Arbeit* (1935) exemplarisch charakterisieren (und problematisieren). Bezug genommen wird dabei im Folgenden vor allem auf die programmatischen Vorworte, die Mühle seinem »Querschnitt durch die Arbeiterdichtung der Gegenwart«, so der Untertitel zur Erstausgabe, beigegeben hat. Nicht zuletzt muss solch eine Begutachtung sich ins Verhältnis setzen zum Vorwurf, die Arbeiterdichtung habe in ihrer »Mischung aus ›Heiligung‹ der Arbeit als siegreichem Kampf gegen die Natur, protestantischer Werkmoral, arbeitsständischen Vorstellungen und antizivilisatorischem Affekt [...] die faschistische Arbeitsideologie mit vorbereitet.«[132] Zur Verifizierung dieser Diagnose geeignete Textstellen finden sich im Vorwort zu *Das proletarische Schicksal* gleich mehrfach, direkt zu Beginn stellt Mühle eine ebenso heikle wie streitbare These auf: »In der modernen Dichtung haben wir kaum eine Dichtergruppe, die so wenig vom Intellektualismus angekränkelt ist wie die *Arbeiterdichtung*. Hier hat das Volk, das Sprache und Sage, Märchen und Volkslied dichtete, wieder einmal versucht, aus eigenem Herzen zu singen. Diese Herztöne unmittelbaren Erlebens brechen in der Lyrik noch wuchtiger als in der Prosa aus dem Unbewußten der Volksseele hervor und werden zu *Schicksalsstimmen der Arbeiterseele*.«[133] Es ist eben jener pathetische, das Proletariat glorifizierende Überschwung – »sein gequälter Aufschrei und sein sehnsuchtstrunkener Jubel in der eigenen Dichtung«[134] –, der sich später ideologisch leicht einfangen, kanalisieren, umleiten ließ. Mühle spricht vom »gewaltigen[n] Lebenslied des Werkvolkes« und möchte sich so bewusst »von der rein literarhaften Fläche« verabschieden; die von ihm konzipierte Anthologie soll zum »proletarischen Schicksalsbuch« werden.[135] Hier fänden die Arbeiter Gelegenheit, »sich die Not und Freude ihres Schicksal vom Herzen herunter zu singen«; die wuchtige Gestaltung des Schicksals könne nur »in freien Rhythmen« erklingen, »in denen die ganze Symphonie des Werkslebens aufrauscht«.[136] Beinahe alles wird bei Mühle – wie bei anderen zeitgenössischen Kommentatoren auch – auf eine verklärende Feier der Manneskraft verengt, das Problematische ins Heroische verschoben. Die Frage nach Macht und Besitz kommt in der ›klassischen‹ Arbeiterdichtung häufig nur symbolisch zu Wort, ist in Metaphern, Allegorien und Stimmungsbildern versteckt. Im Fokus steht, nicht nur in *Das proletarische Schicksal*, die Frage nach Arbeitsfreude in Zeiten der Mechanisierung: »Wer in moderne, fein durchrationalisierte Großbetriebe hineinkommt, kann seine Freude haben an dem wunderbaren Ineinanderfluten der verschiedenen Arbeitsströme. Aber schwer legt sich dann die Frage aufs Herz, ob dieser gewaltige Arbeitserfolg nicht mit zu hohen Opfern an Arbeitsfreude erkauft wird.«[137] Mühle konzipiert so eine Dichtung der Werkfreude, welcher allenfalls durch allzu heftige Rationalisierung ein Dämpfer gesetzt wird; im Hintergrund wirkenden Mechanismen von Akkumulation, Rendite und Gewinnmaximierung widmet diese Literatur keinen bzw. kaum einen Blick.¹³⁸ Die Arbeiterdichtung, wie Mühle sie 1929 projektiert und porträtiert, möchte – und hierbei zeichnet sich ein Problem ab – sowohl die »Liebe zum Volke und zur Heimat« als auch »soziale Gerechtigkeit« (im sich bereits ankündigenden Morgen) zu ihrem Projekt machen.¹³⁹ Doch dieses Konglomerat in verschiedenste Richtungen strebender Erwartungen ist literarisch kaum adäquat zu bündeln und ließ sich, später, beim Wunsch nach einer Überwindung aller Gegensätze allzu schnell für die Idee einer unerschütterlich-stabilen Volksgemeinschaft gewinnen. Mühle hält 1929 an seiner hochtönenden Konzeption fest:

> Es ist in der Arbeiterdichtung weit mehr das geheimnisvolle Nachklingen des brausenden Arbeitsrhythmus der Fabriken aufgespeichert, was nach Feierabend zu singen anhebt, als das augenblickliche Erlebnis, das nur für die kalte Naturtreue der photographischen Platte taugen würde. Darum ist die Arbeiterdichtung auch durchweg dem *Expressionismus* näher verwandt als dem Naturalismus, wie man zunächst zu glauben geneigt ist. Aber gerade dadurch ermöglicht es die Arbeiterdichtung, durch die Hüllen des unwesentlichen Vordergrundes hindurch in das seelische Antlitz zu sehen, das liegt ja immer in einer Erhöhung des Allgemeinen zum Stil, zum Symbol.¹⁴⁰

Arbeiterdichtung, so viel wird deutlich, zielt nicht selten aufs Große, Umspannende, Schicksalhafte; schwielige Fäuste, Qualm und Rauch, monströse Hochöfen, Förderbänder und rußgeschwärzte Gesichter finden sich in rauer Menge, schielen – vertraut man Mühles Auskunft – auf Überzeitliches ab. Ab 1933 wurde diese Feier des Heroisch-Maskulinen, des Industriell-Fortschrittlichen, der Aufschrei der unentwegt emsigen Massen zu einer Feier der völkisch formierten Gemeinschaft umstrukturiert.¹⁴¹ Das lässt sich sehr gut an Mühles Neuausgabe seiner Anthologie unter dem Titel *Das Lied der Arbeit. Selbstzeugnisse der Schaffenden* (1935) nachvollziehen. Nicht nur die Begriffe ›Schicksal‹ und ›Proletariat‹ mussten weichen, auch der neue Untertitel »Ein Querschnitt durch die Arbeitsdichtung der Gegenwart« zeigt eine kleine, doch bedeutsame Veränderung auf: Statt ›Arbeiterdichtung‹ wird nun ›Arbeitsdichtung‹ präsentiert; nicht mehr die konkreten Interessensgruppen, sondern ›Arbeit‹ als fundamentaler (und damit deutlich leichter zu instrumentalisierender) Wert an sich wird nun in den Fokus gestellt;¹⁴² alle ›Schaffenden des Volkes‹ fänden sich unter diesem Begriff vereint. Inwieweit beteiligten sich die Autoren an der völkisch grundierten Transformation? Was genau hat die Arbeiterdichtung dieser Jahre so nachhaltig diskreditiert? Festzuhalten ist zunächst, dass Schriftsteller wie Bruno Schönlank, Ernst Preczang, Otto Krille oder Kurt Kläber emigrierten, der Halbjude und Sozialdemokrat Ludwig Lessen Berufsverbot erhielt, zahlreiche weitere Kollegen zu diesem Zeitpunkt bereits verstorben waren, die Spur anderer Arbeiterdichter sich aufgrund des Verbots sozialdemokratischer Zeitungen rasch verlor. »Augenscheinlich«, so das vorläufige Fazit Christoph Rülckers, »entspringt daher das Verdikt, dass die Arbeiterdichtung an den Faschismus bindet, nur dem Verhalten einer Minderheit von drei Autoren«¹⁴³ – gemeint sind Max Barthel, Karl Bröger und Heinrich Lersch. Dass der Nationalsozialismus die Arbeiterdichtung inkorporierte, deren Anliegen ohne größere Mühen ihrem Nutzen anglich, konnte allerdings nur gelingen, da »das Werk der Arbeiterdichtung seiner Tendenz nach der nationalsozialistischen Ideologie in vielen Punkten entgegenkam«[144] (erinnert sei nur an den pathetischen Heroismus oder auch die überdimensionierte Feier von Mannes- und Maschinenkraft). Konkret rückbinden lässt sich diese Einschätzung mit einem Blick auf Mühles Anthologie *Das Lied der Arbeit*, denn in der veränderten Neuausgabe von 1935 mussten nur wenige Gedichte von Barthel, Bröger, Engelke, Lersch, Wieprecht und Wohlgemuth angeglichen, gestrichen oder ersetzt werden.[145] Auch die zwölf den Band strukturierenden Themenblöcke sind Hinweis darauf, dass sich zentrale Topoi der Arbeiterdichtung scheinbar mühelos mit den völkischen Idealen der Machthaber amalgieren ließen: In der Erstausgabe von 1929 lauteten die Kapitelüberschriften: Jeden Morgen, Es braust der Lärm, Der Arbeit Freude, Der Arbeit Not, Feierabend, Von Sonntag und Sonne, Liebe, Zu Hause, Heimat und Volk, Revolution, Das neue Reich, Vom anderen Ufer;[146] in der veränderten Neuausgabe von 1935 hießen die Kapitel: Unser täglich' Arbeit, Uns alle eint der Arbeit Band, Opfer der Arbeit und Not vergangener Jahre, Freude und Fest der Arbeit, Feierabend, Das Lied der Scholle, Alle Arbeit für Deutschland, Das Ewige in Leben und Werk.[147] Zudem wurde im Buch die vorangestellte Arbeit Käthe Kollwitz' – *Nachdenkende Frau* mit verhärmten Zügen – gegen die Zeichnung *Der Kumpel* von Hermann Kätelhön – kohlenschwarzes Männergesicht auf nacktem Oberkörper – ausgetauscht;[148] statt proletarischer Alltagsnöte nun also maskulin präfigurierte Feier von Kraft und Stolz: freudiges Lied der Arbeit.[149]

Mühles Anthologie von 1935 fokussiert einen Aspekt der Arbeiterdichtung, der bereits während der kriegerisch-patriotischen Überschwünge der Jahre 1914ff. sehr prominent war; Arbeit wird nun abseits sozialer Abhängigkeiten betrachtet: »Im Anfang des Krieges wurden die Arbeiterlieder von Heinrich Lersch (›Deutschland muß leben, und wenn wir sterben müssen‹) und von Karl Bröger (›Herrlich zeigt es aber deine größte Gefahr, daß dein ärmster Sohn auch dein getreuester war, denk es o Deutschland‹), zum symbolhaften Ausdruck des Einsatzes für die deutsche Volksgemeinschaft. Ein echter, volkhafter Klang stieg aus den Arbeitsliedern empor und schlug eine Brücke über die Klassen und Stände hinweg.«[150] Arbeit, so das neue Mantra, ist Würde, Opfer, Ehre, Dienst, Kampf und Pflicht, ein nationales, übergreifendes Muss. Wie mühelos sich solche Figuren und Phrasen zwanzig Jahre später revitalisieren und ideologisch radikalisieren ließen, beweist Herausgeber Mühle in seiner Einführung: »Der deutsche Umbruch ist undenkbar ohne die neue Wertung der Arbeit. Eine Bewegung, die sich selbst *Arbeiter*partei nannte und der das schaffende Volk aller Stände im endlosen Zuge von Millionen zuströmte, erhob den *Adel der Arbeit* zum *neuen deutschen Adel*. Ein neuer Klang strömte von dieser Ehre und Würde der Arbeit, die der Nationalsozialismus unserem Volke schenkte, ein in die gesamte Arbeitsdichtung.«[151] Mühle grenzt die in Teilen gründlich geänderte Neuausgabe selbstbewusst von der Vorgängerin aus dem Jahr 1929 ab: »Seite um Seite muß jeder den neuen Atem schöpferischer Haltung spüren. Das lebensbejahende, vom Klassenhaß befreite, für Deutschland hingegebene Arbeitserlebnis ist das neue Element, ist das neue Lied, das inmitten derselben Welt der Fabriken aufklingt.«[152] Mühles Ziel ist deutlich sichtbar und in völliger Übereinkunft mit ideologischen Leitlinien: Entpolitisierung der ›Arbeit‹, insofern ›Arbeit‹ auch immer eine Frage von Machtverteilung, Eigentum, Profit und Produktion, also die Frage nach den Interessen verschiedener Klassen ist. »Das Lied der Arbeit darf nicht mehr das Lied einer Volksschicht sein; nein, es muß die gesamte

Nation umspannen. Daher sind Arbeitslieder des Bauern, des Arbeitsdienstes, des Handwerks und anderer Gruppen hier zum ersten Male in dieser Welt zusammengefaßt.«[153] Aus ›Arbeiterdichtung‹ wird ›Arbeitsdichtung‹, das gesellschaftspolitische Anliegen zugunsten eines diffusen Lobs aller Schaffenden getilgt.[154] Zugleich wird aber, etwa in Walther Oschilewskis Nachwort zu Karl Brögers *Volk ich leb aus dir* (1936) der große historische Bogen aufgespannt, der die Dichtung arbeitender Männer zum epochemachenden Durchbruch stilisieren möchte:

> Die deutsche Nation ist durch die werktätigen Schichten entstammenden Dichter, wie Karl Bröger, Max Barthel, Gerrit Engelke, Heinrich Lersch u.a., um ungeheure seelische Energien bereichert worden. Sie sind die geistigen Vollstrecker einer geschichtlichen Aufgabe gewesen und die begnadeten Stimmen des dunklen Stromes des lange Zeit in Unmündigkeit gehaltenen Volkes. In ihren Dichtungen haben sich Werk und Leben, Arbeit und Nation zu einer neuen umfassenden Einheit zusammengefunden. Die Sprache, die sie sprechen, ist immer die Sprache des Volkes, der Seismograph seiner Sehnsüchte, seines Glaubens, seiner Leiden und Freuden, für alle Hellhörige unverwechselbar im Ton; das Abbild, das Opferbild, das Sinnbild eines schweren, von den Brandungen der Zeit durchrüttelten Lebens.[155]

Ihre Legitimation zieht die Arbeiterdichtung nun, unschwer erkennbar, aus einer osmotischen Verbindung mit dem Volk. Unter diesen Vorzeichen soll die gefeierte Gruppe von »Kündern und Sängern des erwachten Selbstbewußtseins« nichts weniger als »ein Zeichen des kulturellen Lebenswillens einer neuen Arbeitergeneration« sein.[156]

Welche neuartigen ›Gründungsgeschichten‹ der Arbeiterdichtung sich unter diesen ideologischen Vorzeichen herausbildeten, lässt sich idealtypisch an Heinrich Lerschs Aufsatz *Der Weg des deutschen Arbeiters zu seiner Dichtung* (1930/1934) nachweisen: »Kaum hundert Jahre ist es her, daß die Bürgerschaft, Handwerker, Händler, Beamte, jeder, der nicht in die Fabriken hineinmußte, sich innerlich und äußerlich von dem ›Arbeiterpack‹, dem ›Fabrikpöbel‹, trennte. Das deutsche Volk, innerlich und äußerlich schon zerrissen und gespalten, wurde durch die Züchtung dieses Proletariats vollkommen uneins in sich. Trotz des Wohlstandes, der sich in bestimmten Schichten bildete, zerfiel der letzte Rest an Kultur.«[157] Für die Zerrüttung des nationalen Zusammenhangs ebenso wie für den ›Verfall der Volkskunst‹ scheint der Verursacher schnell ausgemacht: die proletarische Masse in ihren Mietskasernen, ein Unruheherd. Zugleich speist Lersch eine krude Mischung konservativ-kulturpessimistischer, auch religiös motivierter Elemente in seine Darstellung ein: »Das Bürgertum, selbst durch die atheistische, gottlose und materialistische Weltanschauung vergiftet, trug durch Buch und Schrift, Theater und Kino seine eigne Zersetzung in das breite Volk. Die Arbeiterhirne wurden mit Wissensballast, unsinnigen Zahlenlasten und seichtesten Fortschrittserkenntnissen vollgestopft. Die menschliche Empfindungswelt, Regungen der Seele, Äußerungen des Gemüts, Klänge des Herzens konnten erst gar nicht mehr aufklingen.«[158] Die Hegemonie des Bürgertums verordnet eine ›Kunst reiner Schönheit‹, die Belange des arbeitenden Volks somit weiterhin unberücksichtigt – Lersch komponiert eine Erzählung vom Geburt der ›richtigen‹ Arbeiterdichtung aus dem Geiste der Widerstands:

Bürgersöhnchen, die nie einen Arbeiter im Werk gesehen, machten in proletarische Lyrik. Wirkliche Bergleute, wie Otto Wohlgemuth, der dreißig Jahre vor Kohle gelegen hatte, galten nicht, Brögers Lieder waren Verräterparolen. Engelkes unerreichte Dichtung »Rhythmus des neuen Europa« wurde totgeschwiegen. »Der Mensch im Eisen«, ein Epos des stolz ringenden und leidenden Arbeiters, voll von proletarischem Zorn gegen Ungerechtigkeit, wurde als »metaphysische Kläfferei« bezeichnet.[159]

Lerschs Versuch, der Arbeiterdichtung der 1910 und 1920er Jahre eine Opferrolle zuzuschreiben, ist schon allein deshalb bedenklich, weil hier ein permanenter Angriff aus der bürgerlichen Mitte suggeriert wird; die zitierte Rezension zu Lerschs *Mensch im Eisen* etwa stammt jedoch aus dem linken Milieu und kritisiert die kanonischen Stimmen der Arbeiterdichtung ebenso ästhetisch wie politisch. Weshalb die unversöhnlichen Gegensätze auftraten, weshalb Autoren wie Bröger, Wohlgemuth und auch Lersch sich Angriffen ausgesetzt sahen, wird in dessen Darstellung kurz darauf deutlich:

Diese Dichter erlaubten sich, neben dem Häßlichen, Infamen, Erbärmlichen auch das Gute, Hohe, Heilige, das Beglückende in ihrem eigenen und dem Leben ihrer Kameraden zu sehen und zu singen. Sie erlauben sich, den Menschen als Ganzes zu nehmen, mit Leid *und* Glück, mit Qual *und* Freude, mit Laster *und* Tugend, mit der Welt *und* Deutschland, Krieg *und* Frieden, Arbeit *und* Feierabend, Fluch *und* Segen. Sie dichteten ihr Schicksal, aber auch *ihren Willen* hinein. Weil dieser Wille auf Verstand gerichtet war, darum konnten sie keine Klassendichter sein.[160]

Und Lersch fügt, ganz auf nationalistischer Linie, hinzu: »Für diese Arbeiterdichter war der Arbeiter Repräsentant des deutschen Menschen, weil sie nicht nur allgemein menschliche Gefühle: Liebe, Natur und Gottsinnigkeit und Kampf im Gedicht gestalteten, sondern der deutschen Dichtung die neue Welt, die der Maschine, der Großarbeit dazu erobert hatten.«[161] Auf diese Konfliktlinien wird in den exemplarischen Exkursionen an vielen Stellen zurückzukommen sein.

(7) Rezeptionsgeschichte

Gerade hinsichtlich ihrer Entwicklung in Zeiten ideologischer Unwucht ist vielen Darstellungen zur Arbeiterdichtung eine kaum verdeckte Enttäuschung anzumerken – der Wunsch nach einer immuneren, selbstkritischeren Literatur. Dabei darf nicht vergessen werden, dass die zeitgenössischen Apologeten einer konformen Dichtung der Arbeitswelt »meist auf unerträgliche Weise eine Art Seelenmythologie dichterischer Volkskraft« beschworen.[162] Wie verhielten sich Autoren im Nachkriegsdeutschland nun zu diesem schwierigen Erbe? Fritz Hüser bedauerte das »klägliche[ ] Ende« der Arbeiterdichtung[163] und wies zugleich auf einen größeren Problemzusammenhang, auf die bereits vor 1933 mit wachsender Skepsis beobachtete Entwicklung der Arbeiterdichtung hin: »Lag es an der zunehmenden Anerkennung durch die bürgerlich-literarische Welt? Oder verloren die früher werktätigen Dichter, die als freie Schriftsteller leben wollten, den lebendigen Kontakt zur Arbeiterschaft, fühlten sie sich nicht mehr von ihr und ihrer geistigen Bereitschaft getragen? Mußten sie schreiben, was der Tag ihnen zutrug, um leben zu können, um ihre Familie zu ernähren?«[164] Hüser möchte Erklärungsmuster für historische Phänomene und Irrwege anbieten; zugleich insinuiert seine Darstellung – und hier wird es heikel –, die politischen Umstände hätten ausnahmslos und mit harter Hand eine Kaskade von Berufsverboten zur Folge gehabt, zur Emigration gedrängt. Doch prominentere Arbeiterdichtung versuchten die Nationalsozialisten für ihre auf den Werten ›Würde‹ und ›Stolz‹ aufbauende Arbeitsideologie zu gewinnen, sie der Volksgemeinschaft einverleibend. Das Verbot der Arbeiterbewegung, die Zerschlagung der Gewerkschaften im Mai/Juni 1933, ihre Eingliederung in die Deutsche Arbeitsfront ist keineswegs so eindeutig mit einem vollständigen Ende der Arbeiterdichtung in Deutschland gleichzusetzen. Vielmehr zeigt sich – was in den vorliegenden Porträts der Reihe selten angemessen dargestellt wird –, dass einige Autoren an einer Einfügung in den neuen Staat durchaus interessiert waren, sei es aus naivem Überschwang oder opportunistischem Interesse, also mit Blick auf ihre Schriftstellerexistenz.

Wie im Zuge der historischen Entwicklung bereits gezeigt, existierten innerhalb der deutschen Arbeiterdichtung einige langlebige Problemlinien, die sich als ebenso kohärent wie variabel erwiesen; einige dieser Punkte sollen nochmals kursorisch zusammengefasst werden, ehe ein kurzer Blick auf die ›Verwaltung‹ dieser Erbmasse im Umfeld der »Dortmunder Gruppe 61« geworfen wird. Zahlreiche Verwerfungen und Konflikte innerhalb der Arbeiterdichtung lassen sich – literarisch wie politisch – auf den Ersten Weltkrieg, den ungebremsten Ausdruck völkisch-nationaler Gemeinschaftsphantasien zurückführen. Dabei wurde der Arbeiterdichter zum Kriegssänger, zum Verfechter militärischer Norm und Aggressivität; die Nationalsozialisten konnten später auf dieses mentale Arsenal von Vorstellungen unmittelbar zurückgreifen: Pflichterfüllung, Opferbereitschaft, Demut, Kämpfergeist. Und die Dichter? Sie mussten ihr Vokabular, ihren Duktus oftmals nur geringfügig anpassen, um dem neuen Arbeitsethos genehm zu sein. Denn metaphorisch bildeten maskulin-militärische Assoziationen seit jeher eines der wirkmächtigen Archive der Arbeiterdichtung, da hier der Kampf auf die Arbeitssituation übertragen werden konnte. Die heroische Bewährung des Einzelnen zugunsten eines höheren Ziels und Zwecks wurde zur Grundkonstante. Zugleich aber war der Wille zum Widerstand gegen Unrecht und Repression bei zahlreichen Autoren von einer brüchigen politischen Reflexion begleitet; ein grandioser Ekel gegenüber dem Kapitalismus, die heftige Verbrüderung mit den Entrechteten – das ist (leider) allzu schnell niedergeschrieben. Mit Blick auf die rasche ›Durchformung‹ eines Großteils der deutschen Arbeiterdichtung ab 1933 ist vor allem das permanente Lob der Arbeit, ihr unhinterfragt hoher Wert zu kritisieren, da es nicht mehr ökonomische Strukturen benennt, sondern sich – oftmals in völliger Vagheit und mit nicht geringem Pathos – in eine Stilisierung von Arbeit als Fron und Gotteslohn flüchtet. Auch die häufig evozierten Bilder vom Menschenheer, vom zupackenden Griff der großen Faust, dem Schrei wie aus einem Mund etc. erzählen von einer diffusen Sehnsucht nach massiver, durchschlagskräftiger Einheit. Daraus folgt allerdings für die Literatur nahezu zwangsläufig politisch eine für beinahe beliebige Ziele vereinnahmbare Verallgemeinerung. Der Arbeiter als Held, der Arbeiter als Opfer – in diesen Extremen bewegte sich ein Großteil der dichterischen Erzeugnisse und zielte damit, salopp formuliert, vor allem auf Anerkennung, Effekt und Zuspruch;[165] das ist nicht zuletzt aufgrund des damit einhergehenden Risikos der Manipulierbarkeit problematisch. Die Bewusstseinslage der ›klassischen‹ Arbeiterdichtung war weitgehend vom Wunsch nach einer Harmonisierung der Klassenwidersprüche bestimmt, fokussierte häufig auf eine Mystifizierung (und Mythifizierung) der Arbeit, ignorierte zugleich leichtfertig die Kapitalverhältnisse, was letztlich einer Entpolitisierung gleichkam.[166] Helmut Lethen und Helga Gallas gehen, wie bereits erwähnt, in ihrer Kritik soweit, der Arbeiterdichtung eine eminente Bedeutung hinsichtlich der späteren NS-Arbeitsideologie zuzuschreiben: »In ihrer Mischung aus ›Heiligung‹ der Arbeit als siegreichem Kampf gegen die Natur, protestantischer Werkmoral, arbeitsständischen Vorstellungen und antizivilisatorischem Affekt hat diese Dichtung die faschistische Arbeitsideologie mit vorbereitet.«[167] Damit einher geht auch, dass vormals zentrale Inhalte zur Schwundstufe gerinnen: Die pathetisch beschworene Solidarität und Kampfbereitschaft verkommt mehr und mehr zur Floskel, wird Versatzstück, verweist kaum noch auf konkreten Aspekte, sondern imaginiert eine diffuse Form von Gemeinschaft, die primär als Gefühlshaushalt aufgerufen wird. Stets evozierte Vorstellungen proletarischer Geschlossenheit wurden für gänzlich andere Ausrichtungen verwendbar.

Wie ging nun die »Dortmunder Gruppe 61« mit diesem nicht ganz unverfänglichen literarischen Erbe um, das sie einerseits zu heben, bewahren und unter den gänzlichen anderen Bedingungen einer Industrie- und Konsumgesellschaft zu aktualisieren bestrebt war?[168] Die Porträts der Arbeiterdichter zeigen, dass teils ein Rückbezug auf das Reine, Wahre und Schöne dominierte, Arbeiterdichtung als Schicksalsdichtung verstanden, somit nicht selten auf (stark idealisierte) Autorenpersönlichkeiten fokussiert wurde. Dabei war den Protagonisten der Nachkriegszeit durchaus bewusst, dass das alte Maß an Pathos nicht mehr angebracht ist. Dennoch findet sich eine apologetische Ausrichtung selbst in diesen frühen Artikeln Max von der Grüns, der einige Jahre später allerdings umso vehementer von einer Verteidigung der Arbeiterdichtung Abstand nahm. Für die Autoren der »Gruppe 61« wird es hingegen – mit Blick auf ihre eigene Textproduktion – gewissermaßen zum Problem, dass zahlreiche Konfliktherde der Weimarer Republik nicht mehr existieren: Es gibt in der Montanindustrie sehr guten Verdienst, nahezu Vollbeschäftigung und Gewerkschaftsschutz sowie eine allgemeine soziale Sicherheit; die materiellen Bedürfnisse der Lohnarbeiter scheinen hinreichend berücksichtigt. Nicht zuletzt deshalb bemühen sich Hüser und Mitstreiter für die nun entstehende Literatur den Begriff der ›Neuen Industriedichtung‹ zu etablieren, allerdings – trotz zahlreicher Publikationen – ohne langfristigen Erfolg.[169] Die »Dortmunder Gruppe 61« konnte sich von bestimmten ›Altlasten‹ der Arbeiterdichtung nicht vollständig befreien, war zunächst zu einer Übernahme und Rezeption der Vorgeschichte genötigt, was allerdings bezüglich einiger heiklerer Elemente in einer Form der Vermeidung und Nicht-Thematisierung, der Etablierung neuer Sprechweisen mündete.[170] In den 1950er Jahren fokussierte die Arbeiterliteratur vor allem das menschliche Verhalten im industriellen Bereich, problematisierte allerdings die dahinterstehenden Kapital- und Machtverhältnisse allerdings zunächst kaum, umging somit Fragen von gesamtgesellschaftlicher Relevanz.[171] Die Programmatik der ›Neuen Industriedichtung‹ – Köpping warnte vor einem kräftezehrenden Streit um die passende

Begrifflichkeit¹⁷² – versprach hingegen einen Aufbruch: »Dichten ist nicht weitabgewandtes Träumen, Lyrik ist mehr als Formspielerei und Experiment mit der Sprache. Lyrik kann auch zu einem Spiegel der Welt werden. Und dieser Spiegel sollte nicht nur das Schöne und Ermutigende einfangen, er sollte die ganze Welt, also auch die Arbeitswelt mit ihrem Lärm, Schmutz und Drangsalen zeigen.«¹⁷³ Die Industriedichtung wollte, so viel wird ersichtlich, ernstgenommen werden. »Sie ist keine Laienkunst, keine zweitklassige Literatur. Für die Autoren ist sie nicht ein Hobby oder ein Ausgleich für die teilweise harte Berufsarbeit. Hier ringen Menschen um Weltverständnis und Selbstverständnis.«¹⁷⁴

An dieser Stelle ein kurzer Exkurs zur Situation der Arbeiterliteratur nach 1945: Nachdem sich mit prominent gewordenen Einwürfen von Alfred Andersch¹⁷⁵ und Walter Jens¹⁷⁶ das Thema ›Literatur der Arbeitswelt‹ zu Beginn der 1960er Jahre rasch einer ernstzunehmenden Renaissance zu erfreuen schien, wurde in den Diskussionen allerdings ebenso schnell deutlich, dass eine Wiederaufnahme der Fragen und Verfahren der Arbeiterdichtung in der bisherigen Form kaum ernsthaft in Frage kam. Hüser hat dies 1966 in seinem Abriss zur Arbeiterdichtung folgendermaßen illustriert:

> Im Zeitalter der Mitbestimmung und der Automation, der Kybernetik und Atomkräfte, der Volksaktie und der 40-Stunden-Woche stehen andere Fragen und Probleme im Vordergrund als die der früheren Arbeiterdichtung und sozialen Kampfdichtung. Wer sich heute literarisch diesen Problemen widmen will, muß umfassende Kenntnisse und einen großen Überblick mitbringen – zugleich muß er neue Formen suchen und gestalten, um die Veränderungen unserer Gesellschaft, die Unsicherheit und das quälende Unbehagen der arbeitenden Menschen literarisch zu gestalten und bewußt zu machen.¹⁷⁷

Hüsers Wunsch nach einer Zäsur führte in seiner Darstellung der Sachlage zwar zu einigen eher vagen Allgemeinplätzen, doch die nachfolgende Diagnostik ist zutreffend und verdeutlicht, dass die Arbeiterdichtung der Weimarer Republik in jedem Fall historisch und nicht wiederholbar ist: »Pathos und Arbeitsheldentum, Fabrikarbeit als religiöse Handlung und die Verwunderung, daß ein Arbeiter auch schreiben kann, sind überwunden. Sie haben einer nüchternen und distanzierten Haltung zur Arbeit und zum industriellen Arbeitsbereich Platz gemacht. Selbstverständlich sind die heutigen Arbeits- und Lebensformen schwieriger als früher zu übersehen und zu durchschauen. Die Betriebe und die Wirtschaft sind komplizierter und zugleich komplexer geworden.«¹⁷⁸ Was Hüser an dieser Stelle allerdings leider außen vor lässt, ist der kaum zu unterschätzenden Einfluss der zwölfjährigen Kompromittierung, also die erfolgreiche Vereinnahmung eines Teils der ›klassischen‹ Arbeiterdichtung.¹⁷⁹

Prägend für die Rezeption der Arbeiterdichtung im prosperierenden Nachkriegsdeutschland war nicht zuletzt die vielfältige publizistische Arbeit Walter Köppings, der sich in seiner Schlussdarstellung zur Porträtreihe durch einen starken, aber schwach begründeten Optimismus hervortut: »Die Industriedichtung hat nicht nur Bedeutung für die Literaturgeschichte, sondern auch für die Sozialgeschichte. Sie könnte zu einer Art Flaschenpost für die Nachwelt werden. Sie bewahrt gültig, was arbeitende Menschen unserer Tage tun, erleiden, wollen und wünschen.«¹⁸⁰ Köppings Emphase gegenüber der Arbeiterdichtung ist bemerkenswert, verliert sich jedoch – insbesondere in seinen früheren Texten – teils in gewagten Verteidigungsreden:

> Jeder Arbeitnehmer sollte die Arbeiterdichtung kennen, wenigstens einige Stücke davon. Er braucht sie. In ihr wird er sein Leben, seine Arbeit, sein Schicksal wiederfinden, er wird sie wiederfinden in veränderter, »verdichteter« Form. Und dadurch wird er vieles neu sehen, richtiger sehen, und manches wird er zum ersten Male sehen. Denn der Dichter leuchtet hinter die Masken und Fassaden, er legt das innere Gesicht der Menschen frei, und er entreißt den Erscheinungen und Ereignissen ihr geheimes Leben. Im Spiegel der Arbeiterdichtung wird der Arbeiter sich selbst deutlicher und besser sehen lernen. Größe und Tragik durchflammen nun ein Leben – sein Leben –, das ihm selbst vielleicht klein und nichtssagend erschienen war.[181]

Köppings Versuche einer zeitgemäßen Profilierung der Arbeiterdichtung schießen dabei gelegentlich übers Ziel hinaus (bzw. an den literarischen Texten vorbei), versteifen sich etwa auf die Großthese von der Arbeiterliteratur als Gegenliteratur.[182] Diese Bemühungen um eine stärkere Kontur sind in den 1970ern Jahren natürlich auch vor dem Hintergrund der Auseinandersetzung mit dem »Werkkreis Literatur der Arbeitswelt« und dessen Konzeption zu sehen; Köppings Abgrenzung gegenüber Agitprop geht argumentativ folgendermaßen vor: »Doch Literatur hat mit Sprache zu tun. Dabei spielt die Sprachkraft, das schöpferische Element des Autors eine Rolle. Eine gute Form trägt und verstärkt die inhaltliche Aussage. Eine politische Aussage ohne sprachliche Formung bleibt in der Wirkung schwach.«[183] Hier wiederholt sich gewissermaßen eine Diskussion, die die Bergbaudichter, ihre Antipoden Georg Breuker und Otto Wohlgemuth, bereits 1956 bei einer Tagung in Walsum geführt hatten: Für wen wird geschrieben? Was soll erreicht werden? Geht es um literarische Qualität oder den Ausdruck eines Gefühls? Und was ist mit dem gesellschaftspolitischen Gehalt? Ein Grundkonflikt, der in der Arbeiterliteratur immer wieder aufscheint.[184] Köppings Beiträge aus den 1970er Jahren zeigen aber auch, dass ihm einige Fehlstellungen der klassisch-konservativen Arbeiterdichtung zunehmend bewusst geworden sind: An einer Thematisierung tatsächlicher Konfliktlinien, an einer Demonstration von Reflexionsbereitschaft etc. führt kein Weg vorbei. Bei Köpping geht dieses Austarieren und Justieren zwischen dem Erbe der Arbeiterdichtung einerseits und einer gegenwärtigen Literatur der Arbeitswelt andererseits allerdings nicht ohne Abwertung der zeitgenössischen Lyrik einher: »Viele der modernen Gedichte schweben im Unverbindlichen oder sie sind bis zur Unverständlichkeit chiffriert oder sie sind – in den schlimmen Fällen – artistische Spielereien mit Wortfetzen.«[185] In mancher Hinsicht differenzierter, wenn auch zunächst leicht widersprüchlich ist Max von der Grüns Verhältnis zur Arbeiterdichtung; in den Porträts zu Karl Bröger und Heinrich Lersch zeigt sich der junge Autor von einer irritierend wohlwollenden Nachsicht, die dem späteren, skeptisch-kritischen Zugriff von der Grüns als Kontrast gegenübersteht.[186] Schon Mitte der 1960er Jahre verneinte von der Grün die Möglichkeit, ans Schreiben der Arbeiterdichtung in irgendeiner Form anknüpfen zu können; berühmt geworden ist sein Ausspruch, das Etikett des Arbeiterdichters sei »Quatsch mit Soße«.

II.
Exemplarische Exkursionen

> Ich sehe keine Arbeiter und habe die Arbeiter auch
> gar nicht im Sinne. Ich sehe immer nur Menschen.
> B. Traven, Brief an Ernst Preczang, 11.10.1925

Die Ausrichtungen der Arbeiterdichtung haben ebenso Schnittmengen wie Differenzen, teils aufgrund politischen Selbstverständnisses oder zeithistorischer Umstände, teils aufgrund von Gruppenkonformität oder aber individueller Verortung im Kontinuum der Literatur. Travens grundsätzlicher Ablehnung bestimmter Zuschreibungen etwa ist nicht vorbehaltlos zu trauen, da sie selbst eine ›Etikettierung‹ vornehmen möchten, die Rezeption in ihrem Sinne lenkend.[187] Auch die hier dokumentierten Autorenporträts sind abseits der Frage ›Wie schreiben Arbeiterdichter?‹ immer in einer zweiten Perspektive zu denken: Wie schauen die Protagonisten der »Dortmunder Gruppe 61« auf die Arbeiterdichtung des frühen 20. Jahrhunderts, welche Perspektiven nehmen sie ein, welche Aspekte betonen sie, welche verschweigen oder marginalisieren sie? Die nachfolgenden Ausführungen sind somit an einer punktuellen Kommentierung und Kontextualisierung problematischer Aspekte in den Porträts interessiert. Die damit gelieferten Ergänzungen sind aber nicht im Sinne einer damit abschließenden Totalität zu verstehen; im Fokus steht vielmehr ein Eingriff ins Gefüge bereits sehr etablierter Argumentationsgänge.[188] Nicht geleistet werden kann eine vollständig komplementierende Analyse und Interpretation aller Textzeugnisse; hier sollen vielmehr Ansätze verfolgt, Problemfelder skizziert, die Mängel der jeweiligen Arbeiterdichtung als auch mögliche Beschränkungen der Beiträger in ihrer Präsentation aufgezeigt werden.

(1) Anfänge

Die Arbeiterdichtung des späten 19. Jahrhunderts – etwa Wilhelm Hasenclever, Leopold Jacoby, Adolf Lepp, Rudolf Lavant, Karl Frohme, Karl Henckell – ist zwar teils problematisch hinsichtlich ihrer allegorischen, auf die bildungsbürgerliche Tradition rückbezogenen Lyrik, speichert in ihren Texten aber gewissermaßen historische Hoffnungen, Kämpfe, Niederlagen und Siege.[189] Allerdings dürfen diese Gedichte – dieser Hinweis ist wohl ebenso obligatorisch wie redundant – deshalb nicht als unmittelbares Depot damaliger Einstellungen und Wahrnehmungen verstanden werden.[190] Literaturkritiker Julius Bab betonte 1924 mit Blick auf die frühen Anfänge der Arbeiterdichtung:

> Die die Bewegung zuerst mit dichterischem Gefühl erfassen und sprachlich gestalten, sind keine Proletarier, keine Arbeiter. Heinrich Heine, der in seinen grimmig witzigen *Wanderratten* die erste große Anschauung der neuen Bewegung gibt, Ferdinand Freiligrath, der in seinem berühmten *Von unten auf!* das Wort »Proletariat« zum ersten Mal in einen deutschen Reim setzt, auch Georg Herwegh, der der neuen

sozialdemokratischen Partei noch das *Bundeslied* schreibt: »Alle Räder stehen still, / Wenn dein starker Arm es will« – sie alle stammen ganz und gar aus der bürgerlichen Kultur und die Formen ihrer Dichtung gehören, auch wo sie etwa persönlich fortentwickelt sind, durchaus der Tradition dieser Kultur an.[191]

Kurt Offenburg, Herausgeber der Anthologie *Arbeiterdichtung der Gegenwart* (1925), wies hingegen auf gesellschaftlich-politische Implikationen und Rahmensetzungen hin:

> Die revolutionäre Dichtung der 1848er Jahre, die Freiligrath, Herwegh, Prutz, Pfau und in einer großen Schar Epigonen lebendig ward, kämpfte noch nicht um soziale und ökonomische Freiheit, sondern erst um das Mitverantwortungsrecht des Volkes an der Gestaltung des Staates. Die soziale Frage, die mit der Erstarkung des Großkapitalismus ihre brennenden Fragen aufwarf, wurde in der Dichtung der naturalistischen Bewegung in ihrer ungeheuren Bedeutung erkannt. Da man vom Parnass und den blauen Gefilden eines heuchlerischen, innerlich toten Idealismus sich abwandte und die lebendige Wirklichkeit mit aller Fülle und aller Not in Wahrheit erfassen wollte, wurden den Augen des Dichters in unerbittlicher Schärfe die Unnatürlichkeit und Grausamkeit der kapitalistischen Weltordnung sichtbar.[192]

Literarisch bereitete in Deutschland nicht zuletzt der Naturalismus den Weg für die bereits vor dem Ersten Weltkrieg dominante Arbeiterdichtung. »Im Naturalismus erfolgte eine entschlossene Hinwendung zur Wirklichkeit dieser Welt unter Einbeziehung selbst ihrer Unzulänglichkeiten, der Not, der Leiden; kleine und arme Leute wurden zu den ›Helden‹ ihrer Werke. Diese Dichtung war zugleich sozialkritisch oder gar politisch, bis hin zu kämpferisch-propagandistischen Aussagen.«[193] Als ebenfalls prägender Einfluss müssen die literarischen Entwicklungen der 1910er Jahre genannt werden, insbesondere der Expressionismus, teils auch Neuromantik.[194] Zu erwähnen ist etwa Richard Dehmels Kritik an einem allzu strikten Naturalismus, dem er seine eigene Vorstellung entgegensetzte: »Verdichtung und Steigerung der Wirklichkeit, auch was die Form angeht: Sonst kommt ihr zu nichts.«[195] Dehmel legte Wert auf die Deutung der Realität, die »Durchformung in der Hand des großen und schöpferischen Künstlers«.[196] Vom noch genialisch durchtränkten Selbstverständnis des Autors – ›tiefer dringen, Verborgenes sichtbar machen‹ – mal abgesehen, wird bereits hier deutlich, welche Konflikte und Streitfragen eine Literatur der Arbeitswelt seit jeher dominieren; im Fokus steht, sehr verkürzt formuliert, der Widerstreit zwischen konkretem Wirklichkeitsbezug und literarischer Relevanz. Sehr bezeichnend ist in diesem Zusammenhang die von Franz Osterroth überlieferte Begebenheit: Otto Wohlgemuth »erzählte einmal, wie er dem alten Kämpchen gesagt habe, die Arbeiterdichter müßten weitergehen, zur richtigen Literatur vorstoßen, dann würde die Welt aufhorchen und die Bergleute und ihre Not sehen. Kämpchen aber habe dazu skeptisch den Kopf geschüttelt.«[197]

(2) Josef Winckler

Die Entscheidung, Winckler an vorderer, sehr prominenter Stelle in die Autorenreihe aufzunehmen, ist – anders als die Entscheidung für ein Porträt Dehmels und dessen »unschätzbare[n] Hebammendienste«[198] – auch aufgrund der Lobpreisung als »Herold und Schrittmacher deutscher Arbeiter- und Sozialdichtung«[199] ein wenig fragwürdig. Beiträger Josef Büscher ist, das macht bereits die Tonhöhe der ersten Absätze seines Porträts deutlich, voreingenommen, legt Sachverhalte zu Wincklers Gunsten aus. Dabei ergeht sich Büscher nicht nur in sentimentalen Klischees – »wohlbehütet auf dem stolzen Bauernhof seiner Ahnen, dem Nylandhaus in Hopsten bei Rheine« aufgewachsen, eine »schicksalhafte Berufung« in sich tragend[200] –, sondern versteigt sich zu Formulierungen, die von zweifelhafter Provenienz zeugen: »Sein hochstrebender Geist und seine bluthafte Erdverwachsenheit ließen ihn ständig innerlich brodeln.«[201] Auch bei wohlmeinender Betrachtung fällt auf, wie groß die Nähe zwischen konservativer Arbeiterdichtung und völkisch-nationaler Heimattümelei sein kann. Büscher beschwört Wincklers »dunklen Drang«,[202] das »dämonisch Mächtige«,[203] »dieses Neue und Gewaltige«[204] und erzeugt so mit raunenden Begrifflichkeiten eine Atmosphäre des Erhabenen – »die Wortkraft seines immer offenkundiger werdenden dichterischen Genies«[205] –, der sich nur schwer zu entziehen ist.[206] Zugleich unterschlägt Büschers Winckler-Porträt einige Aspekte, meidet gewisse Thematisierungen, etwa die Tatsache, dass die »Werkleute auf Haus Nyland« den technischen Fortschritt vorbehaltlos als Errungenschaft feierten, den Kapitalismus als Fundament der Industrialisierung akzeptierten. Beispiele für eine ungebremste Feier der industriellen Arbeitswelt, ihre meist überdimensionierte Ausprägung, finden sich in Wincklers *Eiserne Sonette* (1914) zuhauf: »Das Höchste, Letzte bleibt die Tat, die Pflicht / Es kreist der Hammer: panta rhei!«[207] Hier zeigt sich deutlich jene beinahe ins Mythische entschwebende Geste, die einerseits das Sujet ›industrielle Arbeit‹, aber auch Wincklers Schreiben unangreifbar machen möchte. Alle äußerlichen Phänomene, so die damit verschränkte Behauptung, verweisen auf einen größeren, dahinter gelagerten Zusammenhang; der Arbeiter wird zum Prototyp einer überzeitlichen Figur: »Du ballst die Fäuste und wächst selbst zum Held, / Nun wehend in Kühle, nun in Flammenbögen, / Nun in Kentauernlärm, nun ob Kometen flögen, / Und gehst wie Orpheus durch die Unterwelt.«[208] In seinem Aufsatz *Kunst und Industrie* (1912) forderte Winckler, auch die Arbeiterdichter müssten ihren Teil beitragen »zum Verständnis der gewaltigen Lebensformen der Jetztzeit, der Industrie und Technik«, denn ihr verdanke man alles.[209] Literarisch steht für ihn ein Vorhaben im Fokus: die »Durchgeistigung der schweren Industrie«; in der Kunst soll sie erlöst werden »aus der rohen Formplumpheit, dem Nur-Stofflichen«.[210] Trotz dieses Bestrebens bleibt Wincklers Lyrik im Ausgangspunkt natürlich auf diese sichtbare Stofflichkeit angewiesen: »Rings Schlot an Schlot vermengt den Koksrauch schwer / Zu hangend langen, schmutzig düstern Schwaden«, »Rangieren, Rollen, Brausen, Hämmern überall«.[211] Wincklers Interesse bei literarischer Eroberung des Neulands ›Industrie und Arbeit‹ gilt gemäß Selbstauskunft insbesondere dem »schöpferischen Tatmenschen«,[212] wobei er sich im selben Atemzug gegen den Vorwurf wehrt, er sei in seiner fortschrittsgläubigen Feier der Technik ein ›Herold der Großindustrie‹. Dieser Vorwurf kommt allerdings nicht von ungefähr, wie sich allein anhand der *Eisernen Sonette* an zahlreichen Stellen belegen ließe: »Lauscht der Arbeit, einen Augenblick, / Und jauchzt, jauchzt wie zehnhunderttausend Krieger / Durch Lärm und Rauch, reckt sich und duckt zurück.«[213] Winckler ästhetisiert zudem die Atmosphäre unter Tage (»Mit dumpfem Ohr gehst du in niedern Stolln / Endlos, raumlos, in Schweigen tiefster Nacht.«[214]) ebenso wie die dort Schuftenden (»Wie heiße Bronze flimmt im trüben Licht / Ihr nackter Leib, gewühlt ins Flöz hinein.«[215]) in einer Weise, das fast der Gedanken einer Auftragsarbeit naheliegt, so sehr korrespondiert Wincklers poetische Suche nach dem »schöpferischen Tatmenschen«[216] mit den (sehr konkreten) Interessen der Zechenbesitzer und Aktionäre, die Arbeit der Massen in edlerem Licht erscheinen zu lassen: »Weit hinten rauscht ein ungewisses Grolln, / Wie man in Bergen ferne Züge oft / Im Echo hört; dann wieder schweigt der Stolln.«[217] Noch deutlicher wird diese Strategie der Ästhetisierung und pathetischen Überformung, sobald Winckler sich, aus der Tiefe der Grube kommend, der zweifelsfrei imponierenden Lichtspiele der Eisenwerke annimmt: »Domdunkle Halle – – Rotglut, Weißglut füllt / Den Schmelzbau mit dem Spiel gewaltiger Lichter; Gestalten, düster strahlend die Gesichter, / Zu Hunderten, in Holzschuhn, schurzverhüllt, // Tragen an Stangen rund wie Lampions / Sonnrote Tiegel schwappend voll flüssigem Stahl.«[218] Wincklers Dichtung der Arbeitswelt zentriert Heroisches, fokussiert sich auf die Anmut des Kolossalen, die schwebende Gewalt von bewegter Masse, auf Geschwindigkeit und Lärm; sie stellt die Erhabenheit der industriellen Arbeit aus und präsentiert diese als sinnfälligen Nachweis ihrer Existenzberechtigung: »Es summt der Dynamo, an Uhr und Skalen / Gehn geisterleis die Zeiger, rasend drehn / Die Räder; allgewaltig, zauberschön / Des Stahlkolosses Kolben schwirren und mahlen.«[219]

(3) Heinrich Kämpchen

Eine geradezu im direkten Widerspruch zu Wincklers Apotheose der Großindustrie stehende Arbeiterliteratur zeigt sich in Kämpchens Werk; bereits eine Auswahl an Gedichttiteln macht dies deutlich: *Die Mahnung der Toten, Etwas vom Nullen, Galgenhumor, Viertausend Opfer, Lumpenparade, An die Unorganisierten, Was not tut, Weckruf, Arbeitsbrüder, Sklavensold, Auf der schwarzen Liste, Keine Überschichten!, Mein Haß*. Im Porträt weist Walter Köpping auf wichtige historische Entwicklungen hin, vor deren Hintergrund Kämpchens kämpferische Entrüstung und unablässige Reaktanz erst verständlich werden: »Von alters her war der deutsche Bergmann geachtet und sozial gesichert, und die durch den Staat festgelegten Arbeitsbedingungen brachten ihm Wohlstand. Die Erfindung der Dampfmaschine führte im Bergbau zu einer technischen Revolution. Anfang des 19. Jahrhunderts wird zum Tiefbau übergegangen. Großbetriebe entstehen, und das Ruhrrevier dehnt sich mit den neuen Industriebetrieben weiter und weiter nach Norden aus.«[220] In den 1860er Jahren – der Staat zog mehr und mehr »seine ordnende und schützende Hand vom Bergbau zurück«[221] – stiegen private Unternehmen ins Geschäft ein und genossen aufgrund der Freiheit zum Abschluss unabhängiger Arbeitsverträge enorme Machtfülle; eine wachsende Benachteiligung der

Bergleute, eine systematische Aushöhlung einst zugestandener Rechte war die Folge.[222] Ebenso zwangsläufig war die damit wachsende Unzufriedenheit der Männer im Berg.[223] Folgt man Köppings Darstellung, so ging es in diesen sozialen Kämpfen weniger um eine »materielle Besserstellung« als um »verletztes Rechtsgefühl, Demütigungen und rigorose Strafen«.[224] Hiervon berichtet Kämpchen etwa in *Etwas vom Nullen*; das Gedicht weist auf den Umstand hin, dass es der Willkür der Steiger überlassen war, ob alle geförderten Wagen tatsächlich anerkannt oder als ›minderwertig, mit zu viel Gestein durchsetzt‹ genullt wurden. Kämpchens Aufruf am Schluss ist unmissverständlich: »Das Nullen blüht und bleibt in Kraft, / Bis Macht auch hier die Änd'rung schafft. / Und diese Macht im Bergmannsstand / Sie bringt euch einzig der Verband – / O tretet Knappen alle ein, / Kein Nullen wird dann fürder sein. –«[225] Kämpchen warb unablässig für die Gewerkschaft, versuchte den Profitinteressen der Besitzenden und Anteilseigner eine geeinte Stimme der Arbeiterschaft entgegenzusetzen.[226] Doch die historischen Erfahrungen waren andere. »Die Unternehmer lehnten ab, mit Gewerkschaftsvertretern zu verhandeln, sie verfolgten Streikende und sperrten aktive Gewerkschafter aus.«[227] Die Forderungen der Bergarbeiter: ignoriert und abgewiesen, mit Hohn und Spott bedacht.[228] Kämpchen als langjähriger Beobachter und Begleiter der Bergarbeiterbewegung rief bereits wenige Jahre nach dem großen Streik von 1889 eine neuerliche *Warnung* aus: »Schikaniren, provociren / Will man, scheint's, die Kohlengräber, / Als ob Zündstoff nicht auch schon / Überreich vorhanden wäre. – // Nichts gelernt und nichts vergessen / Hat man, scheint's, von neunundachtzig – / Auf die Straße fliegt der Bergmann – / Ob er hungert – nebensächlich. – // Wieder blüht das Paschawesen, / Grade wie vor neunundachtzig – / Lohnverkürzung, Schichtverlängerung – / Grade wie vor neunundachtzig. – // Die Behandlung – schofel, schofel / (Prügel sind sogar nicht selten), / Strafen auch und Wagennullen, / Grade wie vor neunundachtzig.«[229] Kämpchen verstand sich als Fürsprecher und Anwalt der Bergmänner, über die Johannes Fusangel damals sagte: »Die Bergleute sind eine unterdrückte Rasse; sie ertragen das ihnen zugefügte Unrecht mit dumpfer Resignation; die Furcht, ihre Arbeit zu verlieren, mit Weib und Kind dem bittersten Elend preisgegeben zu werden, schließt ihnen den Mund. Ehe der Bergmann aufmuckt, muß es schon dick kommen.«[230] Kämpchen verwehrte sich trotz dieser Lage dem Missmut und sah Fortschritt ausschließlich in anderen wirtschaftlichen Entwicklungen sowie veränderten sozialen Verhältnissen. Ein herausragendes Alleinstellungsmerkmal Kämpchens innerhalb der Arbeiterdichtung dieser Zeit ist die Tatsache, dass er immer wieder die ökonomischen Rahmungen und Ausschlussverfahren in den Blick genommen, die Entwicklungen des Kapitalismus mit konkreten Auswirkungen auf den Arbeitsalltag der Bergarbeiter zwischen Emscher und Ruhr enggeschlossen hat. In seinem Gedicht *Die Jagd nach dem »Soll«* etwa wird der Steiger als Schinder, als skrupellos ehrgeizige Hassfigur demaskiert: »Auf der Jagd, die Arbeitswuth zu wecken, / Und damit ihm besser dies gelinge, / Bricht den Häuern ab er am Gedinge. – / Ja, fürwahr, er ist ein guter Geiger, / Dieser junge schneidigscharfe Steiger, / Vor den Andern spielt er flott sein Liedel / Auf der gellen Dividendenfidel –«[231] Bergmannsinvalide Kämpchen deckte auch die Machtverhältnisse der Kohlensyndikate, ihren Einfluss auf steigende Marktpreise bei ins Bodenlose fallenden Löhnen auf, mahnte eine Gegenwehr der Bergarbeiter an, die nur als geschlossene Front funktioniere. Das

Recht auf Arbeit, so seine Analyse, werde zugunsten des Rechts auf eine ebenso satt wie sicher ausgeschüttete Dividende unaufhörlich beschnitten. Wie kaum ein anderer Autor in dieser Porträtreihe hat Kämpchen in seinen wöchentlich in der *Bergarbeiter-Zeitung*[232] zum Abdruck gekommenen Gedichten – bei aller Demonstration des Bergarbeiterleids – auf die Notwendigkeit einer ökonomischen wie politischen Perspektive hingewiesen.[233] Fatal, so hat er in mehreren Gedichten scharf und unmissverständlich deutlich gemacht, sei ein unbedachtes Mitmachen der Bergbaufolklore inklusive Arschleder und Steigerlied; mit dieser rührselige Maske gewönnen die Konzernherren ein stillschweigendes Zugeständnis der Kumpel. Doch das *Bergmannsloos* bliebe ihnen später kaum erspart: »Mir kann kein Arzt mehr helfen / Mit Kraut und Elixir, / Erloschen ist die Flamme / Der Lebenskraft in mir. / Nur drunten in der Asche / Glimmt noch ein Fünkchen matt – / Mag dieses auch erlöschen, / Ich bin des Elends satt.«[234] Zu erwähnen ist abschließend, dass Arbeiterdichter Kämpchen sich nicht ausschließlich dem Anprangern von Missständen, dem Einfordern von Schutzmaßnahmen, dem Brandmarken der Heuchelei nach Unglücken sowie einer Werbung für die Gewerkschaft verpflichtet fühlte, sondern ebenso »seiner glühenden Heimat- und Naturliebe«[235] nachging, seine Dichtung etwa um literarische Widmungen und persönliche Nachrufe bereicherte.[236]

(4) Ludwig Kessing

Am Porträt Kessings lässt sich demonstrieren, wie bei dichtenden Bergmännern nicht selten Biografie und Charakter den Vorzug erhielten gegenüber einer kritischen (Re-)Lektüre der Texte. Josef Büschers Beitrag ähnelt in Duktus und Wertung den 1940 verfassten Nachrufen; einzelne dort aufgerufene Begriffe könnten ebenso gut in seinem Beitrag stehen: »der vorbildliche Christ«, »der Rufer in Schacht und Betrieb«, »der Kämpfer für soziale Gerechtigkeit«, »vorbildlicher Mensch mit tiefem Berufsethos«, »leuchtender Charakter«, »schlichte Größe«, »reife Seele«, »gehärtete und geklärte Persönlichkeit«.[237] In Büschers Beitrag wird Kessing als »Werktagsheiliger«[238] apostrophiert – eine Formulierung, die kongenial das Proletarisch-Erdgebundene des Alltags mit einer sakralen Aura von Buchstabe und Geist mischt. Der Arbeiterdichter Kessing sei also Einer von Vielen, zugleich aber immer schon dem Banalen enthoben, wobei Büscher darauf achtet, dem Vorwurf des Elitären keinerlei Raum zu gewähren: »Seine Wortfügungen sind nicht nur ästhetisch ersonnen. Ihr Sinn und Zweck liegt tiefer. Er bedeutet nicht weniger als die Konfrontierung seiner frommen Seele mit Chaos und Ordnung, mit allen Realitäten und Hintergründigkeiten unserer modernen Industriewelt. Ihren Gewalten verschließt sich Kessing nicht. Er nimmt sie tiefer als die meisten Zeitgenossen in sich auf. Er leidet mehr darunter als sie, aber er schreitet durch sie hindurch, sieghaft, wie einstmals die Jünglinge durch den Feuerofen.«[239] Büschers Porträt könnte kaum heroischer ausfallen: Kessing leide mehr als alle anderen, trete aber dennoch gestärkt aus allen Widernissen hervor; ein glänzender Sieger und tapferer Poet. Dass solch eine nobilitierende Inszenierung selbst in der konservativen Arbeiterkultur ebenso gut zu Spaltung und Verdruss hätte führen können, kam Büscher offensichtlich nicht in den Sinn. Auf ähnliche Weise unbedacht zeigt sich Kessing selbst in einigen seiner Aufrufe: »Ja, wir wissen, daß wir leiden müssen, / Doch wir werden nie die Ketten küssen, / Nicht am Tande hängen, erdbestaubt. / Freiheit strahlt uns vor im Morgenschein – / Nur der Kampf kann uns den Sieg verleihn.«[240] Zur Ermutigung sei das Gedicht gedacht, doch abseits der unspezifischen Handlungsaufforderung wird vor allem Ausdauer hinsichtlich des noch zu Erleidenden verlangt. Optimistisch auf eine vage als Morgenröte aufflackernde Zukunft verweist Kessing in seinen Gedichten immer wieder; hierin folgt er einer Tradition der Arbeiterbewegung, die sich vom teleologischen Moment einer zwangsläufig nahenden Besserung, die am Ende aller Bemühungen stehe, nicht lösen kann. In seinem Gedicht *Auf harten Wegen* sammeln sich auf diese Weise zahllose problematische Phrasen: »Wir wollen weiter hin zum Ziele schreiten / Mit hohem Mut auf rauhem Lebenspfad! / Das Hindernis mehrt uns die Lust zur Tat, / Und einst gewiß wird uns'rer Mühe Saat / Zum Segensborne noch für ferne Zeiten.«[241] Wenn Büscher Ludwig Kessing einen »Kämpfer für Arbeiterrecht und Arbeiterehre« nennt,[242] ist dies keineswegs falsch, unterlässt jedoch eine genauere Spezifizierung. Unterschlagen wird zudem, dass Kessings lyrisches Werben für Arbeiterrechte, die Beachtung gewerkschaftlicher Belange literarisch häufig eher bescheidene Ergebnisse erzielte, so etwa in *An die Unorganisierten*: »Du darfst nicht länger auf der Haut dich strecken / Und durch die Arbeit andrer dich bereichern, / Du selber mußt den Mut zum Handeln wecken, / Dich tüchtig regen und dir Ziele stecken, / Sonst bist du gleich Betrügern und Beschleichern.«[243] Kessings kämpferische Phrasen sind ebenso gutgemeint wie allseits bekannt. *Der Gewerkschaftler* (»Was gilt er, der Einzelne! Nur im Verein / Besteht er im Kampfe ums irdische Sein.«[244]) ist nur ein Beispiel von vielen für Verse, die – insbesondere im Verbund mit einer diffus-schwärmerischen Bewunderung mechanischer Geschwindigkeit – ein wenig daran zweifeln lassen, dass Kessing tatsächlich »einer jener Männer« war, »die durch ihr dichterisches Wort den Kumpels halfen, sich auf ihre Kraft zu besinnen und sich ihren Peinigern entgegenzustellen.«[245] Die als triumphales Resümee nachgeschobene Behauptung, »furchtlos« sage er »allen Ausbeutern die Wahrheit«[246] muss – selbst bei wohlwollender Betrachtung – als schale Phrase markiert werden, der eine substantielle Begründung schlichtweg fehlt. In Gedichten wie *Hoch oben – tief unten* betreibt Kessing zwar eine Form der Anklage, bleibt dabei aber allgemein und unverbindlich, neigt (eben deshalb) zu einer beinahe rührseligen Anteilnahme, die den ursprünglichen Impetus – Kritik – in Vergessenheit geraten lässt und durch eine fast schon überflüssige und unnötige, da selbstverständliche Anteilnahme ersetzt: »Oben und unten! Dieselbe Welt, / Doch wie verschieden die Bilder gestellt! / Freies Gebieten und – zwingende Pflicht. / Frohes Genießen und – stiller Verzicht, / Lichter und Schatten! O Erde voll Fehl, / Wenig nur gilt dir der Seele Juwel.«[247] Büscher weist in einem weiteren Kessing-Beitrag mit Recht auf die mühsam-langwierigen Prozesse einer wachsenden Anerkennung von Arbeiterrechten hin – »ein hartes Kopfsteinpflaster aus Opfern, Enttäuschungen, Bitternissen und zähem Kampf«[248] –, unterschlägt dabei aber wider besseren Wissens, dass die Arbeiterdichtung häufig mit Widersprüchen in Erscheinung trat. So findet sich bei Kessing neben der obligatorischen Anklage des nicht selten tödlich endenden Bergarbeiterschicksals[249] auch der Aufruf *An die Arbeiterjugend*, der kaum als sozialkritisch bezeichnet werden kann. »Laßt die Räder rascher gehn! / Alles muß im Schweiße stehn, / Und, das Aug' zum Ziel gewandt, / Jub'le jeder: *Vaterland!*«[250] Dass Arbeiterstolz leicht in von Stolz und Versöhnung geprägte Phrasen umschwenken kann, zeigt auch ein Auszug aus Kessings *Das Volk der Arbeit*: »Wir sind das Volk der Arbeit. Empor die schwiel'ge Hand! / Bewähren soll die Liebe sich an der Öfen Brand. / Laßt lodern auf die Flammen, laßt geh'n die Dämpfe heiß! / Die Wohlfahrt unsers Volkes entsprießt der Mühe Schweiß.«[251] Das proletarische Ethos wird hier seiner eigentlichen Spitzen beraubt; Widersprüche dieser Form integrierte Kessing in seinem Werk, seiner Person: religiös und sozial, pflichtbewusst und vaterländisch.

(5) Otto Krille

Prototypisch an der Autorenbiografie Krilles ist – auch hier wurde im Porträt die Lebenspraxis gegenüber der literarischen Produktion in den Vordergrund geschoben[252] –, dass dieser (wie viele Arbeiterdichter) sich von der Nachahmung literarischer Vorbilder nicht genügend lösen konnte. Literaturkritiker Julius Bab urteilte: »schlecht und ungeschickt die bisherige Dichtung wiederholend, keinen eigenen dichterischen Ausdruck behauptend«.[253] Max von der Grün ist in seinem Porträt im Ton ein wenig freundlicher, in der Sache jedoch hinsichtlich epigonaler Muster ähnlich streng: »Krille schrieb Verse, kurze und lange Gedichte, plumpe, kantige, verbogene und verbotene, innige, rührende und blasphemische, kindliche und frühreife, er hatte viel gelesen, große Namen aus einer großen Zeit zum Vorbild genommen, und in seiner hilflosen Naivität erlag er dem Irrtum, allein das Nachahmen dieser Verse verkörpere Dichtung; er erlag, wie viele andere auch, dem Irrglauben, Gereimtes sei bereits Gedicht, Erdichtetes sei wirkliche Dichtung.«[254] Textproben können beide Urteile als gerechtfertigt illustrieren; im *Gesang der Jugend* etwa naht mit großem Aplomb der ersehnte proletarische Aufbruch: »Wir brechen doch das alte Joch / Der Sklaverei und bauen / Der Menschheit eine reiche Flur. / Und klingt auch jetzt im Liede nur / Das Maienglück der Erden: / Hinaus! Hinan! Der Morgen naht! / Der Freiheit Mutter ist die Tat. / Das Lied soll Wahrheit werden!«[255] Doch die großen Worte ›Menschheit‹, ›Freiheit‹ und ›Wahrheit‹ klingen seltsam hohl; als massive Substantive bleiben sie leer zurück. Ähnlich verhält es sich mit *Kampffrohe Jugend*: »Und das ist unser gutes Recht: / Wir stürzen das Alte, was morsch und schlecht, / Und lachen ob eurer Gesetze. / Denn was eure Sattheit für Recht ermißt, / Für uns noch lange nicht heilig ist.«[256] Der forsche Wille zum Umsturz klingt sympathisch, wird aber nicht konkreter, sondern verliert sich in schwachen Sentenzen: »Drum bauen wir selber eine Welt, / Und schaffen uns eigene Götter.«[257] Überzeugender erscheint da Krilles Gedicht *Er kommt*, das sich auf einen Verzicht vordergründiger Parolen einlässt, sich die Ruhe für ein (wenngleich metaphorisch sehr vorhersehbares) poetisches Sprechen nimmt: »Der Freiheitsmorgen naht mit Macht! / Der Lerche gleich will ich die Flügel schlagen / Und künden laut den Niedergang der Nacht. / Ob uns auch dumpfes Brüten / Und Sorgen noch umspinnt, / Am Freiheitsbaum die Blüten / Schon längst gesprungen sind.«[258] Bemerkenswert hingegen die Selbstwahrnehmung, die Otto Krille in der Nachbemerkung zu seinem 1936 in der Schweiz erschienenen

Band *Der Wanderer im Zwielicht* aufmacht: »Ich weiss, dass mein Wirken für Freiheit und Gerechtigkeit in der gesellschaftlichen Entwickelung geringer wiegt, als der Tropfen im Meer und das Sandkorn im Bau der Erde; dennoch werde ich nicht darin erlahmen, weil es einzig und allein mich würdig macht, Mitglied dieser Gesellschaft zu sein. Ich weiss, dass ich ein irrender Mensch bin: irrend im Erkennen, irrend im Wollen und Handeln; dennoch kann ich in meinem Tun nicht zögern, denn es kommt vor allem darauf an, dass etwas geschieht.«[259] Dass dieser Selbstbeschreibung dichterischer Arbeit deutlich eine Spur Resignation innewohnt, sollte nicht verwundern. Krilles Selbstverständnis in dieser zeithistorisch aufgeladenen Situation ist nahezu singulär und führt zugleich auf zwei wichtige Koordinaten der Arbeiterdichtung, auch einen oft vergessenen Grundimpuls zurück: »Ich weiss, dass wir in einer unvollkommenen Welt, in einer Welt voll Grausamkeit, Elend, Ungerechtigkeit leben. Ich weiss aber auch, dass das Leben eine schöne Sache und die Zuversicht an die Vervollkommnung der Welt der einzige Glaube ist, den keine Wissenschaft stürzen kann, aber jede Erfindung stärken muss.«[260]

(6) Ernst Preczang

Ernst Preczangs Schreiben ist von Optimismus dominiert, verweigert sich einer forcierten Elendsdichtung, verweigert sich aber ebenso einer sprachlich avancierten Weiterentwicklung, bleibt bei bekannten Schemata und Formaten; das zeigt sich etwa in seinem Gedicht *Gebt Arbeit*: »Straßauf, straßab! Schon schleicht der erste Schatten / Des frühen Abends drohend um mich her. / Wie doch die Füße gar so leicht ermatten! / Wie wird mein Schritt so langsam nun und schwer. / Soll denn auch dieser, dieser Tag sich neigen, / Eh' mir ein Platz am Tisch des Lebens frei? / Ich frage, frage – doch die Steine schweigen, / Und Menschen – ach, die Menschen! – gehn vorbei.«[261] Und geradezu plump umgesetzt ist bei Preczang die proletarische Sehnsucht nach Veränderung: »Es ist an einem Tage / Ein schwerer Seufzer aufgewacht: / Die Kette schmerzt so sehr. / Der Seufzer wurde Flamme / Und lohte vor uns her. // Die Flamme ward zur Sonne, / Die leuchtend überm Gipfel steht / So warm, so voll, so rot. / O Bruder, sie will brennen / In unsre kalte Not!«[262] Die Tatsache, dass Preczang neben gewerkschaftlicher Organisation vor allem die Vermittlung von Bildung als »Selbstbefreiung aus geistiger Unmündigkeit« für wichtig hielt,[263] ist nicht zuletzt deshalb erwähnenswert, da Preczang sich diesem Ziel als Redakteur und Verlagslektor verschrieben hatte: Über viele Jahre verfasste er die Prologe für Arbeiterfeste und Arbeiterbildungsvereine, 1904 bis 1919 war er bei der sozialdemokratischen Zeitschrift *In freien Stunden* tätig, von 1924 bis 1927 – als einer ihrer Mitbegründer – Cheflektor der Büchergilde Gutenberg; über sechzig Titel erschienen innerhalb von vier Jahren. Zentral für Preczangs dichterische Arbeit ist – Max von der Grün hat es in seinem Porträt treffend herausgestellt – folgender Satz: »Hoffnung für alle, die ohne Erben sind«.[264] Dass dieser Aufruf zur Solidarität bei Preczang nicht ohne Bezug zur Natur als ›heilendem‹ Gegenpol zu denken ist, hat Helga Herting mit Recht betont: »Das Naturerlebnis bedeutete nicht mystisches Versenken und Flucht aus dem Alltag, sondern Bestätigung und Bereicherung eigener Kraft. Naturerscheinungen versinnbildlichen häufig gesellschaftliche Verhältnisse: Die Schönheit der Natur steht oft im Kontrast zu kapitalistischer Arbeitsfron oder ist Symbol einer künftigen, wahrhaft menschlichen Ordnung.«[265]

(7) Ludwig Lessen

Auch in Lessens Gedichten ist Natur oftmals der rettende Gegenentwurf, der helfen soll, das »Wesen der Dinge zu begreifen, vor allem jener Dinge, die das Leben der arbeitenden Schichten, des ›kleinen Mannes‹ und sein Schicksal auf dieser Welt bestimmen«.[266] Josef Büscher attestiert Lessen in seinem Beitrag »Stimmungsdichte« und »volksliedhafte Warmherzigkeit«,[267] doch ist Lessen nicht als Naturlyriker zu verstehen, wenngleich er oft im metaphorischen Sprechen über Frühling, Blütenpracht etc. seinen großen Optimismus hinsichtlich des bald nahenden Sozialismus zum Ausdruck brachte. Büscher konturiert dies, gleichfalls richtig, allerdings lebensweltlicher: »In der Natur, die er in den meisten seiner Gedichte besingt, findet er den Ausgleich und die Erlösung von der so gliedreichen Kette der menschlichen Belastungen durch ein Übermaß an Arbeit, durch eine menschenunwürdige Umwelt und durch eine überalterte Gesellschaftsordnung, in der er besonders die Arbeiterschaft gefesselt weiß.«[268] Lessen, der in den 1880er Jahren als Maschinenbaupraktikant in einer Eisengießerei begann, wurde später Redakteur bei zumeist sozialdemokratischen Zeitungen und Zeitschriften. Nicht weniger bedeutend als seine eigenen lyrischen Unternehmungen, die »eine Welt der gebannten Not, wahrer Brüderlichkeit und einer alle Völker der Erde umspannenden Eintracht«[269] herbeiwünschen, sind vermutlich seine redaktionellen und literaturkritischen Tätigkeiten. Abseits seiner (meist zu wohlwollend ausfallenden) Rezensionen sei etwa Lessens instruktiver Beitrag *Wenn Arbeiter erzählen ...* (1919) erwähnt; darin weist er grundsätzlich auf das Mitteilungs- und Reflexionsbedürfnis der arbeitenden Klasse hin: »Das Bestreben, sich schriftstellerisch zu versuchen, ist kein Privileg der besitzenden oder der sogenannten gebildeten Volksschichten. Auch der Arbeiter greift mitunter gern zur Feder; vielleicht sogar mehr, als man es gewöhnlich annimmt. In Form von Erzählungen oder Beschreibung seines eigenen Lebensganges sucht er das zu schildern, was ihm Fühlen und Denken erfüllt.«[270] Zugleich warnt Lessen, vor allem mit Blick auf Schriftleiter der sozialdemokratischen Tagespresse, davor, diese Äußerungen als private Selbstverständigung abzutun: »Denn nicht allein das rein Persönliche dokumentiert sich in derartigen Niederschriften, sondern ein Teil des geistigen Inhaltes einer ganzen Zeit.«[271] Mängel an sprachlicher Finesse, an Ausdruck, begrifflicher Klarheit und Musikalität in diesen Texten möchte Lessen nicht in Abrede stellen, weist aber optimistisch auf eine ›Revolution der Bildung‹ hin: »Gelingt es in der Zukunft, dem Arbeiter durch die Schule das zu geben, was er als allen gleichberechtigter Staatsbürger zu verlangen hat, dann wird sich unserem Geistesleben eine neue, farbenprächtige Blüte erschließen: der Arbeiter als Erzähler!«[272]

(8) Paul Zech

Zu den bekanntesten Figuren innerhalb der Porträtreihe gehört sicherlich Zech, dessen Rückbindung ans literarische Erbe der Arbeiterdichtung jedoch durchaus streitbar ist. Die Tatsache, dass Zech mit seinem erstmals 1913 erschienenen Band *Das schwarze Revier* eine »treffende Formel für das Industriegebiet zwischen Lippe, Ruhr und Rhein«[273] generierte, genügt für solch eine Integration nicht. Auch sollte die mit seinem Namen verbundene (und für seine Popularität keineswegs unwichtige) Geschichte vom ›in die Niederungen des Lebens‹ hinabsteigenden Dichter – »hinunter zu den leidenden, geschundenen Menschen, hinein in den Schmutz, den Lärm, die Mühsale der Industrie«[274] – hinterfragt werden. Inwieweit Zech tatsächlich in Bergwerken Belgiens und des Ruhrreviers tätig war – »ein Kohlenhauer unter Kohlenhauern«,[275] so Walter Köppings griffige Formel – sollte bei Sichtung seiner Gedichte hintenangestellt werden, zumal gerade im Falle Zechs bekannt ist, dass er bereits frühzeitig in seiner Biografie Ausschmückungen vornahm, sich eher für eine erzählerisch gelungene Version als fixen Wahrheitsbegriff interessierte. Exemplarisch nachlesen lässt sich dies etwa in seinem ›Selbstbildnis‹ aus dem Jahr 1926:

Das Grubengespenst und der Teufel in dem schwarzen Industrierevier zwischen Rhein und Ruhr gingen mir nicht mehr aus dem Blut. Ich kroch selber hinein, wo es von Rädern sauste, und schwitzte gebückt in der höllischen Nacht, tausend Meter unter den Wiesen, Dörfern und Städten. Die Begierde, das Elend unserer Menschenschichtungen zu erfahren, trieb mich noch weiter von Fabrikland zu Fabrikland –: Belgien, Nordfrankreich, England. Das war zehn Jahre später. Und die Armeleute blieben Armeleute überall. Und die Erlösung lag im Spannen der Bruderknechte von Pol zu Pol. Dafür litt und stritt ich. Schlecht und recht, wie wir alle.[276]

Die unmittelbare Einbindung seiner Person, seines Schicksals vermittelt Drangsal und Wahrhaftigkeit, macht die Texte gerade vor dem Hintergrund seiner unmittelbaren Betroffenheit, des lebenswirklichen Engagements gewissermaßen unanfechtbar. Den lyrischen Ausschweifungen Zechs sei also, so ein möglicher Beschluss, aufgrund der Tatsache, dass sie (vermeintlich) auf Erfahrungen beruhen, kaum zu widersprechen, ihnen müsse vertraut werden. Diese Konfiguration und Schieflage wirkt sich bis in Köppings Porträt aus, das einerseits die harte Sozialkritik der Gedichte, andererseits Zechs beeindruckende Persönlichkeit, seine immense Schaffenskraft hervorheben möchte. Zutreffende Textbeobachtungen werden dabei mit ausdrucksstarken Zitaten einiger Zeitgenossen Zechs garniert, was als nobilitierende Geste durchaus erfolgreich ist, aber zugleich mit eher abwegigen Lobpreisungen verknüpft ist: »Zech wird in seinen Gedichten, Erzählungen und Dramen nie abstrakt oder theoretisch. Was er zu sagen hat, das sagt er mit kraftvollen Bildern. Else Lasker-Schüler urteilte über Zechs Gedichte, sie seien ›wie mit der Axt geschrieben. Man kann sie in die Hand nehmen, so hart sind sie.‹ Zech war ein Seher, ein Visionär. Er sah Erscheinungen und erkannte Zusammenhänge, die anderen Menschen verborgen blieben.«[277] Diese ›Seherqualitäten‹ Zechs, der in seinen Gedichten, so Köpping, eine »ungeahnte Dimension unserer menschlichen

Existenz«[278] erschlösse, schließen sich gegenüber Nachfragen gewissermaßen von innen her ab. Dabei ließen sich hinsichtlich der literarischen Adäquatheit im Kontext einer Lyrik der Arbeitswelt durchaus einige Beobachtungen machen. Formal orientiert sich Zech meist an strengen Mustern, vor allem am Sonett – womit er die spitze Bemerkung Richard Dehmels herausforderte, hier würden zwar Autos gebaut, allerdings offensichtlich in Form einer Postkutsche.[279] Dass dieser süffisante Hinweis Dehmels vielleicht nur auf einzelne Gedichte zutrifft, hier vielleicht also eher von einem Unbehagen gesprochen werden müsste, das Dehmel zum Vorwurf generalisierte, macht ein Blick auf Zechs *Seilfahrt* deutlich: »Das eichene Tor, mit Stacheln schroff bezackt, / fährt widerwillig aus den Eisenkappen. / Schwer über den Teer der Pflastersteine klappen / viel Nägelschuhe mörderischen Takt. // Wie eine aufgescheuchte Herde zwängt / das schwarze Heer sich in das Fröstellicht der Lampen, / schleift schläfrig über rundgewölbte Rampen / und brandet in der Kaue Brust an Brust gedrängt.«[280] Hier unterstützt die formale Struktur rhythmisch einen Vorgang der Arbeitswelt, der ebenso hektisch wie ungeordnet und doch (aufgrund tagtäglicher Praxis und körperlicher Routine) nachvollziehbar erscheint. Deutlich beschaulicher, fast schon mit Hang zur ästhetischen Kontemplation sind etwa folgende Verse aus *Roter Abend*: »Der Abend, vom Geruch der Gasretorten, / von Teer und Wirbelwolken Kalk bestaubt, / wirft sich ins Mondlicht hoch wie ein Medusenhaupt.«[281] Aufschlussreich ist in diesem Zusammenhang die von Zech zu seinem Band *Das schwarze Revier* unter dem Namen Paul Robert verfasste Selbstrezension, in der er (gewohnt selbstbewusst) postuliert, nicht in »romantisch dudelnder Blaublümchenweise« sei die »neue Welt zu besingen«, vielmehr brauche es eine »neue Gefühls- und Ausdrucksmöglichkeit«, die sich vor allem im »pathetischen Affekt« äußere.[282]

In Zechs *Wagenschieber* findet sich ein pathetischer Heroismus, der dieser Perspektive nicht direkt zuwiderläuft, sich jedoch einer Form von Kraftdemonstration einschreibt, die seinem Literaturverständnis[283] wohl nicht ohne Zwang integriert werden kann: »Zehn Zehnter Kohle in den Eisenhund geknallt, / auf krummen Schienen langsam vorgeschoben –: / nun wirf dich in die Brust, Barbar, und laß die Muskeln toben / sehnig um Wade, Bauch und Arm geballt.«[284] Deutlich stimmiger erscheint hingegen bereits die zweite Strophe, in der nicht nur deutlich detaillierter und präziser, sondern vor allem auch vermittels neuer Bilder ein Zugriff auf die Alltagswirklichkeit im Bergwerk gelingt: »Liegt die versiegte Zunge hinter dem Gebiß / zum Sprung bereit, mit Fluch geladen –: / Dampft aus den Schläfen Schmerz, ein weißer Schwaden / und eine Ader quert die Stirne wie ein Schmiß.«[285] Nicht vergessen werden darf dabei der Selbstanspruch, den der Autor qua Selbstrezension dem Band mitgab: Die Gedichte, so Zech über Zech, seien »nur ein Teilmotiv der großen Fuge, die lyrisch, balladisch, rhapsodisch das verkrampfte Erlebnis der Schwerindustrie umreißt und harmonisiert zum Weltgedicht«.[286] Inwieweit diese Harmonisierung zum ›Weltgedicht‹ tatsächlich gelingt, würde eine ausführlichere Prüfung erforderlich machen; zu konstatieren ist, dass das ›Erlebnis Schwerindustrie‹ von Zech in vielen Gedichten in den Fokus gerückt wird, nicht zuletzt die technisch-maschinelle Dimension, wie etwa *Fräser*[287] eindrücklich demonstriert: »Gebietend blecken weiße Hartstahl-Zähne / aus dem Gewirr der Räder. Mühlen gehen profund, / sie schütten auf den Ziegelgrund / die Wolkenbrüche krauser Kupferspäne. // Die Gletscherkühle riesenhafter Birnen / beglänzt Fleischnackte, die von Öl umtropft / die Kämme rühren; während automatisch gestopft / die Scheren das Gestränge dünn zerzwirnen.«[288] Was in Zechs Porträts des proletarischen Alltags ebenfalls nicht zu kurz kommt, ist die Gesellschaftskritik; die Gedichte erstellen ein soziales Panorama, das Hauer und Zechenbesitzer, Agitator und Streikbrecher gleichermaßen erfasst, auch den *Schlotbaron*: »Durch die schmale schnurgerade Straßenzeile, / wo ein schales Grau an Häuserspitzen klebt / und das Harrende und aufgerissene Geile / flacher Neugier straffgespannte Bänder webt, // durch das Abgestumpfte vieler Mördermienen –: / schiebt er ein Gesicht von Würde kühl umprallt.«[289] Grubenunglücke werden in Zechs poetischer Verhandlung der Industrielandschaft detailliert auf- und nachgezeichnet, so etwa die *Kleine Katastrophe*: »Zehn Männer wurden vom Gestein erschlagen, / vom Rauch verschluckt und wieder ausgespien. / Der Doktor stolperte mit eingesackten Knien / und ließ die Leichen in das Schauhaus tragen. // Zerstückelt, schwarz verbrannt und rot zerschunden, / so lagen sie in Reih und Glied; / was in der Früh noch sang sein Morgenlied, / verblutete aus unverbundenen Wunden.«[290]

(9) Alfons Petzold

Alfons Petzold ist ein weiterer Beweis dafür, dass innerhalb der Porträtreihe oftmals anrührende Details der schriftstellerischen Biografie in den Vordergrund gestellt werden, zulasten eines genaueren Blicks auf die Texte. Im Falle Petzolds geht dies aufgrund dessen Krankheit und frühen Tods – nicht nur im Beitrag Josef Büschers – mit einer sprachlich kruden Form der Einfühlung einher: »Zwar mag niemand diesen blonden, leicht verkrümmten Jungen mit seinen so strahlend blauen Augen abweisen, wenn er um Arbeit nachsucht, doch erweist sich bei ihm immer das Wollen stärker als seine Kräfte. Ein lästiger heimtückischer Husten beginnt ihn zudem zu quälen. Er wird Abwaschbursche in einem Gasthaus. Er verrichtet Handreichungen in einer Schachtelfabrik. Er müht sich als Metalldreher.«[291] Wohl auch aufgrund Petzolds Autobiografie *Das rauhe Leben* (1922) wird eben dieses Leben stets unter dem Vorzeichen seines Endes erzählt: »Man ahnt, daß er krank ist, sein ständiges Husten und die etwas spitze Brust verraten es.«[292] Büscher scheut an keiner Stelle vor dramatischer Spannung, vor drastischen und vermeintlich poetischen Formulierungen zurück: »Das Eis um das Lebensschifflein Petzolds beginnt zu schmelzen.«[293] Alles scheint sich von Schmerz und Todesnähe her zu schreiben, ein anderes Okular steht offensichtlich nicht zur Verfügung, ein differenzierterer Blick scheint wenig ergiebig, würde in jedem Fall deutlich schwächer klingen: »Zwölf Jahre bitterster Arbeits- und Krankheitsnot machen seine Lieder melancholisch. Des Todes eisiger Hauch weht oft aus ihnen. Das trockene Husten des an Tuberkulose Erkrankten keucht manchmal durch sie hindurch. Sehnsucht nach Freiheit und Gerechtigkeit weint ihre Weisen.«[294] Dass Petzold als Autor im »Gestrüpp menschlicher Daseinsbekundungen«[295] insbesondere die Armen, Alten, Arbeiter und Ausgegrenzten im Blick hatte, wird dadurch nur randständig wahrgenommen bzw. erst bei Lektüre von dichterischen Skizzen wie der vom *Handarbeiter* deutlich: »Das Dämmers grauer Flügel / Beschattet schon sein Fensterloch, / Nun lockern sich die Zügel / Von seinem harten Arbeitsjoch. // Die schwielenharten Hände / Ruhn lässig aus in seinem Schoß, / Denn mit dem Tag zu Ende / Geht auch sein armes Menschenlos.«[296] Dass Petzold nicht ausschließlich Überbringer von Klagen aus den »finsteren Löchern des sozialen Unrechtes« ist (so die Formulierung im Selbstporträt *Im Spiegel*[297]), sondern in seinen Texten auch kämpferische Elemente bereithält, beweist sein Gedicht *Die Arbeiter*, das zwar zunächst den »räderdurchdonnerten Raum« und das in ihm stattfindende Plagen beschreibt, doch die letzte Strophe beginnt mit dem Vers: »Unser Wille erschüttert die Erde«.[298] Dass allerdings auch bei Petzold die Zuschreibung ›Arbeiterdichter‹ mit Blick in sein Gesamtwerk, bei aller nachzuweisender Nähe und Sympathie, fragwürdig ist, zeigt sich nicht zuletzt in der breiten thematischen Streuung, die Petzold im Nachwort zu einem Auswahlband seiner Gedichte skizziert.[299]

(10) Karl Bröger

Der Fall Bröger eignet sich in besonderer Weise, um anhand von Textproduktion als auch Autorenbiografie einige Konfliktlinien der Arbeiterdichtung im Geflecht politischer Ideologien zu erörtern.[300] Folgt man der Darstellung Max von der Grüns, war Bröger »überzeugter Sozialist«, ein »Mahner, Künder und Vorkämpfer für die Menschwerdung des Proletariats«.[301] Die zentralen Konfliktfelder, welche dazu führten, dass Brögers Arbeiterdichtung für die Nationalsozialisten von Gewinn sein konnte, seien hier in aller Kürze aufgeführt: Neben einer Ästhetisierung und Naturalisierung des Arbeitsprozesses fällt in seinen Gedichten ebenso eine leise Entpolitisierung auf, die sich aufgrund einer ausschließlich individualisierten Darstellung der Arbeitswelt erodierend einschleicht. Zwar mag diese Problemstellung Brögers Darstellungsinteressen zuwiderlaufen, Fakt ist jedoch, dass die – nicht nur bei ihm stattfindende – Heroisierung alle konkreten Widersprüche zermahlt. Brögers Absicht, den ›sittlichen Wert‹ der Arbeit von Fragen nach Lohngerechtigkeit etc. zu trennen, weicht sozialen Realitäten aus, macht sich (unfreiwillig) mit den falschen Kräften gemein. Schlussendlich dominiert – nicht zuletzt aufgrund dieser Schieflage – in seinen Gedichten eine vage Hoffnung, die durch emphatische Ausrufe verstärkt, jedoch nirgends konkretisiert, kaum anschaulicher gemacht wird. Das Kämpferische – dieser schale Verdacht bleibt nach Lektüre zurück – ist letztlich rhetorisch. Brögers Arbeit an der Arbeit adelt nicht nur die Kraft und Schönheit der Maschinen, sondern insbesondere die ›Werkfreude‹ von Hirn und Faust, von Geist und Tat. Dass vor dieser Folie seitens der Nationalsozialisten mit seinen Texten »schamloser Mißbrauch«[302] getrieben wurde, ist somit keineswegs überraschend. »Bröger sagt, die Arbeit stellt keine Ware dar, sie kann weder gekauft noch verkauft werden. ›Arbeit will Kraft zur Freude, damit ihr Werk von dieser Kraft getragen sei. Arbeit ist die Ehre, die allen zukommt in gleichem Maße.‹ Aus diesen zwei grundlegenden Sätzen über den Wert der Arbeit kristallisierten sich später zwei Spruchbandschlagworte, die selten bei Kundgebungen der braunen Herren fehlten: ›Kraft durch Freude‹ und ›Unsere Ehre heißt Arbeit‹.«[303] Dass sich Brögers Verherrlichung der Arbeit – ›Heiligung des Werktags‹ – im nationalsozialistischen Kontext zur Verwendung anbot, ist evident;

dass der Autor Bröger allerdings nicht geneigt war, dem Regime in seiner ideologischen Ausrichtung zu folgen,[304] macht die Sache etwas komplizierter. In der Darstellung von der Grüns wird Bröger allerdings rasch und vollumfänglich zum Opfer der Umstände erklärt:

> Viele Schriftsteller rannten in jenen zwölf Jahren in den braunen Vorhang, auch Arbeiterdichter. Karl Bröger aber blieb immer im Parkett, nicht in sitzender Beschaulichkeit, sondern abwartend, stehend; das Staatsbegräbnis sollte darüber hinwegtäuschen, daß Bröger geblieben, was er von Anfang an war: Sozialist, Kämpfer und Dichter der Arbeiter. Als er 1933 im KZ Dachau in Haft war – er war Redakteur einer linksstehenden fränkischen Zeitung und sozialdemokratischer Stadtrat –, deklamierten SA-Leute bei einer Feierstunde über den Rundfunk sein berühmtestes Gedicht, das in der Folgezeit wieder und wieder bei nationalsozialistischen Veranstaltungen verwendet wurde, wie es gerade der Propaganda dienlich schien.[305]

Dass Brögers fast fetischisierende, ihren sozialpolitischen Ursprung vergessende Aufwertung der Arbeit das Problem darstellt,[306] dass der »Künder einer neuen Sinngebung der Arbeit«[307] seine eigenen Zielvorstellungen falsch justierte oder aber nicht detailliert genug kannte, wurde auch Kommentatoren wie Walther G. Oschilewski, die Bröger als Verfechter einer »sozialen Gemeinschaft aller Schaffenden«[308] rezipiert wissen wollten, nicht deutlich. Gedichte wie *Lied der Arbeit*, *Ewiges Volk*, *Bekenntnis*, *Deutschland* und *Hymne vom Schweiß* ließen sich auch nach 1933 problemlos in Anthologien aufnehmen, bei Festreden und sonstigen Anlässen verwenden. Verheerend und mitverantwortlich für spätere Vorwürfe war auch Brögers Gedichtsammlung *Volk ich leb aus dir* (1936). Oschilewski, der im Nachkriegsdeutschland, adressiert an die Kulturinteressierten der Sozialdemokratie, Bröger als »Sänger der Sozialistischen-Arbeiter-Jugend« porträtieren und rühmen wird, schreibt in seinem Nachwort über ihn im Jahr 1936:

> Angerufen vom Geist des deutschen Idealismus hat er sich im Gange seiner zu immer größerer Klarheit reifenden Entwicklung in vielen Botschaften, Aufgesängen und Visionen zum Lobredner seines Landes, zum brüderlichen Sänger der Arbeiterwelt, zum Hymniker einer mythischen Weltschau emporgeschwungen – wie seine Gedichtbände [...] eindrucksvoll bezeugen. Sie bekunden sämtlich die ihn auszeichnenden Bemühungen um eine Synthese von Natur und Geist, von Volk und Arbeit, von Gott und irdischer Vollendung, die nicht zuletzt Sinnbild seiner faustisch-dynamischen Weltauffassung sind.[309]

Statt Anklage also Weltschau, statt realistisch nunmehr nur noch mythisch – so schnell änderten sich innerhalb kürzester Zeit nach Abbruch der Weimarer Republik Diktion, Wertung und Präferenz. Dass Brögers Gedichte uminterpretiert werden konnten, ohne ihnen allzu viel Gewalt anzutun, hängt nicht zuletzt mit dem innerhalb der Arbeiterdichtung häufig auftretenden Wunsch nach Gemeinschaft, Anerkennung und Zugehörigkeit zusammen. Der emphatische Sang von Brüderlichkeit, einst für die Sache des Proletariats entwickelt, wurde nun schnurstracks zur völkischen Propaganda umgemünzt.³¹⁰ Aufgrund Brögers gefühliger, an die eigene Biografie geknüpfter Form der Verständigung mit der arbeitenden Klasse konnte ihm eine kühlere Reflexion dieser Verhältnisse sowie gesellschaftspolitischer Interdependenzen kaum gelingen. In seinem ›Selbstbildnis‹ für die Anthologie *Antlitz der Zeit. Sinfonie der modernen Industriedichtung* (1926) schreibt er: »Kind einer Arbeiterfamilie und mitten im Industrieviertel aufgewachsen, habe ich frühzeitig erfahren müssen, welche schicksalhafte Gewalt hinter den Worten ›Arbeit‹ und ›Maschine‹ wirkt. Noch heute bin ich der Maschinenwelt und ihren Menschen durch täglichen Verkehr und Umgang verbunden. Dichterisch hat mich diese Welt zuerst mehr abgestoßen als angezogen. Doch auf die Dauer entrinnt kein Dichter seinem Erlebnis, und ein solches Erlebnis war für mich die Fabrik und der Fabrikmensch.«³¹¹ Bemerkenswert ist, dass Bröger sich durchaus differenzierter äußern konnte, etwa 1929 in einem kleinen Beitrag für *Die Literarische Welt*: »›Arbeiterdichtung‹ besagt im Grunde recht wenig. Ist es Dichtung, die ihre Stoffe aus der Industriewelt holt, dann gibt es eine solche Dichtung schon längst bei Verhaeren oder Lemmonier. Soll ausgedrückt werden, daß die Dichter Arbeiter waren oder noch sind, dann ist wiederum der Inhalt des Wortes ›Arbeiterdichtung‹ zu schillernd und ungenau. ›Soziale Dichtung‹ klingt zu allgemein, ›Proletarische Dichtung‹ für mein Empfinden zu anmaßend.«³¹² Abseits dieser richtigen Einschätzung, der weiterhin gültigen begrifflichen Verständigungsprobleme zeigt Bröger sich wenige Sätze später, sobald sein eigenes Schreibverständnis abgefragt wird, jedoch zu Sprachschablonen verführt, bezeichnet sich mit nicht geringem Selbstbewusstsein als »Künder und Aussprecher des Glaubens, der Sehnsucht und des Wollens, die in der Arbeiterklasse lebendig sind«.³¹³ Er fügt aber als Abgrenzung hinzu: »Wenn ich einen wesentlichen Unterschied gegenüber den bürgerlichen Dichtern sozialen Charakters erkenne, so nur diesen: Was diese Dichter an die Seite des Proletariats treten läßt, ist doch in den allermeisten Fällen eine aus Mitleid und Empörung geborene Sympathie. Mir aber gelten die auf Überwindung ihrer Nöte abzielenden Forderungen der Arbeiterklasse als ein klares, unbestreitbares Recht.«³¹⁴ Inwieweit diese Selbstzuschreibung und Profilierung tatsächlich zutreffend ist, darf mit Blick in Brögers Texte ein wenig bezweifelt werden: Meist dominiert ein unbestimmt wuchernder Optimismus, der anstelle systemkritischer Fragen nur den frommen Wunsch nach einer Verbesserung der sozialen Lage artikuliert.³¹⁵ Die ›Sozialisierung des Menschen‹ ist für Bröger vor allem eine ethische, jedoch diffus bleibende Forderung: keine Sozialisierung im Sinne einer Umverteilung, keine Umstrukturierung des Kapitals, keine Umgestaltung der Machtverhältnisse. Die Idealisierung der Arbeitswelt und demonstrative Feier des Kollektivs ersetzt – dieser Vorwurf schließt neben Bröger auch andere Arbeiterdichter mit ein – offensichtlich die mit poetischen Mitteln zu betreibende Gesellschaftskritik.

Einen zentralen Bruch hinsichtlich einer Verortung der Arbeiterdichter zwischen Alltag, Gemeinschaft und Kapital bedeutete der Erste Weltkrieg; dies gilt auch für Bröger, der sich einerseits zu idealistischen Übersteigerungen, andererseits zu heroischen Hymnen hinreißen ließ. Der 1. August 1914 wurde auch für ihn zur deutschen Schicksalsstunde, genauer: zur Schicksalsstunde des Deutschen als zeit-, raum- und weltumspannendes Prinzip. Auch zwölf Jahre später, im Rückblick, behielt dies für ihn Gültigkeit: »Jene Tage sind für mich der Aufbruch eines Volkes zu sich selbst, sind und bleiben die Geburtsstunde einer einigen deutschen Nation aus dem Blute ihrer Besten, von denen jeder einzelne durch Tod und Wunden wie kein Fürst je in der Welt bewiesen hat: Der Staat bin ich. Was wäre sonst republikanischer Geist, wenn nicht diese letzte Bereitschaft des einzelnen zur Verantwortung für das Ganze.«[316] Brögers Bekenntnis zu einer kruden Mischung aus völkischer Mannhaftigkeit, falsch verstandenem Republikanismus und holistischen Phrasen ist geradezu Einladung für eine nationalsozialistische Übernahme. Zu den Begleiterscheinungen und Folgeschäden gehörten bei Bröger eine strukturelle Entpolitisierung sowie eine zunehmend von den konkreten Verwerfungen entkoppelte Darstellung der Arbeitswelt.[317] Etwas wohlwollender stellt Jürgen Rühle diesen Sachverhalt mit Blick auf Bröger, aber auch Barthel und Lersch dar:

> Sie gingen über die bürgerliche Mitleidsliteratur von der Jahrhundertwende, die Sozialkritik der Naturalisten, insofern hinaus, als sie nicht mehr nur das Elend, sondern auch die positiven Werte des Arbeiterlebens gestalteten. [...] Doch sie stießen noch nicht aus dem Sozialen ins Politische vor, allenfalls malten sie das Hoffnungsbild einer vom Klassenkampf und Existenznot freien Zukunft. Sie gaben mehr dem Fühlen als dem Denken, mehr dem Hoffen als dem Wollen, mehr der Daseinslage als dem Kampf der Proletarier Ausdruck.[318]

Eindeutig zu verständnisvoll und nachsichtig geriet hingegen Fritz Hüsers Bröger-Porträt, der in ihm vor allem eine höchst unglücklich unter widrigen Umständen missbrauchte Autorenfigur sehen wollte: An Bröger lasse sich »die Entwicklung und die Tragödie der deutschen Arbeiterdichtung in den drei Jahrzehnten von 1910 bis 1940« ablesen;[319] das stimmt – allerdings auch in einem ganz anderen als von Hüser gemeinten Sinne. Tragisch sind zwar die mit dem Regime der Nationalsozialisten für Bröger und andere Sozialdemokraten eintretenden Konsequenzen, mindestens ebenso verheerend ist jedoch, literarhistorisch gedacht, dass es nicht wenigen Autoren (nahezu mühelos) gelang, ihre Arbeiterdichtung nach 1933 weiterzuführen, sie zu modulieren und transformieren.[320]

(11) Heinrich Lersch

Auf Lersch ist ausführlicher einzugehen, da seine Autoren- und Werkbiografie massiv mit der nationalsozialistischen Kultivierung von Arbeit als höherer Ehre – ›Kraft durch Freude‹ – in Verbindung steht, von ihm zugleich aufschlussreiche Selbstbeschreibungen, Reden und Briefzeugnisse zum Verhältnis von Arbeit und Autorschaft im zeithistorischen Kontext vorhanden sind, er zudem im Konzert der Arbeiterdichter – nicht zuletzt aufgrund seiner unermüdlichen publizistischen Aktivität – zu den bekannteren gehörte, einige seiner Gedichte zu den populären. Letzteres erklärt sich, wie Max von der Grün in seinem Porträt – mit einer sehr forcierten und nur bedingt plausiblen Engführung mit der Dichtung Whitmans – erläutert, nicht zuletzt aus der spezifischen Energie seiner Verse: »melodisch, beherrscht, die Strophen fast volksliedhaft, [...] weit geschwungen und hymnisch«.³²¹ Von der Grün präferiert für Lerschs Bekanntheit aber eine andere Begründung, die den Kesselschmied als ›Sänger des Volkes‹, insbesondere der Arbeiterschaft statuieren möchte (was dem Charakter seiner Gedichte jedoch nur teils gerecht wird und vielmehr an einer glorifizierenden Legendenbildung des früh verstorbenen Autors interessiert scheint): »Da er aus der Masse kam, die Sprache der Masse sprach, ihr Leid erfuhr und von denselben Sehnsüchten gerüttelt wurde, ist es nur verständlich, daß seine Gedichte enthusiastisch in dieser Masse aufgenommen wurden. Die Arbeiter gaben sie von Mund zu Mund weiter.«³²² Damit setzt von der Grün in seinem Lersch-Porträt gewissermaßen aufs Gleis der Selbstinszenierung, die dieser bis zur Perfektion beherrschte, wohlwissend, wie weit diese Ausgestaltung der eigenen Biografie in die Rezeption und Werkdeutung hineinragen würde.³²³ Lerschs Dichtung lässt sich hier mit einigen wenigen Sätzen charakterisieren: Das lyrische Ich in seinen Gedichten ist als (heroisch leidender) Stellvertreter angelegt; laut Selbstauskunft sollen seine Texte »voll von proletarischem Zorn« sein, doch dies ist nur bedingt bemerkbar, verläuft sich meist zwischen einigen Phrasen, die im Verbund der langen Verse und freien Rhythmen zwar bemerkbar, aber im Spiel mit ausdrucksstarken Metaphern nicht immer dominant sind. Sehr viel präsenter ist bei Lersch das Monströse, Gewaltige und Überwältigende der Industrie und Technik, aber auch der Wunsch nach menschlicher Gerechtigkeit. Letzterer ist aber derart vage und rhetorisch ausgeformt, dass die starke Neigung zum Hymnischem, Mythologischem und Religiösem immer wieder die Richtung vorgibt in seinen Texten. Im Werk sowie der Autorenbiografie Lerschs scheint dabei ein irritierender Doppelcharakter auf – einerseits der Wunsch nach ästhetischer Zeitlosigkeit, nach literarischer Etablierung, andererseits die Empfänglichkeit für verschiedenste Ideologeme: Nationalismus, Katholizismus und Sozialismus wechseln sich scheinbar problemlos ab, überlagern und vermengen sich; auch augenscheinliche Widersprüche in der formelhaften Formierung einer Arbeiterklasse als Volksgemeinschaft werden inkorporiert. Für Lersch bleibt stets ein Motiv zentral: Der stolze Arbeiter ringt mit den Kräften der Zeit. Lerschs Bekenntnis, ihm sei »nichts im Leben verehrungswürdiger erschienen als die menschliche Arbeit«,³²⁴ darf gewissermaßen als Nukleus verstanden werden, erklären sich von hier aus doch vielleicht am ehesten die zahlreichen widerstreitenden Entwürfe und Wechsel in seinem Werk.

Erste problematische Risse erhielt Lerschs Konzeption einer Arbeiterdichtung – wie bei vielen anderen Autoren auch – mit dem Ersten Weltkrieg: Die gewaltige (und gewaltförmige) Transformation der Gesellschaft in eine Kriegsgemeinschaft ermöglichte der Anerkennung der Arbeiterschaft und ihrer literarischen Fürsprecher eine neue Einlassmöglichkeit: Unerschütterlicher Patriotismus schien nun der Garant für Integration und Anerkennung zu sein. Der Aufruf zu Einsatz- und Opferbereitschaft, das permanente Lob der deutschen Kameradschaft kam nun von Arbeiterdichtern wie Konservativen, von Militärs und Bürgerlichen gleichermaßen; alle vorherigen Differenzen schienen verdampft. Was Arbeiterdichter wie Lersch daran faszinierte war neben einer geradezu idealtypischen Realisierung von Schicksals-, Kampf- und Arbeitsgemeinschaft die mit der Militarisierung einhergehende technische Innovationsschwemme und mentale Radikalisierung. Die immens forcierte Kriegsproduktion generierte in der Lyrik zwangsläufig einen Fokus auf die Schwerindustrie, so auch in Lerschs *Vor einem Eisenwerk*: »Ich will sehn, wie ein Kanonenrohr wird, – / die Granate sehn, die platzend zerklirrt, / die Schiene, wie sie sich preßt und längt, – / wie rauschend sie durch die Walze sich drängt, – / die Pressen, die Hämmer, die Feuerfluten, / die Öfen, die Flammen, die Dämpfe, die Gluten!«[325] Lersch nutzt diese Verschränkung von Krieg und Industrie, um die patriotisch-kriegsbereite Gesinnung der Arbeiterschaft als auch deren Verbrüderung mit den Soldaten als ›Arbeiter auf dem Schlachtfeld‹ zu zementieren, so etwa in *Des Granatendrehers Kriegslied*: »Ich schrubbe dich, ich bohre dich, / werdende Granate! / Wenn du zerspringst, so schützt du mich. / Der auf die Feinde schleudert dich, / das ist mein Kamerade. / Kamerad, ich grüße dich! // Es knirscht der Stahl, der Riemen kreischt, / Drehbank, du, surre, sause, / du eisernes Maschinentier.«[326] Noch dezidierter als andere Arbeiterdichter (vor allem aber deutlich länger) betrieb Lersch diese Heiligung des Krieges und sah sich auch rückblickend nicht zu einer Korrektur der militaristischen Euphorie genötigt: »Er besann sich auf seinen Katholizismus und trieb einen regelrechten Kriegskult. Der Ausbruch des Krieges unterhöhlte das hymnische Hochgefühl seiner frühen Gedichte nicht, sondern steigerte es noch.«[327] Alfred Kleins treffende Beobachtung – der Krieg als »unmittelbare Fortsetzung der Arbeitsschlacht mit anderen Mitteln«[328] – macht zugleich auf die erstaunliche Abwesenheit von Politik aufmerksam; die permanent zum Ausdruck kommende Lust an Technisierung, Maschinen und kriegerischer Auseinandersetzung steht bei Lersch seltsamerweise außerhalb der Frage nach strategischen Interessen, völkischen Ideologien und Fremdenhass. Lersch begeisterte sich primär am kriegsindustriellen Umschwung sowie der damit einhergehenden Aufwertung der Arbeiterschaft als integraler (und bedeutender) Bestand der Kriegsgemeinschaft. Der damit einhergehende, durchaus triumphale Stolz machte Arbeiterdichter wie Lersch tendenziell blind für ideologische Implikationen, die damit unauflöslich verbunden waren. Der mit vorauseilender Zuversicht absolvierte Einbezug der Arbeiterschaft in die Kriegs- und Volksgemeinschaft ermöglichte es wiederum den Nationalsozialisten später, eine aus disparatesten Elementen bestehende Ideologie zu zimmern, die den Arbeiter vermeintlich ins Zentrum nahm.[329] Von der Grün beschreibt das daraus erwachsende grandiose Missverständnis folgendermaßen:

> Es stimmt, daß Heinrich Lersch vor der Machtübernahme mit der »Bewegung« sympathisierte, denn er glaubte, diese Partei allein sei fähig, den uralten Traum des Proletariats zu verwirklichen, daß jeder Arbeiter gleichberechtigter Bürger würde; daß dem Arbeiter endlich Gerechtigkeit gegeben werde. Darum wählte er diese Partei. Es stimmt, er unterschrieb Briefe mit »Heil Hitler«, zu einer Zeit, wo es noch möglich war, herzliche Grüße zu senden. Auch war er stolz, daß sein Sohn Fähnleinführer war, und er dichtete ein Jungvolklied. Es stimmt, er änderte viele vor 1933 geschriebene Gedichte um: wo früher »Arbeiter« stand, las man nun »Volk«, wo früher das Brudergefühl vorherrschte, stand nun »Reich« zu lesen, wo früher »Prolet« stand, da stand nun »Werkmann«.[330]

Lerschs Einlassung auf das nationalsozialistische Regime war mehr als eine moderate Anpassung, war offensiver als eine Anbiederung zur Umgehung von Unannehmlichkeiten; Lersch glaubte offensichtlich tatsächlich an eine Kongruenz der Vorstellungen zum Arbeiterstand, ließ sich in erstaunlicher Naivität vollumfänglich auf diese vermeintlich spezifische Form des Sozialismus ein. In seinem Beitrag *Der Weg des Arbeiters* (1935) konturiert sich im Rückblick, welchen Widrigkeiten Lersch den deutschen Arbeiter zuvor ausgesetzt gesehen hatte: »Die Werkstatt: Arbeitshölle, voll gigantischer Unordnung, Gefahr, Schmutz, Hetze; Notdurft, Vorübergang, Broterwerb. Und weil die Hausheimat eine Wohnhölle voll Enge, Ungemütlichkeit, Lärm, Wasch- und Kochgeruch war, suchte und fand der Arbeiter eine dritte Straße: den Weg in die Arbeit, in den Rausch, in die Vergessenheit.«[331] Eine größere Gefahr stellte jedoch, so Lersch, die daraufhin eintretende Moderne mit ihren spezifischen Stratifikationen dar: »Der deutsche Arbeiter marschierte, angeführt von Vertretern ihm wesensfremder Ziele, hinaus aus seinem Werk, hinaus aus seinem Heim, hinaus aus seinem Volk. Unheimlich wurde ihm alles, unheimlich Weg und Ziel: alles mußte in die Irre führen, in die Aussichtslosigkeit, in den Zusammenbruch aller noch so gewaltigen Kräfte. Der Weg des Arbeiters ging hundert Jahre in falscher Richtung: von *seinem* Boden fort, von *seiner* Familie fort, von *seinem* Volk, fort aus der Gemeinschaft der Lebendigen.«[332] In Lerschs Augen – in seiner durch den nationalen Sozialismus ›geweiteten‹ Wahrnehmung – eine fatale Fehlentwicklung: »In die Produktionsmaschine, in die Denkmaschine, in die Wohnmaschine: blutleer wurde alles, herzlos, zum Ekel: Die Richtung war falsch!«[333] Dystopische Anklänge liegen in Lerschs Sätzen nicht allzu fern; um so greller daher die vermeintliche Erlösung: »Einer kam und führte den deutschen Arbeiter heim ins Volk; führte ihn in die Wohnheimstatt zurück, in die Arbeitsheimat: der Führer führt!«[334] Lerschs Vision einer heimatlichen, den ›Arbeitsmenschen‹ in ihr Zentrum stellenden Struktur – ideell wie lebensweltlich – scheint sich zu erfüllen.[335] Der aus dem Ersten Weltkrieg vertraute Eifer zur Eingliederung und Pflichterfüllung, um sich das Attribut ›stolzer Arbeiter‹ auch redlich zu verdienen, findet bei Lersch in den Jahren 1933ff. eine Aktualisierung, die sich ideologisch rasch anpassen, Elemente des Katholizismus und Sozialismus, auch der Arbeiterbewegung scheinbar mühelos amalgieren und umändern kann – alles im Dienste der werktätigen Klasse.[336]

In seinen Ansprachen an die Hitler-Jugend, bezeichnenderweise mit dem Titel *Gott der Arbeit* (1935), begründete Lersch – in diesem Kontext eine Beobachtung wert – seine bereits seit der Kindheit wachsende Begeisterung für die Arbeit, insbesondere in der Schwer- und Großindustrie: »Stundenlang stand ich an den offenen Hoftoren und wartete, bis sich einmal eine Tür öffnete und ich das gewaltige Brausen vernehmen konnte. Das war für mich mehr als Orgel- und Glockenklang, mehr als Musik.«[337] Die damit einhergehende Sakralisierung der Industrie, ihrer Hallen, Werke und Fabriken, die ausstrahlte bis in Lerschs Behauptung, ihm sei »nichts im Leben verehrungswürdiger erschienen als die menschliche Arbeit«,[338] steigerte sich sogar noch:

> Seitdem ich die erste Gießerei mit dem glühenden Kuppelofen, den rauschenden, fauchenden Gießformen sah, wanderte der liebe Gott, der bisher in der Kirche gewohnt hatte, in diese Fabriken hinüber. Das Heiligste und Allerheiligste war jedoch die riesige Dampfmaschine, die in jeder Fabrik neben dem Kesselhaus lag: ein unbeschreiblicher Reiz lag in all den schwingenden Teilen, in Kurbel und Kolbenstange,

in Achse und Lager, in den hüpfenden Ventilen und den schleudernden Kugeln des Regulators: um solch ein Wunderwerk sehen zu dürfen, hockte ich stundenlang am Fabriktor, und wenn mich einmal ein Maschinist ganz nahe an diese sausende Maschine heranließ, dann empfand ich vor dem unbekannten Mann, der diese Maschine beherrschte, höhere Verehrung als für alle achtung- und respektgebietenden Personen.[339]

Lerschs buhlte so nicht zuletzt ungehemmt um eine Anerkennung des Dichters innerhalb der Arbeiterschaft, aus deren Reihen er, Lersch, ja hervorgegangen sei[340] und der er stets verbunden bleibe: »Als einer der ersten sang ich in deutscher Zunge das Lied der Arbeit, und aus dem namenlosen Arbeitsjungen wurde ein Dichter, ein Pionier der Arbeiterpoesie, ein Gestalter deutschen Arbeitstums.«[341] Lersch bindet seine Glorifizierung der Arbeit jedoch zugleich, vermeintlich sachlich, an Details zurück und versucht so zu plausibilisieren, weshalb sich technische Errungenschaften gewissermaßen als metaphysische Obdach eignen:

Hier ist unsere Arbeitsheimat: aus der Tiefe des Zementbodens reichen die stahlarmierten Fundamentblöcke heraus. Über uns tragen Binder das Eisendach. Seitwärts, die langen Hallenwände hin, recken sich Trägersäulen, auf denen die Schienen der Kranbahnen ruhen: elektrische Kräne und Hebezeuge rollen mit Rohstoffen und Apparaten. In den nahtlos gewalzten Röhren festgepreßt die bannende Spannung von hydraulischem Druck und atmosphärenstarker Druckluft. In Kabeldraht und Litze der hochgespannte elektrische Strom, turbelnd in Volt und Ampere auf Ankern und Spulen der Motoren. Der Strom, erzeugt von unsern Kameraden Maschinisten, aus Hochofengas und Koksgut, treibt die hindonnernden Walzwerke, die aufgetürmten Kolosse der Pressen und Bohrwerke, der Drehbänke und Hobel. Das sind unsre eisernen Kameraden, die Maschinen, das ist unser Lebensraum, die Fabrik, das ist unsre Welt: die Arbeit![342]

Lersch imaginiert hier im Motorenraum einer besseren, einer ebenso stabilen wie produktiven Moderne die Einheit von Materie und Geist, eine Harmonie von Mensch und Werk, die augenscheinlich nur die Arbeit gewährleisten könne. Ehre, Stolz, Vermächtnis und Geborgenheit sind hier die zentralen Begriffe. Eine gewisse Nähe zu seinen früheren, zu Beginn der Weimarer Republik in Briefen geäußerten Standpunkten scheint gegeben zu sein, doch fällt insbesondere der Schwund einer politischen Positionierung, einer Sprache für die Arbeiterschaft ins Auge. In einem Brief an Schriftstellerkollegen Jakob Kneip heißt es noch 1921: »Ich gehöre als Mensch zum Paria, zum Pack, zum Proletariat, und ich bin in meinem Leben so gehalten wie sie, und eine namenlose, ungeheure Brüderschaft verbindet uns [...]. Und ich erkläre hiermit feierlich, daß ich keine Zeile schreiben werde, die nicht Schrei der Masse ist und nicht *Form* der Masse ist und einen anderen Sinn hat als die Bewegung des Proletariats, Menschlichkeit!!«[343] Hier kommt, rechnet man einmal den pathetischen Furor heraus, immer noch eine überzeugende Nähe zum proletarischen Schicksal zum Ausdruck, die sich im Falle Lerschs aus biografisch verbürgter Kenntnis dieser Arbeitswelt ergibt – was ihm auch eine umso direktere Benennung von Konflikten ermöglichte.[344] Doch im Zuge »der Verbesserung seiner materiellen Lage und der Verringerung des Massenelends«[345] in der Weimarer Republik wichen Lerschs aufs Strukturelle gerichteten Angriffe recht bald zurück, erledigte sich der grobschlächtige (und insofern auch nur bedingt glaubwürdige) Antikapitalismus gewissermaßen von selbst. In einem Brief an Max Barthel im März 1918 klang das noch wesentlich unbändiger und unbeherrschter, auch dringlicher und nichtsdestotrotz ernsthaft: »Ich bin ohne Partei und Politik erzogen, bin ganz Mensch und Arbeiter, will nichts anderes tun, als was ich für ihr bestes erkenne, will Bruder sein – bins ja doch! [...] Kann keiner Partei angehören, keiner Klasse, keiner Klicke, keinem Dogma. Ich bin ein Dichter, ein freier Mensch, so frei man auf dieser Erde sein kann.«[346] Doch diese Ungebundenheit und Freiheit konkurriert mit Fragen der Anerkennung; die Freiheit der eigenen Stimme, so ließe sich resümieren, ist letztlich nur unter Einzug der Machtperspektive wirklich relevant: Heinrich Lersch wurde 1933 in die preußische Dichterakademie berufen, gehörte zu den 88 Unterzeichnern des »Gelöbnisses treuester Gefolgschaft« gegenüber Adolf Hitler im Oktober 1933 und wurde 1935 mit dem Rheinischen Literaturpreis ausgezeichnet. Der vereinzelt wohlwollend geäußerten Ansicht, Lersch hätte sicherlich alsbald Distanz gegenüber dem Regime eingenommen, ist kaum zweckdienlich, vielmehr gilt weiterhin die Einschätzung Christoph Rülckers als tragfähig und konsistent: »Daß Lersch, wäre er 1936 nicht gestorben, eines Tages diesem System sicher den Kampf angesagt und seinen Irrtum revidiert haben würde, ist eine müßige Spekulation und kaum geeignet, Lersch in ein besseres Licht zu setzen.«[347]

Dass Lersch, auch abseits der schwärmerischen Höhenflüge seines Frühwerks, die prinzipiellen Widersprüche bei gleichzeitiger Glorifizierung von Werk, Volksgemeinschaft und proletarischer Brüderlichkeit nicht erkennen konnte oder wollte, ist deutlich geworden; dass seine oftmals eher dürftig bis diffus formulierte Hoffnung auf Wechsel, Veränderung und Verbesserung häufig nur auf Empathie und einer gewissen Naivität aufbaute, ebenso. Hinzuzufügen wäre aber etwa noch folgender Aspekt: »Selbst dort, wo Lersch den Tatbestand der Ausbeutung einmal einbezieht, setzt er ihm ebenso wie Bröger nur den Aufruf zur Askese und zur ethisch-moralischen Aufwertung der Arbeit entgegen.«[348] Steffen Elbing allerdings rekonstruiert den Sachverhalt folgendermaßen: »Wenn Lersch seine schriftstellerische Eigenheit darin sah, seinem Milieu eine literarische Stimme zu geben, so nahm er dies in erster Linie als ästhetische Aufgabe wahr. Der Anspruch, eine soziale Wirklichkeit kritisch wiederzugeben und damit verbundene Probleme zu hinterfragen, trat hinter persönlichen Empfindungen zurück, denen er stellvertretend für seine Gesellschaftsschicht poetischen Ausdruck verleihen wollte.«[349] Dass dieses Unterfangen im Rahmen der Arbeiterdichtung von vornehrein verfehlt war und nicht ganz aufgehen konnte, sollte deutlich geworden sein. Zugleich bleibt darauf hinzuweisen, dass Lersch in seinen Selbstauskünften oftmals obiger Einordnung zuwiderläuft und anderslautende Prioritäten platziert. Elbings These, dass aufgrund der Tatsache, dass Lersch seine Schreiben als ›Gesang‹ bezeichnete, ersichtlich sei, »dass er darin keinen nüchternen Broterwerb sah, sondern vielmehr einen inneren künstlerischen Impetus«,[350] ändern an den Inkonsistenten im schriftstellerischen Selbstverständnis Lerschs, der vor allem »das Glück der Schaffenden«[351] zum Ausdruck bringen wollte, nichts. Dass Lersch sich, etwa in einem Brief an Jakob Kneip 1921, zu den »Leidenden,

Geknechteten, Zertretenen« zählte,[352] mag die teils geradezu schwärmerische Suche nach sozialer Gemeinschaft verständlicher machen, doch der Selbstdarstellung als »Prolet von Gottes Gnaden« (Lersch über Lersch) sollte deshalb noch lange nicht vertraut werden, sowie auch Lerschs Wunsch, als »elementarer Mensch«, nicht als »ästhetischer Dichter« wahrgenommen zu werden, den Blick auf die Texte nicht eintrüben, am besten außen vor bleiben sollte. Die Argumentation Elbings, Lerschs Leben sei von »Unsicherheit und Orientierungssuche«[353] geprägt gewesen, ist nachvollziehbar, wenngleich eine für die Texte nur bedingt relevante Begründung, ebenso wie der Hinweis auf die »Erfahrung sozialer Deklassierung«, die Lersch weder im Kleinbürgertum noch im Proletariat eine ausreichende Anerkennung geboten habe.[354] Denn eine der zentralen Gelenk- und Problemstellen in Lerschs Werk wird damit nicht genügend berücksichtigt: die geradezu mystisch anschwellende Feier der Arbeit als »Weltanschauungsersatz«[355] – was erst den Einfall beliebiger Ideologeme in die aufgrund pathetischer Überschüsse poröse Textur ermöglichte. Ob proletarischer Brudergesang oder Beseelung der Werkstatt – offene Flanken ergaben sich so nicht nur für Männlichkeit, Härte und Gewalt, sondern ebenso für einen katholisch-sozialen als auch völkisch-nationalen Überbau.

(12) Max Barthel

Auch Barthel ist Beispiel für eine von verschiedenen Volten gekennzeichnete schriftstellerische Entwicklung, die vom Enthusiasmus fürs Klassenkämpferische mit beißender Sozialkritik zur rückhaltlosen Unterstützung des Faschismus, später dann zu einer ebenso glückenden Integration in die Nachkriegsdemokratie führte.[356] Insbesondere seitens der materialistischen Literaturwissenschaft wurde Barthel für diese ›Wendigkeit‹ massiv angegangen, stand er doch anfangs der kapitalistischen Überformung kritisch gegenüber, agitierte gegen die »Degradierung des arbeitenden Menschen zum bloßen Anhängsel der Maschine«.[357] Insbesondere in den Jahren der revolutionären Nachkriegskrise agierte Barthel im Sinne des proletarischen Klassenkampfes; seine damaligen Reportagen sind ein ebenso heftiger wie gut informierter Angriff auf Machtstrukturen, auf die Akkumulation des Kapitals und die damit einhergehende Ungerechtigkeit.[358] Im Vorwort seines Bands *Revolutionäre Gedichte* (1919) hatte er sich hingegen noch deutlich pathetischer gezeigt: »Der Sturm der Revolution reißt auch den Dichter aus seinen Himmelsträumen hinein in den Straßenkampf, und der ganz Abseitige und Sehnsüchtige wird Mitmensch und Genosse im Massenschritt der hungernden Proletarier. Der uralte Traum von der Gleichheit alles Menschengeschlechts erfüllt ihn, den Ungleichen, am brünstigsten.«[359] Barthel imaginiert hier im euphorischen Taumel eine Verbrüderung: der Trupp der Arbeitslosen und der Dichter: verschmolzen im großen freiheitlichen Gesang.[360] Die Titel einiger Bände, die Barthel in der frühen Weimarer Republik in rascher Folge publizierte, sind bereits Hinweis darauf, dass weniger eine dezidierte Auseinandersetzung mit dem Klassenkampf, sondern vielmehr die Begeisterung am Revolutionären, Kämpferischen und Utopischen im Zentrum stand: *Die Faust* (1920), *Das Herz in erhobener Faust* (1920), *Utopia* (1920), *Lasset uns die Welt gewinnen* (1920). Alfred Klein erklärte mit Blick auf Barthels poetische Zeugnisse der Aufbruchslust: »Das Subjekt dieser Dichtungen zeigt durchgängig eine Haltung überschwenglicher Enthusiasmiertheit, es fühlt sich als Prophet der nahenden Erlösung und ruft das Volk zur Eroberung aller natürlichen, geistigen und materiellen Werte auf.«[361] Dass Barthels romantisch-revolutionärer Wille zum Umsturz nur bedingt von Tragweite war, zeigte sich, sobald die Weimarer Republik sich nach und nach zu konsolidieren begann, wirtschaftlich stabilere Verhältnissen erlang; Barthel, so der Vorwurf von links, vertrete nur einen »vagen Gefühlskommunismus«[362] und pendele zwischen »folgenloser Pathetik und reformistischem Praktizismus«.[363] Dass die Kontur seines Werks – wie bei anderen, in den Nachkriegswirren enorm produktiven Arbeiterdichtern auch – sich ab 1924 mehr und mehr verschob, sei also kaum verwunderlich. Klein macht dafür nicht zuletzt ökonomische Interessen und Mechanismen verantwortlich: »In der Folgezeit geriet Barthel in seinem Streben nach finanzieller Sanierung immer tiefer in den Sog des kommerzialisierten Literaturbetriebs; er sank zum korrumpierten Vielschreiber herab, dessen Hauptantrieb der Gelderwerb wurde.«[364] Dieser Widerstreit zwischen politischer Gesinnung, marktgängiger Schreibe und situationskonformer Anpassung war auch für andere Schriftsteller prägend; Barthel war nicht der einzige, der sich als freier Autor durch Vielschreiberei behaupten musste und dies durchaus mit einem Verlust an literarischer Qualität ›bezahlte‹. In Werner Tillmanns Porträt hingegen dominieren – für die Reihe insgesamt prägend – verständnisvoll einnehmende Worte für einen Arbeiterdichter, der seine ursprünglichen Ideale eigentlich nie verloren habe: »Er träumte seit seiner Jugend von einer Verbrüderung der Menschen, einer Überwindung der Ausbeutung und der Verachtung des Arbeiters, strebte nach einer besseren Gesellschaftsordnung ohne einander feindlich gegenüberstehende Klassen und Gruppen.«[365] Für Tillmann ist scheinbar ohne Irritation klar, dass mit Barthels Grundeinstellung sowohl der Kampf für die klassenlose Gesellschaft als auch der Beifall für die Volksgemeinschaft machbar sei. Abseits aller Widersprüche versucht Tillmann diese Volte in Barthels Biografie psychologisch nachvollziehbar zu machen: »Er glaubte den Verheißungen, den Ankündigungen, den Propagandathesen. Er war zu gutgläubig, zu wenig kritisch oder argwöhnisch. Max Barthel wurde mißbraucht. Als er hinter den schöntönenden Worten und Parolen die Fratze der Diktatur erkannte, brach er mit den Kommunisten und später mit den Nationalsozialisten.«[366] Dieser Versuch, Barthel zum arglos-naiven Opfer der politischen Extreme und ideologischen Phrasen zu machen, ist allerdings nur begrenzt plausibel. Das Problem bei Barthel (und anderen Arbeiterdichtern) war doch vielmehr, dass eine Politisierung der Literatur nie wirklich stattfand; vor allem ihre metaphorisch agierende, als hymnischer Gesang konzipierte Dichtung war für passgenau modulierte Manipulationen anfällig. Gerade der Anspruch Barthels, Arbeiterdichtung müsse primär emotional fassbar und entsprechend verfasst sein, war es, der jene problematische Faktur der Texte erzeugte, in welcher die ideelle Überfrachtung von ›Arbeit‹ in jede beliebige Richtung auszurichten und in Anspruch zu nehmen möglich war.[367] Revolutionärer Optimismus und völkisch-nationaler Heroismus reichten sich somit die Hand, alles im Zeichen eines mit gefährlichem Überschuss versehenen Arbeiterethos. Barthels *Arbeitervolk* etwa ist in seiner Grundstruktur sowohl für eine sozialistische als auch faschistische Lesart verwendbar: »Arbeitervolk, es dröhnt die dunkle Erde, / Arbeitervolk, uns ruft das Vaterland, / Damit das Volk ein Leib und Leben werde, / Marschieren wir und geben uns die Hand. // Arbeitervolk, es leuchtet rot die Sonne, / Arbeitervolk, der Tag der Ernte naht, / Vorwärts zum Sieg, du kühne Sturmkolonne, / Zum Sieg, zum Sieg, im Anfang war die Tat.«[368] Sozialistischer Zukunftsoptimismus auf der einen, Scholle und Vaterland auf der anderen Seite: Barthel ermöglicht aufgrund beinahe austauschbarer Metaphern (Erde, Ernte, Sonne, Sieg, Tat) beide Perspektiven. In *Volk im Morgenrot* hingegen ist diese Varianz nicht mehr gegeben; nun regiert – das Vokabular macht es rasch deutlich – patriotischer Eifer und völkische Zugehörigkeit: »Unsre Liebe die heißt Deutschland, / Das uns in den Armen hält, / Und wir lieben unsre Heimat, / Denn hier schlägt das Herz der Welt, / Und ein Hornstoß gellt: / Deutschland. // Bürger, Arbeitsmann und Bauer, / Stadt und Land, gebt euch die Hand, / Unser Land ist unser Schicksal / Und hat ewigen Bestand. / Heiliger Verband: / Deutschland.«[369]

Ganz andere, wenngleich ebenfalls optimistische, keinesfalls revolutionäre Töne hatte Barthel wenige Jahre zuvor in seinem Beitrag *Lobgesang trotz alledem* (1926) angeschlagen, die technischen Erfindungen als einen »Riesenschritt nach vorn zur Überwindung und Nutzbarmachung aller Naturkräfte«[370] feiernd: »Die Industrie muß nicht nur Profite und Prozente abwerfen. Nicht nur Tod und Jammer hinterlassen. Nicht nur Kriege entfesseln. Ja, in ihrer heutigen barbarischen Form ist sie noch mehr Menschenfresserin als Gebärerin zukünftiger Lebensgemeinschaften. Und doch ermöglicht nur sie die vollkommene Entfaltung aller Kräfte und Sinne. Gibt Mut und Hoffnung auf eine bessere Erde; trotz alledem. Gibt Zeitgefühl, Weltgefühl. Gibt uns das seelische Tempo des zwanzigsten Jahrhunderts.«[371] Dass Barthels Vorfreude, dank des unaufhaltsamen Fortschritts den »kalten Winter der Notwendigkeit in den glanzvollen Frühling der Freiheit verwandeln«[372] zu können, später für einige Zeit in einem vehementen Engagement für den Nationalsozialismus und dessen Version einer revolutionären »Höhergestaltung des gebundenen Menschen«[373] mündete, mag auf den ersten Blick überraschen und widersprüchlich erscheinen, erklärt sich jedoch vor allem aus der mit enormem Überschuss versehenen Zukunfts- und Veränderungssehnsucht. Barthel ließ sich als Verlagslektor durch die Deutsche Arbeitsfront in die Pflicht nehmen und war nach 1933 zunächst weiterhin publizistisch sehr aktiv.[374] Bemerkenswert ist etwa sein im Juni 1933 erschienener Zeitungsbeitrag *Ein weiter Weg nach Deutschland*, ein »Brief an Freunde, die über die Grenze gingen« (so der Untertitel), in dem er rigoros mit kritischen Stimmen abrechnete: »Glaubst du, wenn die KPD gesiegt hätte, die Kommunisten wären hymnensingend und Friedenspalmen schwingend durch die Dörfer und Städte gezogen? Die Nationalsozialisten eroberten die Macht, sie gebrauchen die Macht, und darin unterscheiden sie sich wesentlich von unseren gemeinsamen Freunden, die mit der Macht nichts anzufangen wußten.«[375] Seine eigene Haltung, den Verbleib im neuen Staat verteidigt Barthel folgendermaßen: »Die Sieger von heute waren großmütig und nicht rachsüchtig. Sie gaben die Hand jedem, der mitarbeiten wollte. Und nun bist du erbittert, daß ich mitarbeite da, wo ich mitarbeiten kann? Hier wird unser Schicksal und das unserer Kinder entschieden und nicht in der Emigration in Zürich, Prag, Wien oder Paris. Die über die Grenze gegangen sind, haben das Recht verwirkt, über Deutschland zu reden und zu schreiben.«[376] Barthel generiert so neue

Grenzen der Zuständigkeit, weist ein legitimes und ein illegitimes Urteilen aus, macht deutlich, welche Sprecherpositionen statthaft sind: »Wir sind alt genug geworden, um die Menschen nicht nach ihren Worten und Wünschen zu beurteilen. Wir beurteilen sie nach ihren Taten.«[377] Beachtlich ist zudem, wie Barthel im Anschluss eine Legitimierung dieses Staats aus dem Geiste des Sozialismus bemüht, dabei vor allem die Würde der Arbeit ins Zentrum hievt:

> Und für mich als alten Sozialisten, als Sohn eines Maurers, als Menschen, der lange Jahre in den Fabriken geschafft hat, waren zwei Dinge für meine Einstellung entscheidend, erstens: die Einigung Deutschlands durch die Nationalsozialisten, und zweitens: das Zurechtrücken der Arbeit in das Zentrum der Betrachtung. Und nicht nur in das Zentrum der Betrachtung. Der deutsche Arbeiter hat die Parolen des 1. Mai, »Gemeinnutz geht vor Eigennutz« und »In Zukunft wird es nur noch einen Adel geben – der der Arbeit!«, nicht vergessen und wird sie auch niemals vergessen. Sie sind unverwischbar in ihre Herzen und Hirne geschrieben.[378]

Wie gründlich Barthel sich hier irrte – die linkspolitischen Kräfte hatten bereits seit den späten 1920er Jahren vor den Verbindungen der Nationalsozialisten zum Großkapital der Schwerindustrie gewarnt –, ist ihm erst viel später aufgegangen.

(13) Otto Wohlgemuth

An der Autorenbiografie Wohlgemuths lässt sich demonstrieren, wie über Jahrzehnte gewissenhaft das Image eines langgedienten dichtenden Bergbauarbeiters gepflegt wurde; eine Position, die dieser über alle politischen Unruhen des 20. Jahrhunderts hinweg souverän hat beibehalten, sichern und ausbauen können. Die bereits zu Lebzeiten einsetzende Huldigung verdankt sich nicht nur der Tatsache, dass Wohlgemuth erst in hohem Alter starb, sondern ebenso dem Umstand, dass er bereits früh begonnen hat, seine Lebensgeschichte mediengerecht zu einem Erzählstrang auszuarbeiten. In einem ›Selbstbildnis‹ aus dem Jahr 1926 schreibt er:

> Zechenrauchgewölk segelte über das elterliche Haus hin, und immerdar zitterten und wuchteten in meine junge Erkenntnis hinein die Donnermelodien der Fördermaschinen, Riesenkohlentürme und Hochofenschleppzüge. Doch das Schönste war, wenn des Nachts die Sprungfedern der Matratze, auf der ich schlief, anfingen zu singen und zu klingen von der dumpfen Gewalt der Minenschüsse im Bergwerk, das unterm, Hause in der Tiefe leise rumorte. So war mir diese Welt eine Selbstverständlichkeit. Fast ein Knabe noch, fuhr ich mit in die unterirdischen Kohlenberge und wußte: hier in der sagenhaften, dunkelschweigenden Urgewalt der inneren Erde wirst du deinen geheimnisvollen Ton vernehmen, der im großen Einklang mitschwingt. Im großen, menschlichen Ringen mit den elementaren Machbereichen der Natur prägen sich Generationen und artungsverwandte Geschlechter.[379]

Im Wohlgemuth-Porträt von Heinz Kosters, ebenfalls Bergbaudichter und sich stolz in dessen Nachfolge wähnend, wird diese bedeutungsschwer raunende Melodie mit klug montierten Übernahmen mühelos reproduziert:

> Angeregt durch die in seinem Elternhause noch mit ursprünglicher Frische lebendige Tradition, die in ihm eine Fülle kindlicher Vorstellungen von dem märchen- und legendenumwobenen Bergbau wachrief, wollte er schon sehr früh, ebenso wie sein Vater, Bergmann werden, um das große Wagnis auf sich zu nehmen, »tief in der Erde Nacht« dem »Geraun aus Kohle, Quarz und Erzen«, dem »Geruch nach Grünspan und nach Schweiß und Blut«, aber auch dem »Berglampenschimmer«, der »Weisheit alter Häuer«, dem »Fundglück im Schacht« sowie dem »in nächtlicher Tiefe« immer gegenwärtigen »geheimen Abenteuer« mit der Wünschelrute seiner unstillbaren Sehnsucht nachzuspüren.[380]

Kritische Distanz wird so unmöglich; Kosters gerät – von wenigen treffenden Einzelbeobachtungen abgesehen[381] – allzu schnell in die Gefahr, Wohlgemuths präformierten Deutungsangeboten und Perspektiventscheidungen folgen zu müssen, also »die ganze Atmosphäre des Bergwerks unter dem Gesichtswinkel des Allgemein-Menschlichen, des Ewigen, Unendlichen«[382] zu sehen. So wird Wohlgemuth, »der sich trotz aller anklagenden Not zu einer Weltsicht durchgerungen hatte, die tief im Metaphysischen verankert liegt«,[383] in Kosters' Darstellung zu einem Dichter, dessen Texte von der »Erkenntnis eines ewig waltenden Schicksals«[384] durchdrungen und auch nur so zu verstehen seien.[385]

Ein Blick in Wohlgemuths Gedichte zeigt, dass sich nicht nur bestimmte Themenkreise, die sich zumeist mit dem Arbeits- und Lebensalltag des Bergmanns decken, identifizieren lassen, sondern dass der Autor auch ein bestimmtes Repertoire an Stimmungen und Eindrücken wiederholt abzurufen gewillt ist: Neben der harmonischen Perspektive auf die heimatliche Landschaft wäre diese etwa die Härte der Arbeit, die ebenso wundersam-gefährliche wie atmosphärisch berückende Welt unter Tage oder eben die pathetische Feier des Bergs, seiner Tiefe und Geheimnisse, seiner Urgewalt. In *Eisenbahnschleppzüge* etwa soll die werktägliche Wirklichkeit dargestellt werden, gerät aber – nicht zuletzt aufgrund Wohlgemuths rhythmisch einwandfreier Fügung – letztlich fast schon zu harmonisch: »Ruhrkohle wogt durch der Schächte Gebraus. / Ruhrkohle rollt in die Lande hinaus. / Förderung, Hängebank, Trummsieberei, / unsere Wagen sind auch mit dabei. // Körnig versteinert, du Flöz Anthrazit. / Dunst schwelt noch in dir vom Sprengdynamit. / Fettkohle, Flammkohle, Stoß bricht herein. / Schepp, Kumpel, schepp, das Gedinge ist klein.«[386] Was Wohlgemuths Werk auszeichnet und fraglos einen immensen (poetischen) Gewinn bedeutet, ist die Integration des spezifischen Bergbauvokabulars, was nicht nur klanglich überzeugt, sondern zugleich semantisch die Komplexität dieser Unterwelt – geomorphologisch als auch technologisch – anzeigt: Fettkohle, Flammkohle, Trummsieberei, Hängebank, Schrämklaue, Nuss- und Gruskohle etc. Gedichte wie *Abendlied in der Zechenkolonie*[387] und *Kameraden, gute Nacht*[388] hingegen konzentrieren sich auf die Darstellung einer Stimmung, eines über die Situation hinaus dominanten Gefühls – und geraten darüber in die

Gefahr, stillschweigend einer Arbeitsideologie zu Einfluss zu verhelfen, die vor allem an folgsam-fleißigen, trotz aller Depravationen munter-zuversichtlichen Bergmännern interessiert ist: »Werk und Werden folgt uns nach, / und es ruft uns: Brüder, Brüder, / morgen kommt ein neuer Tag.«[389] Zwiespältig ist auch Wohlgemuths *Ein Stück Kohle*, denn hier findet eine beeindruckende Inszenierung mit dem ›Außergewöhnlichen‹ statt, die jedoch als Begegnung mit früheren Zeiten letztlich fast vollständig in eine pathetische Verklärung kippt: »Ein Stück Kohle halte ich in meiner Hand. / Sie nennen dich, du Brocken, schwarzer Diamant. / Ich lächle, wie ich mein Ohr an dich lege, / in meinen Muskeln spür ich elektrische Schläge, / leise hör ich in meinem Hirne knistern, / dunkle Stimme mit meiner Seele flüstern. // Und mein Auge umfaßt dich, es rispelt und blitzt / aus geheimen Runenstrichen, verädert, verritzt. / Es atmet aus feinsten Spalten und Poren, / ich spür in deinem Wesen Funkeln und Bohren, / es munkelt Uraltes, es raucht schon, es riecht nach Blut, / ich ahne tiefste Sehnsucht nach Sonne, nach Glut.«[390] Noch deutlicher wird diese Konstellation, an der sich gewissermaßen das Wohl und Wehe der Arbeiterdichtung zugleich, also ihr Potential als auch die ihr eingeschriebenen heiklen Schieflagen, am selben Wortmaterial festmachen lässt, in Wohlgemuths Gedicht *Arbeit*,[391] worin eindrücklich die bedrohliche Enge unter Tage beschrieben, aber eben auch euphorisch »ein trunkener Rausch in der Schlucht«[392] gefeiert wird. Eben diese Ergriffenheit steigert sich in der letzten Strophe in schwindelnd-metaphysische Höhen: »Ungeheuerlichkeiten ziehn / an meiner Seele vorüber, / hinauf, hinab und hinüber / in Urweltsymphonien. // Ich taumle im Sturm, ich zittre, / ich wiege und woge und wittre / in mir gottähnliche Kraft, / Urliebe fühl' ich im Schwingen, / wilden Trotz im verzweifelten Ringen, / ein Strömen aus irdischer Haft.«[393] Wohlgemuth generiert hier mit poetischen Mitteln eine immense, geradezu unangemessen Aufwertung der Arbeit, die sich von proletarisch-bergmännischen Interessen und Perspektiven bereits weit entfernt hat und um eine essentialistische Glorifizierung der Arbeit im Berg bemüht ist. Dieser Entzug konkreter Kontexte macht Wohlgemuths Schreiben anfällig für ideologische Vereinnahmungen, wie etwa in *Hauer vor Kohle* deutlich wird: »O Hungerdunkelheit, du Not, du Lebensdrang, / du tief in meinem Wesen mahnende Urgestalt, / bleib bei mir, halte mich, du Ferne, du Gewalt! // Ich bin so nah vor dir, / daß meine Seele brennt ... / Es zwängt die Brust sich ein durch schrunde Zacken, / die Muskeln straffen sich, die Fäuste packen / den Abbauhammer vor, es heult, es rennt: // Es peitscht und jagt mich durch die Erdenwände, / durch muß ich, durch! Es bluten meine Hände, / in mir ist Brand und Fördergedröhn der Sohle: // Volk! Ich breche deine Kohle!«[394] Korrumpiert die heroische Imprägnierung das Gedicht vollständig? Zumindest scheint eine emanzipatorische Dynamik ausgeschlossen; stattdessen macht sich eine maskulin determinierte Tatkraft breit, die sich bei Wohlgemuths vereinzelt auch als Verherrlichung technisierter Mechanik äußert, so etwa im Gedicht *Mann an der Schrämmaschine*: »Umraucht von Schwaden schwer, / als wär der Teufel los, / frißt sich mein Eisenbär / tief in den Kohlenstoß. / Es stößt und knallt und ruckt / die Tatze dumpf und streng. / Staub quirlt, die Lampe zuckt, / der Block im Berge drängt / und drängt / und drängt!«[395] Masse, Kraft, Geschwindigkeit: Wohlgemuth folgt einer Matrix, die mit den genuinen Inhalten der Arbeiterdichtung, der sozial-solidarischen Ausrichtung der Arbeiterbewegung nicht mehr allzu viel gemein hat, sondern sich stattdessen dem ästhetischen Schauspiel zuwendet. Kommt es zu dezidierter Kritik am Arbeitsalltag der Bergleute, so kombiniert Wohlgemuth diese nicht selten mit einer sanfteren Perspektive, so etwa in *Der Grubengaul* mit geradezu sentimentaler Versöhnung: Das Pferd – langgedienter Arbeitskamerad – muss letztlich doch nicht zum Schinder, sondern bekommt sein ›Gnadenbrot‹ über Tage.[396]

Wohlgemuth hat sich zu Fragen der Arbeiterdichtung teils auch programmatisch gemeldet und dabei dekretiert, dass diese Erlebnisdichtung zu sein habe, also nur von Arbeitern stammen könne und vor allem ihres literarischen Gehalts nach beurteilt werden solle.[397] In seinem ›Selbstbildnis‹ hat Wohlgemuth zudem – neben der groß beklagten Not – einmal mehr die metaphysische Dimension dieser Arbeitswelt in den Fokus seiner Wahrnehmung und Wertschätzung gestellt:

> Da tosen und kämpfen die Massen in Feuerhallen und Sortierwerken, in tausenden zusammengepferchten Arbeitshütten. Und die Straßen irren trunken in den Taumel mit hinein, reißen die Hirne und Phantasien ins Gewirbel der Brände und Dämpfe, der Begierden und Hungerdemonstrationen, und zwischen ungeheurem Antrieb und verbitterter Wirkung lodern in roten Gluten die ehernen Fragen des trunkenen Menschenwahns: was ist Glück, was ist Wahrheit, wer bist du, unbekannter Geist? Zu diesem Kampf der gegensätzlichen Welten, im Hinströmen, Verschwenden, Erraffen und Zermalmen stieg mein Licht empor, in allem Geschehen verspürte ich in meiner Seele das schwermütige Weinen der hindämmernden Freude, – weh dem, der du ein Gezeichneter bist![398]

Was angesichts dieser pathosgesättigten Sprache nicht ganz verwundern mag, ist, dass Wohlgemuth sich bereits sehr früh als Dichter verstand, einer, der seine Herkunft aus dem Bergarbeitermilieu immer wieder betonte, von proletarischen Zuschreibungen jedoch Abstand nahm und sich bewusst eher am bürgerlichen, literarisch interessierten Publikum ausrichtete. Sein Band *Aus der Tiefe* (1922) ist bereits in seiner aufwendigen Machart deutlicher Fingerzeig, dass hier selbstbewusst der literarische Olymp, nicht die Niederung der Arbeiterkultur angestrebt wird: eine auf zweihundert Exemplare limitierte Auflage, handsigniert, gedruckt auf Büttenpapier, gebunden in Halbpergament, ausgestattet mit Originalradierungen. Bezeichnenderweise ist etwa Wohlgemuths Aufruf zur Bildung der Künstlervereinigung »Ruhrland« im Jahr 1924 von einer auffälligen Abwesenheit politischer Dimensionen bzw. konkreter gesellschaftlicher Konflikten gekennzeichnet:

> Ihr Zeichner und Maler, ihr Dichter und Erzähler und melodischen Geister, es gilt, dem seelischen Gehalt unserer Industrielandschaft die merkwürdig ergreifende Schönheit abzugewinnen. Seht euch die Kohlenzechen in den Gebieten an, wie sie sich mit Schornsteinen, Gerüsten, Schlackenbergen und Nebeldünsten in das Land hineingewühlt haben, Schacht an Schacht. Erlebt die eintönige Traurigkeit der Zechen- und Fabrikkolonien und ihrer Bewohner. Lernt die geheimnisvolle Seele dieses Volkes kennen, das sich, zusammengelaufen aus allen Weltgegenden, vereinigt

mit dem eingesessenen Stamme der Ruhrwestfalen. Seht euch in den Städten die unruhigen Straßen, die Plätze, die Winkel und die verborgenen Traulichkeiten an.[399]

Stattdessen versenkt Wohlgemuth sich in eine anteilnehmende Betrachtung von Landschaft und Wohnsiedlungen, und räsoniert mystisch-raunend über die »dunkle, tiefe Doppelwelt«[400] des Ruhrgebiets. Inwieweit vor diesem Hintergrund Wohlgemuths spätere Behauptung, er habe im Nationalsozialismus die Möglichkeit gesehen, »die Bergleute aus der Knechtschaft des Hochkapitals«[401] zu befreien, ernstgenommen werden muss, ist fraglich und würde hinsichtlich der Annahme, Wohlgemuth besaß tatsächlich ein solches Ausmaß an politischer Naivität, eine gründlichere Analyse erfordern. Nicht zu unterschätzen ist mit Blick auf Wohlgemuths Einwanderung ins Kultursystem des totalitären NS-Staats in jedem Fall die Dimension seiner ökonomischen und strategischen Überlegungen, denn an einer Absicherung seiner Position war ihm gelegen.[402] So wurde etwa der Band *Volk, ich breche deine Kohle* (1936) mit insgesamt drei Auflagen Wohlgemuths erfolgreichstes Buch, verbunden mit ausgedehnten Lesereisen.[403] Nicht überraschend also, dass er seine schriftstellerischen Aktivitäten unter den Nationalsozialisten später nie öffentlich kommentiert oder reflektiert hat; die Anerkennung, die Wohlgemuth als vermeintlich soeben erst dem Schacht entstiegenem Bergbaudichter gewährt wurde, war unübersehbar groß und damals zudem ideologisch genehm.[404] Wie geschickt sich Wohlgemuth darüber hinaus den Zeitläufen anzupassen wusste, beweist etwa auch dessen Selbstinszenierung in einem Brief an den DGB-Vorsitzenden Hans Böckler vom 2. Februar 1951, indem er darum wirbt, ihm im gewerkschaftseigenen Bund-Verlag finanziell wie organisatorisch eine Herausgabe seines »dichterische[n] Lebenswerk[s]« zu ermöglichen. In der nachfolgend zitierten Skizze, die Wohlgemuth für Böckler als hinreichende Begründung verfasste, liefert er gleichsam das Fundament für alle späteren Jubiläums- und Gedenkschriften:

Mein Leben lang war und bin ich Arbeiter gewesen, auch als Dichter. Als solcher habe ich die Schwere und Tiefe der Arbeit, die Sehnsucht und die Einsamkeit des Mannes, der in den Fundamenten des Lebens tätig ist, wie kaum je ein anderer in mir empfunden und gestaltet, für die große Kameradschaft. Neben harter körperlicher Arbeit und den Kämpfen, die keinem standesbewußten Arbeiter erspart blieben, habe ich als Autodidakt darum gerungen, den Willen und die Befähigung des in der Tiefe Ringenden zum Miterleben und Mitschaffen in der Welt des Geistes, der Kunst und der Dichtung unter Beweis zu stellen.[405]

Wohlgemuth schwingt sich gewissermaßen selbstbewusst zum Hagiografen seiner selbst auf: dort kaschierend, wo es nötig scheint, dort übertreibend, wo es kaum nachprüfbar ist. Und er schließt mit nahezu pastoraler Pathetik kurzerhand das zukünftige Geschick der Arbeiterbewegung unmittelbar mit seiner eigenen Dichtung zusammen: »Ich habe mir dazu Zeit genommen, habe mein Lebenswerk ausreifen lassen. Jetzt aber ist es wahrlich an der Zeit, daß neben dem Mitbestimmungsrecht des Arbeiters auf sozialem und wirtschaftlichem Gebiet auch das Teilhabe-Recht und die wirkliche Anerkennung des Arbeiters in den Bereichen des rein Menschlichen und allgemein geistig Gültigen sich durchsetzt.«[406] Unter den Kulturbeauftragten einzelner Zechen fand Wohlgemuth in den 1950er und 1960er Jahren aufgrund seiner einnehmenden Persönlichkeit viele Fürsprecher, denen es in den Redaktionen der Werkzeitschriften immer wieder gelang, wohlwollende Porträts unterzubringen, die sich allerdings kaum dessen Texten, sondern in Form von Hausbesuchen der Person Otto Wohlgemuth zu nähern suchten und sie als außerordentlich besondere Dichterfigur – der feingliedrige Verse bosselnde Bergmann – exponierten.[407] Auch Alexander von Cube beschrieb 1959 in seinem Artikel *Die Arbeiterdichtung lebt* Wohlgemuth als einen Menschen, »der ein Vierteljahrhundert untertage vor Kohle und Stein geschuftet hat und der heute auf ein lyrisches Lebenswerk zurückblicken kann von einer Innerlichkeit, einem Sprachzauber, einer Formkunst, daß man ganz irre wird, versucht man, den gedrungenen, vierschrötigen Hauertyp mit dem bulligen Schädel und den schweren, blauvernarbten Fäusten in Einklang zu bringen mit unseren landläufigen Poetenbildern.«[408] Die teils harmonische, teils hochdramatische Lyrik Wohlgemuths fand im Nachkriegsdeutschland also ihr Äquivalent in Lobpreisungen seiner Dichtkunst, die sich dieser nicht spezifisch näherten, sondern meist über das Erscheinungsbild des Autors[409] und sein Auftreten – ›humorig-kantig‹ und ›liebenswürdig‹ – operierten. Wohlgemuth hatte, das zeichnet ihn als Autor aus, über alle ideologischen Wechselverhältnisse hinweg jeweils ein untrügliches Gespür dafür, welches Vokabular für welche Adressaten am ehesten angebracht war. Sein ›Dichteramt‹ wusste er entsprechend, je nach Anlass, den bürgerlichen Literaturfreunden, den völkischen Verehrern deutscher Manneskraft, den sozialdemokratisch-gewerkschaftlichen Vertretern der Nachkriegszeit, den am proletarisch-kämpferischen Stimmen interessierten Herausgebern der Weimarer Republik schmackhaft zu machen.[410] Seine beachtliche Präsenz nach 1945 war allerdings regional und milieuspezifisch; bekannt war Wohlgemuth vor allem im Ruhrgebiet, Interesse an seiner literarischen Produktion zeigte – entgegen seinen eigenen Vorstellungen – nicht die bildungsbürgerliche Öffentlichkeit, sondern der deutlich engere Bereich der Bergbaukultur. Die Tatsache, dass der Ruhrbergbau seit den 1950er Jahren über eine immens breit gefächerte und finanzstarke Kunst- und Kulturförderung verfügte, wurde Wohlgemuth zum nicht zu unterschätzenden Vorteil. Sein pathetischer Gestus, der die Arbeit unter Tage mit metaphysischen Sphären in Verbindung brachte – das Lichte und das Dunkle, das Mythische und Todgefährliche – war in diesem Kontext gut aufgehoben und seitens der Konzerne erwünscht, da seine Gedichte emphatisch die Welt des Bergbaus inszenierten und darüber die Befragung der konkreten Arbeitswelt nahezu vergaßen. Die Veröffentlichung dieser lyrischen Feiern des tapferen Bergmanns in zahllosen Zeitschriften und Anthologien diente in der frühen Nachkriegszeit nicht zuletzt der Reputation dieses Berufs. Wohlgemuth wusste dies – wie bereits im Nationalsozialismus – geschickt für sich zu nutzen; seine Gedichte boten sich hierfür fraglos an.

(14) Gerrit Engelke

Nicht zuletzt aufgrund seines frühen Tods, aber ebenso aufgrund der herausstehenden Qualität einiger seiner Gedichte wurde Engelke, der Malergeselle,[411] dem die Arbeit allerdings nur Belastung, nie Stolz war,[412] von Zeitgenossen breit rezipiert. In Max von der Grüns Porträt wird Engelkes Alltag (der ihn vom Schreiben abhielt) leider gleich mit einer genialischen Note überzogen: »Er arbeitete tagsüber auf den Gerüsten, wo er Kanten zog und mittels Farbe den Häusern ein neues Gesicht aufdrückte, abends ›bosselte‹ er Gedichte und verzehrte sich in Sehnsucht nach jener anderen Welt, die da heißt: Kant, Goethe, Beethoven.«[413] Dass Engelke im Gegensatz etwa zu Lersch augenscheinlich nicht dem inneren Kreis der Arbeiterdichter zuzurechnen ist – kaum mehr als acht Gedichte beziehen sich unmittelbar auf die Arbeitswelt –, hängt auch mit Engelkes Verständnis von Dichtung zusammen, die stets den größeren Zusammenhang im Blick behalten solle; in einem Brief an Jakob Kneip schrieb er 1917 in diesem Sinne: »*Hüten wir uns vor dem Nur-Industrialismus!* Man würde alles über diesen einen Kamm scheren; uns in das Schubladenfach ›Industriekunst‹ legen. Wir singen von der modernen Arbeit, weil wir aus ihr kamen und mit ihr leben müssen. Wir sehen sie aber nicht als etwas Ausschließliches, sondern nur als einen Teil des gottvollen Ganzen, das unsere Welt heißt, an. Höher als dieser Stoffton muß uns die Aufgabe stehen, vom guten Europäertum, vom *Menschlichen*, zu singen!«[414] Auch Literaturkritiker Julius Bab bemerkte, dass Engelke »kaum einen Vers gemacht hat, der in bewußter, programmatischer Weise zur Arbeiterbewegung«[415] Stellung bezog, will dies aber nicht als Manko verstanden wissen, sondern verweist auf dessen poetische Beschäftigung mit Häfen, Schloten, Metallarbeitern, Bergwerken. Zu Engelkes Gedicht über die Lokomotive (»Da liegt das zwanzigmeterlange Tier, / Die Dampfmaschine, / Auf blankgeschliffener Schiene / Voll heißer Wut und sprungbereiter Gier – / Da lauert, liegt das langgestreckte Eisen-Biest –«[416]) etwa äußerte Bab sich enthusiastisch und sah hierin idealtypisch eine zeitgemäße Auseinandersetzung mit der industriellen Moderne:

> Es ist nicht nur das ganz intensive Erleben der Maschine, das ein Ingenieur, auch ein nur zuschauender bürgerlicher Dichter vielleicht im gleichen Grade aufbringen könnte, wie dieser Arbeiter. Aber man achte auf den sprachlichen Mut, mit dem diese »bête humaine«, wie Zola das gleiche Ungeheuer schon genannt hat, hier nicht als »Bestie«, sondern als »Biest« angesprochen wird. Ein Straßenausdruck, ein Stück Arbeitersprache, das hier aber – nicht salonfähig, aber viel mehr: *dichtungsfähig* wirkt, weil es im sinnlich malenden, rhythmisch fortreißenden Schwung dieser Verse ein ganz neues, großartiges Leben erhält – unpathetischer aber viel stärker, ungeistiger, aber viel sinnlich bezwingender als die klassisch korrekte »Bestie«. Man achte auch auf die unbekümmerte Sicherheit, mit der die technischen Worte – »Kesselröhren«, »sechzehn Atmosphären«, »Regulatorhebel« – hier in den Vers gestellt sind. – Und der Vers, dieser frei und wild hinstürmende Vers trägt sie, er nimmt diesen Worten aus dem Alltag eines Maschinenarbeiters alles nüchtern Prosaische, er macht sie zu Gefäßen fühlender Anschauung, seelisch gestaltender Kraft.[417]

Auf diese – im Abgleich mit manch anderen Autoren dieser Porträtreihe – bemerkenswerte dichterische Begabung weist auch von der Grün hin: »Gerrit Engelke ist sprachgewaltig und sprachschöpferisch, seine Sprache von jener Reinheit, wie sie ein Nietzsche schuf. Er brachte neue Worte, Wortgebilde und Satzsymphonien in die Literatur, er allein ist es, der Ausdrücke, denen bis dahin nur in Verkehr, Wirtschaft und Technik Gültigkeit zukam, in die dichterische Sprache hob, ordinäre Ausdrücke ihres ordinären Sinnes entkleidete und sie literaturfähig machte.«[418] Dass Engelke sich zugleich des Verdachts ›Ästhetizismus‹ zu verwahren suchte, beweist etwa folgende Briefstelle vom August 1918, die ein bestimmtes Autorenprofil präferiert: »Künstler-Ästheten?! Das ist ja böse! Das sind ja gerade die Schlimmsten! Die Literatürlichen! Nein: – das breite, muskulöse Herz – (wie etwas das Whitmans) und dazu die bedächtig aber fest und schön formenden zehn Finger des Könners.«[419]

Es sind mit Blick auf Engelkes Rezeption als Arbeiterdichter auch einige kritische Einwürfe nötig: Dass Appell, Verkündigung und Arbeitsalltag bei Engelke oftmals vermengt und in einer hybriden Form von kosmischer Versöhnung harmonisiert wurden, mag einen Teil zur späteren Rezeption beigetragen haben, doch es war ebenso der frühe Tod Engelkes, der zeitgenössische Kritiker dazu brachte, in seinem Werk das Genialische herauszustellen. Die »Werkleute auf Haus Nyland« erklärten Engelke postum kategorisch zum Arbeiterdichter; insbesondere Lersch befeuerte diese Stilisierung und sprach 1928, anlässlich des zehnten Todestags, mit Blick auf Engelkes Werk von Geist, Gefühl, Seele und Gemüt, sah ausschließlich Außerordentliches.[420] Auf diese hochgradig problematische, mit der »Tendenz zur leeren Sprachfloskel«[421] versehene Rezeptionsgeschichte, auf den Hang zum übermäßigen Pathos wies etwa Florian Vaßen hin. Dieser pathetische Sprachgestus ist allerdings bereits in Engelkes Gedichten angelegt, überträgt sich somit in gewisser Form auf die späteren Rezipienten, die dieser gelegentlich sakral aufgeladenen Sinnstiftung nur schwer entgehen können. Gegenüber dem naheliegenden Verdacht, derartiger Pathos sei genuin expressionistisch, bringen es Karl Riha und Florian Vaßen mit Blick auf Engelkes teils durchaus gängige Wahl an Metaphern und Vergleichen erfreulich nüchtern auf den Punkt: »Engelkes literarische Technik ist zweifelsohne eher traditionell oder sogar epigonal als innovativ. Kosmos und Alltag, Kriegsbegeisterung und Pazifismus, nationalistische Tendenzen und europäische Versöhnung, tabuisierte Erotik und Liebe, Idylle und Großstadt stehen irritierend dicht und oft nur schwer vereinbar nebeneinander. Entsprechend finden sich konventionelle Bildlichkeit, übersteigerte Rhetorik und leeres Pathos ebenso wie Sprachneuschöpfungen, poetische Sprechweise und gelassener Tonfall.«[422] Dass Engelkes emphatische Gesten der Versöhnung auch von Nachteil sein konnten, erwies sich mit Hans Mühles Anthologie *Das proletarische Schicksal* (1929), die – nach gründlicher Überarbeitung – unter dem Titel *Das Lied der Arbeit* (1935) neu erscheinen durfte; in dieser nun ideologisch genormten Neuausgabe ist Engelke als einziger Arbeiterdichter unverändert mit denselben sechs Texten vertreten. Herausgeber Mühle gelang es offensichtlich mühelos, in seinen Gedichten den Kampf der ›seelischen Haltung‹ des deutschen Arbeiters, das Lob der Werkgemeinschaft herauszulesen. Engelkes Verse ließen sich den Bemühungen zur ›Volkswerdung‹ teils einverleiben; die Faktur der Gedichte erwies sich nicht als ausreichend widerständig.

(15) Bruno Schönlank

Wie einige andere Arbeiterdichter auch war Schönlank vor seiner schriftstellerischen Laufbahn einige Zeit auf Wanderschaft, erprobte sich notgedrungen an diversen Arbeitsplätzen, bevor er zum profiliertesten Vertreter des Sprechchors wurde. Im Vorwort zu seinem 1935 im schweizerischen Exil erschienenen Band *Fiebernde Zeit* resümiert er:

> Mein dichterisches Schaffen von fast anderthalb Jahrzehnten galt zum großen Teil, Jahre hindurch fast ausschließlich, der Weiterentwicklung des Sprechchors. Brachte die Arbeit auch keinen wirtschaftlichen Erfolg, so blieb mir doch die Genugtuung, der Bahnbrecher einer neuen Bewegung zu sein, die die Masse selber zum Verkünder ihrer Sehnsucht, ihres Kampfesverlangens, aber auch ihrer Niedergeschlagenheit machte. Mir und den vielen Tausenden, die sich in den Dienst dieser Bewegung stellten, war es nur zu klar, daß der Mensch nicht von Brot allein lebt, daß die seelischen Kräfte bewegend und umgestaltend sind, auch wenn sie nicht mit der Wage zu wägen oder in der Kartei zahlenmäßig zu erfassen sind.[423]

Der Sprechchor als literarisches Mittel der Arbeiterbewegung war, so viel wird deutlich, genuiner Ausdruck von Hoffnung und Solidarität; der Chor fungierte als Sinnbild eines Gemeinschaftsideals, in ihm sollte nicht zuletzt das kämpferische Potential, die mögliche Zukunft des Proletariats sichtbar werden.[424] Schönlanks starke Verankerung in der Arbeiterbewegung drückt sich etwa bereits in der Tatsache aus, dass Sprechchöre fast ausschließlich in Verlagen der Arbeiterbewegung bzw. ihr nahestehenden Verlagen veröffentlicht wurden.[425] Der Arbeitersprechchor, während der ersten Nachkriegsjahre entstanden, kann als »künstlerischer Ausdruck des Einheitswillens der deutschen Arbeiterbewegung«[426] verstanden werden. Da sich die Spaltung im linkspolitischen Spektrum jedoch weiter verfestigte, fand eine inhaltliche Weiterentwicklung (und finanzielle Förderung) des Arbeitersprechchors nur noch auf Bühnen sozialdemokratischer Prägung statt.[427]

In *Der gespaltene Mensch* (1927) demonstriert Schönlank mit Mitteln, die denen der Lyrik August Stramms ähneln, die unerbittliche Hektik täglicher Fabrikarbeit; was bei Stramm den Wahnsinn mörderischer Mechanisierung zwischen den Frontgräben des Ersten Weltkriegs demaskiert, ist bei Schönlank der unerbittliche Blick auf die Erfüllung der Norm und Produktion: »Laufendes Band! / Laufendes Band! / Muskeln / Straffen / Schaffen / Schaffen / Feilen / Feilen / Bohren / Bohren / Hämmern / Hämmern / Griff um Griff / [...] / Immer wieder, / Immer weiter / Immer wieder / Drei Sekunden / Zwei Sekunden / Eine noch.«[428] Die Taktung presst den menschlichen Körper in ein Zeitregiment, drängt ihm eine bestimmte Ordnung auf, setzt herrisch die Koordinaten des Arbeitsalltags, verfügt über den Einsatz von Augen, Händen, Füßen. Eine »harte Einzelstimme« setzt sich über diesen unausgesetzten Lärm hinweg und deklamiert frohlockend: »Fortschritt! / Kultur! / Galeerensklaven / Gab Paukenschlag / Gab Peitschenhieb / Den Takt. / Wir sind modern. / Die Technik triumphiert. / System! / System! / Wir brauchen keine Ketten. / Frei sind sie, / Frei! / Das Laufband läuft. / Das Laufband läuft.«[429] Der wirkliche Einpeitscher aber versteckt sich in der

Verzahnung der Rädchen und Motoren aller zum Komplex gehörenden Maschinen; der kleinste Einwand oder auch die bittere Beschwerde fänden keinen Ansprechpartner hier. Entsprechend zufrieden äußern sich die Stimmen von außerhalb: »Unsere Aktien steigen / Saison strengt an / Wir fahren nach St. Remo / Recht so / Recht so / Die blaue Ferne lockt.«[430] Die von Schönlank auf allen Ebenen konsequent durchgezogene Wiederholung des Wortmaterials macht die stupide Monotonie der Arbeit, die damit unausweichlich einhergehende Ermüdung deutlich, demaskiert mit denselben Mitteln ebenso die bürgerliche Feistheit der Aktionäre.[431] Im *Frühlings-Mysterium* (1925) wendet Schönlank ähnliche Effekte an, jedoch noch eher auf Variation setzend: »Hört ihr die Maschinen brausen, / Riemen klatschen, / Räder sausen, / Schienen kreischen, / Spindeln schnurren, / Menschen stöhnen, / Menschen knurren, / Menschen atmen heiß und schwer.«[432] Im Fokus steht das Arbeiterschicksal, dessen Zurichtung sich insbesondere in Details des Arbeitsalltags zeigen lässt: »Bald ist der Mittag hin, / Das Essen runterschlingen, / Ein wenig vor das Tor gehen. / Zeit reicht nicht hin, nicht her, / Ein wenig Nicken, / Ein wenig Dösen, / Das ist besser. / Das Wetter heut macht bleiern schwer.«[433] Dass das »hohe Lied der Arbeit«[434] vielleicht gar nicht primär für die Ohren der Arbeiterschaft gedacht ist, hat Schönlank in *Großstadt* (1923) in folgender Replik des Chors treffend festgehalten: »Wir hören und hören doch nicht. / Das Ohr ist stumpf und alltagsschwer. / Und was der helle Tag uns spricht, / Kaum wissen's wir am Abend mehr.«[435] Das Sausen und Brausen in den Fabriken, so die bittere Quintessenz, ist nur in den Ohren der Funktionäre und Anteilseigner ein wirklich süß klingendes Lied. Und gegen die Klagen des Industrieproletariats halten strenge Stimmen dagegen: »Geplärr. Die Dämme halten fest. / Devisen, nur Devisen! / Die Wucherpest, die Hungerpest / Mag in die Halme schießen. / Der Dollar steigt, / Der Dollar steigt! / Der Teufel geigt, / Der Teufel geigt: / Devisen, nur Devisen.«[436] Hier kommt, deutlicher als an anderen Stellen in Schönlanks Sprechchören, die Perspektive der nationalen und internationalen Kapitalinteressen in den Blick. Die Rationalisierung und Technisierung des Fabrikalltags kann nicht ohne den Hinweis auf Gewinnmargen, Rendite, Export etc. verstanden werden. Die insbesondere in Schönlanks frühen Sprechchören dominanten allegorischen Motive (Licht und Dunkel etwa) stehen hingegen stets in der Gefahr, allzu abstrakt auf eine sozialistische Hoffnung hinzuweisen. Nicht zuletzt die ökonomischen wie politischen Krisen der Weimarer Republik werden, so die naheliegende These, dazu beigetragen haben, dass Schönlank in seinen Texten Lyrismus und Allegorien zunehmend einer schärferen, teils auch ironischen, wirklichkeitsgesättigteren Diktion und Wortwahl weichen ließ.

An dieser Stelle darf jedoch ein generelles Problem nicht ausgelassen werden: Sofern es um die sozialen, politischen und ökonomischen Probleme geht, sind die Sprechchöre Schönlanks meist angemessen konkret; sobald allerdings die sozialistischen Ziele im Fokus stehen, verlieren sie ihre Lebendigkeit, werden metaphorisch, also uneigentlich, verlassen sich auf Allgemeinplätze und Bildreservoirs, reproduzieren (leider) einen zu Genüge bekannten, eher ungelenken Sound. Damals kam für Schönlank ganz praktisch das Problem hinzu, dass in den Arbeitersprechchören die tagespolitischen Ziele der Sozialdemokratie einerseits und die sozialistische Idealvorstellungen andererseits mehr und mehr kaum noch miteinander vereinbar schienen, sich kaum kongruent darstellen ließen, da der Sozialdemokratie (notgedrungen) an einer systemimmanenten Stabilisierung des Macht- und Staatsgefüges gelegen sein musste. Erschwerend kam hinzu, dass die erbitterte Feindschaft linkspolitischer Kräfte in dieser Zeit auch auf dem Feld der Kulturpolitik ausgetragen wurde, worunter Schönlanks Sprechchöre zu leiden hatten: In der kommunistischen Presse galt bereits dessen SPD-Mitgliedschaft als Ausweis eines falschen Bewusstseins; dieser Makel dominierte (und deformierte) jede Besprechung, gab ihr einen negativen Vorbescheid. Dass Schönlank der Sozialdemokratie verbunden blieb, hatte nicht zuletzt organisatorische Gründe, denn »die Massenbasis für die Entwicklung der Arbeitersprechchorbewegung«[437] waren in der Weimarer Republik die eng mit der SPD verbundenen Gewerkschaften und Arbeitergruppierungen; und Schönlank war als freiberuflicher Schriftsteller von Nachfrage, Auftrag und Einladung abhängig.[438]

Schönlank ist einer der exemplarischen Fälle, bei denen die seitens der »Dortmunder Gruppe 61« gern behauptete These, mit Beginn des nationalsozialistischen Regimes habe die Arbeiterdichtung in Deutschland einen abrupten Abbruch erlitten, tatsächlich zutrifft: Als prominenter Verfasser sozialdemokratischer Sprechchöre der Arbeiterbewegung war ihm, natürlich, keine Zukunft beschieden.[439] Im Vorwort zum Band *Fiebernde Zeit*, der zahlreiche seiner Sprechchöre versammelt, schrieb Schönlank 1935 ebenso resigniert wie aufmerksam registrierend: »Die Dämonen scheinen den Sieg davongetragen zu haben [...]. Über die eigene Nation hinaus, im Erdteil, im gesamten Erdball menschlich zu fühlen und zu denken, ist zur Narretei, ja, zum todeswürdigen Frevel geworden. Wer seine Stimme erhebt für die Millionen Hungernden, die in einer Welt der Überfülle Mangel leiden und verhungern, gilt als Schwächling und wer am Reich der Gerechtigkeit baut, als Aufrührer!«[440]

(16) Erich Grisar

Mit Ambivalenzen und inneren Brüchen versehen ist die Autorenbiografie Grisars, der nach dem Ersten Weltkrieg als pazifistischer Arbeiterdichter begann, ab den späten 1920er Jahre in Fotografien und Reportagen das Alltags- und Arbeitsleben der Proletarier in den Blick nahm, sich ab 1933 redlich bemühte, seinen vormals sozialdemokratischen Prägungen eine völkisch-nationalistische Note im Sinne der ›Werkgemeinschaft‹ zu verpassen und sich im Nachkriegsdeutschland nochmals neu als humoristischer Erzähler stadthistorischer Anekdoten etablieren konnte.[441] Josef Büscher bemüht sich in seinem Porträt jedoch, von allen Widersprüchen im Werk Grisars abzusehen und versteigt sich dabei zu beinahe schwindelerregenden Aussagen: »In der Tat ist das literarische Werk, das Grisar der Nachwelt hinterließ, der Versuch eines grandiosen Brückenschlages, eines Brückenschlages zwischen Licht und Dunkel, Haß und Liebe, Erde und Himmel, zwischen dem Fluch der Technik und dem Segen der Technik.«[442] Das klingt grandios und ist doch erstaunlich nichtssagend, erzeugt kräftig Lärm, hinterlässt aber nur einen blechernen Klang. Daher folgt im Porträt eine Spezifizierung, welche Skeptiker überzeugen soll: »Alle seine Werke sind dem Revier verhaftet, es bestimmt ihre Farbe, ihren Wuchs, ihr Aussehen, das manchmal unscheinbar ist, manchmal von Schweiß und

Dreck überlagert ist und manchmal gewaltig wie die Mammutwerke seiner Industrie.«[443] Ungeachtet der Tatsache, dass diese Behauptung starke Zuspitzung ist, wird sichtbar, dass Büscher sichtlich bemüht ist, Grisar als herausragenden Dichter der Industrieregion zwischen Emscher und Ruhr zu etablieren: »Selbst in seinen Unzulänglichkeiten ist er ein echter Sohn dieser Landschaft.«[444] Die Darstellung rutscht spätestens mit monumentalen Begriffe wie ›Zukunft‹ und ›Menschlichkeit‹ in die Nähe genau jener pathetischen Überformung, die auch Grisars Gedichte nicht immer mieden. Selbst in einem programmatischen Text wie *Der Dichter* bleibt Grisars Furor der Empörung aufgrund seiner dürftigen sprachlichen Verfasstheit seltsam schal und überreizt: »Ich will euch keine Lieder singen / von rotem Mohn und Liebesseligkeit, / die eure Seelen weich durchschwingen, / solange es in meinem Herzen schreit // vom Leid der Armen, die zu Millionen, / verdreckt, verlaust, auf dunklen Straßen stehn, / indes die Bürger, die im Lichte wohnen, / auf nichts als ihren Geldsack sehn.«[445] Es vermengen sich Ungenauigkeit und Naivität mit Parolen, die allenfalls mittelfristig zünden und aufgrund ihrer unspezifischen Struktur schnell wieder vergessen sind. Auch Grisars Klage *Wann?* über die soziale Unwucht in den Wohnsiedlungen der Arbeiterschaft kippt aufgrund ihrer Dramatisierung bedauerlicherweise rasch in eine rhetorisch gesteigerte Bildhaftigkeit, die eher einer Ästhetisierung des Elends Vorschub zu leisten scheint und nur vage Aussicht auf eine bessere Zukunft zulässt: »Einmal werden die Millionen, / Die in Riesenmietskasernen, / Engen Höfen, niedren Kellern, / Hungernd, hustend, frierend wohnen, / Mühsam in Fabriken schaffen / Und in dunklen Schächten fronen, / In das Licht der Sonne treten / Und die schwiel'gen Fäuste heben, / Schwörend, fluchend: Tod den Drohnen, / Die von unserem Blute leben!«[446] Prägnanter wird Grisars Zugriff bei Beschreibungen des Arbeitsalltags in der Montanindustrie, insbesondere bei Unfällen und Unglücken. So belässt es *Grubenbrand* etwa nicht bei einer Schilderung des Geschehens oder einer Inszenierung der Grausamkeit, sondern richtet seinen Fokus am Schluss bewusst auf die damit in Zusammenhang stehenden Ursachen und Krisenherde: »Die Toten aber treten ins Gericht. / Sie schreien *Mord* in den Gesetzessaal / Und fordern in die Schranken: das Kapital / Und seine Helfershelfer. / Die hören solche Schreie nicht, / Sie prägen Worte wie: Verhängnis, Schicksalsmacht, / Verkünden Beileid laut und grell / Und sehen eiligst sich herbei die Nacht; / Denn solch ein Unglück leuchtet gar zu hell / Auf ihre Schuld.«[447] Auch in *Die Fabrik* bemüht sich Grisar, das Gefahrenvolle dieser Arbeitswirklichkeit herauszustellen; allerdings bleibt fraglich, ob die Ausgestaltung der Fabrik als ›Untier‹ mit riesigen Tatzen eine literarisch langfristig überzeugende Form sein kann: »Hingeduckt wie ein Tier, / Das sein Opfer belauert, / Liegt die Fabrik / Und tatzt mit Riesenfängen in den Himmel, / Den sie zerfetzt, / Um mit der Glut der Sterne / Ihre Öfen zu beflammen. / Die aber glotzen wie Augen der Hölle. / Und ein Maul hat das Untier, / Riesengroß. / Das frißt und schlingt / Dreimal im Tag: / Menschen, / Unersättlich Menschen / Und speit aus, / Dreimal im Tag: / Zermürbte Wesen ...«[448] Grisars Interesse am proletarischen Schicksal ist glaubhaft, führt allerdings zu Ergebnissen, die sich nicht nur stark auf bereits bekannte Muster, Figuren und Stereotype beziehen, sondern eine Wiederverwendung auch innerhalb eigener Texte in einem Maße zulässt, dass der lyrischen Novität Grisars, etwa seinem Abschied vom Reim- und Versschema, gewisse Einbußen verschafft.[449]

Wie war es möglich, dass ein sozialdemokratischer, teils (in den Nachkriegswirren der Weimarer Republik) auch zu sozialistischen Ideen neigender Dichter sich unter den Nationalsozialisten – zumindest für einige Jahre – noch als freier Autor behaupten konnte, trotz Verbot bzw. ideologischer Umgestaltung einst relevanter Zeitschriften und Verlage? Grisars Anpassung lag – anders als etwa, laut Selbstaussage, bei den Kollegen Lersch und Barthel – nicht die irrige Vorstellung zugrunde, die Arbeiterschaft könne nur unter den Nationalsozialisten gedeihen, sondern tatsächlich ein strategisches Kalkül, das die fortdauernde Ausübung des Berufs fokussierte. Dass ihm ein an der ›Werkgemeinschaft‹ ausgerichtetes Schreiben offensichtlich keinerlei Schwierigkeiten bereitete, die schriftstellerische Produktivität ungehemmt fortschritt, ist vor dem Hintergrund seines vorherigen Werks allerdings nur bedingt erstaunlich. Denn die pathetische Feier der Arbeit bildete auch schon damals das zentrale Scharnier, bereits in den 1920er Jahren wies Grisars Darstellung der mit den Urkräften der Natur in Verbindung stehenden Arbeit etwa im gleichnamigen Gedicht einen geschwellten männlichen Stolz aus: »Wie ein gewaltiger Keulenschlag, / Wuchtig und schwer, / Entwächst meiner Hand / Riesengroß: Arbeit. / Endlos sich breitend / Wie ein gewaltiger Baum / Fühlt sie sich vor zu den Grenzen der Welt / Und hoch in den Himmel, / Strotzend vor Kraft, / Die sie sog / Aus den Tiefen der Erde, / Die der Mensch durchwühlt / Mit zitternden Händen / Und tränendem Blick.«[450] Für Grisar, so viel wird ersichtlich, enthält Arbeit einen sinnstiftenden Wert, den es zu verteidigen gilt; doch die emphatische Idealisierung der Arbeit generiert einen pathetischen Überschuss, der im Zweifel ursprünglichen Absichten zuwiderlaufen bzw. von anderen Lesarten okkupiert werden kann. Ab 1933 wurde genau dieser – nicht zwangsläufig genuin proletarische – Arbeitsstolz zum Einfallstor für völkisch-nationalistische Phrasen. Immer wieder wird bei Grisar die Reputation der Arbeit als solcher betont, doch gleitet eben diese ›Verteidigung‹ allzu leicht in eine Sammlung von Schlagworten hinüber, die das Ethos der Arbeit mit (teils fragwürdigen) Sekundärtugenden gleichsetzt. So wird einer Idealisierung der Arbeit Vorschub geleistet, die sich von proletarischer Anklage abwendet zugunsten einer Inszenierung des deutschen Arbeiters als unerschütterlichem Macher.

(17) Walter Bauer

Die Aufnahme Bauers in die Reihe der Arbeiterdichter erstaunt; bezeichnenderweise zeigte sich Bauer selbst eher befremdet vom neuerlichen Auftauchen des Begriffs, als Friedrich G. Kürbisch ihn im Rahmen seiner Vorarbeiten zu einem Buch zur Arbeiterdichtung kontaktierte und schrieb diesem im September 1971, dass er die Arbeiterdichtung in den Jahren der Weimarer Republik, der »heroischen Epoche der Arbeiterklasse« verorte: »Enorme Veränderungen in der Struktur der Gesellschaft beider Teile Deutschlands sind eingetreten, die den Begriff ›Arbeiterdichtung‹ ausgehöhlt und antiquiert machen; doch wie andere Ideen jener Jahre, so ist auch er wieder aufgefrischt worden. Mir kann er absolut nichts mehr sagen. Er ist sentimental und entspricht nicht der politischen und sozialen Wirklichkeit.«[451] Dass Bauer Ende der 1920er Jahre enthusiastischer Beobachter der Arbeitswelt war, macht etwa seine damalige biografische Skizze deutlich, in der er, obwohl selber nicht im Werk tätig, aufgrund eigener Herkunftserfahrungen ›brüderlich‹ mitfühlend die Arbeiter ins Zentrum nimmt:

> O schweres Leben in kleinen Wohnungen, finster und unzureichend, Aufwachsen der fünf Geschwister, Schreien der Nachgeborenen; er wird schon Brot erhalten, wenn er schreit. / Es ist 1914. Das Kind ist zehn Jahre alt. Noch 1917 ist er Junge und wird alles getan haben wie alle Kinder: Laub gesammelt im Walde, Metall in den Häusern, Knöpfe von Gefangenenmänteln. Er tut das Seine, die Brüder sind im Krieg, Kraut wird gestohlen auf den Feldern. / Der Zufall geschieht: er soll nicht in die Fabrik – Lehrer werden. Der Stolz der Eltern will: mehr als wir. Die Linie biegt aus dem Proletarischen scheinbar ab. Auflehnung des Gefühls in der Schule. Konflikte. Wandervogel. / 1925 als Vagabund nach Italien durch Österreich. Leben in Schlafhäusern und Häfen, auf Bauernhöfen und Feldern. Plan: nach Afrika. Versuch als blinder Passagier mißlingt. [...] / Als äußere Rettung eine Art Hauslehrer in Leuna. Hier wird der Gesang der Werke laut und geht nicht mehr aus dem Ohr, der schon zuweilen aufgeklungen ist. Das Herz öffnet sich ohne Befehl, es ist schon bereit gewesen. / Unhaltbar, wieder allein, in völliger Verlassenheit und kurz entschlossen Hilfslehrer in einem abgelegenen Harzdorf seit Juni 29. / Dieses möblierte Zimmer mit dem roten Sofa ist der Punkt mir der brüderlichen Aussicht auf die Welt. Von hier strahlen die Verbindungen mit den aufleuchtenden Flammen der Werke, vom Auge nicht mehr gesehen, aufbewahrt vom Herzen. Und es ist alles in mir; noch nicht ausgesprochen, aber alles: Fabriken, Höfe, Menschen.[452]

In Bauers Gedichten zeigt sich die solidarische Zuneigung zur arbeitenden Klasse etwa, indem er in *Pförtner im Werk* das herrschende Zeitregime beleuchtet: »du strafst, wenn ich mit meinen Kameraden spreche, / du strafst, wenn ich auf dem Abort zu lange Gas erbreche«.[453] In *Wort ohne Ende* wird dann zwar – glücklicherweise – auf ungelenke Endreime verzichtet, dafür jedoch mit klischeehaften Metaphern operiert: »Dies ist ein Wort vom großen Werk, / das Menschen frißt wie Tiere Gras, / das Menschen trinkt wie Meere Fluß, / wie Sonne Schnee, wie Nacht den Berg.«[454] Ebenfalls ein wenig unbeholfen wirkt Bauers Versuch, lyrisch eine bestimmte Sichtweise zu installieren, so etwa in *Städte und Werke*: »Die Städte wachsen. / Immer einsamer wird der Mensch; / bald wird man weit reisen müssen, / zu sehn, wo grüne Erde ist. / [...] / Die Werke wachsen. / Immer höher werden die Zäune des Gleichmaßes, Schornsteine dampfen ohne Hoffnung.«[455] Deutlich gelungener erscheint das Gedicht *Streik!*, da hier auf dickleibige Substantive und klebschwere Adjektive verzichtet wird zugunsten punktueller Beobachtungen: »Der Kran hebt seinen Arm umsonst empor. / Leer steht die Bank. / Auf den Abwässern schimmert bläulich Öl.«[456] Bauer weiß dieses sehr unscheinbare Bild zudem geschickt zu kommentieren, also in einen größeren Kontext zu stellen, ohne reflexhaft Parolen proletarischen Widerstands hinzuzusetzen: »In das Meer der Tätigkeit / ist ein Stein geworfen worden, / die Kreise wachsen, / die ganze Welt zieht sich zusammen zu Abwehr –«[457] In seinem literarischen Aufruf *An die kommenden Dichter* wendet er sich an die nachkommende Generation und verrät dabei etwas über sein eigenes Dichtungsverständnis: »Eure Gesänge sollen zeugen / von der Leidenschaft des Herzens, / von eurem Willen zur Veränderung der Erde, eurer Ergriffenheit. / Laßt euch nicht irremachen von denen, die euch vorwerfen: / Pathos, Nachahmung –«[458] Neben dieser Ermutigung, die prophylaktisch vor Verrissen warnt, will Bauer einige Ratschläge geben: »Singt nicht die Kornfelder des Sommers, die Sense nicht, / überlaßt den Gesang der Landschaften / (wenn sie noch da sind) / denen, die nach euch kommen, / wenn sie es für wert halten, von Landschaften zu singen.«[459] Was Bauer der Schar junger Dichter hingegen, recht normativ, empfiehlt: »Signale des Alarms«, »Leuchtfeuer an den Wegen«, auch »Berichte aus der täglichen Schlacht« müsse gelungene Arbeiterdichtung enthalten.[460] Dass er selbst sich im Schlussgedicht seines Bands *Stimme aus dem Leunawerk* (1930) zu erstaunlichen pathetischen Höhen aufschwingt, muss nicht zwingend als unmittelbarer Widerspruch zu seinen Empfehlungen gelesen werden; in *Hände werden sich erheben* wird zunächst der depravierte Ist-Zustand beschrieben: »Hände, die einst wuchsen wie die Wurzel zum Baum«, sind jetzt »von Maschinen zerstückelt«, »von Rädern zerrissen«, »von Riemen zerschnitten«.[461] Doch Bauers ungebremster Optimismus weist auf die nahende Umkehrung der Verhältnisse hin: »Hände, heute noch gefesselt an die Arbeitshöllentage, / werden einst am Tag der Tage / sich erheben wie ein Wald zum Sturm!«[462] Es wird eine moralisch legitimierte Gewalt gefeiert und gefordert, »bis die Zuchthauswand zusammenstürzt«.[463] Das klingt aufrührerisch und wütend, bleibt aber in wortreicher Geste letztlich ein wenig stecken, fällt auf brüderliche Solidarisierungsverse zurück.

Dass Bauer in mancher Hinsicht eher als romantisierender Arbeiterdichter zu bezeichnen wäre – was den Anspruch seiner Texte nicht zwangsläufig schmälert, aber doch auf deren sprachlichen Mängel aufmerksam machen will –, hat bereits die zeitgenössische Kritik bei Bauer, ebenfalls mit einem genauen Blick auf Stärken, Schwächen und Versprechen der Arbeiterdichtung, gesehen:

> In diesen fast durchgängig reimlosen Versen in freien Rhythmen spürt man eine geistige Haltung, wie sie nach dem Kriege etwa Franz Werfels Gedichte ausdrückten: auf proletarisches Milieu übertragenes Weltfreund-Ethos. Aber es wirkt eben, ich kann mir nicht helfen, übertragen und nicht ursprünglich. Der große Amerikaner Walt Whitman ist kenntlich als Vorbild. Aber dessen weite Gestik und breite Brust fehlt dem Nachgeborenen. Bauer ist fast ausnahmslos pathetisch und betont gefühlvoll. Immerzu ruft er: »Brüder, Brüder« und reißt sein weltbrüderliches Herz auf. Ich habe die Meinung, daß sich der Arbeiter daraus nicht viel macht, dieser Versicherungen werden geschenkt. Dazu kommt, daß Bauers Gedichte meist viel zu lang sind: Kunst heißt: verschweigen. Wesentliches ausdrücken. Bauer kann nichts für sich behalten. Manchmal merkt er wohl selber das Schiefe solcher Redseligkeit und setzte ein paar Verse in Klammern. Aber die Klammer bessert nichts, nur das Wegstreichen.[464]

Insbesondere der unauflösbare Widerspruch, der der wortreichen Akklamation der Tat immer schon innewohnt, wird im Kontext der Arbeiterdichtung zur Gefahr und weist auf den unschwer zu prognostizierenden poetischen Ermüdungsbruch hin, der sich trotz und gerade wegen des immensen pathetischen Aufwands kaum prolongieren lässt. Mit nochmals konkretem Blick auf Bauers Gedichte benennt der bereits zitierte Christian Zweter das Grundsatzproblem folgendermaßen: »Bauer ist zweifellos ein begabter und geschickter Schriftsteller mit sozialem Blick und Gefühl und der Arbeiterklasse verbunden. Er hat nur leider das Bedürfnis zur prophetischen Geste, er neigt zum Posieren. Er sagt mit Vorliebe: Ich, der Rostkratzer W. B. – aber wir hören, daß hier kein Rostkratzer spricht. Er ruft oft: jetzt gilt nicht Musik, nicht Literatur, nicht Reim – und dann dichtet er seitenlang.«[465]

(18) Victor Kalinowski

Dass Kalinowski in der Riege deutschsprachiger Arbeiterdichter allenfalls eine regionale, auf das Bergarbeitermilieu des Ruhrgebiets beschränkte Bekanntheit erreichte, ist aufgrund der zeitdiagnostischen Brisanz seiner ab den späten 1920er Jahren (bis zum Publikationsverbot unter den Nationalsozialisten) erschienenen Gedichte eigentlich erstaunlich. Es mag es damit zusammenhängen, dass eben diese Gedichte ausschließlich in der *Bergarbeiter-Zeitung* erschienen und nicht (mehr) in Buchform realisiert werden konnten. Möglicherweise spielt aber auch die Tatsache hinein, dass manche der Gedichte eher »gereimte Leitartikel oder Flugblätter in Strophenform«[466] waren, so die Wahrnehmung Walter Köppings in seinem Porträt. Diese Wertung ist nicht als disqualifizierende Äußerung zu verstehen; Köppings Beobachtung zielte eher darauf ab, den praktischen Aspekt, also die Wirkungsabsicht, die Kalinowski selbst den Texten zuschrieb, innerhalb der Bergarbeiterschaft zu betonen. Dass Kalinowski sich in vielen seiner Gedichte den (gewerkschaftlich relevanten) Belangen der Bergarbeiter verschrieb, hing vor allem damit zusammen, dass er zwanzig Jahre lang für deren Verband als Setzer tätig war – und dabei in der *Bergarbeiter-Zeitung* neben den zahllosen Berichten und Artikeln, die die tägliche Drangsalierung der Arbeiterschaft in puncto Lohngerechtigkeit, Stundenzahl, Arbeitssicherheit etc. dokumentierten, auch die Gedichte Heinrich Kämpchens setzte, stets auf der ersten Seite.[467] Waren im einzigen Gedichtband Kalinowskis, 1922 unter dem Titel *Meine Seele singt!* erschienen, neben den Nachkriegswirren und dem Schicksal der verarmten Massen immer wieder auch Natur und Liebe thematisch relevant, wandte er sich, nicht zuletzt aufgrund der Krisen und ökonomischen Instabilitäten der Weimarer Republik mehr und mehr den proletarischen Nöten zu, problematisierte den mangelnden Zusammenhalt der Arbeiterschaft, sobald mit Lohnkürzung, Aussperrung und Arbeitslosigkeit gedroht wurde. Auch agitierte er seit 1928 immer deutlicher gegen die revisionistisch-völkischen Parolen der Nationalsozialisten, welche sich als Retter des ›deutschen Arbeiters‹ auf, allerdings zugleich mit Großindustriellen paktierten, was alle Parolen vom Ausbau der Arbeiterrechte zur großspurigen Heuchelei gerinnen ließ. »Er schrieb über den Kapp-Putsch, zum dreißigjährigen Bestehen des Bergarbeiterverbandes, er forderte zur Teilnahme an Betriebsratswahlen und Knappschaftsältestenwahlen auf, behandelte die Grubenunglücke, beklagte den Tod Otto Hues, schrieb Gedichte zum 1. Mai, ehrte die Jubilare, wetterte gegen die Unorganisierten und die ›Beitragsscheuen‹, widmete jedem Gewerkschaftskongreß ein Gedicht.«[468] Bereits in dieser Aufzählung Köppings wird deutlich: Kalinowski war an einer möglichst unmittelbaren Begleitung des Zeitgeschehens gelegen; seine ab den 1920er Jahren nahezu wöchentlich in der Zeitung publizierten Gedichten griffen aktuelle Streitfragen, politische Krisen, Grubenunglücke und deren wahren Ursachen sowie die ökonomischen Aspekte mancher anstehenden Entscheidung auf. Durch seine langjährige Arbeit an der Setzmaschine des Bergarbeiterverbands, so Wilhelm Helf in einem Erinnerungsartikel, war Kalinowski »organisch in das Nervensystem der Bewegung hineingewachsen und sollte nun ein unlösbarer Teil von ihr werden.«[469] Er erwies sich unzweifelhaft als adäquate Nachfolge Heinrich Kämpchens.[470] Und: »Victor Kalinowski litt nicht an einer Überschätzung seiner dichterischen Fähigkeiten. Er dichtete, weil ihm immer wieder bestätigt wurde, daß die Leser seiner Zeitung seine Gedichte gern lasen, die aus der Gewerkschaftszeitung der Bergleute auch in andere Gewerkschaftsblätter und Arbeiterzeitungen Deutschlands und des Auslandes übernommen wurden.«[471] Bei Lektüre der wöchentlichen ›Meldungen‹ Kalinowskis wird rasch deutlich, dass er sich gerade im zunehmend rauen und ideologisch unerbittlichem Klima der späten 1920er und frühen 1930er Jahre aus kaum einer Debatte heraushielt, die Politisierung der Bergarbeiter einforderte, zugleich aber vor Gelüsten eines revolutionären Umsturzes warnte und von kommunistischen Ideen Abstand nahm. »Er glaubte an den Sieg der Arbeiterbewegung durch freie Wahlen, er setzte auf die ›Revolution durch den Stimmzettel‹.«[472]

Aus seinem Werk seien zwei Texte angeführt, die dessen zunehmende literarische Profilierung innerhalb weniger Jahre anzeigen. Die frühen Gedichte Kalinowskis, sämtlich in seinem Band *Meine Seele singt!* (1922) versammelt, zeugen nicht nur von einem sehr viel größeren Maß an Innerlichkeit, wie der Titel bereits markiert, sondern sind darüber hinaus in einem höheren Grad von Pathosformeln und Ästhetisierungsstrategien durchsetzt. So heißt es etwa in *Kohle und Bergmann*: »Die Kohle, die du gräbst mit schwielenvoller Hand, / Ruht seit Jahrtausenden im tiefen Erdenschoß. / Geformt aus Sonnenlicht, aus Holz, Morast und Moos, / Versank sie, zweckbestimmt, ins dunkle Gnomenland.«[473] Die löbliche Absicht, das Besondere, aber eben auch die Schwere und Gefahr dieser täglichen Arbeit deutlich zu machen, findet sich besonders in der letzten Strophe realisiert: »Du schürfst mit Fleiß und Schweiß den Segen Jahr um Jahr / Und lebst tagein, tagaus trotzdem als Proletar. / Dir webt das Totenhemd die lauernde Gefahr.«[474] Von einer dezidiert kritisch-fragenden Perspektive sind Gedichte dieser Art allerdings immer noch ein Stück entfernt, da sie einerseits zu sehr auf das Moment des individuellen Schicksals fokussieren, zugleich sprachlich teils noch tastende Versuche sind, in denen deutlich wird, dass Kalinowski sich von der Nachahmung literarischer Vorbilder nicht immer ausreichend freimachen konnte.[475] Deutlich überzeugender präsentiert sich hingegen das Gedicht *14 Prozent Dividende*, mit dem Kalinowski im November 1930 Bezug auf eines der schwersten Grubenunglücke des deutschen Steinkohlebergbaus auf Grube Anna (Alsdorf) mit 280 Toten nahm, Bezug nahm auf die kurz darauf veröffentlichte Mitteilung, die Aktionäre hätten allerdings keinerlei Einbußen zu befürchten, die angekündigten 14 Prozent Dividende würde in den kommenden Jahren sicher sein. Gerade in dieser Verschränkung von Bergarbeiternot und konkreten ökonomischen Interessen, maskiert mit verbalen Betroffenheitsgesten, sobald aufgrund mangelnder Sicherheitsbestimmungen und krasser Ausbeutungsmechanismen unter Tage ein Unglück geschieht, gewinnt Kalinowskis Gedicht in seiner Mixtur aus aufrichtiger Empörung und sarkastischer Bissigkeit seine pointierte Stärke: »Kohle! Kohle! Immer 'ran! / Preßlufthämmer in die Hände! / Abkehr, wer nicht schuften kann! / Tempo! Tempo! Dividende! / Tja, da sind wir konsequent: / Sicher sind vierzehn Prozent! // Was? Du knurrst? Zu wenig Lohn? / Schwere Arbeit? Schicht verkürzen? / Mund gehalten! Keinen Ton! / Sollen denn die Kurse stürzen? / Tja, was man so Wirtschaft nennt: / Sicher sind vierzehn Prozent!«[476]

(19) Kurt Kläber

Die Aufnahme Kläbers in diese Reihe der Arbeiterdichter irritiert nicht nur aufgrund der Tatsache, dass der Autor sich in den 1920er Jahren dezidiert für eine proletarisch-revolutionäre Dichtung ausgesprochen, publizistisch einen Frontalangriff gegenüber Arbeiterdichtern wie Bröger, Barthel und Lersch initiiert hatte; Köppings Porträt überrascht auch in seiner Entscheidung, eben diese politischen Implikationen in Kläbers Schreiben fast vollständig auszulassen, sich stattdessen auf dessen Karriere als Kinderbuchautor unter dem Namen Kurt Held[477] zu konzentrieren. Fast scheint es, als sei es Beiträger Köpping durchaus recht, dass die Invektionen Kläbers gegenüber den ›klassischen‹ Arbeiterdichtern in der Zwischenzeit nahezu in Vergessenheit gerieten. Dass zwischen Kläbers beiden Existenzen als Autor durchaus ein loses Band – das Interesse an den Fortgestoßenen und Ausgenutzten – existiert, bemüht Köppings Beitrag allerdings zu sehr als Argument, um sich der pazifistisch-proletarischen Literatur des Autors und Mitherausgebers zahlreicher Zeitschriften im linkspolitischen Spektrum während der Weimarer Republik nicht länger als nötig widmen zu müssen. Nichtsdestotrotz gelingt es Köpping, dessen (eng mit seinen Lebenserfahrungen verbundenes) Literaturverständnis wohlwollend darzustellen: »Kläber hatte die Schrecken des Krieges erlebt, die Laster, die Not, die Verzweiflung der Menschen, die Ungerechtigkeiten in der kapitalistischen Gesellschaft. Da nahm er gläubig die Lehre von Karl Marx auf, besonders dessen Prinzip, die Selbstentfremdung des Menschen aufzuheben und die Selbstverwirklichung des Menschen an Stelle dessen zu setzen. Ein starkes Mitgefühl, Mitleiden und Menschenliebe – das waren die Antriebskräfte, die ihn in die politischen Kämpfe stürzen ließen und die sich in seinen Gedichten und Erzählungen widerspiegelten.«[478] Bezeichnend ist allerdings, dass Köpping auf »Mitgefühl, Mitleiden und Menschenliebe« abhebt und somit die damit unmittelbar in Zusammenhang stehenden politischen Rahmungen und kämpferischen Vektoren an den Rand drängt. Dabei hätte bereits ein kurzer Blick in drei von Kläbers Büchern, alle 1925 veröffentlicht, genügt, um sich damaliger Radikalität zu versichern; bereits deren Titel sind hinreichender Beweis für eine deutliche Distanzierung gegenüber der ›klassischen‹ Arbeiterdichtung: *Revolutionäre, Empörer! Empor!*, *Barrikaden an der Ruhr*. Kläber hat seine Ablehnung literarischer Positionen, wie sie etwa im Werk Otto Wohlgemuths prototypisch zu

Tage treten, 1926 mit plausibler Trennschärfe konkretisiert: »Der Arbeiterdichter hört aber dort auf, wo er vom Kämpfer zum Sänger wird.«[479] Das mag in seiner Diktion vorschnell als Streitlust abgetan werden, doch Kläber erläutert an gleicher Stelle sein Differenzkriterium:

> Der resignierende Dichter wird aber noch schneller von der Masse ausgeschieden werden, denn für die Masse gilt noch immer die Rebellion und der Trotz für das Höchste. Liegt euch an diesem Ausscheiden, ihr jungen und jüngsten Arbeiterdichter? Liegt euch an dieser Abgeschlossenheit und an dieser Wurzellosigkeit? Ich glaube nicht. Kehrt also wieder um aus euerm Einzelgängertum. Werdet aus Sängern und Besingern wieder zu Rebellen. Werdet aus jugendlichen Tönern wieder zu Feuer und Takt. Der Weg ist nicht schwer. Die Massen stehen immer noch dort, wo ihr sie verlassen habt: *Im Kampf!*[480]

Für Kläber dominiert folglich solange der Kampf, bis die Anliegen der Arbeiterschaft restlos ausgefochten, errungen und der soziale Friede gesichert ist; auch wenn dies als schriftstellerische Grundierung gegebenenfalls nicht ganz ausreichen mag, ist die von Kläber angezeigte Konsequenz mit Blick auf alle dichterischen Sänger – seien sie verzweifelt-resignativ, seien sie lobpreisend-euphorisch – zweifellos richtig: Sie laborieren hinsichtlich ihrer einst formulierten Ziele und Absichten an einer ›Wurzellosigkeit‹. Kläbers Gegenentwurf hierzu ist die proletarische Kunst, die genauer zu bestimmen er 1929 in folgender Erwiderung leicht gereizt vorgenommen hat: »Diese ewigen Definierer! Wir sagen Ihnen einfacher, es gibt nur eine proletarische Kunst, und das ist die proletarische Kunst, die zugleich revolutionär ist. Es ist das Gedicht, in dem Sie nichts von Mitleiden, von messiasähnlicher Empörung, von proletarischem Weltschmerz hören, es sind die Gedichte, die die Losungen der Massen so hinausschreien, daß sie wirken und mitreißen. Dasselbe gilt vom Drama, dasselbe gilt von der Novelle, vom Roman. Nur das, was wirkt, was auflodern läßt, was uns begeistert, ist proletarische Kunst.«[481]

Wie weit können nun Kläbers Texte diesen, seinen eigenen Erwartungen gerecht werden? Und inwieweit ist solch ein direkter Abgleich an theoretischen Selbstaussagen unzulässig? Kaum überraschend ist, dass sich in Kläbers frühen Arbeiten, etwa aus seinem Band *Neue Saat* (1919), aber auch in späteren Büchern, nicht wenige – mindestens in Teilaspekten – problematische Gedichte finden. In *Die Maschinen* etwa zelebriert er eine Ästhetisierung und Nobilitierung des Fabrikalltags im Maschinentakt, wie sie beispielsweise in Gedichten Grisars zuhauf stattfindet: Es »surren tausend Räder / und tausend Wellen / und Hämmer, die sprühend / auf Eisen prellen«, es »brüllen tausend eiserne Willen, / hüllen die Menschen / in wildes Erfüllen, / reißen die Heimat / aus Not und Nacht, / wieder aus Schutt und Asche / zur Pracht.«[482] Eine von Pathos unterlegte Feier elementarer Kräfte, fern von proletarisch-revolutionären Impulsen, zeigt Kläbers *Einfahrt*, abgedruckt in *Empörer! Empor!* (1925): »Über uns: Die Himmel offen. / Unter uns: Das Erdenlos. / Doch wir tragen unser Hoffen / In den alten Mutterschoß. // Schoß der Erde, Zeugungsfeuer! / Urgewaltige Flammenglut! / O du bist so ungeheuer, / O du bist so nah und gut.«[483] Auch in Gedichten wie *Die Arbeit* unterliegt Kläber – wie zahllose andere Arbeiterdichter – der irrtümlichen Annahme, der Eintritt für Interessen,

Rechte und freiheitliche Regungen der Arbeiterschaft benötige im Vorfeld zwingend eine Glorifizierung ihrer werktäglichen Realität: »Dunkel liegt das Ungeheuer, / Das in Trug und Nacht zerfällt. / Unser Licht und unser Feuer / Hat es glorreich überhellt.«[484] Jeder, so Kläber, sei unter Tage »ein Offenbarer« im »Erdenschöpferbund«.[485] Diese obskure Annäherung der Arbeiter im Berg an göttergleiche Dimensionen wird sogar noch stärker forciert: »Und aus unsern heißen Hirnen, / Die von Kraft und Geist umsaust, / Schwingen wir mit Leib und Stirnen / Unsre Riesenarbeitsfaust. // Schwingen sie in Götterbahnen. / Schwingen sie durch jeden Stein. / Ho – wir werden zu Titanen! / Diese Welt ist uns zu klein!«[486] In Kläbers *Ausfahrt* findet die Gottwerdung der Bergleute dann unmissverständlich und buchstäblich statt: »Und wir fahren auf und wissen, / Von dem Dunkel noch umloht, / Von dem Donner noch zerrissen: / Wir sind Schöpfung! Wir sind Gott!«[487] Ob dies nun die eingeforderte proletarische Dichtkunst ist, die auflodern und begeistern soll, sei einmal dahingestellt; der Verdacht, es handle sich doch eher um weitere Elogen eines Arbeitersängers, liegt sichtbar auf dem Tisch und lässt sich so leicht nicht entkräften. Um anzuzeigen, dass es sich hier nicht um singuläre Abweichungen handelt, sondern sich signifikante Bruchstellen und Widersprüche, zugleich frappierende Ähnlichkeiten zur konservativen Arbeiterdichtung auftun, sei auf Kläbers Gedicht *Vollendung* hingewiesen, das in nicht geringem Maße das Pathos des Bergarbeiters befeuert und feiern möchte: »Jeder spür' am eignen Feuer, / Daß er frei und nicht entrechtet. / Daß er auf dem eignen Grunde / Wie ein junger Erdenbaum / Aus des Leibes Schöpferstunde / Wachsen kann in jeden Raum.«[488] Deutlich überzeugender und kompromissloser erscheint da Kläbers *Krieg dem Kriege!*: »Krieg dem Moloch! / Dem Menschenfresser, / Dem Millionensenser. // Krieg seinem Gas, / Seinen Tanks, / Seinen U-Booten, / Seinen Luftflotten! // Krieg auch seinen Trabanten, / Den geldsüchtigen Bankiers, / Den blutsüchtigen Generälen, / Den landsüchtigen Herrschern!«[489] Denn hier dominiert die gedrängte Form und kompromisslose Schärfe; die Parolen erscheinen zwar vertraut, bilden aber doch ein veritables Zeitbild.

(20) Resümee

Walter Köpping als maßgeblicher Initiator der Porträtreihe »Der Ruf gilt dir, Kamerad! Deutsche Arbeiterdichtung« schließt mit einem als Zusammenfassung gedachten Beitrag, der zugleich einen Ausblick und Hinweise auf die Fortführung der Arbeiterdichtung im zeitgenössischen Gewand der ›Neuen Industriedichtung‹ geben möchte. Naturgemäß ist dieser Abschluss von unerschütterlichem Optimismus getragen; eben diesen wie auch vereinzelt pauschalisierende Aussagen gilt es zu befragen. Köpping bilanziert: »Den Arbeiterdichtern verdanken wir ein kostbares soziales Dokument. Sie haben festgehalten, unter welchen Bedingungen die Menschen im ausgehenden 19. und beginnenden 20. Jahrhundert gelebt haben und arbeiten mußten. Diese Dichtung enthält erschütternde Schilderungen der Not, Verzweiflung und Demütigung der Arbeiter und deren Frauen und Kinder. Die Arbeiterdichtung ist aber auch Ausdruck des Behauptungswillens der Arbeiter, in ihr spiegeln sich die Gefühle und Erwartungen der Proletarier wider.«[490] Dass sich der Wille der Arbeiter, ebenso ihre Gefühle und Erwartungen allenfalls vermittelt, mit perspektivischen Einschränkungen und zudem innerhalb eines literarischen Textes, also nur im Sinne einer Annäherung, nicht aber als Widerspiegelung einzelner Sachverhalte auffinden lassen, erwähnt Köpping nicht. Auch die mit größtmöglichem Wohlwollen getroffene Aussage, man solle die Arbeiterdichtung »nicht so sehr mit einer ästhetischen Elle messen«,[491] geht am Selbstverständnis einiger Autoren gezielt vorbei, wie ein Blick auf deren schriftstellerisches Selbstverständnis zeigt. Köpping aber führt aus:

> Den Arbeiterdichtern ging es – von Ausnahmen abgesehen – nicht in erster Linie darum, Kunstwerke zu schaffen, sondern die Wahrheit zu sagen und durch die Offenbarung der Wahrheit politische Wirkungen zu erzielen. Große Teile der deutschen Arbeiterdichtung sind Lebensberichte, andere sind bewußt in den Dienst der Gewerkschaft oder der Partei gestellt. Wieder andere haben ganz offenbar erzieherische Funktion. So haben Arbeiterdichter die Arbeiter zur Einigkeit gemahnt, haben gegen Alkoholismus gewettert, die Arbeiter zu politischer Aktivität aufgefordert und sich bemüht, dem Menschen eine Erkenntnis der gesellschaftlichen Verhältnisse und seines Standortes in der Gesellschaft zu geben.[492]

Zwar schiebt Köpping klugerweise einen Passus vorweg, der auf mögliche Ausnahmen hinweist, lässt sich aber dennoch nachfolgend auf eine (weitere) Verallgemeinerung der Arbeiterdichtung ein; der postulierte Wahrheitsbegriff ist keineswegs problemlos gesichert. Der Bezug der Autoren auf real vorhandene Probleme der Arbeiterschaft, ihr das Schreiben initiierender Wunsch nach konkreter Änderung der Macht- und Möglichkeitsverhältnisse impliziert nicht automatisch, dass zwischen Text und Wirklichkeit jegliche Differenz und vermittelnde Distanz aufgehoben ist. Noch direkter (und problematischer) hat Köpping dieses eine direkte Wirkbeziehung behauptendes Literaturmodell in seinem Aufsatz *Der 1. Mai im Spiegel der deutschen Arbeiterdichtung* (1965) in Anschlag gebracht: »Oft weisen Arbeiterdichter den Arbeitermassen den Weg. Gleich Propheten entwarfen sie in ihren Dichtungen das Bild einer besseren Zukunftswelt, die es zu gewinnen galt und die den Kampf und die Opfer wohl wert war. Gleich Fahnen flogen die Gedichte der Arbeiterdichter den kämpfenden Arbeitermassen voraus.«[493] Auch hier führt Köppings verständliches Bemühen, der Arbeiterdichtung im kulturellen Gedächtnis einen angemessenen Platz zuzuweisen, zu groben Fehleinschätzungen und überhöhten Darstellungen, die – selbst bei wohlmeinender Gewähr enthusiastischer Zuspitzungen – bei genauerem Blick in die Texte nicht sehr belastbar sind. Beinahe könnte der Eindruck entstehen, Köpping verließe sich hier getrost auf die nicht selten visionär-übermütigen Selbstentwürfe der Dichter: vorauseilende Fahnen in eine bessere Welt. Doch es ist eher sein aufrichtiger Glaube, das dichterische Wort könne eine Veränderung der Verhältnisse, einen Aufbruch der Arbeiter, den Zusammenschluss aller gewerkschaftlichen Kräfte bewirken, der Köpping hier für eine kühlere Darstellung und angemessenere Einschätzung im Wege steht. Hinsichtlich der Ziele der Gewerkschaften Ende des 19., Anfang des 20. Jahrhunderts führt Köpping aus: »Es galt, die Proletarier zur Selbsterkenntnis und zur Erkenntnis der gesellschaftlichen

Verhältnisse zu führen. Die Arbeiterdichtung hat unschätzbare Dienste bei dieser Bewußtseinsbildung geleistet.«[494] Die Feststellung ist zweifellos richtig, nicht zuletzt aber aufgrund ihrer Vagheit hinsichtlich einer konkreten Qualifizierung des Zusammenhangs. Eine offene Flanke für Kritik bietet Köpping an anderer Stelle, etwa in folgender Behauptung: »Die Arbeiterdichtung ist die Schwester der Arbeiterbewegung. Beide sind aus dem Widerspruch zum Kapitalismus entstanden. Die Romane, Gedichte, Theaterstücke der Arbeiterschriftsteller sind gleichsam ein Tagebuch der Arbeiterbewegung.«[495] Dieser Versuch Köppings, die Reputation der Arbeiterdichtung – mit Blick auf die längst laufende Historisierung dieser Phänomene – zukunftsfest abzusichern, muss als eher unglücklicher gewertet werden, weil auf diesem Weg der Eigenwert wie auch die spezifische, in sich keineswegs homogene Kontur der Arbeiterdichtung ignoriert wird.

Köppings Blick auf eine zeitgenössische Arbeiterdichtung, die aufgrund des nicht ganz unproblematischen literarischen Erbes – im Schlussteil bezeichnenderweise nicht nochmal eigens spezifiziert – nun unter dem Namen ›Neue Industriedichtung‹ firmiert, zeigt sich deutlich vorsichtiger und abwägender hinsichtlich Prognosen und Einschätzungen: »Industriedichtung könnte entscheidend beitragen, ein wahrheitsgetreues Bild unserer Welt in der Dichtung festzuhalten. Sie kann den Menschen zeigen, wie es heute in der modernen Arbeitswelt aussieht. Sie kann aber auch dem Arbeiter selbst Hilfe sein. Sie kann beitragen dazu, daß er Klarheit gewinnt über seine Berufsprobleme und seine Lebensprobleme.«[496] Köpping sieht diese Potentiale, will sich aber augenscheinlich nicht mehr auf deren definitive Einlösung festlegen. Das hat – abseits der Schwierigkeit, dass sich über laufende Entwicklungen eine abschließende Einschätzung kaum seriös formulieren lässt – vor allem mit den geänderten gesellschaftspolitischen Rahmenbedingungen zu tun, die sich zwangsläufig auch auf die Literatur und ihr Selbstverständnis auswirken, wie Köpping völlig richtig erkennt: »Einst waren Arbeiterbewegung und Arbeiterdichtung von Optimismus und Zukunftsgläubigkeit erfüllt, obwohl die Arbeiter unter bedrückenden Umständen leben mußten. Heute ist die materielle Not weitgehend geschwunden. Viele Forderungen aus der Anfangszeit der Arbeiterbewegung sind erfüllt und da und dort gar übertroffen: Aber die Dichtungen von Arbeitern unserer Zeit sind skeptisch, teilweise pessimistisch, und keiner von ihnen vertraut überschwänglich auf die Zukunft.«[497] Bedauerlicherweise verzichtet Köpping auf eine nähere Analyse und Befragung seiner Diagnose und kommt (ärgerlicherweise) letztlich zu einer von fröhlicher Zuversicht geprägten Lagebeschreibung der Industriedichtung im Spätkapitalismus: »Sie ist nicht für ruhige Stunden am Sonntag reserviert, sondern sie kann dazu beitragen, unseren Alltag zu gestalten, unseren Arbeitstag erträglicher zu machen. Sie dient nicht der Erbauung, sondern der Wahrheitsfindung und der Bewußtseinsbildung. Sie scheut auch nicht die Provokation.«[498] Hier scheint – trotz vordergründig anderslautender Behauptungen – eine systemstabilisierende Harmonie auf, die in ihrem Hang zur Besänftigung proletarisch-revolutionären Schriftstellern verblüffte Blässe ins Gesicht getrieben hätte.[499] Dass Köpping ausgerechnet im Schlussteil der Porträtreihe – die sich zum Ziel gesetzt hatte, das Erbe der Arbeiterdichtung dem kulturellen Gedächtnis der Gegenwart, also den jüngeren Schriftstellern zur Verfügung zu stellen, zur Aneignung und Auseinandersetzung zu überlassen – unter vorigem Reflexionsniveau zurückbleibt, ist ebenso erstaunlich wie enttäuschend (aber ein Stück weit mit der schwierigen Position des Zeitgenossen zu erklären). Entsprechend nur bedingt ernst zu nehmen ist somit Köppings enthusiastischer Weckruf, der neuen Aufschwung beschwören will: »Die Aufsatzreihe über deutsche Arbeiterdichtung ist beendet. Nicht zu Ende aber ist die deutsche Industriedichtung. Sie strebt einem neuen Höhepunkt zu.«[500] Deutlich kritischer präsentieren sich hinsichtlich der Frage, was Arbeiterliteratur gegenwärtig leisten kann, die von Köpping in einer Nachfolgereihe[501] porträtierten Industriedichter[502] in einer Rundfrage zu diesem Sachverhalt; drei der Stimmen seien in kurzen Auszügen präsentiert. Richard Limpert weist zu Recht darauf hin, dass eine ausschließlich auf die Arbeiter als Leserschaft ausgerichtete Literatur keineswegs mehr zeitgemäß ist, er macht stattdessen auf die Frage der Abhängigkeitsverhältnisse aufmerksam und betont: »Die Varianten der Abhängigkeit sind nicht wesentlich. Arbeiter, Angestellte, ›Freischaffende‹ usw. gehören zur großen Gruppe der Abhängigen. Ein großer Teil dieser Mitmenschen ist sich seiner Abhängigkeit nicht bewußt. Darum schreibe ich nicht nur für Arbeiter.«[503] Auf diesen Aspekt macht auch Karl-Georg Ruppersberger aufmerksam: »Die Klasse der abhängig Arbeitenden ist längst nicht mehr identisch mit den Arbeitern. Der Bogen der Betroffenen ist weit gespannt und reicht bis hinaus zum Manager. Wer in der Großindustrie tätig ist, der weiß um die Zwänge, unter denen die jeweiligen Vorgesetzten handeln: sie unterliegen dem Zwang, mehr Leistung aus dem Betrieb herauszuholen, mehr Gewinn zu erwirtschaften, besser zu sein.«[504] Eine Literatur der Arbeitswelt, die sich weiterhin ausschließlich einer proletarischen Perspektive widmen würde und jeden Hinweis auf ökonomische und politische Zusammenhänge vermissen ließe – so die naheliegende Konsequenz –, wäre antiquiert und unvollständig, in ihrer Perspektive beschränkt. Einen anderen, in der Diskussion völlig neuen Punkt macht Kurt Küther, wenn er darauf hinweist, dass die Industriegesellschaft inzwischen mehr und mehr zu einer Freizeit- und Konsumgesellschaft geworden ist, was folgende Dynamik hervorruft: »Den Versuch, durch immer mehr Arbeitsleitung und höheren Verdienst sich in eine Pseudowohlstandswelt hineinzuflüchten, von der jeder glaubt, daß sie ihm weitgehende Individualität garantiert. Dabei geht das Verständnis für den Nächsten, für den Menschen verloren. Spätestens in der nächsten Wirtschaftskrise spüren alle gemeinsam die Peitsche des Kapitalismus, der alle als Konsumsklaven unterworfen sind.«[505] Auf diesen Aspekt gehen Küther und Limpert in manchen ihrer Gedichte, Max von der Grün immer mal wieder in seinen Romanen, Erzählungen und Reportagen ein, ebenso einige Protagonisten vom »Werkkreis Literatur der Arbeitswelt«. Dass auch Köpping in den 1970er Jahren eine genauere, enger an zeitgenössische Phänomene anschließende Vorstellung der Arbeitswelt und ihrer literarischen Darstellbarkeit entwickelte, beweist er etwa in seinem Lob auf Richard Limpert, dem er »einen scharfen Blick für Heuchelei und für schönfärbende Ideologie«[506] attestierte; Köpping führt erläuternd aus: »Er ist ungemein kritisch, manchmal aggressiv. In dem Gedicht *Veränderung* fragt er sarkastisch, was sich denn eigentlich im Bergbau geändert und verbessert habe. Es gibt jetzt Schwarz-Weiß-Kauen, der Kumpel hat mehr zu essen, mancher fährt einen kleinen Wagen, statt Frantisek Meterski heißt heute der Helfer des deutschen Bergarbeiters Luigi Normella. Doch ist es bessergeworden?«[507] Diese Frage könnte – bei allen sonstigen offenkundigen Diskrepanzen – auch für eine Verhandlung heutiger Arbeitswelten von Relevanz sein, könnte Initiationspunkt für eine mikroskopische Sichtung im Zuge der (nochmals gesteigerten) Automatisierung sein; an einer aufmerksam fortschreibenden Beobachtung der im neoliberalen Setting verankerten Agenden und Zielsetzungen dürfte es dabei gleichwohl nicht mangeln.

***

Am Ende sollen einige wichtige Charakteristika und signifikant häufig auftretenden Problemstellen der Arbeiterdichtung nochmals gebündelt werden. Dabei werden primär die innerhalb der exemplarischen Exkursionen erzielten Einzelergebnisse und Detailbeobachtungen zusammengeführt, durchaus in der Absicht, einen halbwegs repräsentativen Gesamteindruck zu erhalten, der sich in manchen Punkten gewissermaßen als Gegenentwurf zu den innerhalb der Porträtreihe teils allzu wohlwollend daherkommenden Lobpreisungen versteht.[508] Eine grundsätzliche Kritik bezieht sich auf den – auch wenn es im ersten Augenblick paradox erscheinen muss – zu starken Bezug auf ›Arbeit‹, insofern diese nicht nur thematisch verhandelt, sondern als elementarer Grundwert generalisiert, zur unüberschreitbaren Sinnfrage gemacht, als metaphysische Konstante verklärt wird. Im Bemühen, die Anliegen der Arbeiterschaft zu artikulieren, ihren mühsam-gefährlichen Alltag zu veranschaulichen, gelingt es den Autoren oftmals nicht, den Kipppunkt zu beachten, an dem die pathosschwangere Darstellung ihr selbsterklärtes Ziel verfehlt und sich zur Sakralisierung des Ganzen hinreißen lässt. Damit einher geht nahezu zwangsläufig – wenn auch in nicht wenigen Fällen sicherlich ungewollt – eine Harmonisierung gesellschaftlicher Gegensätze, insofern sich die stark übersteuerte Feier der Arbeit sehr leicht in einen nationalen Gemeinschaftssinn überführen und somit ideologisch vereinnahmen lässt – was Fragen nach klassenspezifischer Benachteiligung konsequenterweise den Stachel zieht. Ein weiteres Element dieser überhöhten Darstellung von Arbeit ist die starke Ausstellung von Männlichkeit zuungunsten einer komplexeren, auch Politik und Ökonomie einbeziehenden Perspektive.[509] Alle mit dieser heiklen Sinnstiftung in Zusammenhang stehenden Vorwürfe seien hier nochmals einzeln aufgeführt: Neben der oftmals rein epigonalen Nachahmung – ein genuin literarischer Aspekt – ist es die ästhetische Inszenierung der Arbeit, die nur den Tatmenschen inklusive Maschinenfreude und ungebremstem Fortschrittsglaube gelten lassen möchte, die problematisch wird und ideologische Langzeitschäden produziert. Denn diese Stilisierung von Maschinen, Fabrikhallen etc. zu tierischen Monstern, vor allem aber zu glücksbringenden Wundern ist leicht kompromittierbar, ist keineswegs auf die proletarische Perspektive festgelegt, sondern kann ebenso im Sinne des Kapitals (oder aber des militarisierten Staats) verwendet und zu deren systemimmanenten Stabilisierung verwendet werden. Die Werkstätte als heiliger Raum, die Arbeit als Gottesdienst – literarische Formen der Sakralisierung und Mystifizierung, der jeweiligen Realität inadäquat, sind im Zuge der exemplarischen Exkursionen zuhauf (und meist in eher geringen literarischen Variationen) aufgetreten. Teils wurden dabei, insbesondere in Gedichten, die während des Ersten Weltkriegs oder in dessen mentaler Nachfolge veröffentlicht wurden, Pflichterfüllung, Bejahung, Disziplin und Mäßigung als zentrale Tugenden gefeiert; Arbeit, so der grundlegende Tenor – auch bei politisch kaum kompromittierten Autoren –, ist Freude und Kraft, Geist und Tat, Hirn und Faust.[510] Die fatale Formel, dass Arbeit adele, wurde in der Vorstellung übernommen, so ließe sich ein Adel der Arbeit etablieren; letztlich dienten diese Versuche, Arbeit (noch enger) mit Fortschritt, Glück, Teilhabe und Ermächtigung in Zusammenhang zu bringen, jedoch nicht nur einer Stabilisierung des jeweiligen Systems, sondern – insbesondere in kriegerischen und nationalistischen Kontexten – zur Befriedung der Massen. Dass Parolen, die den Arbeiter ebenso als Held wie als Opfer, als Krieger und Soldat proklamierten, derart erfolgreich und langlebig waren, erschließt sich nicht allein durch den Hinweis auf die politischen Extreme des 20. Jahrhunderts. Dass die Arbeiterdichtung derart anfällig war für rhetorische Großmanöver und Stereotype – Härte, Einsamkeit, Opferbereitschaft, Schicksalsgemeinschaft, Tapferkeit, Mühe und Pflicht –, ist nicht allein durch eine historische Kontextualisierung zu erklären, sondern weist auf eklatante inhärente Schwierigkeiten hin, die (auch) mit eher vagen Hoffnungen und Zukunftsvorstellungen, diffusen Vorstellungen von Verbrüderung, einem trotz aller kämpferischen Rhetorik teils unspezifischem Humanismus zu tun haben, zu tun haben aber auch mit einer Lust an Proklamationen, die die Mängel der Gegenwart zwar konkret benennen, allerdings spätestens im Zuge der emphatischen Heroisierung der Werktätigen und ihres Alltags alle damit zusammenhängenden (und sehr sichtbaren) Konflikte und Widersprüche nivellieren. Trotz oder vielleicht auch vielmehr wegen aller emphatischen Ausrufe zeichnet sich die Arbeiterdichtung der vorliegenden Porträtreihe nicht selten durch einen konservativen Zug aus; pointiert formuliert: Stolz und Würde, das situative Moment dominieren häufig gegenüber an Schärfe, Streit, Unmut, aber auch Komplexität interessierten Versen. Die Mythisierung hat oftmals die Oberhand: Heimat und Volk, Gefühl und Religion dominieren erstaunlich häufig, teils auch nur subkutan, und öffnen unbedacht mitgeschleppten Stereotypen, kitschigen Allegorien und befremdlichen Naturalisierungen die Tür. All diese Schieflagen und Einschreibungen ließen eine aufgrund der sozialdemokratischen Kontur erwartbare Widerständigkeit gegenüber anderen Überformungen enorm fragil werden. So wiederholte sich gewissermaßen nach Abbruch der Weimarer Republik – unter anderen Vorzeichen – ein ›Sündenfall‹, den die Arbeiterdichtung zu großen Teilen 1914 ff. im patriotischen Taumel bereits einmal vollzogen hatte, auch damals vor allem mit dem Wunsch nach Partizipation und Anerkennung. Und dieser ganze Komplex machte letztlich die kaum überwindbaren Schwierigkeiten einer Wiederaufnahme und Anknüpfung nach 1945 aus.

Anmerkungen

1 B. Traven, Pseudonym von Otto Feige, der nach seiner Übersiedlung nach Mexiko 1924 unter diesem Namen publizierte; seine Bücher erschienen auf Deutsch bei der Büchergilde Gutenberg, Ernst Preczang war der zuständige Lektor.

2 Die Tatsache, dass ›Arbeiterdichtung‹ als literarisches Phänomen – in seinem historisch gebundenen Verständnishorizont – spätestens in den 1980er Jahren irrelevant geworden ist, das allgemeine wie auch fachspezifische Interesse nahezu vollständig eingebüßt hat, entbindet nicht von einer entsprechenden Klärung.

3 Klischierte Vorstellungen dessen, was ein Arbeiterdichter sei, werden im Folgenden zuhauf angetroffen; sie sind nicht zuletzt Resultat heikler Selbstdarstellungen seitens der Autoren, aber auch Ergebnis eigenwilliger Rezeptionsdynamiken.

4 Walter Köpping: Der Ruf gilt dir, Kamerad! Deutsche Arbeiterdichtung (XXII): Zusammenfassung und Ausblick, in: Gewerkschaftliche Rundschau, 16. Jg. (1963), Nr. 10, S. 611–615, hier S. 614.

5 Zit. n. Hans Heinz Hahnl: Wir stehen erst am Anfang. Eine Zusammenfassung, in: Österreichische Gesellschaft für Kulturpolitik (Hg.): Arbeiterdichtung. Analysen – Bekenntnisse – Dokumentationen. Wuppertal 1973, S. 271–281, hier S. 273.

6 Wenn der Begriff ›Arbeiterdichter‹/›Arbeiterdichtung‹ trotz aller skizzierten Problemlagen im Folgenden weiterhin Verwendung findet, so vor allem deshalb, da diese Zuschreibung für das Selbstverständnis der Autoren als auch die Wirkungsgeschichte – im zustimmenden wie ablehnenden Sinne – von eminenter Bedeutung war.

7 Einige wenige Konflikte, welche sich in der Beschäftigung mit den Arbeiterdichtern durchziehen werden – auch abseits der völkisch-nationalistischen Extreme des 20. Jahrhunderts –, seien bereits vorab genannt: die (meist eher) metaphorische Behandlung der Arbeitswelt, die emphatische Etablierung einer Erlebnispoetik, die teils mystische, teils pathetische Anrufung ›großer‹ Werte und Worte (Zukunft, Licht, Heimat, Hoffnung, Tat, Kraft etc.).

8 Fritz Martini: Art. Arbeiterdichtung, in: Werner Kohlschmidt/Wolfgang Mohr (Hg.): Reallexikon der deutschen Literaturgeschichte. Bd. 1: A–K. 2., neu bearb. Aufl. Berlin 1958, S. 97–99, hier S. 97f. Zum Verhältnis zwischen Arbeitsalltag und Dichterwahrnehmung führt Martini aus: »Der Begriff Arbeit wurde wesentlich auf das Werken an der Maschine, in der Fabrik, im Bergbau usw. bezogen; als Dichter erscheint der in diesem Bereich tätige Mensch, dessen Leben als Ich und im Kollektiv, im Seelischen und Gesellschaftlichen von diesem Schicksal Maschine und Industrie bestimmt wird.« (ebd., S. 98)

9 Dass die Vernetzung zwischen Arbeiterbewegung, Kulturverbänden, Verlagen, Redakteuren, Herausgebern und Autoren dicht und intakt war, ist primär Resultat derselben Interessenslage; die Kooperation mit der sozialdemokratischen Presse macht die Arbeiterdichtung noch nicht zwingend zu einer literarischen Bewegung.

10 Gerald Stieg und Bernd Witte gehen hinsichtlich der Beziehungen zwischen Arbeiterbewegung und Arbeiterdichtung deutlich weiter, verengen auf proletarische Selbstbehauptung: Die Kämpfe, Niederlagen und Siege der Arbeiterbewegung seien von der Arbeiterdichtung geteilt worden, sie sei der Versuch einer Klassenliteratur gewesen, »mit der das Proletariat sich seiner selbst zu vergewissern und sich gegen die kulturelle Übermacht des Bürgertums durchzusetzen versucht[e]« (Gerald Stieg/Bernd Witte: Abriß einer Geschichte der deutschen Arbeiterliteratur. Stuttgart 1973, S. 12). Walter Fähnders hingegen weist darauf hin, dass in der Beurteilung der Arbeiterliteratur immer der Gesamtzusammenhang der Arbeiterbewegung zu berücksichtigen und in den Blick zu nehmen ist: Die Funktion, Genese und Wirkung dieser Texte sei nur aus dem Zusammenspiel erklärbar, insbesondere nach der Spaltung der Sozialdemokratie in einen reformistischen und einen revolutionären Flügel (Walter Fähnders: Proletarisch-revolutionäre Literatur der Weimarer Republik. Stuttgart 1977, S. 9); vgl. zur Ausdifferenzierung des Begriffs ders.: Art. Arbeiterliteratur, in: Klaus Weimar (Hg.): Reallexikon der deutschen Literaturwissenschaft. Bd. 1: A–G. Berlin/New York 1997, S. 120–122, hier S. 120f.

11 Martini: Art. Arbeiterdichtung [Anm. 8], S. 98.

12 Ebd.

13 Ebd.

14 Christoph Rülcker: Ideologie der Arbeiterdichtung 1914–1933. Eine wissenssoziologische Untersuchung. Stuttgart 1970, S. 19.

15 Die Bemühungen der »Dortmunder Gruppe 61«, für die Gegenwart den Begriff ›Neue Industriedichtung‹ zu etablieren, gewinnen aus dieser Warte eine höhere Plausibilität, sind nicht allein Reaktion auf die ›Abwege‹ mancher Autoren der Arbeiterdichtung im Nationalsozialismus.

16 Rülcker: Ideologie der Arbeiterdichtung [Anm. 14], S. 37.

17 Karl-Georg Ruppersberger macht, auf den Begriff ›Arbeiterdichtung‹ und dessen Bedeutungsumfang angesprochen, noch auf einen anderen Widerspruch aufmerksam: »Arbeiten ist eine Notwendigkeit, wie essen, schlafen, atmen, sterben. Gibt es eine Esserdichtung, eine Schläferdichtung?« (Karl-Georg Ruppersberger, Duisburg [30 Arbeiterschriftsteller antworten auf eine Rundfrage], in: Österreichische Gesellschaft für Kulturpolitik (Hg.): Arbeiterdichtung. Analysen – Bekenntnisse – Dokumentationen. Wuppertal 1973, S. 185–186, hier S. 185)

18 Klaus-Michael Bogdal: Art. Arbeiterliteratur, in: Walther Killy (Hg.): Literaturlexikon. Bd. 13: Begriffe, Realien, Methoden. Hg. von Volker Meid. Gütersloh/München 1992, S. 41–44, hier S. 42.

19 Ebd.

20 Ruppersberger: Rundfrage [Anm. 17], S. 185.

21 Walter Köpping: »Seid einig, seid einig! – dann sind wir auch frei«. Die Solidarität als Thema der deutschen Arbeiterliteratur, in: Gewerkschaftliche Monatshefte 4/1977, S. 259–270, hier S. 260.

22 Fritz Hüser: Vorwort, in: ders./Max von der Grün in Zusammenarbeit mit Wolfgang Promies (Hg.): Aus der Welt der Arbeit. Almanach der Gruppe 61 und ihrer Gäste. Neuwied/Berlin 1966, S. 6–29, hier S. 6.

23 Rolf Dietrich konstatierte zu Beginn seines Überblicks zum Begriff und zur Geschichte der deutschen Arbeiterdichtung: »Der Begriff Arbeiterdichtung hat sich längst durchgesetzt, aber noch immer fehlt eine prägnante Definition. Die Versuche zur Klärung sind von wechselnder Buntheit, und je eingehender man sich damit befaßt, um so mehr schwindet das Vertrauen in die Möglichkeit einer eindeutigen Fixierung.« (Rolf Dietrich: Zum Begriff und zur Geschichte der deutschen Arbeiterdichtung, in: Gewerkschaftliche Monatshefte 1/1971, S. 28–41, hier S. 28) Einen ebenso konzisen wie knappen Überblick zur Arbeiterdichtung, ihrer Begriffsproblematik und Geschichte gibt Walter Fähnders: Arbeiterliteratur, Arbeiterdichtung – Begriff und Geschichte, in: Gertrude Cepl-Kaufmann/Jasmin Grande (Hg.): Schreibwelten – Erschriebene Welten. Zum 50. Geburtstag der Dortmunder Gruppe 61. Essen 2011, S. 95–100.

24 Minna Loeb: Die Ideengehalte der Arbeiterdichtung. Gießen 1932, S. 2.

25 Günter Hinz, Essen [30 Arbeiterschriftsteller antworten auf eine Rundfrage], in: Österreichische Gesellschaft für Kulturpolitik (Hg.): Arbeiterdichtung. Analysen – Bekenntnisse – Dokumentationen. Wuppertal 1973, S. 188–189, hier S. 188.

26 Horst Hensel, Kamen [30 Arbeiterschriftsteller antworten auf eine Rundfrage], in: Österreichische Gesellschaft für Kulturpolitik (Hg.): Arbeiterdichtung. Analysen – Bekenntnisse – Dokumentationen. Wuppertal 1973, S. 190.

27 Joseph Strelka: Aspekte der Arbeiterdichtung, in: Österreichische Gesellschaft für Kulturpolitik (Hg.): Arbeiterdichtung. Analysen – Bekenntnisse – Dokumentationen. Wuppertal 1973, S. 14–24, hier S. 14.

28 Vgl. Rülcker: Ideologie der Arbeiterdichtung [Anm. 14], S. 20.

29 Ebd., S. 26.

30 Rülckers Eingruppierung der Arbeiterdichter (ebd., S. 15) sollte dennoch angeführt werden, sofern sie nur im Sinne einer ersten groben Orientierung verstanden wird (zumal hierin zahlreiche Doppelnennungen vorliegen). In einer ersten Gruppe sieht er die literaturhistorisch relevanten Repräsentanten der Arbeiterdichter versammelt, etwa Max Barthel, Karl Bröger, Heinrich Lersch und Alfons Petzold. Einer zweiten Gruppe werden die während der Weimarer Republik populären Autoren zugerechnet: Bruno Schönlank, Max Barthel, Franz Diederich und Karl Henckell. Die dritte Gruppe vereint sozialdemokratisch orientierte Arbeiterdichter: Ernst Preczang, Ludwig Lessen, Alfons Petzold, Heinrich Lersch. In der vierten Gruppe schließlich finden sich weniger bedeutende, eher regional bekannte Autoren mit Nähe zur Sozialdemokratie: Julius Zerfaß, Max Dortu, Erich Grisar und Emil Ginkel.

31 Florian Vaßen: Über die Brauchbarkeit des Begriffs »Arbeiterdichtung«, in: Österreichische Gesellschaft für Kulturpolitik (Hg.): Arbeiterdichtung. Analysen – Bekenntnisse – Dokumentationen. Wuppertal 1973, S. 117–131, hier S. 119.

32 Günter Heintz: Einleitung, in: ders. (Hg.): Deutsche Arbeiterdichtung 1910–1933. Stuttgart 1974, S. 5–37, hier S. 15.

33 Ebd.

34 Ebd., S. 16.

35 Günter Heintz ist dann, erstaunlicherweise, in der abschließenden Beurteilung der Arbeiterdichter wiederum sehr wohlwollend: »Eine wichtige kultur- und bewußtseinsgeschichtliche Bedeutung dieser Dichtung dürfte darin liegen, daß sie den Versuch unternimmt, [...] die Befangenheit des einzelnen Arbeiters im Produktionsdetail und seine Ausgeliefertheit an den übergreifenden Sachzusammenhang, dessen Komplexität die Standort- und Bewußtseinslosigkeit des Einzelnen korrespondiert, zu durchbrechen, indem sie Arbeitsplatz und Arbeitssituation vergegenständlicht und in ihrer Ganzheit ansichtig macht.« (ebd., S. 20)

36 Vaßen: Über die Brauchbarkeit [Anm. 31], S. 117.

37 Ebd., S. 117f.

38 Ebd., S. 120f.

39 Julius Bab: Arbeiterdichtung. 2., erw. Aufl. Berlin 1929, S. 5.

40 Ebd.
41 Ebd., S. 13.
42 Ebd., S. 14.
43 Den Selbstaussagen der Autoren hingegen korrespondierte nicht selten eine ästhetisierende Überformung der vorgestellten Lebens- und Arbeitsverhältnisse.
44 »Daß Wille und Sehnsucht zu eigener poetischer Äußerung in der deutschen Arbeiterschaft früher da waren, als wirklich selbständige Ausdrucksform, das ist ja ganz selbstverständlich. All diese untauglichen Versuche bedeuten also keineswegs eine Schande.« (ebd., S. 16)
45 Ebd., S. 46.
46 Ebd.
47 Ebd., S. 46f.
48 Ebd., S. 48.
49 Ein zentrales Zitat Babs zur Arbeiterdichtung: »Die Tatsachen der Industrie werden ebenso wie das Gefühl für die schicksalhafte Verbundenheit der Menschen im politischen Gewebe, in der sozialen Gemeinschaft, diesen Dichtern Ziel und Mittel ihres Ausdruckswillens sein; sie werden von diesen großen Tatsachen mit Gleichnissen der Urnatur sprechen, sie werden die ursprünglichen Erscheinungen der Natur im Gleichnis dieser großen, neuen Erlebnisse auszusprechen versuchen. Denn all unser Sagen und Dichten ist ja nur ein Aneinander-, Ineinandermessen der verschiedenen Erfahrungsarten.« (ebd., S. 47)
50 Vgl. Karl Schröder: Arbeiterdichtung? – Proletarische Dichtung!, in: Arbeiter-Jugend, 20. Jg. (1928), H. 11, S. 258–259, hier S. 258.
51 Ebd.
52 Ebd., S. 259.
53 Ebd. Schröder erläutert zu dieser Problematik: »Nicht jene primitive Einteilung (ähnlich der nach ›arm‹ und ›reich‹, die Marx schon verspottete) nach Schulbildung, Elternhausmilieu usw. kommt für uns in Frage, sondern der *Deutungsinhalt, seine Verwurzelung und sein Hervorbrechen aus dem Gesellschaftssein der Arbeiterklasse*. Damit steigen wir über den alten Sinn des Wortes ›Arbeiterdichtung‹ hinaus. Da wir es aber nun nicht ändern können, daß man z.B. – rein äußerlich – auch den bürgerlich oder kirchlich reaktionär gestaltenden ›Arbeiter‹ einen Arbeiterdichter nennen wird und er es – in gewissem Sinne – ja auch ist, so wird man besser tun, für das Wort ›Arbeiterdichtung‹ und das, was *wir* darunter verstehen, einen treffenderen Ausdruck zu setzen.« (ebd.)
54 Bruno Schönlank: Einleitung, in: ders.: Sei uns, du Erde! Gedichte. Berlin 1925, S. 3–6, hier S. 3.
55 Kurt Offenburg: Einleitung, in: ders. (Hg.): Arbeiterdichtung der Gegenwart. Frankfurt am Main 1925, S. 9–14, hier S. 13.
56 Hierzu wird auf die exemplarischen Exkursionen im zweiten Abschnitt verwiesen.
57 »Dieses Buch, so unabgeschlossen seine Gestalt noch ist und so problematisch manche der Dargestellten auch sein mögen, ist trotzdem ein positiver Beweis für die Zeugungskraft der proletarischen Bewegung. So deprimierend manche Tagesereignisse sein mögen und so unzulänglich manchmal die Resultate des sozialen Kampfes zu sein scheinen: in einer Sicht und einer Schau, die größere Strecken der Zeit zusammennimmt, ergibt sich doch eine wesentlichere Aufwärtsbewegung der immer spiraligen Entwicklung. Daß die vierte Klasse, die Klasse der Arbeiter, ihren Anteil an der Gestaltung der politisch-ökonomischen Welt und schließlich ihre Stimme der geistigen Welt, in der Formung der Kultur erstritten hat, beweist das vorliegende Buch.« (Offenburg: Einleitung [Anm. 55], S. 13f.)
58 Kurt Kläber: Neuere Arbeiterdichtung, in: Kulturwille, 3. Jg. (1926), Nr. 12, S. 239.
59 Johannes R. Becher: Einen Schritt weiter!, in: Die Linkskurve, 2. Jg. (1930), Nr. 1, S. 1–5, hier S. 2.
60 Johannes R. Becher: Unsere Front, in: Die Linkskurve, 1. Jg. (1929), Nr. 1, S. 1–3, hier S. 1.
61 Ebd.
62 Ebd.
63 Ebd.
64 Ebd., S. 1f.
65 Ebd., S. 2.
66 Ebd.
67 Ebd.
68 Erik Reger: Technische Lyrik – Arbeiterlyrik, in: Die Literarische Welt, 5. Jg. (1929), Nr. 28, S. 7.
69 Ebd.
70 Ebd.
71 Ebd.
72 Ebd.
73 Ebd.
74 Ebd.
75 Ebd.
76 Ebd.
77 Erik Reger: Nationaldichter der Schwerindustrie, in: Die Weltbühne, 27. Jg. (1931), Nr. 15, S. 539–542, hier S. 539.
78 Ebd.
79 Ebd.
80 Reger bestechende Logik für seine Beobachtung lautet: »Aber die industriellen Kreise machen niemals in Idealismus, wenn sie nicht gewiß sind, daß er sich real verzinsen läßt.« (ebd., S. 540)
81 Ebd. Reger hat die damit einhergehende Form ›cleverer Paternalismus‹ in folgender Episode charakterisiert: »Glückauf Kumpel, ist das Ihr Jüngster, was soll er denn werden? – Arbeiterdichter, Herr

Direktor, er hat schon aufm Volksbildungsabend rezitiert. – Brav von Ihnen, unsrer Unterstützung soll er sicher sein, wir brauchen Leute, die das Hohelied der Arbeit singen.« (ebd., S. 541)

82 »Es gibt eine andre Art von Arbeiterdichtern: solche, die in Versen zum Kampf gegen die bestehende Weltordnung auffordern – wodurch die Verse noch nicht ohne weiteres besser werden. Aber im schwerindustriellen Herzogtum kommen sie überhaupt nicht in Erscheinung, und es versteht sich von selbst, daß die Begünstigungen und Erleichterungen, welche die Industrie ihren Dichtern gewährt, sich nur auf solche erstrecken, die sich des politischen Kampfes enthalten, verschwommen gefärbt sind und sich daher vortrefflich als Reagenzien eignen.« (ebd., S. 540)

83 Ebd., S. 542.
84 Ebd., S. 540.
85 Ebd.
86 Ebd., S. 541.
87 Reger spricht hier etwa von dichtenden Arbeitern, die mittels Ehrengaben und Auszeichnungen sich als »die letzten Nutznießer des patriarchalischen Manchestertums« (ebd.) erweisen.
88 Vgl. etwa Helmut Lethen/Helga Gallas: Arbeiterdichtung – Proletarische Dichtung. Eine historische Skizze, in: alternative, 9. Jg. (1966), Nr. 51, S. 156–161.
89 Alfred Klein: Im Auftrag ihrer Klasse. Weg und Leistung der deutschen Arbeiterschriftsteller 1918–1933. Berlin/Weimar 1972, S. 66.
90 Vgl. ebd., S. 80.
91 Ebd., S. 66.
92 Ebd., S. 80.
93 Dass die Autoren des Bunds proletarisch-revolutionärer Schriftsteller (1928–1933) als ebenso stimm- wie auflagenstarkes und literaturtheoretisch versiertes Phänomen innerhalb der Arbeiterbewegung in der maßgeblich von Walter Köpping konzipierten Reihe zur deutschen Arbeiterdichtung mit keinem Wort erwähnt werden, ist ebenso aufschlussreich wie inakzeptabel. Ein dem BPRS zuzurechnender Autor wie Kurt Kläber wird der Porträtreihe allerdings überraschenderweise ganz zum Schluss auf höchst problematische Weise einverleibt; die Darstellung seines Schreibens und Wirkens in den Jahrzehnten politischer Umbrüche ist einseitig, unvollständig und tendenziös. Ganz unerwähnt bleiben: Willi Bredel, Karl Grünberg, Hans Marchwitza, Egon Erwin Kisch, Alfred Kurella, August Wittvogel, Otto Gotsche, Johannes R. Becher, Ludwig Renn, Anna Seghers, Erich Weinert, Berta Lask und Ernst Toller. Genannt werden einige dieser Referenzpunkte nur vereinzelt bei jüngeren Schriftstellerkollegen wie dem Essener

Günter Hinz: »Autoren wie Grünberg, Gotsche, Marchwitza und Bredel, Romane wie *Brennende Ruhr, Maschinenfabrik N.&K., Sturm auf Essen* können, um bei einem bekannten Ausspruch zu bleiben, durchaus als Schwarzbrot (ideologisch-aufklärerisches) für das Volk bezeichnet werden. Tatsächlich hat die Arbeiterliteratur gerade dieser Zeit äußerst revolutionierend und bewußtseinsbildend gewirkt.« (Hinz: Rundfrage [Anm. 25], S. 188)

94 Klein: Im Auftrag ihrer Klasse [Anm. 89], S. 81.
95 »Darin liegt im Grunde eine offene Kapitulation vor den Problemen der Gegenwart, das ungewollte Eingeständnis, daß die im Kult der Arbeit behauptete Souveränität des arbeitenden Subjekts in der kapitalistischen Industriewelt nicht die reale, sondern nur eine eingebildete Aufhebung der Entfremdung ausdrückt.« (ebd.)
96 Vaßen: Über die Brauchbarkeit [Anm. 31], S. 125.
97 »Unter nationalistischen Vorzeichen kommt es an den Wendepunkten der geschichtlichen Bewegung stets zu Entscheidungen gegen die revolutionäre Arbeiterbewegung und die anderen demokratischen und antifaschistischen Kräfte.« (Klein: Im Auftrag ihrer Klasse [Anm. 89], S. 84)
98 Ebd.
99 Vgl. hierzu neben den zu Beginn genannten einschlägigen Lexikonartikeln den nicht unproblematischen Aufriss von Rolf Dietrich. Zum Begriff und zur Geschichte [Anm. 23], bes. S. 33–40. Das Hauptaugenmerk liegt beim Stichwort ›Arbeiterdichtung‹, abseits von in der Wertung abweichenden Einschätzungen, in den allermeisten Abhandlungen auf den Jahren 1910 bis 1933, sofern nicht explizit anders vermerkt; vgl. Vaßen: Über die Brauchbarkeit [Anm. 31], S. 117. Fritz Hüser hingegen weitet die Spanne der Arbeiterdichtung bewusst ins 19. Jahrhundert aus, bezieht mit gutem Recht auch Autoren wie Jakob Audorf und Wilhelm Hasenclever mit ein, die er – neben Heinrich Kämpchen – als prominente Vertreter einer ersten von insgesamt vier Generationen der Arbeiterdichtung in sein Feld führt; eine Ordnung, die allerdings nicht vollends überzeugt, da Hüser anstelle literarischer Kriterien häufig schlichtweg die Lebensdaten als Grundlage zur Etablierung einer neuen Dichtergeneration nimmt; vgl. Hüser: Vorwort [Anm. 22], S. 8–11. Gleichwohl verortet auch Hüser, kaum überraschend, die »Blütezeit der modernen Arbeiterdichtung« (ebd., S. 12) in der Weimarer Republik.
100 Friedrich G. Kürbisch hat in der Einleitung zu seiner Anthologie *Anklage und Botschaft. Die lyrische Aussage der Arbeiter seit 1900* (Hannover 1969) sechs Phasen der Arbeiterdichtung herausgearbei-

tet; als idealtypische Auftrennung ist dies leicht zu kritisieren, mag aber als erste grobe Differenzierung hilfreich sein. Die sechs Autorengruppen hat Kürbisch folgendermaßen eingeteilt (vgl. ebd., S. VII–X): »Die Vorreiter – geboren vor 1860« (Hermann Greulich, Leopold Jacoby, Heinrich Kämpchen, Andreas Scheu), »Die Verkünder – geboren zwischen 1860 und 1879« (Max Dortu, Ludwig Kessing, Gustav Kränkel, Otto Krille, Ludwig Lessen, Ernst Preczang, Hermann Thurow, Christoph Wieprecht u.a.), »Die Vollender – geboren zwischen 1880 und 1899« (Max Barthel, Karl Bröger, Gerrit Engelke, Anton Forcher, Emil Ginkel, Oskar Maria Graf, Erich Grisar, Paul Habraschka, Kurt Kläber, Paul Klose, Heinrich Lersch, Josef Luitpold, Hans Niekrawietz, Alfons Petzold, Bruno Schönlank, Alfred Thieme, Otto Wohlgemuth, Fritz Woike, Paul Zech, Julius Zerfaß u.a.), »Die Sucher – geboren zwischen 1900 und 1909« (Karl Albrecht, Gerhart Baron, Walter Bauer, Kurt K. Doberer, Hans Dohrenbusch, Rudolf Gottschalk, Artur Granitzki, Felix Hubalek, Kurt Huhn, Hans Lorbeer, Franz Osterroth, Walter Schenk, Johann Sinne, Rudolf Unger u.a.), »Die Getriebenen – geboren zwischen 1910 und 1919« (Willy Bartock, Hans Biel, Rainer Brambach, Josef Büscher, Stephan Hermlin, Stefan Heym, Peter Kilian u.a.), »Die Erfüller – geboren nach 1920« (Walter Aue, Georg Boresch, Werner Bräunig, Volker Braun, Hanns Cibulka, Heinz Czechowski, Günther Deicke, Paul Peter Gerwig, Wilhelm Grieper, Max von der Grün, Hugo Ernst Käufer, Heinz Kahlau, Kurt Küther, Bruno Leon, Richard Limpert, Engelbert Lubos, Helga M. Novak, Liselotte Rauner, Manfred Scheuch, Godehard Schramm, Kurt Steiniger, Werner Stille, Günter Westerhoff, Karl-Alfred Wolken, Gerhard Zwerenz u.a.).

101 Bogdal: Art. Arbeiterliteratur [Anm. 18], S. 42.
102 Krystyna Nowak: Arbeiter und Arbeit in der westdeutschen Literatur 1945–1961. Köln 1977, S. 32.
103 Bab: Arbeiterdichtung [Anm. 29], S. 12.
104 Ebd.
105 Vgl. hierzu im Einzelnen Bernd Witte: Literatur der Opposition. Über Geschichte, Funktion und Wirkmittel der frühen Arbeiterliteratur, in: Heinz Ludwig Arnold (Hg.): Handbuch zur deutschen Arbeiterliteratur. Bd. 1. München 1977, S. 7–45, hier S. 9–12.
106 Die Vor- und Nachteile dieser wöchentlichen Veröffentlichungen von Arbeitergedichten in parteieigenen Zeitungen vor dem Ersten Weltkrieg (Auflage: 200 000 bis 400 000 Ex.) hat Bernd Witte skizziert: »Die frühe Arbeiterliteratur war [...] im Unterschied zu der späteren, eine echte Massenliteratur, die auch die einfachen Partei- und Gewerkschaftsmitglieder erreichte. Andererseits erklärt ihre enge Bindung an die ephemeren Publikationsmedien aber auch, warum diese Literatur nicht tradiert worden ist. Mit dem Medium, in dem sie erschien, war sie auf die Wirkung des Tages angewiesen. Nur ein Bruchteil der aktuellen Produktion ist dann später in Anthologien oder Einzelausgaben neu aufgelegt und damit der Nachwelt überliefert worden.« (ebd., S. 9)
107 Exemplarisch seien die Anthologien von Konrad Beißwanger (*Stimmen der Freiheit. Blüthenlese der hervorragendsten Schöpfungen unserer Arbeiter- und Volksdichter*. Nürnberg 1900) und Franz Diederich (*Von unten auf. Ein neues Buch der Freiheit*. 2 Bde. Berlin 1911) genannt.
108 Martin H. Ludwig: Arbeiterliteratur in Deutschland. Stuttgart 1976, S. 16.
109 Ebd., S. 29.
110 Nowak: Arbeiter und Arbeit [Anm. 102], S. 44.
111 Richard Limpert, Gelsenkirchen [30 Arbeiterschriftsteller antworten auf eine Rundfrage], in: Österreichische Gesellschaft für Kulturpolitik (Hg.): Arbeiterdichtung. Analysen – Bekenntnisse – Dokumentationen. Wuppertal 1973, S. 176.
112 Christoph Wieprecht: Selbstbildnis, in: Wilhelm Haas (Hg.): Antlitz der Zeit. Sinfonie moderner Industriedichtung. Selbstbildnis und Eigenauswahl der Autoren. Berlin 1926, S. 146.
113 Walter Köpping: Der 1. Mai im Spiegel der deutschen Arbeiterdichtung, in: Gewerkschaftliche Monatshefte 5/1965, S. 276–283, hier S. 276.
114 »Nach anfänglichen Schwierigkeiten bei der Publikation, die bei den meisten Autoren noch in die Zeit vor 1914 fallen (z.B. Petzold, Bröger, Krille, Barthel), ordnen sie sich den Normen des bürgerlichen Kulturbetriebs ein. Bürgerliche Autoren und Mäzene spielen oft noch die Vermittler, z.B. Dehmel oder der ›Kreis der Werkleute auf Haus Nyland‹ (Jakob Kneip, Wilhelm Vershofen und Josef Winckler), die eine Art zeitgenössischer ›Industriedichtung‹ propagierten und in der Zeitschrift *Quadriga* ein eigenes Publikationsorgan besaßen, das sich den Arbeiterdichtern öffnete.« (Stieg/Witte: Abriß einer Geschichte [Anm. 10], S. 90)
115 Hinzuzufügen ist zur präziseren Einschätzung, dass die Arbeiterdichtung nicht als populäre Volksdichtung zu sehen ist. Die Auflagen lagen jeweils bei wenigen Tausend Exemplaren; präzise Zahlen für einzelnen Bände liefert Rülcker (Ideologie der Arbeiterdichtung [Anm. 14], S. 28). Am Kaufpreis können die verhältnismäßig überschaubaren Erfolge überwiegend nicht gelegen haben, denn von einigen bürgerlichen Verlagen abgesehen, die eine höherwertige Ausstattung präferierten, legte

beispielsweise der Arbeiterjugend-Verlag seine schmalen Bände von Karl Bröger, Otto Krille, Max Barthel, Heinrich Lersch, Ludwig Lessen u.a. zu günstigem Preis in diversen Aufmachungen (kartoniert, Halbleinen, Halbleder) vor.

116 Ebd., S. 44.

117 Hierzu im Einzelnen Arnold Maxwill: »Halmdicht stehn weit die Feinde, / Die Felder rauschen von Blut«. Die Kriegslyrik 1914-1918 zwischen mythischer Verklärung, nationalistischer Aggressivität und religiöser Überformung, in: Literatur in Westfalen 14 (2016), S. 55–114; ders.: Nur Nationalpatriotismus, Volkstum und Stammesart? – Die Literatur des Ersten Weltkriegs in Westfalen, in: Literatur in Westfalen 15 (2017), S. 45–108; ders.: Literarische Inszenierungen der ›Heimatfront‹ in Westfalen (1914–1926), in: Westfälische Forschungen 68 (2018), S. 83–121.

118 Heinrich Lersch: Der Weg des deutschen Arbeiters zu seiner Dichtung [1930/1934], in: ders.: Skizzen und Erzählungen aus dem Nachlaß. Hg. von Christian Jenssen. Hamburg 1940, S. 69–75, hier S. 73.

119 Ebd.

120 Alfred Klein spricht vor »dem Hintergrund des Versagens der kleinbürgerlichen Arbeiterdichter gegenüber den Anforderungen der Epoche« von einem »Bruch mit den revolutionären Traditionen der Arbeiterdichtung« – und führt das Verhalten von »aktiven Kollaborateuren« wie Barthel, Bröger und Lersch im Jahr 1933 an, weist auf die verheerenden Kontinuitäten an, unterscheidet klar zwischen jenen Schriftstellern, die sich bewährten, und jenen, die versagten (Klein: Im Auftrag ihrer Klasse [Anm. 89], S. 51). Bewährt haben sich aus Kleins Perspektive ausschließlich die Akteure des Bunds proletarisch-revolutionärer Schriftsteller, etwa Hans Marchwitza, versagt hingegen zahlreiche in vorliegender Reihe porträtierte Arbeiterdichter.

121 Ludwig Rubiner: Nachwort, in: ders. (Hg.): Kameraden der Menschheit. Dichtungen zur Weltrevolution. Eine Sammlung. Potsdam 1919, S. 173–176, hier S. 173f.

122 Nowak: Arbeiter und Arbeit [Anm. 102], S. 36.

123 Die insbesondere durch den Ersten Weltkrieg beschleunigten Umbrüche sind nicht zu unterschätzen: »Die junge Generation fand bei ihrem Eintritt in das Berufsleben einen weitaus höheren Grad der kapitalistischen Arbeitsteilung vor, als es ihn im 19. Jahrhundert gegeben hatte. Der einzelne sah sich einem immer undurchdringlicher werdenden Mechanismus unterworfen und in einer Masse von Menschen verschwinden. [...] Der kapitalistische Charakter der Produktionsverhältnisse und die Tatsache der Ausbeutung sind seitdem viel schwerer zu begreifen und dichterisch sinnfällig zu machen.« (Klein: Im Auftrag ihrer Klasse [Anm. 89], S. 78)

124 Vgl. Heinz Ludwig Arnold: Von der ›benutzten‹ zur missbrauchten Literatur. Deutsche Arbeiterdichtung von den 1840er Jahren bis in die 1930er Jahre, in: ders. (Hg.): Benutzte Lyrik. München 2007, S. 4–13, hier S. 11.

125 Über die Qualität der nahezu unausgesetzt publizierten Gedichtbände wäre gesondert und mit einem differenzierten Blick zu urteilen; sie geht in jedem Fall, wenig überraschend, mit dem quantitativen Ausstoß nicht immer kongruent.

126 Ein grundlegender, nicht gänzlich überzeugender Gegenentwurf kommt aus der materialistischen Literaturwissenschaft: »Der Zerfall der Arbeiterdichtung in extrem auseinanderstrebenden Richtungen, die weltanschaulich-politischen Schwankungen unter ihren Hauptvertretern, das Fehlen einer richtungsweisenden Zentralgestalt im Endergebnis vor allem die Tatsache, daß sich die Mehrzahl der mit der Sozialdemokratie verbundenen Arbeiterdichter von Ludwig Lessen bis Karl Bröger außerstande zeigte, mit der geschichtlichen Entwicklung Schritt zu halten und die konsequente Wiederherstellung des revolutionären Charakters der Arbeiterbewegung durch die Kommunistische Partei Deutschlands mitzuvollziehen, verbietet es, den Zeitraum zwischen 1910 und 1925 als Aufschwungsperiode zu betrachten. Die bisher getroffenen Feststellungen erhärten vielmehr die These, daß es sich um eine tiefgreifende, alle Momente der Stellung des Schriftstellers in der Gesellschaft und alle geistigen Grundlagen des literarischen Schaffens berührende Krise handelt.« (Klein: Im Auftrag ihrer Klasse [Anm. 89], S. 50)

127 Vgl. Wolfgang Eggerstorfer: Schönheit und Adel der Arbeit. Arbeitsliteratur im Dritten Reich. Frankfurt am Main 1988, S. 104f.

128 Das Publikum der Arbeiterdichter ist – trotz anderslautender Selbstauskunft der Autoren – eher die sozialdemokratisch orientierte, literarisch interessierte bürgerliche Schicht.

129 »Analog dazu ist festzustellen, daß die Schriftsteller Jakob Kneip, Wilhelm Vershofen und Josef Winckler, die als Wortführer der Werkleute auf Haus Nyland großen Einfluß auf Lersch und andere gehabt haben, bürgerlicher Herkunft waren und sich in ihren ständischen Vorstellungen auch nie davon zu lösen vermochten. Der ›Arbeiterdichter‹ Alfons Petzold wurde von Frida von Meinhardt, Karl Bröger von Franz Muncker, Heinrich Lersch von Carl Sonnenschein und Gerrit Engelke von Richard Dehmel gefördert, eine Tatsache, die zumeist positiv als Beweis für die Zunahme an

Qualität und Anerkennung der ›Arbeiterdichter‹ gewertet wird, die aber mit mehr Recht als Beweis für ihre ideologische Position herangezogen werden kann.« (Vaßen: Über die Brauchbarkeit [Anm. 31], S. 125)

130 Wie sehr die reformistische Arbeiterdichtung im bürgerlichen Lager tatsächlich reüssierte, lässt sich nicht schlussendlich verifizieren, doch Autoren wie Otto Wohlgemuth brachten in den 1920er Jahren ihre Gedichtbände in hochwertiger Ausstattung auf den Markt, wussten die Ökonomie der Aufmerksamkeit für sich in Anspruch zu nehmen.

131 Jürgen Rühle: Literatur und Revolution. Die Schriftsteller und der Kommunismus. München/Zürich 1963, S. 140. Zu erinnern ist in diesem Zusammenhang auch an den Vorwurf, die Sozialdemokratie sei nur bedingt eine Förderin der Arbeiterdichtung gewesen: »Anstatt vom politischen Einfluß, der großen Mitgliederzahl und der ausgedehnten Basisarbeit der SPD zu profitieren, fristeten Literatur, Kunst und Theater ein völlig untergeordnetes Dasein am Rande der großen Massenveranstaltungen der Partei. Zwar hatte sich die SPD-Führung schon in den Jahren während und nach den Sozialistengesetzen nicht sonderlich um die Entwicklung einer eigenständigen Arbeiterliteratur gekümmert, aber was damals als taktisch motivierte Konzentrierung einer Oppositionspartei auf wichtigere politische Aufgaben verständlich gewesen sein mag, muß in den Zwischenkriegsjahren als politische Fahrlässigkeit erscheinen. Nirgends wird von der regierenden Partei der Weimarer Republik der Versuch unternommen oder wenigstens ermutigt, die Grundlagen und Möglichkeiten der Arbeiterliteratur theoretisch zu formulieren.« (Alexander Stephan: Zwischen Verbürgerlichung und Politisierung. Arbeiterliteratur in der Weimarer Republik, in: Heinz Ludwig Arnold (Hg.): Handbuch zur deutschen Arbeiterliteratur. Bd. 1. München 1977, S. 47–81, hier S. 55)

132 Lethen/Gallas: Arbeiterdichtung [Anm. 88], S. 157.

133 Hans Mühle: Zur Einführung, in: ders. (Hg.): Das proletarische Schicksal. Ein Querschnitt durch die Arbeiterdichtung der Gegenwart. Gotha 1929, S. V–XVIII, hier S. V.

134 Ebd.

135 Ebd.

136 Ebd., S. VII.

137 Ebd., S. XIII.

138 Auch das Gros der Arbeiterdichter innerhalb der Porträtreihe beließ es häufiger beim individuellen Blick, changierend zwischen Mühsal, Arbeiterstolz und Feierabend.

139 Ebd., S. IX.

140 Ebd., S. XII. Dass die Mehrzahl der Gedichte in Mühles Anthologie diesen Ansprüchen kaum gerecht werden, macht Julius Bab in seiner Besprechung deutlich und wirft dem Herausgeber eine fahrlässige Verwechslung von Stoff und Form vor: »Ob ich im Stil, in Zeichnung oder Farbe der Gotik eine Madonna male oder eine Proletarierfrau von 1925, das tut sehr wenig zur Sache: Es bleibt nachempfundene Gotik. Und von einem modernen Werk wäre erst dann zu reden, wenn ich Madonna oder Proletarierin in einem Stil darstelle, der Lebensform, Gefühl, Denkart des proletarischen Menschen ausdrückt, und also ganz ungotisch ist. Die weitaus meisten Stücke der Mühleschen Anthologie geben aber die Tatsachen des proletarischen Lebens in Bildern und Klängen, die aus der deutschen Romantik oder ihrer Variation in der 48er-Poesie, die von Heine oder von Schiller stammen.« (Bab: Arbeiterdichtung [Anm. 29], S. 53)

141 Letztlich wiederholte sich so der kriegerische Nationalismus, dem die Arbeiterdichtung zu nicht geringen Teilen bereits im Sommer 1914 gefolgt war.

142 »Da der Arbeiter Mitglied der großen ›Volksgemeinschaft‹ geworden sei, brauche er sich auch nicht mehr um die literarische Gestaltung seiner Klasseninteressen zu bemühen, denn so etwas gäbe es gar nicht mehr. Folgerichtig stehen im Mittelpunkt der Arbeitsdichtung nicht der Arbeiter und seine klassenspezifischen Bedürfnisse, sondern der Akt der Arbeit [...].« (Nowak: Arbeiter und Arbeit [Anm. 102], S. 47)

143 Rülcker: Ideologie der Arbeiterdichtung [Anm. 14], S. 16.

144 Ebd., S. 18.

145 Schon in der Anthologie *Das proletarische Schicksal* (1929) war – dies als Einblick zur bereits in der Erstausgabe vorgenommenen Gewichtung – die Anzahl der pro Autor aufgenommenen Gedichte sehr bezeichnend: Max Barthel 22, Karl Bröger 16, Alfons Petzold 16, Heinrich Lersch 12, Erich Grisar 11, Ludwig Lessen 10, Otto Wohlgemuth 7, Oskar Maria Graf 7, Kurt Kläber 7, Christoph Wieprecht 6, Gerrit Engelke 6, Max Dortu 6, Julius Zerfaß 5, Otto Krille 4, Paul Zech 4, Bruno Schönlank 4, Ernst Preczang 1; die Angaben folgen der Darstellung von Simone Barck: Art. Das proletarische Schicksal, in: dies. u.a. (Hg.): Lexikon sozialistischer Literatur. Ihre Geschichte in Deutschland bis 1945. Stuttgart/Weimar 1994, S. 381–383, hier S. 381. Für die stark überarbeitete Neuausgabe der Anthologie wurden 1935 nur zehn dieser Arbeiterdichter übernommen; Autoren wie Ludwig Lessen, Erich Grisar, Ernst Preczang, Otto

Krille, Kurt Kläber, Paul Zech und Bruno Schönlank wurden aus politischen Gründen eliminiert.
146 Hans Mühle (Hg.): Das proletarische Schicksal. Ein Querschnitt durch die Arbeiterdichtung der Gegenwart. Gotha 1929, S. XIX.
147 Hans Mühle (Hg.): Das Lied der Arbeit. Selbstzeugnisse der Schaffenden. Ein Querschnitt durch die Arbeitsdichtung der Gegenwart. Gotha 1935, S. 12.
148 Vgl. Mühle (Hg.): Das proletarische Schicksal [Anm. 146], S. II; ders. (Hg.): Das Lied der Arbeit [Anm. 147], S. II.
149 Durch Zusammenarbeit des Herausgebers Mühle mit der Deutschen Arbeitsfront, dem Reichsnährstand, dem Reichsstande des Deutschen Handwerks sowie dem Arbeitsdienst wird die Sammlung der »Selbstzeugnisse der Schaffenden« – ›geadelt‹ mit einem Vorwort von Robert Ley und der Widmung »Dem schaffenden Volke und seinem ersten Arbeiter« – tatsächlich Programm: Es sind, dem Anspruch nach, sämtliche Arbeiter des Volkes inkludiert; das zeigt sich nicht zuletzt im Anhang des Bandes, dort wird die ganze Bandbreite deutscher Werktätiger – samt Zuweisung der einzelnen Dichter zu ihrem ›eigentlichen‹ Berufsfeld – minutiös aufgeführt: »Durch dieses Buch sprechen: Angestellter, Arbeitsloser, Arbeitsmann im Arbeitsdienst, Bäcker, Bauarbeiter, Bauer, Bauernmagd, Bergmann, Betriebsführer, Böttcher, Bühnenarbeiter, Dozent, Drechsler, Eisendreher, Fabrikarbeiterin, Filmdramaturg, Fischer, Gelegenheitsarbeiter, Grenzlandpfarrer, Handwerksbursche, Hüttenarbeiter, Ingenieur, Kesselschmied, Kohlenschipper, Korrektor, Kriegsbeschädigter, Landarbeiter, Landfrau, Lehrer, Lehrerin, Maschinist, Matrose, Metallarbeiter, Pflasterer, Postbetriebsarbeiter, SA-Mann, Schauspieler, Schlosser, Schmied, Schuhmacher, Schulungsleiter, Soldat, Steinhauer, Streckenarbeiter, Student, Tiefbauarbeiter, Tischler, Töpfer, Tüncher, Uhrmacher, Vertreter, Weber«. (ebd., S. 285; ebenso auf den Klappen des Schutzumschlags)
150 Hans Mühle: Einführung, in: ders. (Hg.): Das Lied der Arbeit. Selbstzeugnisse der Schaffenden. Ein Querschnitt durch die Arbeitsdichtung der Gegenwart. Gotha 1935, S. 6–11, hier S. 7.
151 Ebd., S. 8.
152 Ebd.
153 Ebd., S. 8f.
154 »Der deutsche Bauer, Handwerker und Soldat hat aus dem *Arbeitserlebnis* eine wunderbare Fülle von Arbeitsdichtungen geschaffen. Mit der Maschine wurde der Takt der Arbeit schärfer, die Fabrikarbeit ist die am meisten rhythmisierte Arbeit der gesamten Arbeitskultur der Menschheit. Es ist daher auch kein Zufall, daß aus dem Raume der Industriearbeit nach der hohen Kultur des Bauern- und Handwerkliedes der erste Ansatz zu einem neuen, aus der Ergriffenheit des Industrieerlebnisses geformten Arbeiterliedes kam.« (ebd., S. 6f.)
155 Walther G. Oschilewski: Nachwort, in: Karl Bröger: Volk ich leb aus dir. Gedichte. Jena 1936, S. 64–66, hier S. 64.
156 Ebd.
157 Lersch: Der Weg des deutschen Arbeiters [Anm. 118], S. 69f.
158 Ebd., S. 71f.
159 Ebd., S. 74.
160 Ebd., S. 74f.
161 Ebd., S. 75.
162 Dietrich: Zum Begriff und zur Geschichte [Anm. 23], S. 38.
163 Hüser: Vorwort [Anm. 22], S. 12.
164 Ebd.
165 Die Arbeiterdichter inszenierten daher nicht selten geschickt ihre proletarische Herkunft, ihre Sonderstellung im Literaturbetrieb: Autor mit schwieliger, vernarbter Hand. Als Kuriosa waren diese ›Sänger der Industrie‹ im bürgerlichen Milieu gern gesehen. Was teils als geschicktes Spiel mit biografischen Versatzstücken zu interpretieren ist (Paul Zech), ist bei anderen Protagonisten eher als taktisches Manöver innerhalb der Ökonomie der Aufmerksamkeit zu verstehen: Da werden Aufenthalte in Bergwerk und Fabrik zur einschneidenden Erfahrung aufgebauscht, da wird die bescheidene Herkunft zum Extrem ausbuchstabiert, da wird der eigenen Biografie in einer Mischung von Verknappung und Redseligkeit geschickt das passende Maß an originärer Exotik und gesellschaftlicher Brisanz verliehen.
166 Rülcker spricht von einer »proletarischen Dichtung ohne Klassenbewußtsein«, die sich allzu stark in die bürgerliche Gesellschaft integrieren möchte; vgl. Christoph Rülcker: Proletarische Dichtung ohne Klassenbewußtsein. Zu Anspruch und Struktur sozialdemokratischer Arbeiterliteratur, in: Wolfgang Rothe (Hg.): Die deutsche Literatur der Weimarer Republik. Stuttgart 1974, S. 411–433.
167 Lethen/Gallas: Arbeiterdichtung [Anm. 88], S. 157.
168 Zum literarischen Profil der »Gruppe 61«, ihrer Tradition und Intention siehe etwa Peter Kühne: Arbeiterklasse und Literatur. Dortmunder Gruppe 61, Werkkreis Literatur der Arbeitswelt. Mit einem Essay von Urs Jaeggi. Frankfurt am Main 1972, S. 53–85; ders.: Die Anfänge einer Arbeiterliteratur in der Bundesrepublik und die Gewerkschaften, in: Gewerkschaftliche Monatshefte 7/1974, S. 338–348, hier S. 339–343.

169 Der Optimismus hinsichtlich einer großen Zukunft der Arbeiterliteratur war bei Köpping, abseits aller begrifflichen Unsicherheit, ungebrochen: »Arbeiterliteratur, Arbeiterdichtung, Industriedichtung, welchen Namen man auch wählen mag – dieser Zweig unserer Literatur befindet sich in voller Entfaltung. Die Arbeiterliteratur hat mehr an Zukunft vor sich, als an Vergangenheit hinter sich.« (Walter Köpping: Der gesellschaftspolitische Stellenwert der Arbeiterliteratur, in: Gewerkschaftliche Monatshefte 6/1974, S. 329–337, hier S. 337)

170 Das Vorhaben einer »kritischen Beschäftigung mit der früheren Arbeiterdichtung und ihrer Geschichte«, wie es noch 1964 in der ersten Auflage des Programms der »Dortmunder Gruppe 61« hieß, wurde in den nachfolgenden Auflagen ersatzlos gestrichen; dieser Hinweis findet sich bei Kühne: Arbeiterklasse und Literatur [Anm. 168], S. 74.

171 So wiederholten sich in den 1960er Jahren einige Krisen der Hochindustrialisierung (Stichwort: Überproduktion), doch darüber schwiegen sich die Autoren mehrheitlich aus; auch die strukturelle Krise des Ruhrbergbaus wurde von schreibenden Zeitgenossen zunächst allenfalls partiell thematisiert.

172 »Ein müßiger Streit um Begriffe ist entstanden: Soll man diese Texte als ›Arbeiterdichtung‹, als ›Industriedichtung‹, als ›soziale Literatur‹ oder als ›Arbeiterliteratur‹ bezeichnen? Einige versuchen gar eine Wiederbelebung des Begriffs ›proletarische Literatur‹. Es wäre bedauerlich, wenn solcher Streit Energien abzieht und die Wirkung dieser Literatur beeinträchtigt. Es ist politisierende Literatur, die sich der arbeitenden Menschen und ihrer Probleme annimmt. Sie wurde zu einem guten Teil von arbeitenden Menschen selbst geschaffen, und sie wendet sich in erster Linie an Menschen in abhängiger Arbeit. Die Bewertung von Inhalt und Form, der Zusammenhang zwischen beiden, werden von den Autoren unterschiedlich gesehen. Der künstlerische Anspruch reicht vom Streben nach sprachlich vollendeten Gedichten bis zur schmucklosen politischen Aussage.« (Köpping: Der gesellschaftspolitische Stellenwert [Anm. 169], S. 331)

173 Walter Köpping: Die Arbeitswelt als Thema moderner Lyrik. Die deutsche Arbeiterdichtung fand eine würdige Nachfolge, in: Gewerkschaftliche Monatshefte 7/1964, S. 412–420, hier S. 419.

174 Ebd., S. 419f.

175 »Die jungen Schriftsteller ergreifen heute das Geschäft des Schreibens unmittelbar, nachdem sie Schule und Universität verlassen haben, und kaum einer, der die Welt des Wirtschaftslebens in der Arbeit selbst erlebt hat, ihm fehlt das Erlebnis des modernen Betriebes, insbesondere des Großbetriebes, als eines erregenden Schauplatzes menschlicher Größe und menschlicher Niedrigkeit, als eines Ortes artistischer Sensationen und metaphysischer Erlebnisse ersten Ranges.« (Alfred Andersch: Die moderne Literatur und die Arbeitswelt, in: Frankfurter Allgemeine Zeitung, 24.7.1959)

176 »Die Welt, in der wir leben, ist noch nicht literarisch fixiert. Die Arbeitswelt zumal scheint noch nicht in den Blick gerückt zu sein. Wo ist das Porträt eines Arbeiters, wo die Zeichnung eines Maurers, wo agieren die Mädchen in der Fabrik, wo bewachen Roboter die rötlichen Flammen? [....] Insgesamt: man beschreibt das Individuum, das es sich leisten kann, Gefühle zu haben, den Menschen im Zustand einer ewigen Feiertags, den Privatier für alle Zeiten. Arbeiten wir nicht? ist unser tägliches Tun so ganz ohne Belang? Geschieht wirklich gar nichts zwischen Fabriktor und Montagehalle, ist das Kantinengespräch ohne Bedeutung, prüft kein Labor seine lebenslänglichen Sklaven?« (Walter Jens: Antwort auf eine Umfrage nach dem ›Gesicht der deutschen Literatur der Gegenwart‹, in: Die Kultur, Nr. 155 (1960), S. 5)

177 Hüser: Vorwort [Anm. 22], S. 24f.

178 Ebd., S. 25.

179 Das etwas voreilige Urteil Hüsers, die auch nach 1933 weiterhin publizierenden Autoren seien »mißbraucht« worden, kann bei genauerer Betrachtung der Werkgeschichte, also etwa von Druckerzeugnissen und Nachlässen, nicht unbedingt aufrecht erhalten werden.

180 Köpping: Die Arbeitswelt als Thema [Anm. 173], S. 420.

181 Walter Köpping: Die Frage nach der Würde des Menschen. Unsere Arbeiterdichtung hält kritischen Prüfungen und Vergleichen stand, in: Bergbau und Wirtschaft, 13. Jg. (1960), Nr. 11, S. 573–576, hier S. 576.

182 Köpping: Der gesellschaftspolitische Stellenwert [Anm. 169], S. 331.

183 Ebd., S. 336.

184 Gut beobachtet ist in diesem Zusammenhang auch folgender Einwand: »Bei der Arbeiterdichtung kommt es primär darauf an, daß sie gelesen oder sonstwie von den richtigen Gruppen wahrgenommen wird, und nicht in teuren Anthologien schläft. Daraus allein ergibt sich ihr Wert.« (Heinrich Frese, Gelsenkirchen [30 Arbeiterschriftsteller antworten auf eine Rundfrage], in: Österreichische Gesellschaft für Kulturpolitik (Hg.): Arbeiterdichtung. Analysen – Bekenntnisse – Dokumentationen. Wuppertal 1973, S. 183–184, hier S. 183)

185 Köpping: Die Arbeitswelt als Thema [Anm. 173], S. 412.

186 In seinem Artikel *Dichtung ist Antwortgeben* zeigt von der Grün sich 1960 noch als emphatischer Befürworter der Arbeiterdichtung: »Wer nichts zu sagen hat, und drechselt er noch so schöne Reime und bezwingt die Sprache so, daß sie Gebilde sprachlicher Vollendung ist, der schreibe für sich und für seine eigene Erbauung. Dichtung ist Antwortgeben! Aufzeigen das Verborgene, Sichtbarmachen das Sichtbare, Greifbarmachen das Greifbare – die Arbeiterdichtung hat diesen hohen Leitsatz erfüllt. Die Arbeiterdichtung kann nicht totgeschwiegen, erst recht nicht totgeredet werden. Sie lebt weiter, sie wirkt weiter.« (Max von der Grün: Dichtung ist Antwortgeben. Wahrheit und Schönheit in unserer Arbeiterdichtung, in: Bergbau und Wirtschaft, 13. Jg. (1960), Nr. 12, S. 632–634, hier S. 634)

187 Zugleich machte Traven immer wieder von sich aus den Bezug zu Arbeitern stark, auch als Erklärung für seine extreme Zurückgezogenheit, für den bewussten Schleier vor seiner Biografie: »Ich fühle mich nicht als Person, die im breiten Licht stehen will. Ich fühle mich als Arbeiter innerhalb der Menschheit, namenlos und ruhmlos wie jeder Arbeiter, der seinen Teil dazu beiträgt, die Menschheit einen Schritt weiter zu bringen.«

188 An dieser Stelle ist nochmals – ohne Anspruch auf Vollständigkeit – zu erwähnen, wer abseits der Autoren des Bunds proletarisch-revolutionären Schriftsteller ebenfalls nicht in die Porträtreihe der Arbeiterdichter aufgenommen wurde: Max Dortu (1878–1935), Hermann Claudius (1878–1980), Julius Zerfaß (1886–1856), Josef Luitpold (1886–1966), Wilhelm Vershofen (1878–1960), Jakob Kneip (1881–1958), Christoph Wieprecht (1875–1942). Walter Köpping weist in seinem Schlussbeitrag nur auf einige wenige fehlende Beiträge, etwa zu Oskar Maria Graf, Wilhelm Haas und Hans Dohrenbusch, hin; vgl. Köpping: Zusammenfassung und Ausblick [Anm. 4], S. 611.

189 Heinz Ludwig Arnold hat es folgendermaßen zusammengefasst: »Diese Literatur war aber nicht nur das unbestechliche Gedächtnis dieser Geschichte; sie war vor allem auch Mittel zum Zweck, sie wurde benutzt, um das Leid und die Sehnsüchte zu formulieren und um all jene zu versammeln, die die Wirklichkeit im Sinne ihrer auch durch Literatur zum Bewusstsein gelangten Klasse umformten.« (Heinz Ludwig Arnold: Von der ›benutzten‹ zur missbrauchten Literatur. Deutsche Arbeiterdichtung von den 1840er Jahren bis in die 1930er Jahre, in: ders. (Hg.): Benutzte Lyrik. München 2007, S. 4–13, hier S. 4)

190 Dass die literarische Faktur der Texte ebenfalls zu berücksichtigen ist, hat Günter Heintz konstatiert: »Man griffe jedoch entschieden zu kurz, billigte man diesen Texten lediglich unter literatursoziologischem Aspekt Interesse zu, da man in ihnen die politische Stellungnahme einer Gesellschaftsschicht suchte.« (Heintz: Einleitung [Anm. 32], S. 18) Dies ist zugleich als Kritik an der Position Christoph Rülckers zu verstehen; dieser hatte eine rein soziologische Analyse von Gedichten mit folgenden Fragen präferiert: Welche gesellschaftlichen Systeme werden im Text angenommen, welche abgelehnt? Welche Symbole, Normen und Werte werden vermittelt? Wie wird die soziale Realität in ihren Ursachen beschrieben? Werden neue Erfahrungen beschrieben?; vgl. Rülcker: Ideologie der Arbeiterdichtung [Anm. 14], S. 2f.

191 Bab: Arbeiterdichtung [Anm. 29], S. 11.

192 Kurt Offenburg: Einleitung, in: ders. (Hg.): Arbeiterdichtung der Gegenwart. Frankfurt am Main 1925, S. 9–14, hier S. 11. Offenburgs klassenkämpferische Skizze, dass Arbeiterdichtung nicht zuletzt stolzes Resultat vorheriger Auseinandersetzungen um »den Anteil an Leben und Politik« (ebd., S. 12) sei, ist allerdings nur unter Anerkennung vorhandener gesellschaftlicher Konflikte denkbar – eine politisierte Perspektive, der sich das Gros der Arbeiterdichter zwar verbal, aber unter Ausschluss damit unmittelbar verbundener Folgerungen angeschlossen hätte.

193 Siegfried Röder: Der Ruf gilt dir, Kamerad! Deutsche Arbeiterdichtung (II): Grundzüge des Naturalismus, in: Bergbau und Wirtschaft, 14. Jg. (1961), Nr. 12, S. 578–580, hier S. 578. Inwieweit der literarische Naturalismus nicht nur sozialkritisch, sondern darüber hinaus auch von »kämpferisch-propagandistischen Aussagen« (ebd.) durchdrungen ist, darf allerdings mit einem Fragezeichen versehen werden.

194 Vgl. Gerald Stieg: Thesen zur Arbeiterlyrik von 1863 bis 1933, in: Österreichische Gesellschaft für Kulturpolitik (Hg.): Arbeiterdichtung. Analysen – Bekenntnisse – Dokumentationen. Wuppertal 1973, S. 26–36, hier S. 34.

195 Walter Köpping: Der Ruf gilt dir, Kamerad! Deutsche Arbeiterdichtung (IV): Richard Dehmel (1863–1920), in: Gewerkschaftliche Rundschau, 15. Jg. (1962), Nr. 2, S. 109–113, hier S. 113.

196 Ebd. Dehmels Bedeutung für die Arbeiterdichtung in seiner Rolle als Vermittler und Korrespondent macht folgendes Schreiben an Paul Zech in dessen Funktion als Herausgeber der Zeitschrift *Das neue Pathos* deutlich: »Lieber Herr Zech! Hier schicke ich Ihnen eine Reihe Gedichte von einem jungen Unbekannten, die wie geboren für Ihre neue Zeitschrift sind. Der Mann heißt Gerrit Engelke und ist ein gewöhnlicher Stubenmaler (Anstreichergehilfe), 21 Jahre alt, ein wahres Wunder. Ich bin

sonst immer mißtrauisch gegen sogenannte Naturpoeten und gehe mit Empfehlungen überhaupt sehr sparsam um, aber hier muß ich eine Ausnahme machen. Bis jetzt hat er nicht die geringsten Beziehungen zur »Literatur«, lebt ganz zurückgezogen, will auch vorläufig auf meinen Rat (damit er nicht in den Sumpf der Boheme gerät) bei seinem Handwerk bleiben, sehnt sich aber natürlich heraus aus der zeit- und kraftraubenden Tagelöhnerei. [...] Ich meine: drucken Sie mindestens fünf der Gedichte auf einmal ab und schreiben Sie ein paar Worte davor, daß Deutschland noch nicht verloren ist, solange die Volksschule solche Jünglinge zeitigt! – Alles weitere (wenn möglich, auch etwas Honorar!) bitte ich direkt mit dem Dichter zu verhandeln, denn meine Korrespondenzlast ist fürchterlich.« (Richard Dehmel an Paul Zech, 16. März 1913, in: ders.: Dichtungen, Briefe, Dokumente. Hg. und mit einem Nachwort versehen von Paul Johannes Schindler. Hamburg 1963, S. 225)

197 Franz Osterroth: Der Ruf gilt dir, Kamerad! Deutsche Arbeiterdichtung (I): Wie sie entstand, wie sie sich entwickelte, in: Bergbau und Wirtschaft, 14. Jg. (1961), Nr. 11, S. 522–528, hier S. 524.
198 Köpping: Richard Dehmel [Anm. 195], S. 113. Köppings Begründung zur ausführlichen Würdigung Dehmels nivelliert allerdings die Differenz zwischen Korrespondenz und Literatur: »Dehmel war nicht selbst Arbeiterdichter, aber er war seelenverwandt den besten Kräften in der Arbeiterbewegung.« (ebd.) Doch auch noch so anteilnehmende Briefwechsel gehen nicht zwangsläufig mit einem »prägenden Einfluß« (ebd., S. 110) auf die Arbeiterdichtung einher.
199 Josef Büscher: Der Ruf gilt dir, Kamerad! Deutsche Arbeiterdichtung (III): Josef Winckler – Herold und Schrittmacher, in: Gewerkschaftliche Rundschau, 15. Jg. (1962), Nr. 1, S. 38–42, hier S. 41.
200 Ebd., S. 38.
201 Ebd., S. 40.
202 Ebd.
203 Ebd.
204 Ebd.
205 Ebd.
206 Büschers Winckler-Porträt erfüllt zumindest insofern seinen Zweck, als es einen geschlossenen Eindruck erweckt und somit nicht unmittelbar zum Einspruch auffordert.
207 Josef Winckler: Eiserne Sonette. Leipzig 1914, S. 4.
208 Ebd., S. 23.
209 Josef Winckler: Kunst und Industrie (I), in: Quadriga, 2. Jg. (1912), S. 68–89, hier S. 89.
210 Ebd., S. 88.
211 Winckler: Eiserne Sonette [Anm. 207], S. 12.
212 Josef Winckler: Selbstbildnis, in: Wilhelm Haas (Hg.): Antlitz der Zeit. Sinfonie moderner Industriedichtung. Selbstbildnis und Eigenauswahl der Autoren. Berlin 1926, S. 171. – Wincklers Selbstverständnis sei hier zum besseren Nachvollzug im Kontext zitiert: »Mein Verhältnis zur Industrie entsprang der Tatsache meines Erlebnisses in der Industrie und meiner Existenz durch sie. Ich war in Deutschland mit Paul Zech der erste, der ihr bis dahin als unkünstlerisch verschrienes Problem dichterisch zu meistern versuchte, nachdem in Europa nur Verhaeren uns vorausgegangen war. Philipp Witkop sang noch zu meiner Zeit: ›Wie ich dich hasse, Heimat du!‹ – Der Triumph menschlicher Arbeitsgröße, die Dämonie industrieller Erscheinungen rissen mich hin; aber ich war nicht, wie oft mißdeutet, ein blinder Lobpreiser – ich habe auch den Industrieherren kulturelle Verpflichtungen in meinen ›Eisernen Sonetten‹ gepredigt, huldigte nur nie dem Masseninstinkt, sondern dem schöpferischen Tatmenschen. Dabei hat es gerade mir an schmerzlichsten Enttäuschungen nicht gefehlt, und meine Überzeugung heißt, daß unter den deutschen Großindustriellen nicht ein einziger Kulturschöpfer vorhanden ist, nur ödeste Geschäftsfanatiker, wie die Masse der Industriearbeiter eine blöde Helotenherde bisher blieb.« (ebd.)
213 Winckler: Eiserne Sonette [Anm. 207], S. 12.
214 Ebd., S. 13.
215 Ebd.
216 Winckler: Selbstbildnis [Anm. 212], S. 171.
217 Winckler: Eiserne Sonette [Anm. 207], S. 13.
218 Ebd., S. 15.
219 Ebd., S. 17.
220 Walter Köpping: Der Ruf gilt dir, Kamerad! Deutsche Arbeiterdichtung (V): Vor 50 Jahren starb Heinrich Kämpchen, in: Gewerkschaftliche Rundschau, 15. Jg. (1962), Nr. 3, S. 168–173, hier S. 169.
221 Ebd.
222 »Das neue Bergrecht ermöglichte den Unternehmern eine Ausdehnung der Arbeitszeit. Die meisten Bergarbeiter waren nun 10 Stunden und in Einzelfällen sogar 12 Stunden unter Tage. Nach Belieben ordneten die Werksbesitzer Überstunden und Überschichten an, so daß wintertags mancher Kumpel wochenlang kein Sonnenlicht sah. Er ging von einer Nacht in die andere.« (ebd., S. 170)
223 »Die ersten Bergarbeiterstreiks sind Ausbrüche des Zorns und der Verzweiflung. Die Streikenden konnten sich kaum Erfolgschancen ausrechnen: Die Unternehmer waren stark, und sie hatten die Staatsgewalt auf ihrer Seite, die Arbeiter waren unerfahren und uneinig. Mit Streikunterstützung war nicht zu rechnen, aktive Funktionäre mußten auf

Maßregelung gefaßt sein, die wiederum besonders schmerzlich traf, da man zu dieser Zeit noch keine Arbeitslosenunterstützung kannte. Daß es dennoch zu den Streiks kam, das bezeugt die unsägliche, unerträgliche Not, der die Bergarbeiter ausgesetzt waren.« (ebd., S. 169f.)
224   Ebd., S. 170.
225   Heinrich Kämpchen: Etwas vom Nullen, in: Deutsche Berg- und Hüttenarbeiter-Zeitung, 16.5.1896, S. 1.
226   Welche Probleme damit verbunden waren, davon berichtet Köpping gut informiert im Kämpchen-Porträt: »Das Streikerlebnis, die Erfahrung, daß der Bergmann zum Kämpfen gezwungen ist, führte endlich im August 1889 zur Gründung einer Bergarbeitergewerkschaft, die unter dem Namen ›Alter Verband‹ in die Gewerkschaftsgeschichte eingegangen ist. Es war der ernsthafte Versuch, eine Einheitsgewerkschaft zu schaffen. Im § 1 der Statuten wurde ausdrücklich bestimmt, daß Politik und Religion aus dem Verbandsleben ausgeschlossen seien. Leider war die Bergarbeiterschaft sich nicht einig: 1894 kam es zur Gründung des Gewerkvereins christlicher Bergarbeiter, 1902 folgte die Polnische Berufsvereinigung, daneben gab es eine liberale Hirsch-Dunckersche Gewerkschaft, gelbe Organisationen trieben ihr Unwesen, und ein großer Teil Bergarbeiter war überhaupt nicht organisiert.« (Köpping: Heinrich Kämpchen [Anm. 220], S. 169)
227   Ebd. Was in diesem Kontext nicht vergessen werden darf: Auch die Unternehmer organisierten sich frühzeitig, gründeten 1858 den Bergbaulichen Verband, 1893 das Rheinisch-Westfälische Kohlensyndikat.
228   In Köppings Darstellung wird diese historische Situation ein wenig zu dramatisch inszeniert: »Die Bergarbeiter standen vor der Wahl, sich vollständig zu unterwerfen und auch den Rest von Menschenwürde und Menschenrecht aufzugeben oder eine Auflehnung gegen die Macht, den Herrschaftsanspruch der Unternehmer zu wagen.« (ebd.)
229   Heinrich Kämpchen: Warnung, in: Deutsche Bergarbeiter-Zeitung, 10.5.1902, S. 1.
230   Zit. n. Köpping: Heinrich Kämpchen [Anm. 220], S. 172.
231   Heinrich Kämpchen: Die Jagd nach dem »Soll«, in: Deutsche Berg- und Hüttenarbeiter-Zeitung, 11.2.1899, S. 1.
232   Der Name der *Bergarbeiter-Zeitung* hat sich im Laufe weniger Jahrzehnte mehrmals geändert, ein Überblick (ohne Berücksichtigung der wechselnden Beilagen): *Glück-Auf!* (1889), *Zeitung der deutschen Bergleute* (1889–1891), *Deutsche Berg- und Hüttenarbeiter-Zeitung* (1891–1900), *Deutsche Bergarbeiter-Zeitung* (1900–1904), *Bergarbeiter-Zeitung*

(1905–1928), *Die Bergbau-Industrie* (1929–1933), *Der deutsche Bergknappe* (1933–1939).
233   Wie bedeutend und singulär diese schriftstellerische Haltung Kämpchens war, zeigt sich nicht zuletzt daran, dass er Jahrzehnte später nicht nur wiederentdeckt und intensiv rezipiert wurde, sondern für zahlreiche Bergbaudichter zur wichtigen Bezugsgröße wurde. Kurt Küther etwa äußerte sich zu seinem Vorbild Kämpchen, dessen Nachfolge anzutreten er sichtlich bemüht war, folgendermaßen: »Ich bin Bergmann und habe die Absicht, in meinen Schriften die schwere, dreckige und gesundheitsgefährdende Arbeit des Bergmanns sichtbar zu machen. Ich wende mich gegen die Abstempelung des Menschen im Betrieb zur Nummer und übe Zeitkritik. Ich versuche nicht nur für meine Kumpel zu schreiben, sondern auch für diejenigen, die der Arbeitswelt verständnislos gegenüberstehen. Ich rufe auf zur Einigkeit der Arbeitsabhängigen gegen Kapitalismus und Unterdrückung. Wenn ich meinen Kumpels helfen kann, durch Beschreibung ihrer Lage ihre Situation zu erkennen und durch Selbsterkennen zum Selbstverstehen zu gelangen, habe ich einiges erreicht, denn Selbsterkenntnis ist der erste Weg zur Besserung, sagt ein altes Sprichwort.« (Kurt Küther, Bottrop [30 Arbeiterschriftsteller antworten auf eine Rundfrage], in: Österreichische Gesellschaft für Kulturpolitik (Hg.); Arbeiterdichtung. Analysen – Bekenntnisse – Dokumentation. Wuppertal 1973, S. 174–175, hier S. 174f.)
234   Heinrich Kämpchen: Bergmannsloos, in: Zeitung der deutschen Bergleute, 24.10.1891, S. 1.
235   Wilhelm Berneiser: Heinrich Kämpchen zum Gedächtnis, in: Die Bergbau-Industrie, 5.3.1932, S. 58.
236   »Großen Vorbildern hat er in seinen Liedern ein Denkmal gesetzt, wie z.B. Heine, Schiller, Zola, Annette von Droste-Hülshoff und anderen. Auch der näheren Umgebung hat er sich erinnert und ihm liebgewordenen Personen, die aus dem Leben gerissen wurden, einen Nachruf gewidmet.« (ebd.)
237   Zeitungsartikelrecherche in der Autorendokumentation des Fritz-Hüsers-Instituts.
238   Josef Büscher: Der Ruf gilt dir, Kamerad! Deutsche Arbeiterdichtung (VI): Ludwig Kessing (1869–1940), in: Gewerkschaftliche Rundschau, 15. Jg. (1962), Nr. 4, S. 233–237, hier S. 236.
239   Ebd., S. 233.
240   Ludwig Kessing: Haue und Harfe. Gedichte. Essen 1926, S. 65.
241   Ludwig Kessing: Auf zum Licht! Gedichte. Essen 1924, S. 23.
242   Büscher: Ludwig Kessing [Anm. 238], S. 236.
243   Kessing: Haue und Harfe [Anm. 240], S. 47.
244   Kessing: Auf zum Licht! [Anm. 241], S. 17.

245 Büscher: Ludwig Kessing [Anm. 238], S. 236.
246 Ebd.
247 Kessing: Auf zum Licht! [Anm. 241], S. 71.
248 Josef Büscher: Ludwig Kessing. Bergmann – Kämpfer – Dichter – Christ, in: Einheit, 22. Jg. (1969), Nr. 17, S. 11.
249 »Durchgebogen Holz an Holz, / Eingeknickt der Menschen Stolz, / Knappen nahen, naß vom Schweiß, / Lautes Keuchen, hart und heiß, / Nun ein unterdrückter Fluch, / Einer Bahre feuchtes Tuch, / Ein entseelter Körper drauf. / Bergarbeiterlos. Glückauf!« (Kessing: Auf zum Licht! [Anm. 241], S. 93)
250 Ebd., S. 29.
251 Ebd., S. 83.
252 »Ein solch wahres Leben, wie es Otto Krille geführt hat, muß wieder und wieder geführt werden, einmal als demütige Fackel und zum anderen für Gesundung und Gesunderhaltung eines Volkes, auch wenn die Nachwelt keine Kränze flicht und keine Denkmale erbaut, denn nur in der Bewährung wird ein Dichter Wahrheit.« (Max von der Grün: Der Ruf gilt dir, Kamerad! Deutsche Arbeiterdichtung (VII): Otto Krille (1878–1953), in: Gewerkschaftliche Rundschau, 15. Jg. (1962), Nr. 5, S. 295–298, hier S. 297)
253 Bab: Arbeiterdichtung [Anm. 29], S. 13.
254 Von der Grün: Otto Krille [Anm. 252], S. 296.
255 Otto Krille: Aus engen Gassen. Gedichte. 2., erw. Aufl. München 1926, S. 10.
256 Ebd., S. 11.
257 Ebd.
258 Ebd., S. 62.
259 Otto Krille: Der Wanderer im Zwielicht. Zürich 1936, S. 62.
260 Ebd.
261 Ernst Preczang: Im Strom der Zeit. Gedichte. Stuttgart 1908, S. 21.
262 Ebd., S. 30.
263 Max von der Grün: Der Ruf gilt dir, Kamerad! Deutsche Arbeiterdichtung (VIII): Ernst Preczang (1870–1949), in: Gewerkschaftliche Rundschau, 15. Jg. (1962), Nr. 6, S. 360–363, hier S. 361.
264 Ebd.
265 Helga Herting: Einführung. Leben und Werk Ernst Preczangs, in: Ernst Preczang: Auswahl aus seinem Werk. Hg. von ders. Berlin 1969, S. VII–XXXVI, hier S. XIV.
266 Josef Büscher: Der Ruf gilt dir, Kamerad! Deutsche Arbeiterdichtung (IX): Ludwig Lessen (1872–1943), in: Gewerkschaftliche Rundschau, 15. Jg. (1962), Nr. 7, S. 422–426, hier S. 423.
267 Ebd.
268 Ebd., S. 425.
269 Ebd.
270 Ludwig Lessen: Wenn Arbeiter erzählen ..., in: Die Neue Zeit, 37. Jg. (1919), Nr. 26, S. 619–624, hier S. 619.
271 Ebd.
272 Ebd., S. 623f.
273 Walter Köpping: Der Ruf gilt dir, Kamerad! Deutsche Arbeiterdichtung (X): Paul Zech (1881–1946), in: Gewerkschaftliche Rundschau, 15. Jg. (1962), Nr. 8, S. 494–497, hier S. 494.
274 Ebd.
275 Ebd.
276 Paul Zech: Selbstbildnis, in: Wilhelm Haas (Hg.): Antlitz der Zeit. Sinfonie moderner Industriedichtung. Selbstbildnis und Eigenauswahl der Autoren. Berlin 1926, S. 207–208, hier S. 207.
277 Köpping: Paul Zech [Anm. 273], S. 495f.
278 Ebd., S. 496.
279 Dieser Hinweis findet sich bei Frank Trommler: Sozialistische Literatur in Deutschland. Ein historischer Überblick. Stuttgart 1976, S. 395.
280 Paul Zech: Das schwarze Revier. Gedichte. Neue, erw. Ausg. München 1922, S. 18.
281 Ebd., S. 14.
282 Paul Robert [d.i. Paul Zech]: Das schwarze Revier [Rez.], in: Die Aktion, 18.6.1913, Sp. 619.
283 So gibt Zech 1929, gewohnt angriffslustig, auf eine Rundfrage zum Thema ›proletarische Dichtung‹ Folgendes zur Antwort: »Das hat nichts mit proletarischer Dichtung zu tun, daß parteipolitisch organisierte Sozialisten (oder deren freundwillige Nachbarn und dergleichen) die Vokabeln Fabrik, Schacht, Maschine, Barrikade und Revolution als Kulisse aufnehmen und vor solchen Hintergründen im Stil schlechter bürgerlicher Gedichtwerke ein von Zustandschilderungen und sozialer Kritik prasselndes Gesinnungsfeuerwerk exekutieren. So lobenswert an sich das öffentlich-künstlerische Bekenntnis der sozialistischen Gesinnungen sein mag, und obgleich es vielleicht sogar über die suggestive Kraft verfügt, die noch Lauen und Schwerfälligen aus dem gleichen proletarischen Elendshaufen zur entscheidenden Tat wachzutrommeln: mit der Manifestierung eines neuen aktiven proletarischen Kunstwillens hat diese bloße Milieu- und Gesinnungsdichtung nichts gemein.« (Paul Zech [Eine Rundfrage über proletarische Dichtung], in: Die Literarische Welt, 5. Jg. (1929), Nr. 28, S. 3) Zech geht sogar so weit, die Arbeiterdichter als »Schießbudenfiguren« zu diskreditieren, die ihre »arbeiteraristokratische Haltung in keinem Wort verleugnen können«, aber glücklicherweise »in der deutschen Arbeiterschaft im weitesten Maße unbekannt« sind. (ebd.) Zech selbst verwehrt sich gegenüber der Bezeichnung ›Arbeiterdichter‹, inszenierte sich jedoch andererseits in Selbstbeschreibungen gern als ›Kohlenhauer unter Kohlenhauern‹, als Einer von Vielen.

284 Zech: Das schwarze Revier [Anm. 280], S. 24.
285 Ebd.
286 Robert: Das schwarze Revier [Anm. 282], Sp. 619.
287 Allein die Wahl des knappen, kühlen Gedichttitels ist bereits Hinweis auf die nachfolgende Perspektivierung.
288 Zech: Das schwarze Revier [Anm. 280], S. 19.
289 Ebd., S. 31.
290 Ebd., S. 35.
291 Josef Büscher: Der Ruf gilt dir, Kamerad! Deutsche Arbeiterdichtung (XI): Alfons Petzold (1882–1923), in: Gewerkschaftliche Rundschau, 15. Jg. (1962), Nr. 9, S. 559–563, hier S. 560.
292 Ebd., S. 561.
293 Ebd.
294 Ebd., S. 562.
295 Ebd., S. 563.
296 Alfons Petzold: Gesang von Morgen bis Mittag. Eine Auswahl der Gedichte. Wien/Leipzig 1922, S. 132.
297 »Aus den finsteren Löchern des sozialen Unrechtes komme ich hervor. Dort kauerte ich jahrelang und schrieb im Hunger und Dunkel die Klage und den Haß der Armen in zerbrochenen Versen nieder. Einmal trat ich durch ein schwarzes Tor, Krankheit genannt, und stand im Lichte des Erkennens und Könnens. [...] Ich singe das Lied der Hölle und der Himmel, leide die Schmerzen aller Kreaturen, sinke tief in den Schmutz der Menschen und verkünde strahlenden Auges den Sieg der reinen Sterne. Ich bin der Beharrende und alle Fesseln sprengende, der strenge nüchterne Richter und der jede Tat Verzeihende, der weiß, das alles Gute und Schlechte nur Sehnsucht über sich hinauszukommen ist. So bin ich der Nur-Dichter, der nicht frägt, nicht handelt, nicht glaubt, nicht zweifelt, sondern nur singt!« (Alfons Petzold: Im Spiegel, in: ders.: Gesang von Morgen bis Mittag. Eine Auswahl der Gedichte. Wien/Leipzig 1922, S. 5–6, hier S. 5f.)
298 Petzold: Gesang von Morgen bis Mittag [Anm. 296], S. 125.
299 »Aus den vierzehn Versbüchern, die im Kreise von zwölf Jahren erschienen sind, wählte ich die Gedichte zu dieser Sammlung aus. Sie stehen gleich Bildtafeln zu beiden Seiten eines Weges, den ein Dichtermensch bergauf und -ab, über freies Land und durch Dickicht, durch helle Nächte und dunkle Tage gehen mußte. Die ganze Fülle der Erlebnisse einer beinahe immer bald schmerzlich, bald fröhlich wachen Seele ist in ihnen: Klage und Jubel, Demut und Empörung, Lächeln der Blindheit, Qual des Sehens, Hingebung und Abwehr, Erniedrigung und Erhöhung, Versuchung und Anbetung.« (Alfons Petzold: Nachwort, in: ders.: Gesang von Morgen bis Mittag. Eine Auswahl der Gedichte. Wien/Leipzig 1922, S. 177)
300 Das gilt ebenso, anders gelagert und mit jeweils spezifischer Kontur, für Heinrich Lersch und Max Barthel.
301 Max von der Grün: Der Ruf gilt dir, Kamerad! Deutsche Arbeiterdichtung (XII): Karl Bröger (1886–1944), in: Gewerkschaftliche Rundschau, 15. Jg. (1962), Nr. 10, S. 622–625, hier S. 622.
302 Ebd., S. 624.
303 Ebd.
304 Hingewiesen sei als Ergänzung zu von der Grüns Darstellung – Bröger als tragisches Opfer der Zeitläufe – auf die ausgewogene Wertung Rülckers: »Der Propagandarummel, der von den Nationalsozialisten bei seinem Begräbnis inszeniert wurde, die Tatsache, daß seine Gedichte in einer Gesamtausgabe verlegt wurden und daß ihn kein Schreibverbot betraf, wirft zwar einiges Zwielicht auf die untadelige Haltung, doch es genügt nicht für ein Urteil über seine Einstellung.« (Rülcker: Ideologie der Arbeiterdichtung [Anm. 14], S. 17)
305 Max von der Grün: Sein Name wurde schamlos mißbraucht. Am 10. März würde der Arbeiterdichter Karl Bröger 75 Jahre alt, in: Bergbau-Rundschau, 13. Jg. (1961), Nr. 3, S. 129.
306 »Schon im Jahre 1919 schrieb er aus Fichteschem Geist in einer bei Eugen Diederichs erschienen Flugschrift: ›Arbeit ist keine Ware, die zu kaufen oder zu verkaufen ist. Arbeit will Kraft zur Freude, damit ihr Werk von dieser Kraft getragen sei. Arbeit ist die Ehre, die allen zukommt in gleichem Maß. Die Arbeit will wieder ein menschliches Gesicht, darin sich die Gottheit spiegelt.‹« (Walther G. Oschilewski: Der Sänger der Sozialistischen-Arbeiter-Jugend. Karl Bröger zum Gedächtnis, in: Vorwärts, 1.5.1954, S. 6)
307 Ebd.
308 Ebd. Im krassen Widerspruch dazu steht folgende, im Vokabular bereits verräterische Darstellung im selben Beitrag: »Die Gedichtbücher *Flamme, Deutschland, Unsere Straßen klingen, Die vierzehn Nothelfer, Der Vierkindermann*, in denen Erdfrömmigkeit, Naturgefühl, mythische Weltschau und Heimatliebe zu einem einzigen Hymnus zusammenklingen, bezeugen, wie stark Karl Bröger dem Urgrund des Volkes verhaftet gewesen ist.« (ebd.)
309 Walther G. Oschilewski: Nachwort, in: Karl Bröger: Volk ich leb aus dir. Gedichte. Jena 1936, S. 64–66, hier S. 64.
310 »Autoren wie Bröger und Lersch, die sich nie für die Revolution begeistern konnten, deckten die Realität mit ihrem Traum von Gemeinschaft, Volk, Vaterland und Heimat zu, den sie aus dem Krieg mit in den Frieden genommen hatten.« (Eggerstorfer: Schönheit und Adel [Anm. 127], S. 50)

311 Karl Bröger: Selbstbildnis, in: Wilhelm Haas (Hg.): Antlitz der Zeit. Sinfonie moderner Industriedichtung. Selbstbildnis und Eigenauswahl der Autoren. Berlin 1926, S. 31.

312 Karl Bröger [Eine Rundfrage über proletarische Dichtung], in: Die Literarische Welt, 5. Jg. (1929), Nr. 28, S. 3.

313 Ebd.

314 Ebd.

315 Vgl. Klein: Im Auftrag ihrer Klasse [Anm. 89], S. 61f.

316 Karl Bröger: Deutsche Republik. Berlin 1926, S. 7f.

317 »Bröger umgeht vor allem den gesamten proletarischen Alltag, angefangen von den Auswirkungen der kapitalistischen Rationalisierung bis hin zum Existenzkampf der Arbeitslosen und ihrer Familien während der Wirtschaftskrise. Individuelles und Gesellschaftliches werden so weit auseinandergerissen, daß die Aussagen über kollektive Probleme die Lage des Individuums unberücksichtigt lassen und die individuellen Empfindungen und Reflexionen im rein Privaten steckenbleiben.« (Klein: Im Auftrag ihrer Klasse [Anm. 89], S. 105)

318 Rühle: Literatur und Revolution [Anm. 131], S. 140.

319 Fritz Hüser: Im Schatten der Tragik. Karl Bröger zum Gedächtnis, in: Vorwärts, 10.3.1961, S. 13.

320 Dass Brögers verherrlichende Gedichte zur Überlegenheit der Deutschen als Kulturnation im Ersten Weltkrieg missverstanden worden seien und daher »den Machthabern nach 1933 willkommen waren, um die Arbeiter für sich und ihre Kriegspläne zu gewinnen«, so Hüsers Behauptung (ebd.), ist eine wohlmeinende Geste, doch nichtsdestotrotz falsch: Die Ideologie der völkischen Dominanz ist in diesen Gedichten tatsächlich enthalten.

321 Max von der Grün: Der Ruf gilt dir, Kamerad! Deutsche Arbeiterdichtung (XIII): Heinrich Lersch (1889–1936), in: Gewerkschaftliche Rundschau, 15. Jg. (1962), Nr. 12, S. 747–751, hier S. 748.

322 Ebd.

323 Vgl. exemplarisch folgenden Auszug aus Lerschs ›Selbstbildnis‹: »Die allzu viele und allzu schwere Arbeit, der Zehnstundentag, technische Versuche nach Feierabend, verbrauchten seine Gesundheit. Als ihn nun noch die Liebesleidenschaft durchwühlte, wurde er krank. Fing in der Einsamkeit an zu dichten, lernte die Natur bewußt lieben und die Stadt hassen. Von der Krankheit gesundete er, vom Dichten konnte er nicht mehr lassen. Seine Mutter bestürmte ihn, doch lieber technisches Rechnen und Zeichnen zu lernen. Er konnte ihr den Gefallen nicht tun. Zwar war er kein Schnapsbrenner noch Sozialdemokrat geworden, aber vernünftige Leute sagen, Dichter sei schlimmer als beides zusammen.« (Heinrich Lersch: Das ist es. Kleines Selbstbildnis [1923], in: ders.: Skizzen und Erzählungen aus dem Nachlaß. Hg. von Christian Jenssen. Hamburg 1940, S. 11–16, hier S. 11f.)

324 Heinrich Lersch: Gott der Arbeit. Ansprachen an die Hitler-Jugend [1935], in: ders.: Skizzen und Erzählungen aus dem Nachlaß. Hg. von Christian Jenssen. Hamburg 1940, S. 18–33, hier S. 25.

325 Heinrich Lersch: Deutschland! Lieder und Gesänge von Volk und Vaterland. Jena 1918, S. 84.

326 Heinrich Lersch: Herz! Aufglühe dein Blut. Gedichte im Kriege. Jena 1916, S. 29.

327 Klein: Im Auftrag ihrer Klasse [Anm. 89], S. 96.

328 Ebd.

329 Hierzu die Darstellung Max von der Grüns: »Unter Volk versteht Lersch den Arbeiter, und die Parole nach 1933 vom ›Arbeiter der Stirn und Faust‹ hat ihn so stark beeindruckt, daß er Hitler und seine Partei als die alleinigen Verwirklicher der Ziele ansah, die sich die Arbeiterschaft gesteckt hatte.« (Von der Grün: Heinrich Lersch [Anm. 321], S. 749)

330 Ebd., S. 750.

331 Heinrich Lersch: Der Weg des Arbeiters [1935], in: ders.: Skizzen und Erzählungen aus dem Nachlaß. Hg. von Christian Jenssen. Hamburg 1940, S. 16–18, hier S. 16.

332 Ebd., S. 16f.

333 Ebd., S. 17.

334 Ebd.

335 »Nach Deutschland, heim ins Reich, in die Nation, in den Sozialismus! Die Deutsche Arbeitsfront beginnt überall, die Werkhöllen zum Aufenthalt für Arbeitsmenschen zu machen. Die ›unheimlichen‹ Fabriken werden zur Arbeitsheimat gemacht: Hier sind wir! Hier bleiben wir! Wir wollen uns in Stolz der Arbeit freuen!« (ebd.)

336 »Der Arbeiter gibt seine Kraft der Arbeit; die Arbeit muß ihm Kraft durch Freude geben! Dem Arbeiter darum die Eisenbahnen, die Brücken, die Schiffe, die Berge, die Seen, die Täler, die Flüsse, die Wälder und das Meer! Die Arbeitsfront erobert dem Arbeiter die Freudefront! Für ihn die Sportplätze, die Turnhallen. Für ihn die Musiksäle, die Oper, die Schauspiele: die Kunst! Für ihn die Bücher, die Vortragsräume, für ihn das Kulturgut der Deutschen! Damit er sich selber bewußt werde, als stolzer Bezwinger der Materie: der schöpferische Arbeitsgestalter.« (ebd.)

337 Lersch: Gott der Arbeit [Anm. 324], S. 26.

338 Ebd., S. 25.

339 Ebd., S. 26.

340 Lersch verweist hierzu immer wieder auf seine Kindheit (ein Narrativ, das bruchlos in die Rezeption übernommen wurde): »In dem Fabrikviertel,

in dem ich aufwuchs, gab es nicht nur Arbeiter. Da wohnten Kleinhandwerker, Schuster und Schneider, Maurer, Eisen- und Straßenbahner. Kinder fragen meist nicht viel nach dem Stand des Vaters, sie spielten alle miteinander. Wenn es aber einmal zu einem Streit kam, da konnte der Arbeiterjunge ein noch so prächtiger Kerl sein, er hatte nichts zu entscheiden. »Du und du, und ihr drei, ihr könnt nicht mehr mittun, dein Vater ist ein Fabrikspöngel, und ihr alle seid ganz gewöhnliches Arbeiterpack! Von euch kann man ja doch nichts Gutes lernen!« Das war ja natürlich nicht das Kind, was aus dem Munde des Jungen sprach, sondern die Familie, die Eltern ... Fabrikarbeiter, das war das Todesurteil.« (ebd., S. 25f.)

341 Ebd., S. 27. Lersch verbindet dies mit einer weithin populären Form des Antiintellektualismus: »Ich bin stolz darauf, daß ich nicht bei Schiller und Goethe in die Lehre ging, sondern bei Schmied und Gießer, daß ich euer Kumpel war und euer Kumpel geblieben bin [...].« (ebd.)

342 Ebd., S. 29.

343 Heinrich Lersch: Brief an Jakob Kneip [1921], in: ders.: Briefe und Gedichte aus dem Nachlaß. Hg. von Christian Jenssen. Hamburg 1939, S. 69–72, hier S. 71.

344 »Die im Vergleich zu Bröger und Barthel weitaus engere Verbundenheit mit dem Arbeitsprozeß setzte Lersch nicht nur in den Stand, eine größere Fülle realistischer Details zur Geltung zu bringen, sondern inspirierte ihn zeitweise auch zu scharfen Attacken gegen das herrschende System.« (Klein: Im Auftrag ihrer Klasse [Anm. 89], S. 108)

345 Ebd., S. 109.

346 Heinrich Lersch: Brief an Max Barthel [8.3.1918], in: ders.: Erzählungen und Briefe. Hg., mit Einl. und Anm. versehen von Johannes Klein. Bd. 2. Düsseldorf/Köln 1966, S. 420–422, hier S. 421.

347 Rülcker: Ideologie der Arbeiterdichtung [Anm. 14], S. 17.

348 Klein: Im Auftrag ihrer Klasse [Anm. 89], S. 72. Klein ergänzt dazu an anderer Stelle: »Da er das Wesen der kapitalistischen Produktionsweise nicht durchschaut, vermag er das Verhältnis zwischen Produzent und Produkt, Mensch und Werk nur in seiner allgemeinsten Form zu fassen. Damit ignoriert er die wichtigste und bestimmende Seite der Produktionsverhältnisse, nämlich die [...] Eigentumssituation, sowie den Zwangscharakter der Arbeit in der Klassengesellschaft.« (ebd., S. 107)

349 Steffen Elbing: Heinrich Lersch (1889–1936). Eine literaturpolitische Biographie. Bielefeld 2014, S. 213f.

350 Ebd., S. 214.

351 Lersch: Der Weg des deutschen Arbeiters [Anm. 118], S. 72. Lersch führt dazu aus: »Maschinen bekamen ihr Lied, heldische Taten der Arbeiter fanden ihre Sänger.« (ebd.) Zufrieden konstatiert er, damit sei »das selbstbedauernde Elendsgestöhn überwunden«.

352 Lersch: Brief an Jakob Kneip [Anm. 343], S. 433. Lersch schildert dort Kneip seine Mühsal: »Das ist immer das Ende der Arbeit in der Werkstatt: schaff ich mit dem verbeulten Körper in der Schmiede, so schmeckt mir das Essen nicht. Ich werde mager. Und wenn ich kein Fett ansetze, so fang ich an zu denken: warum das so ist, und das ist so. Und weil mein Magen rebelliert, so denk ich immer noch mehr, weil ich nicht Ruhe zum Verdauen habe. Und dann fängt das Elend an. Das Denken verdichtet sich, und alles ›gipfelt‹ in der einen Sehnsucht: Schreiben! Schreiben! – Bis die Nacht mich weckt und mich in die Rippen stößt: Schreibe. Und weiter. Unausgeschlafen in die Arbeit. Fiebrig vor Unruhe, die sich auf das simpelste Geschäft überträgt. Ich komme trotzdem nicht voran! Wut, Wühlerei – Rhythmus der Gedanken fegt ins Gebein! Nach drei, vier Stunden – müde, kaputt, knochenlahm.« (ebd., S. 433f.)

353 Elbing: Heinrich Lersch [Anm. 349], S. 290.

354 Das nicht gestillte Bedürfnis des ›ewigen Außenseiters‹ nach Anerkennung wird von Elbing zu stark und zu einfühlsam, zu sehr zur umfassenden Erklärung ausgebaut: »Das früh prägende Gefühl, zu kurz gekommen zu sein, machte Lersch anfällig für nationalsozialistische Parolen, die soziale Besserung und Abrechnung mit den mutmaßlich Schuldigen an seiner misslichen Lage versprachen – trotz seiner Skepsis gegenüber politischen Organisationen und ihren ideologischen Missionaren.« (ebd., S. 291)

355 Klein: Im Auftrag ihrer Klasse [Anm. 89], S. 72.

356 Alfred Klein kommentierte Barthels ebenso irrigen wie flinken Anpassungen in diesen Jahrzehnten folgendermaßen: »Sein späterer Lebensweg führte ihn über die Rückkehr zur Sozialdemokratie bis zur enthusiastischen Anerkennung des Dritten Reiches und von da wieder zu dem Versuch einer Anbiederung an die demokratisch-sozialistische Bewegung, bis er schließlich in die Anpassung an das westdeutsche ›Wirtschaftswunder‹ mündete.« (ebd., S. 111)

357 Ebd., S. 74.

358 Vgl. etwa Max Barthel: Deutschland. Lichtbilder und Schattenrisse einer Reise. Berlin 1926.

359 Max Barthel: Vorwort, in: ders.: Revolutionäre Gedichte. Stuttgart 1919, S. 4.

360 Angetan zeigte sich Ludwig Lessen von Barthels Gedichten: »Barthels Persönlichkeit ist an zwei Erscheinungen gewachsen: am Sozialismus und an Goethescher Menschheitsvertiefung. Auch Spuren

Dehmelschen Einflusses lassen sich deutlich erkennen. Bewußt strebt der Dichter dem Typus eines neuen Menschentums zu; aber dieser Mensch ist im Grunde genommen doch nichts weiter als der Goethesche Idealmensch: Edel sei der Mensch, hilfreich und gut. Eine allumfassende Liebe hat auch hier einem berufenen Poeten die Wege geebnet, hat ihn herausgehoben über Kriegslärm und Fabrikstaub, über Alltagsvergänglichkeit und flüchtiges Gegenwartshaschen. Dabei ist seine künstlerische Form immer glücklich gewählt und überzeugend in ihrer Wirkung. Das Beschauliche liegt ihm ebenso wie die mitreißend-lodernde Glut. Kraft und Naivität paaren sich in seinem Können. Seine Wortgewaltigkeit verhilft ihm zu vertiefter Eindringlichkeit.« (Ludwig Lessen: Neue Gaben zweier Arbeiterdichter, in: Die Neue Zeit, 38. Jg. (1920), Nr. 20, S. 470–475, hier S. 473)

361 Klein: Im Auftrag ihrer Klasse [Anm. 89], S. 113.
362 Ebd., S. 111.
363 Ebd., S. 136.
364 Ebd., S. 137. Für Klein ist dies insbesondere deshalb verwerflich, da es – in seiner Perspektive – Barthel den Vorwurf des Klassenverrats, der Aufgabe gemeinsamer Sache einbringt; entsprechend harsch sein Urteil: »Mit seiner Loslösung von der revolutionären Arbeiterbewegung begann auch der Verfall seiner ohnehin nur lockeren Klassenverbundenheit und seines Talents.« (ebd.)
365 Werner Tillmann: Der Ruf gilt dir, Kamerad! Deutsche Arbeiterdichtung (XIV): Max Barthel (geb. 1893), in: Gewerkschaftliche Rundschau, 16. Jg. (1963), Nr. 1, S. 40–43, hier S. 43.
366 Ebd.
367 Vgl. Stephan: Zwischen Verbürgerlichung und Politisierung [Anm. 131], S. 48.
368 Schulter an Schulter. Gedichte von Max Barthel, Karl Bröger, Heinrich Lersch. Berlin 1934, S. 33.
369 Ebd.
370 Max Barthel: Lobgesang trotz alledem [Selbstbildnis], in: Wilhelm Haas (Hg.): Antlitz der Zeit. Sinfonie moderner Industriedichtung. Selbstbildnis und Eigenauswahl der Autoren. Berlin 1926, S. 11–12, hier S. 11f.
371 Ebd., S. 12.
372 Ebd.
373 Ebd.
374 In Hans Mühles vollständig überarbeiteter Anthologie *Das Lied der Arbeit. Selbstzeugnisse der Schaffenden. Ein Querschnitt durch die Arbeitsdichtung der Gegenwart* (1935) ist Barthel – im Abgleich mit der Erstausgabe *Das proletarische Schicksal. Ein Querschnitt durch die Arbeiterdichtung der Gegenwart* (1929) – nur noch mit drei Gedichten vertreten, hat jedoch die ›Ehre‹, mit seinem neuen, sechsseitigen Gedicht *Arbeit ist Ruhm* den Band zu eröffnen. Der an exponierter Stelle präsentierte Text ist eine Eloge auf den neuen Staat und versammelt völkische Gemeinplätze zum Thema ›Arbeit‹.
375 Max Barthel: Ein weiter Weg nach Deutschland. Brief an Freunde, die über die Grenze gingen, in: Der Angriff, 9.6.1933.
376 Ebd.
377 Ebd.
378 Ebd.
379 Otto Wohlgemuth: Selbstbildnis, in: Wilhelm Haas (Hg.): Antlitz der Zeit. Sinfonie moderner Industriedichtung. Selbstbildnis und Eigenauswahl der Autoren. Berlin 1926, S. 181–182, hier S. 181.
380 Heinz Kosters: Der Ruf gilt dir, Kamerad! Deutsche Arbeiterdichtung (XV): Otto Wohlgemuth (geb. 1884), in: Gewerkschaftliche Rundschau, 16. Jg. (1963), Nr. 2, S. 96–99, hier S. 96.
381 »Während Wohlgemuths erste Verse noch ganz der romantischen Weltschau verhaftet waren und in einer schlichten, poesievollen Sprache die ›freudige Bejahung eines jugendlichen Lebensgefühls mit einem still verträumten Sinn‹ (Karl Ecks) ausdrücken, kündeten seine unter dem formenden Einfluß seiner Freunde und Förderer, zu denen der münstersche Professor Julius Schwering, Friedrich Castelle, der ›Ruhrlandkreis‹ und nicht zuletzt der von Josef Winckler, Jakob Kneip und Wilhelm Vershofen begründete Kreis der ›Werkleute auf Haus Nyland‹ zählen, entstandenen späteren Dichtungen bereits unverkennbar den Wandel zum Dichter der industriellen Arbeitswelt des Bergbaus an.« (ebd., S. 98)
382 Ebd.
383 Ebd.
384 Ebd.
385 Vgl. auch folgende, vor allem auf das Frühwerk zutreffende Feststellung: »Im Wechselspiel seiner Eindrücke beschwor Wohlgemuth das gefahrbergende Dunkel der ›Urnacht‹ im Schacht, seine in das Kohlenflöz sausende Haue, den aufdonnernd schmetternden Schuß im Stollen, die ›dumpfleidende, stille Kreatur‹ des Grubenpferdes, den stillgelegten Schacht, den ersten ›Morgenweg zur Schicht‹ nach dreijähriger zermürbender Arbeitslosigkeit, die ›Knechtschaft, Tyrannei und Empörung‹ der Arbeit, ›Flamme und Flut, Aufbruch und Ermüdung, die Träne der Ohnmacht im Schweiß und in Enge, die Erbärmlichkeit‹, aber auch sein eigenes Abbild, den ›Hauer vor Kohle‹.« (ebd.)
386 Otto Wohlgemuth: Aus der Tiefe. Gedichte eines Bergmanns. Münster 1959, S. 64.
387 *Abendlied in der Zechenkolonie* [Auszug]: »Die grauen Stunden schleichen, / der Tag will schlafen

gehn. / Wie fremde Geister schwimmen / im Nebel leise Stimmen. / Wir können's nicht verstehn. // Dies ist die Zeit der Trauer. / Das Schicksal sucht und sucht. / Im Finstern sickert Schweigen, / und aus den Schächten steigen / die Sorgen, tief verflucht. // Versunkne ferne Freuden, / wir wissen nichts als Leid. / Wir fühlen bang Erschauern / und ducken uns und trauern, / und altern vor der Zeit.« (Otto Wohlgemuth: Aus der Tiefe. Lieder eines Bergmanns. Düsseldorf 1922, S. 20)

388 *Kameraden, gute Nacht* [Auszug]: »Schwer zu Ende ging die Schicht. / Steil hinan im Schachtgebrause / fuhr zu Tag das letzte Licht, / und nun gehen wir nach Hause. // Schwer zu Ende ging die Schicht. / Müde sind nun Herz und Hand / vom Geschurf, vom Hackenschlage. / Dunkel ruht das Heimatland / Wir sind wieder über Tage. / Müde sind nun Herz und Hand.« (Wohlgemuth: Aus der Tiefe [1959] [Anm. 386], S. 100)

389 Ebd.

390 Otto Wohlgemuth: Aus der Tiefe. Gedichte eines Bergmanns. Potsdam 1937, S. 52.

391 *Arbeit* [Auszug]: »Sprengschüsse donnern im Grunde, / tief wühlt und wuchtet die Stunde, / der Staub wogt dumpf um mich her, / es drückt und droht in der Enge, / im wilden, dunklen Gedränge, / ich fühle mich selber nicht mehr. // Das ist ein seltsam Vergessen, / ein mächtig ergreifend Erpressen, / ein trunkener Rausch in der Schlucht, / die Sinne schwanken und schweben, / die Hände schwingen und heben / die fließende, flimmernde Wucht.« (Wohlgemuth: Aus der Tiefe [1922] [Anm. 387], S. 42)

392 Ebd.

393 Ebd.

394 Wohlgemuth: Aus der Tiefe [1937] [Anm. 390], S. 93.

395 Wohlgemuth: Aus der Tiefe [1959] [Anm. 386], S. 68.

396 *Der Grubengaul* [Auszug]: »Nun war der alte Gaul krank und hager; es war klar, / Daß nichts mehr mit ihm anzufangen war. / Der Kopf hing ihm so tief, bis unter den Knien, / Konnt' kaum noch ein paar leere Wagen ziehn. // [...] // Traurig schüttelte das Pferd den Kopf und hub zu reden an: / Habe ich dir dafür alle meine Arbeit getan? / Achtzehn Jahre lang in finsterer Grubennacht / Unzählige Kohlenzüge zur Förderung gebracht!« (Otto Wohlgemuth: Schlagende Wetter. Ein Bergmannsbuch aus dem Ruhrlande. Zeichnungen, Erzählungen und Gedichte. Essen 1923, S. 39)

397 Vgl. Anita Overwien-Neuhaus: Mythos, Arbeit, Wirklichkeit. Leben und Werk des Bergarbeiterdichters Otto Wohlgemuth. Köln 1986, S. 60. Wohlgemuth schreibt 1926 einen programmatischen Beitrag, der sich teils an der Dissertation von Karl Ecks (*Die Arbeiterdichtung im rheinisch-westfälischen Industriegebiet*, 1925) orientierte: »Arbeiterdichtung läßt sich von zwei Polen aus betrachten: entweder spüren wir der Dichtung von Arbeitern selber nach, oder aber, wir umfassen das ganze Stoffgebiet der Dichtung über den Arbeiter, in welch letzterem Falle allerdings der Raum dieses Heftes bei weitem nicht ausreichen würde. Da es sich also lediglich um den ersteren, ursprünglicheren Erlebniskreis handeln soll, ist die Angelegenheit eine einfache und keineswegs verknüpft mit dem Labyrinth literarischer oder schulmäßiger Beziehungen. Es entsteht die Frage, ob eine Berechtigung dazu vorhanden war, diese Art deutscher Dichtung mit dem Schlagworte »Arbeiterdichtung« von vornherein als eine besondere zu stempeln. Für jede ernste Kunst kann nur das wirkliche Können, der relative Wert des Erschaffenen in Frage kommen, und es ist eine Notwendigkeit, die gar nicht erst besonders betont werden müßte, daß der dichtende Arbeiter eine mildere Beurteilung seiner geschaffenen Werke selbstverständlich entschieden ablehnt, obschon derselbe genau weiß, wie mühselig und steinig der Weg für ihn bis hierher war.« (Otto Wohlgemuth: Arbeiterdichtung, in: Der Schacht, 3. Jg. (1926), S. 210–216, hier S. 211f.)

398 Wohlgemuth: Selbstbildnis [Anm. 379], S. 182.

399 Otto Wohlgemuth: Aufruf zur Bildung der Künstlervereinigung »Ruhrland« [1924], In: Österreichische Gesellschaft für Kulturpolitik (Hg.): Arbeiterdichtung. Analysen – Bekenntnisse – Dokumentationen. Wuppertal 1973, S. 225.

400 Ebd.

401 Entnazifizierungsbogen des Military Government of Germany, 26.1.1949, zit. n. Overwien-Neuhaus: Mythos, Arbeit, Wirklichkeit [Anm. 397], S. 95.

402 Overwien-Neuhaus hat Wohlgemuths Weg nachgezeichnet: »Aus finanziellen Überlebensgründen erfolgte eine schrittweise Annäherung an das herrschende System: 1936 trat Wohlgemuth in die Nationalsozialistische Volkswohlfahrt und in den Reichskriegerbund ein, 1937 in die Reichskultur- und die Reichsschrifttumskammer. Im selben Jahr erfolgte der Eintritt in die NSDAP, in der er nicht nur keinerlei Rang bekleidet hat, sondern auch nie über den Status eines ›Anwärters‹ hinausgekommen ist – offensichtlich aufgrund seiner ›politischen Unzuverlässigkeit‹ als früheres SPD-Mitglied.« (ebd.)

403 Zu Wohlgemuths schriftstellerischem Engagement im ›Dritten Reich‹ vgl. ebd., S. 96–109.

404 Dabei darf nicht unerwähnt bleiben, dass zu Wohlgemuths Erfolg im Nationalsozialismus dessen vorherige Anpassung nötig war. Denn aufgrund nachfolgend zitierter Autorenbiografie in

Hans Mühles Anthologie *Das proletarische Schicksal. Ein Querschnitt durch die Arbeiterdichtung der Gegenwart* (Gotha 1929) etwa kam es 1933 zunächst zum kurzfristigen Schreibverbot, da Wohlgemuth die Zustände für den Geschmack der neuen Machthaber eine Spur zu ›nüchtern‹ sah: »Man erwartet von uns Leuten, die durch die Schule der harten Arbeit zum geistigen Erleben vorgedrungen sind, eine Stellung zu unserer Umwelt, der Arbeit der Industrie. Ich kann nur sagen: Es geschieht im Machtbereiche der Kohlen- und Eisengewaltigen ein dauernder Betrug und Verbrechen der Verschwendung an der Volkskraft und am Volksvermögen unerhört. Wer noch Mitverantwortung und Sorge um die Zukunft in sich fühlt und sein Leben dort unten in den trostlosen freudearmen Tiefen des menschlichen Daseins verbringen mußte, hat den Glauben verloren dasan, daß aus diesem Irrsal heraus einmal der Menschenfrühling aufsteigen werde, den die Industrie und Technik wahrlich herbei führen könnte.« (ebd., S. 230) In der von Mühle unter dem Titel *Das Lied der Arbeit. Selbstzeugnisse der Schaffenden. Ein Querschnitt durch die Arbeiterdichtung der Gegenwart* (Gotha 1935) in einer umgearbeiteten Ausgabe neu auf den Markt gebrachten Anthologie – jetzt mit einem Geleitwort von Dr. Robert Ley und in Zusammenarbeit mit der Deutschen Arbeitsfront, dem Reichsnährstand, dem Reichsstande des Deutschen Handwerks und dem Arbeiterdienst – ist diese Selbstauskunft Wohlgemuths natürlich nicht mehr zu finden. Stattdessen wird dort vom Herausgeber auf die (bereits lange zurückliegenden) Berufsjahre Wohlgemuths unter Tage abgehoben als Legitimation, um seine Person in den Kreis der ›deutschen Arbeiterdichter‹ aufnehmen zu können. Dieses Narrativ – ›noch als Kind fuhr er ein und ruppte dort viele Jahre Kohle‹ – dominierte bis zu Wohlgemuths Tod die Rezeption seiner Werke, förderte den publizistisch generierten Ruhm seiner Person: Berghauer, Dichter und Zeichner. In der biografischen Notiz zum Autor heißt es 1935: »Jede Dichtung von Wohlgemuth atmet etwas von dieser herben Strenge aus, und darum konnte er auch die Gewalt des Lebens und Todes in der Grube meisterlich gestalten, wobei ihn sicher sein starkes zeichnerisches Talent, daß er in wuchtigen Schöpfungen aus dem Grubenleben bezogen hat, nicht unwesentlich unterstützt.« (ebd., S. 283)

405 Zit. n. Overwien-Neuhaus: Mythos, Arbeit, Wirklichkeit, S. 111.
406 Zit. n. ebd.
407 Hingewiesen sei für diese ebenso erfolgreiche wie problematische Form der Huldigung Wohlgemuths exemplarisch auf folgende Beiträge Ewald Rolfs: Begegnungen mit Otto Wohlgemuth, in: Werksgemeinschaft, 19. Jg. (1952), H. 2, S. 35; ders.: Otto Wohlgemuth. Der dichtende Bergmann und sein Werk, in: Ewald-Kohle, 2. Jg. (1961), H. 1/2, S. 24–26; ders.: Otto Wohlgemuth wird 80 Jahre alt. Bergmannsdichter, Maler, Lithograph und Kupferstecher, in: Werksgemeinschaft, 31. Jg. (1964), H. 3, S. 15.
408 Alexander von Cube: Die Arbeiterdichtung lebt, in: Vorwärts, 24.4.1959, S. 18.
409 Kaum ein Zeitungs- oder Zeitschriftenbeitrag über Wohlgemuth blieb zudem ohne Lichtbild.
410 Vgl. zu diesem sehr geschickten Manövrieren Wohlgemuths, dass ihm eine Modifizierung und Kontinuität seiner Autorschaft ermöglichte, auch die Funde in dessen Korrespondenz, die sich etwa – mit Fokus auf Entnazifizierung und Rehabilitation – abgedruckt finden in Overwien-Neuhaus: Mythos, Arbeit, Wirklichkeit [Anm. 397], S. 110–114. Insbesondere die Beiträge der Werkzeitschriften [Anm. 407] übernehmen in den 1950er und 1960er Jahren so ungeprüft wie unkritisch die von Wohlgemuth in die Welt gesetzten ›Erzählungen‹, etwa hinsichtlich seiner Verfolgung im Nationalsozialismus, aber auch Wohlgemuths mit zunehmenden Alter immer freier werdenden Ausschmückungen des früheren Berufslebens, um sich eine noch größere Seriosität verleihen zu können – ein allen Erprobungen und Herausforderungen gewachsener Bergmann (und Dichter), sei es Stein- oder Braunkohle, Eisenerz oder Kali.
411 »Meinethalben kann der Tüncher *Euretwegen* stehenbleiben. Doch Erklärendes: der Handwerk-Maler, der Tür, Wand und Decke streicht, lackiert oder dekoriert, heißt in Norddeutschland eben (was ich ja auch bin!) Maler. Tüncher oder Anstreicher sind Leute, die keine Lehrzeit, keine Handwerksfähigkeit haben. Wozu also Tüncher? um künstlich das Proletenhafte zu steigern? Wenn ein Redakteur und ein Kesselschmied dasteht, kann auch ein *Maler* dastehen. Übrigens ist es im Grund Unsinn, Gewerbe usw. der Verfasser voranzusetzen – denn jede Arbeit wird an sich, nach ihrem Wert beurteilt, gleichgültig, ob sie von einem Gelehrten oder Berufs-Künstler oder einem Arbeiter herrührt.« (Gerrit Engelke: Brief an Jakob Kneip vom 26. Dezember 1916, ders.: Das Gesamtwerk. Hg. von Hermann Blome. München 1960, S. 473)
412 Vgl. Dieter Schwarzenau: Einmal Arbeiterdichter – Immer Arbeiterdichter?, in: Kurt Morawietz/Karl Riha/Florian Vaßen (Hg.): Zwischen Wolken und Großstadtrauch. Warum Engelke lesen? Dokumentation zum 100. Geburtstag des hannoverschen Dichters Gerrit Engelke. Hannover 1992, S. 99–115, hier S. 103.

413 Max von der Grün: Der Ruf gilt dir, Kamerad! Deutsche Arbeiterdichtung (XVI): Gerrit Engelke (1890–1918), in: Gewerkschaftliche Rundschau, 16. Jg. (1963), Nr. 3, S. 164–168, hier S. 165.
414 Gerrit Engelke: Brief an Jakob Kneip vom 15. April 1917, in: ders.: Das Gesamtwerk. Hg. von Hermann Blome. München 1960, S. 451.
415 Bab: Arbeiterdichtung [Anm. 29], S. 45.
416 Gerrit Engelke: Rhythmus des neuen Europa. Gedichte. Jena 1921, S. 10.
417 Bab: Arbeiterdichtung [Anm. 29], S. 41.
418 Von der Grün: Gerrit Engelke [Anm. 413], S. 165f. Dass es auch völlig unpassende Deutungen zu Engelke gibt, beweist etwa folgende Lobeshymne, die sich in metaphorisch übersteigerten Beschreibungen und Verweisen verliert: »Er ist weitaus der bedeutendste Arbeiterdichter, ein proletarisches Genie. Noch in seinem ersten Stadium seiner Entwicklung hat ihn der Krieg hinweggerafft, wenige Tage vor dem Waffenstillstand, nachdem er gerade noch glühend die Überzeugung ausgesprochen, daß der Materialismus des Krieges am Ende sei und sich selbst vernichte. Er hätte zum klassischen Dichter des Proletariats werden können. Seine Gedichte sind das Erzeugnis einer urwüchsigen Kraft; mit den Worten hämmert er wie mit seinem Handwerkzeug, und in dem Rhythmus seiner Sätze klingt das Rattern der Maschinen. Er erinnert zuweilen an den jungen Goethe, zuweilen an Kierkegaard, Nietzsche und Strindberg, mit keinem aber vergleichbar; Walt Whitmans Dichtungen und Beethovens Symphonien waren auf ihn von Einfluß. In ihm ist es wirklich wie das Hervorbrechen und Heranstürmen eines neuen Zeitalters.« (Wilhelm Knevels: Deutsche Arbeiterdichter, in: Zeitwende, 4. Jg. (1928), Bd. 2, S. 170–176, hier S. 172)
419 Gerrit Engelke: Brief an Fräulein B. vom 7. August 1918, in: ders.: Das Gesamtwerk. Hg. von Hermann Blome. München 1960, S. 491.
420 In diesem Zusammenhang ist Lerschs Beitrag *In memoriam Gerrit Engelke* zu erwähnen, in welchem er an dessen Gedicht *An die Soldaten des großen Krieges*, das 1918 zum Ende der Gewalt und – in hymnischem Tönen – zur Völkerversöhnung aufrief, erinnerte: »›Laß dies Gedicht heimlich drucken, bringe es durch unsre ausländischen Freunde in neutrale Zeitungen, laß es an alle Dichter, Politiker, Soldaten als Drucksache gehen, suche Anschluß an die Kämpfer für den sofortigen Abbruch des Krieges, unter allen Umständen! Ich weiß jetzt, was Kameradschaft heißt – wir wollen diesen sinnlosen Kriegsgeist mit vernichten helfen, man soll mich als Dichter und Frontsoldat vor Kriegsgericht stellen, tue Alles, daß das Gedicht, dem noch bessere und schlagendere folgen werden, unter die Menschen kommt!‹« (Heinrich Lersch: In memoriam Gerrit Engelke, in: Die Literarische Welt, 5. Jg. (1929), Nr. 28, S. 7) Was Lersch in seiner wortmächtigen Erinnerung an Engelkes Bemühungen um baldigen Frieden allerdings unerwähnt lässt, ist, dass dieser – wie zahllose andere Dichter auch – den Krieg 1914 zunächst ebenso willkomme wie notwendige Schicksalsprüfung verstand und als ›seelische Erneuerung‹ empfand.
421 Florian Vaßen: »Hammerrhythmus« und »Allverwandtschaft«. Versuch einer Re-Lektüre Gerrit Engelkes, in: Kurt Morawietz/Karl Riha/ders. (Hg.): Zwischen Wolken und Großstadtrauch. Warum Engelke lesen? Dokumentation zum 100. Geburtstag des hannoverschen Dichters Gerrit Engelke. Hannover 1992, S. 29–45, hier S. 34.
422 Karl Riha/Florian Vaßen: Warum Gerrit Engelke lesen? Anmerkungen zum Gerrit-Engelke-Symposion, in: Kurt Morawietz/ders./ders. (Hg.): Zwischen Wolken und Großstadtrauch. Warum Engelke lesen? Dokumentation zum 100. Geburtstag des hannoverschen Dichters Gerrit Engelke. Hannover 1992, S. 13–15, hier S. 14.
423 Bruno Schönlank: Vorwort, in: ders.: Fiebernde Zeit. Sprechchöre und Kantaten. Arbon 1935, S. III-IV, hier S. III.
424 »Als kollektive Form des Laientheaters ist der Arbeitersprechchor darauf angelegt, daß der proletarische Zuschauer sich als Mitglied seiner Klasse erhebt, sich mit der künstlerischen Darstellung seiner kollektiven gesellschaftlichen Subjektivität identifiziert.« (Jon Clark: Bruno Schönlank und die Arbeitersprechchorbewegung. Köln 1984, S. 145)
425 Schönlank veröffentlichte seine Arbeitersprechchöre u.a. in der Verlagsgenossenschaft Freiheit, dem Verlag des Arbeitersänger-Bundes, im Arbeiterjugend-Verlag, im Verlag der Volksbühne, im Verlag für Sozialwissenschaft sowie in der Laubschen Verlagsbuchhandlung. Die Mehrzahl seiner Werke wurde im Auftrag sozialdemokratischer Gruppen sowie Arbeiterorganisationen wie der Sozialistischen Arbeiter-Jugend in ihrem Rahmen Feiern und Veranstaltungen aufgeführt; vgl. ebd., S. 162f.
426 Ebd., S. 139.
427 Mit der fortschreitenden Etablierung der SPD als Treiber von Reformen zugunsten der Staatsordnung ging dort das euphorische Bekenntnis zu sozialistischen Alternativen sowie das Besinnen auf frühere Vorstellungen jedoch mehr und mehr verloren.
428 Bruno Schönlank: Der gespaltene Mensch. Spiel für bewegten Sprechchor. Berlin 1927, S. 5.
429 Ebd., S. 8.

430 Ebd., S. 9.
431 Literaturkritiker Julius Bab wies auf die mit dem Mittel der Wiederholung einhergehende Gefahr hin: »eine schwachblütige Rhetorik, die oft in den puren Agitationsstil übergeht«, fügte jedoch hinzu: »Schönlanks *Der gespaltene Mensch* dürfte hier noch die das Eigenartigste und Kräftigste darstellen.« (Bab: Arbeiterdichtung [Anm. 29], S. 50)
432 Bruno Schönlank: Ein Frühlings-Mysterium. Dramatisches Chorwerk in fünf Aufzügen. Berlin 1925, S. 19.
433 Ebd., S. 22.
434 Bruno Schönlank: Großstadt. Chorwerk. Berlin 1923, S. 20.
435 Ebd., S. 21.
436 Ebd., S. 23.
437 Clark: Bruno Schönlank [Anm. 424], S. 139.
438 Zur schriftstellerischen Existenz Schönlanks und den entsprechenden Publikationsbedingungen in der Weimarer Republik vgl. ebd., S. 162–164.
439 »Als einer der ersten mußte der Arbeiterdichter 1933 sein Berlin verlassen. Er wurde Hals über Kopf des Landes verwiesen. Und die braunen Herren wußten genau, was sie taten. Ein Schönlank hätte nicht mitgemacht und hätte die falsche Phraseologie der ›Arbeiterpartei‹ sofort erkannt.« (Werner Tillmann: Der Ruf gilt dir, Kamerad! Deutsche Arbeiterdichtung (XVII): Bruno Schönlank (geb. 1891), in: Gewerkschaftliche Rundschau, 16. Jg. (1963), Nr. 4, S. 230–233, hier S. 233)
440 Schönlank: Vorwort [Anm. 423], S. IV.
441 Vgl. Walter Gödden: Erich Grisar – ein Autor zwischen den Stühlen, in: Literatur in Westfalen 13 (2014), S. 283–317. Siehe auch Arnold Maxwill: Straße, Siedlung, Hüttenwerk. Grisars *Ruhrstadt* ist ein Porträt Dortmunds, aber auch eine Chronik der Krise – und nicht zuletzt ein Roman der Arbeiterschaft, in: Erich Grisar: Ruhrstadt. Roman. Hg. von dems. Bielefeld 2016, S. 267–297; ders.: Beobachtung und Beschreibung. Ordnungen des Erzählens bei Erich Grisar, in: Heinrich Theodor Grütter u.a. (Hg.): Erich Grisar. Ruhrgebietsfotografien 1928–1933. Essen 2016, S. 130–137; ders.: Nachwort, in: Erich Grisar: Heinrich Volkmann. Roman eines Arbeiters. Hg. von dems. Bielefeld 2017, S. 225–233.
442 Josef Büscher: Der Ruf gilt dir, Kamerad! Deutsche Arbeiterdichtung (XVIII): Erich Grisar (1898–1955), in: Gewerkschaftliche Rundschau, 16. Jg. (1963), Nr. 6, S. 350–355, hier S. 351.
443 Ebd., S. 352.
444 Ebd.
445 Erich Grisar: Bruder, die Sirenen schrein. Gedichte für meine Klasse. Hirsau 1931, S. 3.
446 Erich Grisar: Das Herz der Erde hämmert. Skizzen und Gedichte. Leipzig 1923, S. 41.
447 Ebd., S. 11f.
448 Erich Grisar: Das atmende All. Gedichte. Leipzig 1925, S. 10.
449 *Vorstadtwohnung* [Auszug]: »In mein Kammerfenster ragen / Hundert Schlote. / Unablässig stoßen die / Schweren, schwarzen Rauch / In meine enge Stube, / Der meine Lunge quält. / Die Wände zittern angsterfüllt / Vor dem Gestöhn des Riesentiers, / Das drüben auf der Lauer liegt / Und mich erschreckt in jeder Nacht, / Wenn es mit grellen Feuerfingern / Herübertastet in das Dunkel meiner Stube, / Und sein ›Memento mori‹ an berußte Wände malt. / Dazwischen gellt der Dampfsirenen Schrei: / Herbei, herbei! Hier wächst euch Brot.« (ebd., S. 12) In Grisars *Großstadt* kommt es gar aufgrund der Anhäufung gängiger Elendserscheinungen zu einem konservativ-pessimistischen Effekt: »Zu Häusern wuchtet grauer Stein / Und Straße flieht zu Straße, / Einmündend Meer, / Menschtötend Großstadt. / Farbloser Himmel schluckt beständig Rauch / Aus den Kaminen der Fabriken. / Aus allen Ecken grinst die Not. / Die Fenster springen / Vom Druck vergaster Atmosphäre. / Geschwüre wandern auf und ab, / Hochtragend Menschenfratzen, / Und alle Tore speien Geilheit.« (ebd., S. 7)
450 Ebd., S. 8.
451 Walter Bauer an Friedrich G. Kürbisch [1971], in: Österreichische Gesellschaft für Kulturpolitik (Hg.): Arbeiterdichtung. Analysen – Bekenntnisse – Dokumentationen. Wuppertal 1973, S. 265–266, hier S. 265. Dass Bruno Leon in seinem Porträt Bauer jedoch mit großer Geste zum unbeirrbaren Kämpfer der proletarischen Sache statuieren will, ist zwar nachvollziehbar und nicht ganz falsch, vor diesem Hintergrund aber fast schon einigermaßen grotesk: »Walter Bauer wird nicht müde werden, weiter gegen Unrecht und Gleichgültigkeit aufzubegehren, denn im Grunde ist er einer, der mit dem arbeitenden Menschen fühlt und leidet.« (Bruno Leon: Der Ruf gilt dir, Kamerad! Deutsche Arbeiterdichtung (XIX): Walter Bauer (geb. 1904), in: Gewerkschaftliche Rundschau, 16. Jg. (1963), Nr. 7, S. 428–431, hier S. 431)
452 Proletarische Dichter: Walter Bauer [Selbstbeschreibung], in: Kulturwille, 6. Jg. (1929), Nr. 11, S. 214.
453 Walter Bauer: Stimme aus dem Leunawerk. Verse und Prosa. Berlin 1930, S. 71.
454 Ebd., S. 101.
455 Ebd., S. 121.
456 Ebd., S. 130.
457 Ebd.

458 Ebd., S. 156.
459 Ebd.
460 Ebd., S. 157.
461 Ebd., S. 158.
462 Ebd.
463 Ebd.
464 Christian Zweter: Proletarische Dichter: Walter Bauer, in: Kulturwille, 6. Jg. (1929), Nr. 11, S. 214–215, hier S. 214.
465 Ebd.
466 Walter Köpping: Der Ruf gilt dir, Kamerad! Deutsche Arbeiterdichtung (XX): Victor Kalinowski (1879–1940), in: Gewerkschaftliche Rundschau, 16. Jg. (1963), Nr. 8, S. 487–491, hier S. 488.
467 »Vom Jahre 1902 bis zum Mai des Jahres 1933, dem Tage der Vernichtung der Gewerkschaften durch den Nazismus, hatte Victor Kalinowski seinen Arbeitsplatz im Setzersaal der Hauptverwaltung des Verbandes der Bergarbeiter Deutschlands an der Wiemelhauser Straße zu Bochum. Es gab während dieser Jahre kaum eine der vielen Zeitungs-, Zeitschriften- und Buchveröffentlichungen des Verbandes, die nicht von Kalinowskis fertiger Hand gesetzt worden und mit deren Inhalt er nicht gleichzeitig auch gedanklich vertraut gewesen wäre.« (Wilhelm Helf: Der Denker an der Setzmaschine. Zum 82. Geburtstage Victor Kalinowskis am 24. August, in: Bergbau-Rundschau, 13. Jg. (1961), Nr. 9, S. 535–537, hier S. 536)
468 Köpping: Victor Kalinowski [Anm. 466], S. 488.
469 Helf: Denker an der Setzmaschine [Anm. 467], S. 537.
470 »Jahrelang waren diese Gedichte Kämpchens, der einer der geistigen Führer der Bergarbeiter war, regelmäßig in der Verbandszeitung erschienen. 1912 starb Kämpchen. Und bald sah Kalinowski seine Aufgabe darin, das Werk Kämpchens fortzusetzen. Nun erschienen die Gedichte Victor Kalinowskis in der *Bergarbeiter-Zeitung* und in der *Bergbau-Industrie* (wie die Verbandszeitung ab 1929 hieß). In seinen besten Gedichten hat Kalinowski sein großes Vorbild Heinrich Kämpchen erreicht.« (Köpping: Victor Kalinowski [Anm. 466], S. 489)
471 Helf: Denker an der Setzmaschine [Anm. 467], S. 537. Hinsichtlich der publizistischen Verbreitung und Anerkennung Kalinowskis in anderen (stets gewerkschaftsnahen) Zeitungen und Zeitschriften übertreibt Helf ein wenig; es lassen sich insgesamt – insbesondere für die Jahre 1928 bis 1931 – gut drei Dutzend Gedichte, meist Wiederabdrucke, verzeichnen.
472 Köpping: Victor Kalinowski [Anm. 466], S. 488.
473 Victor Kalinowski: Meine Seele singt! Gedichte. Bochum 1922, S. 183.
474 Ebd., S. 184.
475 Auch Walter Köpping urteilt in seinem Porträt erfreulich klar: »Erheblich stärker und origineller sind die Gedichte, die er zwischen 1922 und 1933 in der Zeitung des Verbandes veröffentlicht hat.« (Köpping: Victor Kalinowski [Anm. 466], S. 489) Eine Publikation dieser späten Gedichte Kalinowskis sowie die Herausgabe eines Kalinowski-Lesebuchs sind in Arbeit.
476 Victor Kalinowski: 14 Prozent Dividende, in: Die Bergbau-Industrie, 42. Jg. (1930), Nr. 45, S. 381.
477 »In der Schweiz aber durfte Kurt Kläber nichts unter seinem Namen veröffentlichen. Die bürgerliche Welt in der Schweiz verhängte über diesen rebellischen Arbeiterdichter ein Schreibverbot.« (Walter Köpping: Der Ruf gilt dir, Kamerad! Deutsche Arbeiterdichtung (XXI): Kurt Kläber (1897–1959), in: Gewerkschaftliche Rundschau, 16. Jg. (1963), Nr. 9, S. 548–552, hier S. 551)
478 Ebd., S. 550.
479 Kurt Kläber: Neuere Arbeiterdichtung, in: Kulturwille, 3. Jg. (1926), Nr. 12, S. 239.
480 Ebd.
481 Kurt Kläber: An die Leser der »Literarischen Welt«, in: Die Linkskurve, 1. Jg. (1929), Nr. 1, S. 24–28, hier S. 26.
482 Kurt Kläber: Neue Saat. Gedichte. Jena 1919, S. 22.
483 Kurt Kläber: Empörer! Empor! Gedichte, Skizzen, Reiseberichte. Berlin 1925, S. 17.
484 Ebd., S. 18.
485 Ebd.
486 Ebd., S. 19.
487 Ebd., S. 20.
488 Ebd., S. 21.
489 Ebd., S. 39f.
490 Köpping: Zusammenfassung und Ausblick [Anm. 4], S. 612.
491 Ebd., S. 613.
492 Ebd.
493 Köpping: Der 1. Mai im Spiegel [Anm. 113], S. 276.
494 Ebd.
495 Köpping: Der gesellschaftspolitische Stellenwert [Anm. 169], S. 329.
496 Köpping: Zusammenfassung und Ausblick [Anm. 4], S. 615.
497 Ebd., S. 613.
498 Ebd., S. 615.
499 Dass die Autoren des Bunds proletarisch-revolutionärer Schriftsteller (BPRS) als ebenso stimm- wie auflagenstarkes und literaturtheoretisch versiertes Phänomen innerhalb der Arbeiterbewegung während der Weimarer Republik in der Reihe zur deutschen Arbeiterdichtung mit keinem Wort erwähnt wird, ist ebenso aufschlussreich wie inakzeptabel. Ein dem BPRS zuzurechnender Autor wie Kurt Kläber wurde der Porträtreihe allerdings dann doch,

ganz zum Schluss, auf höchst problematische Weise einverleibt; die Darstellung von Kläbers literarischer Arbeit in Jahrzehnten massiver politischer Umbrüche ist einseitig, unvollständig, lässt Kontexte vermissen. Mit keinem Wort erwähnt oder auch nur zur Abgrenzung herangezogen werden etwa folgende Autoren: Willi Bredel, Karl Grünberg, Hans Marchwitza, Egon Erwin Kisch, Alfred Kurella, Johannes R. Becher, August Wittvogel, Otto Gotsche, Ludwig Renn und Erich Weinert.

500 Ebd.
501 Walter Köpping: Sie schreiben heute. Neue Industriedichtung, in: Einheit, 16. Jg. (1963), Nr. 1–18.
502 Für einen nicht unwesentlichen Teil der Arbeiterliteratur – der von Fritz Hüser präferierte Begriff ›Industriedichtung‹ konnte sich nicht durchsetzen, auch Köpping verwendete ihn kaum – blieb ein Fokus auf den werktäglichen Alltag dominant, was aber eine Beschäftigung mit den – damit in Zusammenhang stehenden – gesellschaftlichen Entwicklungen und Abhängigkeiten keineswegs ausschloss.
503 Limpert: Rundfrage [Anm. 111], S. 176.
504 Ruppersberger: Rundfrage [Anm. 17], S. 185.
505 Küther: Rundfrage [Anm. 233], S. 174.
506 Walter Köpping: Vom Standesbewußtsein zum Klassenbewußtsein. Das Beispiel der Bergmannsdichtung, in: Österreichische Gesellschaft für Kulturpolitik (Hg.): Arbeiterdichtung. Analysen – Bekenntnisse – Dokumentationen. Wuppertal 1973, S. 92–106, hier S. 106.
507 Ebd.
508 Die Eigenart, strukturelle Schwächen der Arbeiterdichtung sowie eine grundsätzlichere Kritik – etwa hinsichtlich der Annäherung an völkisch-nationalistische Schreibweisen – mit dem Hinweis auf individuelles Fehlverhalten zu entschuldigen oder im Kontext historischer Umstände gänzlich einzubetten, ist nahezu für die ganze Porträtreihe charakteristisch; zu differenzieren ist hinsichtlich der wichtigsten Beiträger: Josef Büscher ist meist um eine Ehrenrettung der Autoren bemüht, Walter Köpping teils etwas zu wohlwollend bzw. zu optimistisch, Max von der Grün – von einigen pathetischen Ausschweifungen abgesehen – in seinen Darstellungen stellenweise bereits als Schriftsteller sichtbar, informiert und politisch.
509 Was die Arbeiterdichtung darüber hinaus auszeichnet, ist beispielsweise eine emphatische, teils beinahe naiv zu nennende Zukunftsgläubigkeit.
510 Genau diese Formeln generieren den Hintergrund für die Transgression des Arbeiterdichters zum Volks- und Kriegsdichter, zum Dichter innerhalb der Werkgemeinschaft; Arbeit wird zum Dienst im Rahmen einer gegebenen Ordnung.

Textnachweis

Der Ruf gilt dir, Kamerad! Deutsche Arbeiterdichtung (I–XXII)

Franz Osterroth: Anfang und Entwicklung, in: Bergbau und Wirtschaft, 14. Jg. (1961), Nr. 11, S. 522–528
Siegfried Röder: Grundzüge des Naturalismus, in: Bergbau und Wirtschaft, 14. Jg. (1961), Nr. 12, S. 578–580
Josef Büscher: Josef Winckler, in: Gewerkschaftliche Rundschau, 15. Jg. (1962), Nr. 1, S. 38–42
Walter Köpping: Richard Dehmel, in: Gewerkschaftliche Rundschau, 15. Jg. (1962), Nr. 2, S. 109–113
Walter Köpping: Heinrich Kämpchen, in: Gewerkschaftliche Rundschau, 15. Jg. (1962), Nr. 3, S. 168–173
Josef Büscher: Ludwig Kessing, in: Gewerkschaftliche Rundschau, 15. Jg. (1962), Nr. 4, S. 233–237
Max von der Grün: Otto Krille, in: Gewerkschaftliche Rundschau, 15. Jg. (1962), Nr. 5, S. 295–298
Max von der Grün: Ernst Preczang, in: Gewerkschaftliche Rundschau, 15. Jg. (1962), Nr. 6, S. 360–363
Josef Büscher: Ludwig Lessen, in: Gewerkschaftliche Rundschau, 15. Jg. (1962), Nr. 7, S. 422–426
Walter Köpping: Paul Zech, in: Gewerkschaftliche Rundschau, 15. Jg. (1962), Nr. 8, S. 494–497
Josef Büscher: Alfons Petzold, in: Gewerkschaftliche Rundschau, 15. Jg. (1962), Nr. 9, S. 559–563
Max von der Grün: Karl Bröger, in: Gewerkschaftliche Rundschau, 15. Jg. (1962), Nr. 10, S. 622–625
Max von der Grün: Heinrich Lersch, in: Gewerkschaftliche Rundschau, 15. Jg. (1962), Nr. 12, S. 747–751
Werner Tillmann: Max Barthel, in: Gewerkschaftliche Rundschau, 16. Jg. (1963), Nr. 1, S. 40–43
Heinz Kosters: Otto Wohlgemuth, in: Gewerkschaftliche Rundschau, 16. Jg. (1963), Nr. 2, S. 96–99
Max von der Grün: Gerrit Engelke, in: Gewerkschaftliche Rundschau, 16. Jg. (1963), Nr. 3, S. 164–168
Werner Tillmann: Bruno Schönlank, in: Gewerkschaftliche Rundschau, 16. Jg. (1963), Nr. 4, S. 230–233
Josef Büscher: Erich Grisar, in: Gewerkschaftliche Rundschau, 16. Jg. (1963), Nr. 6, S. 350–355
Bruno Leon: Walter Bauer, in: Gewerkschaftliche Rundschau, 16. Jg. (1963), Nr. 7, S. 428–431
Walter Köpping: Victor Kalinowski, in: Gewerkschaftliche Rundschau, 16. Jg. (1963), Nr. 8, S. 487–491
Walter Köpping: Kurt Kläber, in: Gewerkschaftliche Rundschau, 16. Jg. (1963), Nr. 9, S. 548–552
Walter Köpping: Zusammenfassung und Ausblick, in: Gewerkschaftliche Rundschau, 16. Jg. (1963), Nr. 10, S. 611–615

Editorischer Hinweis

Die Beiträge wurden für die Publikation durchgesehen, redaktionell angepasst und vereinheitlicht, hinsichtlich der Lebensdaten, Publikationsangaben etc. stillschweigend aktualisiert und korrigiert, moderat angepasst. Sämtliche Zitate, Gedichte usw. wurden überprüft und verifiziert; auf einen jeweiligen bibliografischen Nachweis wurde jedoch bewusst verzichtet, um den ursprünglichen Charakter der Porträtreihe deutscher Arbeiterdichter in 22 Teilen beizubehalten.

Da die literarischen Texte aufgrund des begrenzten Raums in der *Gewerkschaftlichen Rundschau* meist nur in – teils sinnentstellenden – Auszügen präsentiert werden konnten, wurde für diese Ausgabe entschieden, sofern sinnvoll, einen möglichst vollständigen, zumindest aber angemessenen Abdruck zu realisieren, d.h. nicht willkürlich einzelne Verse verschiedenster Strophen zu amalgieren. – Trotz Bemühens war nicht in allen Fällen der Rechtsnachfolger zu ermitteln; bei rechtmäßigen Ansprüchen wird um Nachricht an den Verlag gebeten.